Finanças e Fiscalidade do Ordenamento do Território e do Urbanismo

Finanças e Fiscalidade do Ordenamento do Território e do Urbanismo

2019 • Volume II

Carlos Baptista Lobo
Professor da Faculdade de Direito da Universidade de Lisboa
Partner da EY

ALMEDINA

FINANÇAS E FISCALIDADE DO ORDENAMENTO DO TERRITÓRIO E DO URBANISMO

AUTOR

Carlos Baptista Lobo

EDITOR

EDIÇÕES ALMEDINA, S.A.
Rua Fernandes Tomás, nºs 76-80
3000-167 Coimbra
Tel.: 239 851 904 · Fax: 239 851 901
www.almedina.net · editora@almedina.net

DESIGN DE CAPA

FBA.

PRÉ-IMPRESSÃO

João Jegundo

IMPRESSÃO E ACABAMENTO

PENTAEDRO, LDA.

Janeiro, 2019

DEPÓSITO LEGAL

450905/19

ALMEDINA | GRUPOALMEDINA

Este texto não segue a grafia do Novo Acordo, mantendo-se, todavia, as citações no Acordo que os escreventes citados adoptaram.

BIBLIOTECA NACIONAL DE PORTUGAL – CATALOGAÇÃO NA PUBLICAÇÃO

LOBO, Carlos Batista, 1971-

Finanças e fiscalidade do ordenamento do território e do urbanismo
ISBN 978-972-40-7656-0

CDU 336

Para os meus Pais, por tudo o que me deram.
Para a Catarina, por tudo o que me dá.
Para o Henrique, por tudo o que me dará.

NOTA INTRODUTÓRIA

O Ordenamento do Território e do Urbanismo têm uma dimensão económica e financeira. Ao enquadrarmos a questão ambiental na sua dimensão correcta, os bens ambientais revestirão a qualidade de bens primários naturais de carácter geral[1], dado que são recursos comuns essenciais para a concretização das restantes necessidades humanas. Sem ar, água, energia, os seres humanos não poderiam sobreviver, sendo que, para a concretização da teoria rawlsiana, estes elementos se encontram controlados por instituições sociais. Neste contexto, temos de inserir uma variável que se traduz na escassez. Caso contrário, todas as pretensões maximalistas rapidamente exauririam os recursos disponíveis. Além disso, temos de considerar a justiça intergeracional enquanto elemento crítico para a construção de situações de sustentabilidade. As futuras gerações também têm um direito actual à sua quota inicial[2].

A constatação do âmbito essencial e abrangente da dotação ambiental na concretização do Bem-Estar Social é igualmente evidente. E esse elevado alcance conceptual é unanimemente aceite no contexto da definição de políticas públicas. A Constituição Portuguesa, no seu artigo 9º, alínea *e)*, refere que são tarefas fundamentais do Estado «defender a natureza e o ambiente, preservar os recursos naturais e assegurar um correcto

[1] Note-se que Rawls distingue entre bens primários sociais, como os direitos, liberdades, oportunidades, respeito próprio, rendimento e riqueza e bens primários naturais, como a saúde, o vigor, a inteligência e a imaginação. Neste quadro, o ambiente, ou os recursos naturais, seriam um bem primário natural.

[2] BARRY, Brian – *Circumstances of justice and future generations. In* SIKORA, R.; BARRY B. (eds.) – *Obligations to Future Generations*, Philadelphia: Temple University Press, 1978, pp. 204–248.

ordenamento do território». No seu artigo 66º, referente ao ambiente e à qualidade de vida, enuncia o princípio do desenvolvimento sustentável, combinando de forma sucessiva mandamentos referentes ao ambiente, *stricto sensu*, ao ordenamento do território e ao urbanismo.

No mesmo sentido, como não poderia deixar de ser, vai a Lei de Bases do Ambiente[3]. No seu artigo 10º, quando refere os componentes ambientais naturais (quase numa perspectiva rawlsiana), integra no seu âmbito «o ar, a água e o mar, a biodiversidade, o solo e o subsolo, a paisagem [...]». Também os artigos 11º e 191º a 193º do Tratado sobre o Funcionamento da União Europeia referem que a União Europeia tem competência para agir em todos os domínios da política ambiental, tais como a poluição atmosférica, a água, a gestão de resíduos e as questões climáticas, abrangendo o ordenamento do território e a utilização dos solos, numa óptica de estratégia horizontal. É por esta razão que optamos por analisar a temática do ordenamento do território e do urbanismo neste volume, integrando, no entanto, essas temáticas num quadro mais global de análise que supera a vertente de ambiente (em sentido estrito, englobando as matérias referentes aos recursos naturais, ao ecossistema, à sustentabilidade e à biodiversidade), constantes de volume autónomo. Neste quadro, a problemática do ordenamento do território, integrando os modelos de gestão do solo e protecção da paisagem e o urbanismo, atento o modelo transversal de agregação em torno de cidades, tenderá a aumentar de importância nos anos vindouros.

Estamos precisamente no âmbito abrangente do Relatório *Brundtland*, publicado em 1987[4], que define as medidas a tomar para a promoção do desenvolvimento sustentável, nomeadamente a garantia dos recursos básicos (água, alimentos, energia) a longo prazo, a preservação da biodiversidade e dos ecossistemas, o controlo da urbanização desordenada e a integração entre as áreas rurais e as cidades, e a concretização das necessidades sociais básicas (saúde, educação, habitação).

A integração entre as temáticas em presença é evidente. As questões da sustentabilidade são cruciais para a preservação da vida humana e dos

[3] Lei nº 19/2014, de 14 de Abril.

[4] World Commission for Environment and Development, Our Common Future, Oxford, University Press, 1987. Tradução para português: Comissão Mundial sobre o Meio Ambiente e Desenvolvimento, Nosso Futuro Comum, 2ª edição, Rio de Janeiro: Editora Getúlio Vargas, 1991.

restantes seres vivos. Por essa razão, optámos por analisar a temática do ordenamento do território e do urbanismo neste segundo volume, embora num modelo totalmente articulado com a vertente ambiental tratada em obra distinta, mas que de alguma forma, se poderá entender como revestindo uma parte geral conceptual[5].

Este volume beneficiou da nossa experiência na área prática do urbanismo e ordenamento do território, em parceria com a Catarina Santos, na DOMUSREHABITA, onde são desenvolvidos diversos projectos de desenvolvimento urbanístico assentes no primado da sustentabilidade económico-financeira.

Agradeço, igualmente, a Ana Chacim, à Carmen Silva, ao Daniel Radu e ao Filipe Fernandes pelos diversos contributos. Uma palavra especial para o Prof. Doutor Sidónio Pardal pela colaboração permanente da discussão destas temáticas.

[5] Cfr. Lobo, Carlos Baptista – *Finanças e Fiscalidade do Ambiente e da Energia*. Coimbra, Almedina, 2019.

PARTE I

INTRODUÇÃO

Capítulo I
Questão Territorial

1. Território Sustentável

A questão territorial é uma decorrência directa da questão ambiental. Tal acontece já hoje e acentuar-se-á num futuro próximo. Assim, na vertente ambiental alargada, teremos de inserir a problemática da sustentabilidade do território. Esse conceito de território deve, igualmente, ser alargado, abrangendo áreas económicas exclusivas e outras áreas de estatuto especial (relembramos a Antárctida, ou as águas internacionais, onde se colocam problemas ambientais relevantes). Porém, por uma questão de simplicidade expositiva, trataremos unicamente do território em sentido clássico.

A perspectiva malthusiana tomava o território como finito e a multiplicação populacional como exponencial. Visto que a capacidade de inovação tecnológica era limitada, o aumento da produção seria meramente aritmético. Ora, esta visão toma o território como elemento limitado em termos de ajustamento produtivo. E essa é uma questão pacífica. O lado da oferta, na vertente do território, é extremamente rígido. *Grosso modo*, o território que existe hoje será o território que existirá amanha. Tal só não é totalmente verdadeiro porque existem países que realizam investimentos avultados na angariação de novos espaços ao mar (Emirados Árabes Unidos, Holanda, China). Não obstante, essas áreas adicionais resgatadas são mais do que compensadas a favor dos oceanos, atento o fenómeno natural da erosão costeira ou, numa vertente mais artificial, mas igualmente causa adicional da primeira, a subida do nível dos oceanos devido ao aquecimento global.

Não é por acaso que Malthus, Ricardo e Mill utilizaram a terra como variável estável nas suas teorizações do Estado Estacionário. Malthus considerava que o retorno da sua exploração se reduzia à escala. Ricardo, por sua vez, considerava que as capacidades produtivas do solo variavam em função da sua produtividade, o que implicava um aumento da intensidade da exploração nas áreas com essa apetência, e um aumento da extensividade nas restantes. Neste Estado Estacionário, os rendimentos agrícolas iriam diminuir à escala, mas as rendas fundiárias (monopolistas) iriam aumentar, gerando-se tensões sociais. Finalmente, Mill acolheu o conceito de rendimento decrescente à escala, mas temperou-o com a possibilidade de inovação e de progresso técnico nas explorações e benfeitorias.

Uma outra inovação de Mill a este propósito foi a introdução do conceito de valor intrínseco da beleza da paisagem, o que era ignorado anteriormente.

Perante este estado de coisas, o apelo a uma maior intensidade na utilização do recurso crítico fundiário é evidente. Numa vertente produtiva agrícola, conjugam-se técnicas de cultura intensiva com um alargamento das áreas para territórios anteriormente naturais e suporte de ecossistemas fundamentais (o que faz perigar a biodiversidade, no caso dos ecossistemas, ou a capacidade de processamento do dióxido de carbono, no caso da desflorestação).

Não ocorrendo uma correcta ponderação do valor ambiental dos recursos fundiários, o resultado final será sempre o mesmo: a partir do momento em que o valor económico da produção alimentar aumenta, maior é o incentivo para o reprocessamento de áreas ambientais em áreas agrícolas. Sem as devidas compensações, as áreas naturais não terão hipótese de subsistência. Poder-se-á dizer que a imposição de restrições regulamentares aos proprietários de solos naturais no sentido da proibição da sua reconversão em solo produtivo poderia resolver a questão. Porém, tal não é verdadeiro, pois o que significa é a imposição do prejuízo adicional ao proprietário do solo natural, o que implica uma renda adicional (de base monopolista) ao proprietário do solo agrícola.

Ressalta, a este propósito, um problema geral de perequação de encargos e benefícios que, para ser operacionalizado, deve ser realizado a uma escala global. O mesmo também é verdadeiro na óptica dos recursos comuns em áreas económicas exclusivas. Os direitos de exploração não podem ser atribuídos numa base histórica, mas sim a quem conseguir retirar deles o máximo de benefício económico em termos sociais.

Este primado também se aplica à necessária compensação dos proprietários de solos naturais. A causa da compensação não pode ser a inacção na sua gestão. Pelo contrário, o solo natural pode, e deve, ser gerido. Países como o Canadá fazem a gestão das suas florestas de acordo com um ciclo de dois séculos. Gerem as queimadas de forma a propiciar a preservação da sua biodiversidade animal e florestal. Estes ciclos intergeracionais de gestão implicam uma perspectiva política de longo prazo imprópria para uma motivação de base eminentemente de mercado de curto prazo.

Numa esfera nacional, essa perequação de sustentabilidade deve ser alargada. Atenta a diferenciação dos resultados financeiros, e perante uma óbvia distorção de mercado, a reclassificação do solo para a classe de urbano implica ainda uma renda superior à que resulta da utilização do solo para finalidades agrícolas. Tal resulta do milagre na multiplicação que é alcançado pelas benfeitorias urbanísticas que, por via, por exemplo, da construção em altura, fazem multiplicar o solo para habitação disponível. Ora, tal pode traduzir-se numa injustiça para os proprietários de solos, que, dada a sua função natural e ambiental, nunca poderão ter acesso a essas rendas adicionais. Porém, são essas zonas naturais para onde os cidadãos das cidades vão passar os seus momentos de lazer ou que atraem turistas de outros países. Neste quadro de interacções alargadas, também poderá fazer sentido que os proprietários dos imóveis das cidades (ou os promotores da sua construção) contribuam para a sustentabilidade das áreas naturais, ante a impossibilidade prática da tarifação do seu acesso individual.

Numa esfera internacional, essa perequação de sustentabilidade deve ser ainda mais alargada. Ao contrário do que referiam os apologistas da curva de Kuznets ambiental, os países menos desenvolvidos ainda são os detentores dos mais importantes activos ambientais, quer em termos de biodiversidade quer em sede de capacidade de processamento de dióxido de carbono (a floresta tropical). Como se pode exigir que procedam a uma gestão sustentada e eficiente dessas zonas, quando as tensões para a sua rentabilização, nomeadamente para a utilização agrícola, aumentam sucessivamente com a procura cada vez maior de produtos agrícolas (*e.g.*, a soja e produção de carne)? É claro que tal não pode ser efectuado de forma séria, ainda mais quando os factores de desigualdade social entre os modos de vida são cada vez mais visíveis e transparentes.

A sustentabilidade territorial é, portanto, fundamental quando tratamos da questão ambiental[1]. É pena que a teoria económica se tenha esquecido da terra no último século. O facto de se tomar como não depreciável em termos de amortização contribuiu para isso. Contudo, hoje em dia, o problema é exactamente o inverso, precisamente a sua apreciação e o facto de as rentabilidades potenciais que dela decorrem serem bastante diferenciadas consoante a sua utilização. E, aí, claramente, a função ambiental está no limiar mais baixo.

Pelo exposto, é essencial que o direito económico e, consequentemente, os seus instrumentos financeiros e fiscais procedam a uma correcção dos elementos macroeconómicos de base, e estabeleçam, no limiar das possibilidades, uma nivelação da rendibilidade potencial independentemente da utilização desenvolvida. Por outro lado, deverá também proceder a uma penalização da inacção produtiva ao nível do solo, uma vez que a sua função agrícola e florestal (não natural) é, perante o estado de coisas actual, eminentemente social. *In limine*, e quanto a este último aspecto, o Estado deverá conhecer os proprietários (cadastro), desenvolver uma política de gestão eficaz (designadamente) no campo florestal, ao nível do ordenamento), incentivando os produtores em boa prática e penalizando os

[1] A Agenda Territorial da União Europeia foi acordada em 25 de Maio de 2007 e revista aquando da presidência húngara em 19 de Maio de 2011. Define-se como um quadro político orientado para a coesão territorial na União Europeia e para a importância da dimensão territorial dos desafios de política, estabelecendo prioridades de desenvolvimento policêntrico e integrado do espaço europeu. Neste âmbito, contém o alinhamento desta perspectiva de base territorial com a Estratégia Europa 2020 e os objectivos de desenvolvimento inteligente, inclusivo e sustentável. Procura igualmente dar resposta aos desafios colocados pelas mudanças estruturais em resultado da crise económica, das crescentes dependências inter-regionais, das mudanças demográficas e sociais, dos diversos impactos das alterações climáticas, bem como a matérias de energia, ambiente biodiversidade e património natural e cultural. Neste quadro, define seis prioridades territoriais: *i)* promover um desenvolvimento territorial policêntrico e equilibrado; *ii)* estimular o desenvolvimento integrado nas cidades e no meio rural e em áreas específicas; *iii)* integrar territorialmente as regiões funcionais transfronteiriças e transnacionais; *iv)* assegurar a competitividade global das regiões baseada em economias locais fortes; *v)* melhorar a conectividade territorial para os indivíduos, comunidades e empresas; *vi)* gerir e interligar os valores ecológicos paisagísticos e culturais das regiões [disponível em http://ec.europa.eu/regional_policy/sources/policy/what/territorial-cohesion/territorial_agenda_2020.pdf]. *Cf.*, igualmente, *Livro Verde sobre a Coesão Territorial Europeia. Tirar Partido da Diversidade Territorial.* SEC (2008) 2550 [disponível em http://ec.europa.eu/regional_policy/archive/consultation/terco/paper_terco_pt.pdf]

ausentes improdutivos (quando o que acontece actualmente em Portugal é exactamente o oposto). Relembramos que o próprio conceito subjacente à propriedade fundiária é a instrumentalização do mesmo à eficiente percepção dos frutos próprios do investimento a longo prazo, crucial para o seu correcto aproveitamento. Assim, se esse investimento não for realizado em terras com capacidade produtiva ou, pelo menos, em termos que não sejam satisfatórios para a eficiente extracção de vantagens, deixa de existir fundamento regulatório para a defesa desse direito de propriedade.

Esta ponderação é teórica. Obviamente que é bastante difícil definir qual o nível eficiente de utilização fundiária em concreto. Por outro lado, também não concordamos com a teoria da vocação natural do solo. Esse conceito tende a perpetuar-se nas leis de planeamento, e esquece a evolução tecnológica entretanto verificada. Por exemplo, uma das mais importantes revoluções recentes traduziu-se no sistema de rega gota a gota, que permitiu intensificar culturas que anteriormente eram eminentemente extensivas, tornando produtivos solos anteriormente incultos ou de muito reduzida produtividade. Além disso, não poderemos esquecer as falhas de governo a este propósito.

A definição em concreto das finalidades próprias do solo é muitas vezes distorcida pela formação do decisor. Por exemplo, um urbanista tende a valorizar o solo urbano, um paisagista o aperfeiçoamento da paisagem e da natureza, um engenheiro agrícola, como não poderia deixar de ser, a agricultura. Por sua vez, o engenheiro florestal a floresta, e o ecologista a natureza *per si*. Já o economista privilegia a rendibilidade económica, o gestor o custo/benefício perante o risco envolvido, e finalmente, o jurista, infelizmente e muitas vezes, apenas o processo e procedimento em si mesmo, esquecendo a sua finalidade. Há que fazer uma síntese de todos estes conhecimentos. Essa é uma função complexa para o político, haverá que reconhecer.

2. Urbanismo Sustentável

O urbanismo é a ciência da urbe. Dedica-se ao estudo da vida em cidade (*polis*), da megalópole à aldeia mais remota, que, atenta a natureza gregária dos seres humanos, se traduz praticamente na positivação de uma forma psicológica e sociológica de organização colectiva inerente e genética a todos nós. O direito a urbanizar competirá sempre ao sector público. Ao invés, o direito a edificar competirá ao sector privado.

Por vezes, a ordem jurídica administrativa tende a organizar os mandamentos administrativos da área mais ampla do ordenamento do território na terminologia «urbanismo». Tal afigura-se incorrecto, visto que a utilização fundiária urbana é, em percentagem, a menor das utilizações possíveis e actuais do solo. Portugal, por exemplo, segundo os dados do Plano Nacional da Política de Ordenamento do Território (PNPOT), tem uma área inferior a 5% de solo urbano. Se retirarmos desses 5% as orlas urbanas não infra-estruturadas (logo, só juridicamente urbanas e não urbanas em si mesmo), essa percentagem poderá reduzir-se para cerca de metade.

Tal não significa que a ciência das cidades não seja importante. Pelo contrário, como se referiu, ela é inerente à vida humana, implica as áreas de maior valor económico, é a mais determinante no ciclo de vida humana, constitui a génese da política (*ipso facto*, o governo da cidade) e, de acordo com a trajectória demográfica actual, consistirá no maior desafio ambiental futuro. É nas cidades que se aprende a dar importância à Natureza. Quem vive em estado natural toma-a – erradamente – como garantida (e, por vezes, a desvaloriza-a). Quem vive em cidade aprende a valorizá-la (mas sem se disponibilizar a pagar o que quer que seja para tal).

A sensibilidade enviesada dos proponentes da curva de Kuznets ambiental isso demonstra. O epitáfio é semelhante. Observaram o estado ambiental das cidades dos países subdesenvolvidos e tomaram-nas pelo todo[2]. Ora, isso não é verdadeiro, mas é indiciador. Se a esses habitantes não for outorgada uma boa educação ambiental (e a sua vivência isso indicia), nunca existirão defensores efectivos e legítimos dos territórios naturais desses países. Todos os esforços dos teóricos provenientes dos países desenvol-

[2] O Relatório Brundtland (ob cit., pontos 72 e 73), já dedicava uma atenção especial à sustentabilidade das cidades referindo: «*Few city governments in the developing world have the power, resources, and trained personnel to provide their rapidly growing populations with the land, services, and facilities needed for an adequate human life: clean water, sanitation, schools, and transport. The result is mushrooming illegal settlements with primitive facilities, increased overcrowding, and rampant disease linked to an unhealthy environment. Many cities in industrial countries also face problems – deteriorating infrastructure, environmental degradation, inner-city decay, and neighborhood collapse. But with the means and resources to tackle this decline, the issue for most industrial countries is ultimately one of political and social choice. Developing countries are not in the same situation. They have a major urban crisis on their hands. Governments will need to develop explicit settlements strategies to guide the process of urbanization, taking the pressure off the largest urban centres and building up smaller towns and cities, more closely integrating them with their rural hinterlands. This will mean examining and changing other policies – taxation, food pricing, transportation, health, industrialization – that work against the goals of settlements strategies.*»

vidos parecerão fantasias de pessoas oriundas de países capitalistas que tomam a defesa ambiental como capricho de férias, ou como motivo de sabática anual após um qualquer curso universitário. Não será por acaso que a União Europeia tem dedicado uma atenção especial às matérias da sustentabilidade urbanística.

Salientamos, a este propósito, a Comunicação da Comissão Europeia ao Parlamento Europeu sobre a Estratégia temática sobre o ambiente urbano, em 11 de Janeiro de 2006[3]. É uma das sete estratégias do Sexto Programa de Acção Ambiental para o Ambiente da União Europeia, desenvolvido com o objectivo de contribuir para uma melhor qualidade de vida através de uma abordagem integrada e centrada nas zonas urbanas e para tornar possível um elevado nível de qualidade de vida e bem-estar social para os cidadãos, proporcionando um ambiente em que os níveis da poluição não têm efeitos adversos sobre a saúde humana e o ambiente, assim como promover o desenvolvimento urbano sustentável. Em 2007, foi aprovada a Carta de Leipzig sobre as cidades europeias sustentáveis[4]. Em 2010, a Declaração de Toledo, que constitui a base do Programa Cidades do Futuro, da Comissão Europeia, aprovado em Outubro de 2011[5]. Toda a estratégia dos fundos comunitários para o período 2014-2020 foi construída com base nessas determinações. Aqui se revela toda a importância da susten-

[3] http://eur-lex.europa.eu/legal-content/PT/TXT/HTML/?uri=LEGISSUM:l28171&from=PT

[4] A «Carta de Leipzig sobre Cidades Europeias Sustentáveis» foi adoptada em 24 e 25 de Maio de 2007, na esteira dos avanços anteriormente alcançados no âmbito do «Programa de Acção de Lille» (2000), do «Acervo Urbano de Roterdão» (2004) e do «Acordo de Bristol» (2005), que reconhecem a necessidade de integração horizontal e vertical e da territorialização das políticas, realçando a importância do fortalecimento do papel das cidades e da troca de experiências entre os agentes urbanos. Porém, com a Carta de Leipzig e a Agenda Territorial da União Europeia, o desenvolvimento urbano e as questões relacionadas com a coesão territorial são novamente colocados nas prioridades fundamentais da política europeia. Neste documento, os Estados-Membros comprometem-se a dar respostas aos desafios sociais e demográficos que as cidades e regiões enfrentam, às alterações climáticas e aos impactos das mudanças estruturais na economia, seguindo os propósitos do desenvolvimento urbano sustentável (na tripla vertente económica, social e ambiental) e na promoção de uma organização territorial baseada numa estrutura urbana policêntrica, segundo os objectivos estabelecidos na Estratégia de Lisboa. Apesar de servir da base para a denominada «política das cidades», uma leitura atenta da estratégia permite visualizar o seu impacto transversal a todo o território.

[5] http://ec.europa.eu/regional_policy/sources/docgener/studies/pdf/citiesoftomorrow/citiesoftomorrow_summary_pt.pdf

tabilidade do urbanismo[6], da sustentabilidade da cidade, enquanto fonte natural e racional de organização humana, e da sustentabilidade para a cidade – sem um ambiente de qualidade, a cidade não sobrevive.

Em primeiro lugar, as cidades são, actualmente, líderes de uma região. Independentemente da sua dimensão, a esfera urbana necessita intrinsecamente de um espaço de sustentação – alimentar, natural e agora de competitividade económica. A aldeia necessita dos campos em redor para a sua sustentação e valorização; a vila agrupa um conjunto de aldeias, como se de um centro de recursos partilhados se tratasse. A cidade já adquire uma importância primordial, sendo que a sua competitividade depende da competitividade da sua região e vice-versa. A capital de um país leva esse mandamento ao extremo, coincidindo a sua qualidade com a competitividade relativa do seu Estado nacional. E podíamos continuar até aos espaços de integração regional.

Em toda esta cadeia de formação de valor, a sustentabilidade adquire uma importância primordial. Cidades construídas artificialmente com base em subvenções temporárias (nomeadamente as rendas petrolíferas) dificilmente se manterão em situações de equilíbrio (estaremos para ver o caso do Dubai com a sua estratégia de diversificação económica).

E, neste aspecto, não existe melhor juiz do que a História. Se a cidade perdurou durante séculos, ou até mesmo milénios, é porque adquiriu algumas características únicas. A fonte da sua competitividade decorre naturalmente da região onde se insere, uma vez que a existência dependeu, num primeiro momento, da cadeia logística de distribuição conjugada com uma característica única geográfica que fundamentou o seu sucesso e suportou o seu crescimento.

Obviamente que, a partir de um determinado momento, as economias de escala, de rede e de densidade começam a fazer-se sentir, adquirindo a cidade poderes de elevada intensidade decorrentes das forças de mercado próprios das redes.

Porém, mesmo nessas circunstâncias, a sustentabilidade não deixa de fazer sentido. E, para essa sustentabilidade, é necessário o exercício de uma decisão pública de elevada qualidade.

[6] *Cf.*, por exemplo, a carta de Aalborg de 1994, *in* http://www.sustainablecities.eu/fileadmin/repository/Aalborg_Charter/Aalborg_Charter_English.pdf; bem como a carta de Leipzig, de 2007, *in* https://5cidade.files.wordpress.com/2008/01/leipzig-charta-adr-pt.pdf. Em ambas se salienta a necessária de sustentabilidade do urbanismo e das cidades.

É essa precisamente a origem do que entende enquanto «Política» em sentido próprio. Na sua forma mais pura, a política traduz-se na gestão dos interesses colectivos perante potenciais interesses individuais conflituantes, mas que, no bem de todos, devem ser conformados e delimitados. Para uma «Política» urbana de boa qualidade, é necessário muito mais do que simples regras de ordenamento administrativo. Uma boa política urbana é uma política de desenvolvimento económico para a qual a política de urbanismo em sentido estrito é um mero instrumento.

Nesta perspectiva, a infra-estruturação é a base da vida em cidade. Sem uma infra-estruturação de boa qualidade, a rede vital de suporte à existência colectiva não funcionará e a cidade não será eficiente. Num panorama global de concorrência intensa, essa cidade perecerá lentamente. Cidade será, portanto, um conjunto de pessoas a viver conjugadamente sobre uma idêntica rede infra-estrutural que permite essa vida em comum de forma organizada e eficiente. E esse é o principal desafio actual. Quanto de maior dimensão for a cidade – e as trajectórias demográficas isso indicam – maior será a exigência na sua infra-estruturação. O problema é tão mais grave quanto as futuras megalópoles se situam em países pouco desenvolvidos (veja-se o caso da Nigéria) e que, por essa razão, reduzidos recursos terão para a realização dos investimentos iniciais necessários.

E, em condições de infra-estruturação precária, as virtudes das cidades rapidamente se transformam em defeitos. Aquilo que é bom (oportunidades, segurança, saúde, educação) transmuta-se em problemas decorrentes de uma guetização própria de uma sociedade de contrastes.

Tal como na esfera ambiental, *stricto sensu*, e do ordenamento do território, uma política de sustentabilidade da cidade é fundamental. Talvez seja ainda mais crucial, porquanto os futuros decisores políticos aí terão nascido e obtido a sua formação. Essa sustentabilidade passa pela sua articulação com a região onde está inserida (conforme se referiu), mas igualmente pela construção e amortização sucessiva das suas infra-estruturas. E não se pense que se trata de um problema de países subdesenvolvidos. Veja-se o caso de Detroit, que faliu, sem qualquer resgate por parte do governo central dos Estados Unidos.

O nosso país também é um bom exemplo para casos de desajustamento. Por exemplo, o abandono dos centros históricos e a sua degradação não fazem o mínimo sentido em termos económicos. De facto, situando-se essas áreas centrais no «centro», aí far-se-iam sentir os efeitos de rede mais relevantes e, por conseguinte, essas áreas deveriam ser as mais competitivas.

Uma cidade sem um centro implode. Todavia, foi isso que aconteceu com a generalidade das cidades nacionais até há pouco tempo. Quais as razões desse facto? Basicamente, falhas de política. Sem perder muito tempo com este aspecto que será tratado mais adiante, refira-se que a imposição de uma política centenária de congelamento das rendas e de imobilidade dos arrendatários que originou um impedimento económico no investimento em reabilitação em edifícios e uma política de subvencionamento europeu à construção de infra-estruturas de expansão urbana levaram inequivocamente a que a decisão individual mais racional se traduzisse na construção na orla de expansão e no abandono dos centros urbanos.

Sendo este movimento antinatural tendo em consideração os mandamentos mais genéticos da teoria das redes, gera-se fatalmente um problema de congestionamento ante as necessidades de transporte acrescidas pelo incentivo económico dado à mudança para regiões mais distantes e, consequentemente, de manutenção das infra-estruturas construídas (o financiamento comunitário tem unicamente como finalidade a construção, sendo proibida a sua aplicação na manutenção das infra-estruturas). Ora, quando estas se degradam, a população que pode muda-se inevitavelmente para zonas mais centrais, o que coloca em causa a sustentabilidade desses arredores.

Assim, a sustentabilidade do urbanismo é de primordial importância para a justificação de existência da própria cidade. Quanto mais sustentáveis as estruturas urbanas forem, mais eficientes serão as estruturas privadas que dependem delas. Se a cidade não for eficiente (e neste quadro inserem-se as políticas de diminuição das desigualdades, e igualmente as políticas públicas de educação, saúde, desporto e cultura), menor será a sua atractividade e menor capacidade produtiva terão as empresas e os particulares que a utilizam como suporte vital.

O plano das finanças públicas é fundamental. A sustentabilidade das infra-estruturas é alcançada quando o modelo de financiamento da sua amortização é equilibrado, ou seja, quando é suportado num ponto eficiente por todos os habitantes beneficiários. Se a estes for exigido de menos, as infra-estruturas degradar-se-ão e a cidade deixará de ser atractiva. Se a estes for exigido de mais, estarão a ser repercutidos custos adicionais, provocando-se uma desutilidade privada não eficiente, e a cidade deixará de ser atractiva. A este respeito não existem almoços grátis. A chave da sustentabilidade da cidade está na sua gestão pública. Mas isso não é novidade, sempre foi assim...

O bom decisor será aquele que conseguir efectuar a melhor síntese entre as reais necessidades dos seus cidadãos, e aquilo que é fulcral para a competitividade da sua urbe. Políticas de atractividade e parceria são hoje fundamentais. Se não existirem cidadãos ou empresas, não existirão contribuintes e a cidade desaparecerá. Aos governos centrais restará um papel perequativo geral, mas não uma função de resgate permanente e generalizado.

2.1. Políticas Públicas de Alta Densidade e Políticas Públicas de Baixa Densidade. Superação da Clivagem Interior/Litoral

Tradicionalmente, utiliza-se o chavão dilemático interior/litoral para justificar a aparente melhor competitividade, logo atractividade, do litoral em comparação com o interior. Nada mais incorrecto. Relembre-se, por exemplo, que Madrid, situada no ponto mais interior da Península Ibérica é imensamente mais competitiva do que Odemira, concelho que tem a maior exposição costeira de Portugal.

Ora, o que está em causa é única e simplesmente eficiência económica decorrente da teoria das redes e não qualquer anátema de base geográfica que fatidicamente traça o destino de uma qualquer região geográfica. Aliás, a dicotomia litoral/interior radicou unicamente no facto de a intensidade das redes no litoral ser historicamente superior à do interior, nada mais.

E, note-se, não há qualquer fatalidade na vivência em áreas de baixa densidade. Aliás, é precisamente nessas regiões que se situam os activos ambientais de melhor qualidade. Existem actividades económicas que só podem ser desenvolvidas nessas regiões. Estamos a falar do turismo de natureza, da agricultura biológica, ou até mesmo da criação artística que tem subjacente algum tempo de ponderação e inspiração. E, mesmo assim, estamos a pecar por preconceito, já que se essas regiões de baixa densidade foram dotadas de uma boa rede de telecomunicações, logo, o posicionamento relativo do agente no território passará a ser irrelevante. E, nesse momento, poderemos atrever-nos a dizer que as zonas de baixa densidade passarão a ser mais atractivas do que as zonas de alta densidade, alterando-se o paradigma prototípico que hoje presenciamos.

O que se torna insustentável é que se apliquem políticas de alta densidade em áreas de baixa densidade. Efectivamente, a construção de infra-estruturas urbanas próprias de zonas de elevada construção populacional em zonas de reduzida densidade conduz inevitavelmente a um problema de sustentabilidade.

Assim, quando se fala em transferências perequativas entre litoral e interior, o foco deve ser reposicionado, ou seja, de regiões de alta densidade para regiões de baixa densidade. Por sua vez, tal perequação deve ser efectuada pelas razões correctas, tais como a compensação por serviços ambientais ou por questões relacionadas com a coesão territorial – óptica da igualdade – e não pelas razões erradas (expansão urbana, piscinas, centros culturais, estádios, *etc.*), que não se encontrem directamente relacionadas com serviços básicos essenciais (por exemplo, o metro cúbico de água ou o kilowatt de energia é naturalmente mais caro em regiões de baixa densidade em comparação com os efeitos das economias de densidade), ou com custos de transporte. A questão essencial é, aqui, a qualidade das telecomunicações. Se não forem de boa qualidade, essa zona urbana, como qualquer outra ao nível da concorrência global, estará condenada e não haverá política de sustentabilidade que a salve.

E, neste quadro de sustentabilidade, as zonas de baixa densidade poderão estar optimistas. Serão estas que terão de garantir a procura crescente das áreas urbanas e fornecerão a oportunidade para deslocações dos seres urbanos ao estado civilizacional inicial: a vida no campo em pequenas comunidades e o gozo autêntico da vida em natureza, que será um bem cada vez mais escasso.

Assim, num contexto competitivo global por uma posição predominante a nível concorrencial, passámos de um modelo de concorrência nacional para modelos de concorrência regional. Isso é visível nas nações mais desenvolvidas e, portanto, mais competitivas. Na Alemanha (os Landen), em França (as Regiões Administrativas), no Reino Unido (as cidades principais), nos Estados Unidos (a cidade enquanto líder de um Estado, ou uma região em especial, como Silicon Valley) são as regiões que se digladiam na atracção de conhecimento para o desenvolvimento conjugado de novas soluções e produtos.

Quando se fala de competitividade da cidade, estamos a referir-nos à competitividade da região. As soluções são moldadas às necessidades de áreas e populações que, na maioria dos casos, são superiores às do nosso país. Se entendermos o conceito à simples dimensão da cidade ou do município, gerar-se-ão inevitavelmente problemas de escala. Neste cenário, o desafio da regionalização é inerente. A competitividade da cidade é a competitividade da região e da sua rede. Em Portugal, essa política de competitividade é inevitavelmente regional.

E porque é que a fonte de competitividade são as cidades? Porque são a âncora das pessoas. A base última da competitividade são as pessoas. Sendo a inovação resultado de uma articulação de saberes de elementos humanos com valências específicas, o espaço da cidade é um elemento crucial para a criação de sinergias e de redes de conhecimento. Esse ponto de encontro, nem que seja a título inicial, dá-se na cidade enquanto elemento espacial de conjugação interpessoal. Todavia, o desenvolvimento da ideia ou do conceito pode ser feito em qualquer ponto do mundo, desde que haja uma boa rede de telecomunicações.

Num exemplo baseado em simples racionalidade económica, o desenvolvimento de um trabalho planeado deve ser realizado na localização mais barata possível. Ora, o custo por metro quadrado em zonas de baixa densidade é, pelas razões inerentes à definição de preço do solo, substancialmente mais barato do que em zonas de elevada densidade. Se existirem boas telecomunicações e uma rede de transportes para as deslocações necessárias, a localização mais racional será na zona de baixa densidade.

2.2. As *Smart Cities* e a Política de Digitalização do Governo das Cidades

O modelo de decisão política da cidade está em mutação. *Smart City*, traduzido para «cidade inteligente», é hoje um anglicismo recorrente de que todos falam, mas que poucos conseguem efectivamente situar. Quais são os problemas desta denominação?

Em primeiro lugar, a questão do objecto. Se tivermos como interlocutor uma empresa de transportes, a *smart city* será a venda electrónica de bilhetes, a gestão telemática de transporte flexível, *etc.* Se falarmos com uma empresa de estacionamentos, às temáticas anteriores juntar-se-á a visualização em tempo real da disponibilidade de lugares, tarifários dinâmicos, *etc.* A mesma especialização de visão se verificará atenta a especificidade de objecto do vendedor interessado. Qual é o perigo desta perspectiva verticalizada? A proliferação indiscriminada de plataformas não compatíveis ou interoperáveis.

Em segundo lugar, todas as questões inerentes ao conceito amplo de reforma do Estado. Sempre se fala da reforma do Estado enquanto acto de decisão administrativa orientado por uma decisão política. Fundem-se ou extinguem-se serviços, alteram-se denominações. Nada de mais redutor. A Reforma do Estado é a digitalização dos serviços públicos, a viragem da acção para a competitividade da região. O Estado deve passar de ente administrativo para ente parceiro. O agente administrativo deverá ser pro-activo e não reactivo. Questões como a simplificação administrativa são do passado. Hoje não existe opção. Essa simplificação é um pressuposto da digitalização e essa é um imperativo de competitividade. Sem competitividade não haverá empregos nem população.

Em terceiro lugar, a questão do cidadão. Não é a cidade, ou a região, que é inteligente. São os seus cidadãos. O foco deverá ser sempre o cidadão, e serão estes os sensores essenciais para as opções políticas subjacentes. Orçamentos participativos, sondagens *online*, blogues e redes sociais constituem um ataque directo a um modelo de democracia representativa de ciclo eleitoral. Hoje em dia, o decisor pode solicitar opiniões e ter o retorno e apreciação das mesmas em termos imediatos. Existem vantagens, mas também existem riscos como, por exemplo, a ditadura das maiorias sobre as minorias ou de minorias organizadas (grupos de pressão), que fazem valer os seus interesses perante os da maioria atomizada.

Os desafios são enormes e não podem ser ignorados. A lógica da digitalização não é uma opção, mas sim um imperativo. Resta saber se responderemos ao desafio de forma eficiente e em tempo útil ou se, mais uma vez, nos atrasaremos indelevelmente. O grande desafio é que, hoje, a velocidade do progresso é alucinante.

Neste quadro, o movimento das «cidades inteligentes» não é mais do que uma corrida para a eficiência gestionária. Conforme referimos, as cidades competem entre si. A chave para o sucesso reside na especialização inteligente alcançada, e que diferencia uma cidade relativamente às demais, e a eficiência da sua gestão. Uma cidade com elevados impostos e reduzidos serviços públicos não é atractiva. Não sendo atractiva, não será sustentável.

Neste panorama de concorrência generalizada a nível global, a cidade é, mais do que nunca, uma rede ao serviço dos cidadãos. Terá de ser uma fonte de riqueza e de conhecimento. Terá de ser um ente auxiliar para o sucesso económico das pessoas e das empresas. Se não for, deixará de ter significado, um pouco como uma cidade sem muros na Idade Média. Se não proporcionasse segurança, era inútil. As muralhas de hoje já não são físicas, mas sim redes de conhecimento e de interacção e infra-estruturas de qualidade, nomeadamente ao nível das comunicações e dos transportes.

Assim, a digitalização e a desintermediação terão um papel crucial no alinhamento das questões territoriais e urbanísticas. Porém, é essencial que não se obnubile a questão financeira subjacente. Essa é uma mensagem crítica que deverá ser introduzida nas lições.

A – Questões para o Futuro

i. Será o território a dimensão final e finita da questão da exaustão de recursos?
ii. Qual o conceito de valor intrínseco fundiário?
iii. Qual o modelo para a construção de uma perequação global de sustentabilidade?
iv. Existirá um dever funcional relativamente à utilização eficiente do solo?
v. Qual a relação entre sustentabilidade ambiental, sustentabilidade territorial e sustentabilidade urbanística?
vi. Será uma cidade competitiva sem uma região competitiva? Será uma região competitiva sem uma cidade competitiva?
vii. Qual a relação entre infraestruturação e competitividade das cidades? Causa ou consequência?
viii. Qual a real importância das finanças públicas na sustentabilidade das cidades?
ix. Qual o modelo de equilíbrio entre políticas económicas de alta densidade e de baixa densidade?
x. Qual o modelo perequativo ideal em sede de coesão territorial?
xi. Qual a relevância da digitalização e da especialização inteligente na competitividade das cidades e das regiões?

B – Bibliografia Nacional:

CORREIA, P. – *Políticas de Solos no Planeamento Municipal.* Lisboa: Fundação Calouste Gulbenkian, 2002

COSTA LOBO, M. – *Planeamento Regional e Urbano.* Lisboa: Universidade Aberta, 1999

FERRÃO, J. – «A emergência de estratégias transnacionais de ordenamento do território na União europeia: reimaginar o espaço europeu para criar novas formas de governança territorial?» *In EURE*, Mayo, año/vol. XXIX, número 089, Pontífica Universidad Católica de Chile, Santiago, Chile, 2004

OLIVEIRA, V., MARAT-MENDES, T., PINHO, P. – *O Estudo da Forma Urbana em Portugal*. Porto: Universidade do Porto edições, 2015

PARDAL S., COSTA LOBO M., CORREIA P. V. D. – *Normas Urbanísticas, volume IV – Planeamento Integrado do Território. Elementos de Teoria Crítica*. Direcção Geral do Ordenamento do Território e Desenvolvimento Urbano (DGOTDU), Lisboa, 2000.

PARDAL, S. – *A Apropriação do Território. Crítica aos Diplomas da RAN e da REN*. Instituto de Agronomia/Universidade Técnica de Lisboa, Lisboa, Portugal, 1996

PARDAL, S. – *Planeamento do território, instrumentos para a análise física*. Editora Livros Horizonte, 1988

C – Bibliografia Estrangeira

ANGEL, Shlomo – *Planet of Cities*, Lincoln Institute of Land Policy, Cambridge, 2012

DONALD, Mc; McMillen Daniel – *Urban Economics and Real Estate*, Blackwell Publishing, 2008

FERRÃO, P. e FERNANDEZ, J. E. – *Sustainable Urban Metabolism*, Cambridge: MIT Press, 2015

MOSTAFAVI, M., DOHERTY, G. (Eds) – *Ecological Urbanism*. USA: Lars Muller, 2010

MOURÃO, J., MARAT-MENDES, T. – «Urban Planning and territorial management in Portugal: Antecedents and impacts of the 2008 financial and economic crisis». *In* Othengrafen, F.; Knielin, J. (eds) – *Cities in Crisis. Socio-spatial impacts of the economic crisis in Southern European cities*. Routledge, Germany), 2016, pp. 157–171

O´SULLIVAN, Arthur – *Urban Economics*, 7th ed., McGraw Hill, 2009

Capítulo II
Solo e Regulação Económica

1. A Regulação Fundiária em Geral

Assumindo o solo uma natureza infra-estrutural no âmbito do ordenamento do território e do urbanismo, a sua regulação assume um papel fundamental no seio das tarefas fundamentais do Estado. Da mesma forma, a sua dimensão económica é evidente. Constituindo o solo um recurso comum, o seu modelo de atribuição e exploração a interessados concorrentes integra o cerne da decisão económica.

Tal-qualmente, a competitividade de um país depende do aproveitamento pleno dos seus recursos. O solo constitui uma matéria-prima fundamental para o desenvolvimento de uma qualquer actividade económica de natureza material, constituindo-se como imperativa a sua utilização eficiente.

Poder-se-ia pensar que às entidades públicas restaria, neste campo, uma mera função arbitral tendo em vista a composição dos interesses privados em presença[7]. Efectivamente, os conflitos de propriedade entre agentes

[7] *Cf.*, sobre este assunto, Araújo, Fernando – *A Tragédia dos Baldios e dos Anti-Baldios*, Almedina, 2008. Nesta obra são analisadas as implicações económicas do Direito de Propriedade por via de uma perspectiva inovadora, problematizando-se os problemas de «falta» ou «excesso» de apropriação, tanto privada como colectiva. Estas e outras questões são abordadas através da dicotomia da «Tragédia dos Baldios», já tratada, e da «Tragédia dos Anti-Baldios», que iremos analisar nesta sede, e que se constituem como pólos aparentemente simétricos, com os quais a Análise Económica do Direito procura determinar o nível óptimo de apropriação de recursos: a insuficiente apropriação e o excesso de acesso livre, que conduzem à «Tragédia dos Baldios»; e a excessiva apropriação, com a concomitante exclusão de acesso e subutilização dos recursos, que conduzem à «Tragédia dos Anti-Baldios».

que se encontrem numa relação de vizinhança, mais ou menos alargada, são ancestrais, cabendo ao Estado um papel de arbitragem na delimitação da circunscrição do direito de propriedade, na ausência das condições essenciais para a gestão colectiva do recurso[8]. Tudo o resto, além da função de administração da justiça e da protecção da propriedade privada, poderia ser deixado ao mercado que, nos termos da mão invisível, comporia os interesses em presença de uma forma eficiente num ambiente de concorrência perfeita.

No entanto, existem questões de base que impossibilitam essa aproximação minimalista:

i) **Imperfeição Genética do Mercado Fundiário**: um mercado só será plenamente concorrencial quando se encontrarem reunidos três pressupostos essenciais:

a. a atomicidade, ou seja, a presença no mercado de uma multiplicidade de agentes quer do lado da procura, quer do lado da oferta, de forma que seja vedado a qualquer um deles determinar individualmente os termos fundamentais que conformam as transacções, *maxime* o seu preço;

b. a fluidez, que consiste na existência de mecanismos que propiciem transacções rápidas e eficientes de produtos homogéneos apoiados em decisões económicas tomadas na posse de plena informação, estando os agentes totalmente esclarecidos quanto aos termos das opções presentes e das consequências destas num momento futuro;

c. a existência de liberdade de entrada e de saída, não sentindo os agentes quaisquer entraves excessivos quer à entrada no mercado (inexistência de custos de transacção), quer à saída (inexistência de custos irrecuperáveis).

Ora, perante estes requisitos conclui-se rapidamente que o mercado fundiário não é um mercado plenamente concorrencial[9]. Efectivamente, nenhuma destas características se verifica. Em vez de a atomicidade, assis-

[8] *Vide* o modelo de Okstrom para a gestão colectiva dos baldios.

[9] *Cf.*, *e.g.*, DIPASQUALE, Denise; WHEATON, William – *Urban Economics and Real Estate Markets*. Prentice Hall, 1996; MCDONALD John; MCMILLEN, Daniel – *Urban Economics and Real Estate, Theory and Practice*. Blackwell, 2008.

timos a uma dotação originária dificilmente mutável. A fluidez, por sua vez, choca com a natureza imóvel inerente à própria definição de imobiliário. Finalmente, a existência de liberdade de entrada e de saída contrasta claramente com o facto de o solo revestir a qualidade de:

ii) **Solo como Recurso Comum**: o solo não é um bem económico típico. A sua natureza (única, não reprodutível[10]), e a sua vertente imaterial traduzida na fundamental relevância da localização (traduzida no ímpeto anglo-saxónico sobre os três factores relevantes para a avaliação fundiária: *location, location, location*), fundamentam uma inevitável conclusão pela natureza atípica do solo. Neste quadro, e perante a incapacidade originária de desenvolvimento de condutas de exclusão no aproveitamento do recurso, a não ser por via de uma tutela estadual atributiva de direitos de apropriação, não existe qualquer dúvida relativamente à sua qualificação como recurso comum, ainda mais quando o nível de rivalidade pela sua utilização aumenta significativamente à medida do aumento da densidade populacional no planeta.

iii) **As infra-estruturas territoriais e urbanas enquanto monopólios naturais**: a organização dos mercados fundiários, sobretudo ao nível urbano, depende da criação de infra-estruturas que tendem inevitavelmente para um modelo de monopólio natural[11], por via da ocorrência de economias de escala, de gama[12], de densidade

[10] Pelo menos a valores sustentáveis de mercado.

[11] Note-se, no entanto, que são estes elementos que fundamentam a criação de cidades, atento o efeito que decorre da existência de uma densidade mais elevada em termos económicos para a organização espacial da propriedade.

[12] As economias de escala e de gama no lado da oferta podem revestir naturezas estruturalmente distintas, consoante os mercados em presença. Na sua manifestação mais comum, as economias de escala poderão reduzir os custos dos serviços prestados a todos os participantes da rede. Tal ocorre quando no mercado de produção e distribuição de electricidade e de água a participação de um consumidor adicional reduzir os custos – partilhados – dos serviços prestados a todos os participantes da rede. No entanto, parte da doutrina identifica um outro efeito externo de rede indirecto, directamente relacionado com o valor da diversidade. O mercado das ATM constitui o exemplo clássico a este propósito. Supondo que um determinado número de bancos constituem uma rede de ATM, as suas decisões relativas à localização dos distribuidores automáticos assentarão essencialmente nas expectativas subjacentes ao nível de procura. Uma vez que existem economias de escala relevantes neste mercado, não fará sentido o desenvolvimento de uma estratégia de implantação espacial indiscriminada, pois

(que explicam a própria formação de cidades), de «externalidades de rede»[13] – e de externalidades negativas – por via de desecono-

os custos da sua gestão superariam, inevitavelmente, os ganhos económicos decorrentes da verificação das economias de escala. Porém, se os níveis da procura aumentarem, devido a um aumento populacional na área geográfica relevante, os bancos poderão considerar justificável a implantação de ATM adicionais que, inevitavelmente, aumentarão os níveis de Bem-Estar dos consumidores, reduzindo os custos de transporte e de negociação para os incumbentes.

[13] As externalidades de rede ou efeitos externos de rede apresentam-se como fenómenos económicos decorrentes de particularidades do lado da procura (*demand side effects*). Em princípio, os efeitos externos de rede constituem uma categoria ampla em que se inserem diversos fenómenos económicos, não se confundindo com as exterioridades tradicionais da teoria económica. Assim, quando ocorrem novas entradas num sector em rede (como é um aglomerado urbano), os utilizadores estabelecidos sofrem sucessivos aumentos de utilidade com a entrada em número crescente de novos utilizadores com os quais se podem relacionar posteriormente. Porém, os utilizadores, quando aderem a uma rede, fazem-no unicamente por interesse pessoal, não tomando em consideração que, ao fazê-lo, estão igualmente a beneficiar os utilizadores já estabelecidos. A verificação da existência de exterioridades nos mercados em rede deverá assentar numa contraposição de índole meramente estrutural assente nos conteúdos direccionais dos fluxos transmitidos (ou seja, dos serviços prestados) nas infra-estruturas da rede. Estas redes correspondem a modelos de difusão ou distribuição de produtos, tendo como função prestar um determinado serviço ou fornecer um determinado bem a consumidores finais situados em diferentes áreas geográficas. A arquitectura da rede será determinada pela eficiência na distribuição; será o agente do lado da oferta que, tentando prestar o melhor serviço possível, construirá uma rede que permita atingir o máximo número de consumidores a custos mais reduzidos, numa lógica assente na maximização do lucro. Existirão, sim, economias de escala significativas nos mercados que tendem, no limite, para a sua organização em monopólio natural. Essas economias de escala decorrem da elevada capacidade das infra-estruturas de transporte (estradas, linhas de alta tensão, carris ferroviários, aquedutos e gasodutos de alta pressão, *etc.*), que permitem o transporte de unidades adicionais a preços decrescentes, dada a estrutura neutra ao nível dos custos marginais da unidade adicional e a amortização sucessiva dos elevados custos fixos de investimento. No entanto, os exemplos não se esgotam nos sectores assentes em infra-estruturas físicas de transporte. As escolas, os hospitais, os centros comerciais assentam a sua localização tendo como base a potencial capacidade de apropriação dos ganhos económicos decorrentes das externalidades de rede. No entanto, nestes últimos casos, esses ganhos serão indirectos. Assim, quanto maior for o número de agentes que procuram um mesmo bem, mais probabilidades têm de o encontrar, pois os impulsos emitidos pelo lado da procura serão naturalmente captados pela oferta que, inevitavelmente, irá ao encontro da procura. Assim, quanto maior for o número de adeptos de um determinado clube, mais probabilidades existirão de os jogos desse clube serem transmitidos na televisão. Ao invés, os aficionados da ópera ou das touradas, dado o seu menor número, terão menos probabilidade de ver os seus programas preferidos. Em nenhuma destas situações o valor individual decorrente do consumo de um bem aumenta em função da adesão de um novo utilizador. Os efeitos externos de rede serão meramente

mias de escala (*maxime* os congestionamentos) e de reflexos prejudiciais indirectos no património alheio).

iv) **A dificuldade na fixação de um preço de mercado do solo atentas as suas múltiplas funções:** o solo tem inúmeras funções e pode ser valorizado de diversas perspectivas. Em primeiro lugar, na vertente ambiental, o solo pode ser considerado um elemento de reciclagem de poluição, como um depurador para água potável e como *habitat* para a vida selvagem. Na vertente económica, é tomado como a cada vez mais escassa localização para a instalação de actividades económicas, infra-estruturas e explorações ou como elemento hedonístico com valor estético e, no limite, como reserva de valor em termos de investimento de activos. Na perspectiva social, da sua posse advém uma posição mais elevada e de maior prestigio. Em última instância, poderá dizer-se que todo o modelo de atribuição de recursos depende do solo, e o valor deste depende precisamente do modelo de capitalização subjacente às múltiplas finalidades susceptíveis de fundar a sua apropriação.

v) **A vertente redistributiva do direito à habitação**: consistindo a habitação num elemento sucessivamente mais alvo de rivalidade, atento o panorama de densificação populacional no planeta, essa utilidade tem adquirido sucessivamente mais relevância no panorama dos usos potenciais para o solo, sendo que, neste momento, e pela primeira vez na história, o valor do uso residencial ultrapassou todos os restantes[14]. Sendo o direito ao abrigo um dos princípios estruturantes da nossa sociedade, os corolários do mesmo não podem ser ignorados em sede de políticas públicas ao nível da regulação fundiária.

Estas características atípicas têm necessariamente de ser consideradas no estudo do solo em sede de princípios gerais da teoria económica, mais habituada ao tratamento confortável de mercados tendencialmente

indirectos, tendo por base acções do lado da oferta (obviamente impulsionados pela procura) confundindo-se, neste caso, com os resultados do livre jogo da oferta e da procura ou, no limite, com as economias de gama. *Cf.*, Lobo, Carlos Baptista – *Sectores em Rede – Regulação para a Concorrência*. Almedina, 2010, p. 91 e ss..

[14] *Cf.* Piketty, Thomas – *Capital in the Twenty-First Century*. Cambridge: Harvard University Press, 2014.

perfeitos[15]. Essa talvez seja a explicação para o relativo desaparecimento do solo em sede de doutrina económica moderna. Sendo um recurso comum essencial, seria de suspeitar que a teoria económica moderna procedesse ao seu estudo de uma forma exaustiva. Contudo, tal não acontece. Pelo contrário, existe uma quase simetria entre a doutrina clássica, que analisou a questão fundiária de forma exaustiva, e a doutrina moderna, que quase a esqueceu, apesar da sua importância para o sistema económico. Por exemplo, a crise financeira de 2008 baseou-se inicialmente nas insuficiências de cobertura de riscos no campo do crédito imobiliário.

Simetricamente, e em claro contraste com a tendência de redução económica contextual, a vertente administrativa adquiriu uma especial predominância ao nível da armada regulatória. As razões são simples: sendo o solo um campo em que se jogam interesses contraditórios, ao nível individual e colectivo, adquire uma especial importância a construção de modelos jurídicos que permitam essa articulação.

Porém, regimes administrativos que ignorem a dimensão económica do solo ficarão manietados na definição de um objectivo fundamental, perdendo a coerência e a dimensão finalística que lhes deve ser exigida. Sem isso, as normas administrativas começarão a desarticular-se, criando situações típicas de antibaldios, conforme analisaremos adiante.

Neste momento haverá que recorrer à doutrina clássica. A razão para tal é clara e transparente. Se o solo desapareceu da teoria económica, e havendo a pretensão da sua recuperação, teremos de entender com precisão a evolução histórica a esse preceito.

2. O Solo na Teoria Económica

2.1. O Solo na Economia Pré-clássica

Os modelos económicos ancestrais, da antiguidade e da época medieval, assentavam intrinsecamente no solo. A riqueza decorria da agricultura e das indústrias extractivas. Este estado de coisas alterou-se com o Mercantilismo. Os seus princípios eram básicos e seguiam as regras principais do absolutismo, já que o objectivo económico principal passava por aumentar o poder do Estado à custa dos Estados rivais. A riqueza da nação passava pelo aproveitamento da sua dotação natural de recursos comuns (minérios preciosos) e de força laboral. Se, por infelicidade, não tivesse sido dotada

[15] *Cf.* COMBY, Joseph; RENARD Vincent – *Les Politiques Foncières*. Paris: Presses Universitaires de France, Collection Que sais-je, 1996, p. 3 e ss..

desses recursos, devia obtê-los por via comercial. O solo era, neste contexto, socialmente encerrado, detido por senhores feudais, sendo a base do seu poder militar, judicial, político e administrativo. Neste âmbito, o mercantilismo nunca atacou o solo, pois que este, conjuntamente com o factor de produção trabalho, consistiam nos elementos basilares para a produção de bens que, num momento posterior, eram objecto de comercialização.

A doutrina da escola fisiocrática (cuja fonte etimológica grega significa «governo da natureza») baseava-se na ideia de que a riqueza derivava do solo e das recompensas naturais nele presentes. Neste quadro, quase eticista, a sociedade harmoniosa alcançava-se quando o Estado não interferia nesta «ordem natural»[16], antes a complementando ou desenvolvendo, na formulação conhecida do «*laissez faire*». Esta posição de princípio a favor da liberdade económica, assente no ideal das sociedades agrárias, e na concretização de excedentes produtivos, chocou frontalmente com o mercantilismo, que defendia, ao invés, que a riqueza (acumulação de ouro) decorria do excedente das trocas comerciais, conjugadas com a imposição de barreiras proteccionistas. O modelo fisiocrático abominava a clausura e adorava a liberdade – *laissez passer*[17].

O modelo fisiocrático descrito por François Quesnay (*Tableau Economique*[18]), em 1758, adoptava um modelo estacionário, considerando o processo económico como um fluxo circular, assente no primado «tudo o que é comprado é vendido, e tudo o que é vendido é comprado». A variável

[16] As influências confucionistas são visíveis nas formulações fisiocráticas. *Cf.* Derk, Bodde – *Chinese Ideas in the West.* Columbia University, 2005, p. 6 e ss.. Porém, essa harmonia era enganadora. Conforme afirma António Avelãs Nunes, «esta sociedade natural é uma sociedade inteiramente subordinada ao fim económico da actividade humana: a subsistência do homem e a abundância dos bens, de modo a satisfazer *l'appétit des plaisirs.* Este "totalitarismo físico" transforma a sociedade em um simples meio para a obtenção daquele fim económico». *Cf.* Nunes, António Avelãs – «A Fisiocracia ou o Início da Ciência Económica». *In Volume Comemorativo dos 75 anos do Boletim da Faculdade de Direito da Universidade de Coimbra,* 2000 [disponível em http://www.fd.uc.pt/~anunes/pdfs/plh_3.pdf]

[17] Conforme refere Avelãs Nunes, «a liberdade de comércio aparece como o elemento fundamental da livre concorrência e integra a liberdade de transporte, a liberdade de passagem, o abatimento das fronteiras internas, a liberdade do direito de sucessão e em geral todas as liberdades que favorecem a circulação dos bens e a vida económica em geral. É o *laissez passer* do pensamento liberal». *Cf.* Nunes, António Avelãs – *A Fisiocracia ou o Início da Ciência Económica*, cit., p. 17.

[18] *Cf.* Quesnay François – *Quadro Económico.* Lisboa: Fundação Calouste Gulbenkian (tradução e notas da Drª Teodora Cardoso, prefácio do Professor Bento Moreira), 1969.

fundamental era a agricultura, devido à sua capacidade única para gerar um rendimento líquido (*produit net*), que consistia no valor da produção deduzido dos custos[19]. Esse excedente decorria, portanto, de uma dádiva da natureza. Assim, para os fisiocratas, a manufactura e o comércio eram considerados não produtivos, uma vez que não decorriam de um devir natural, sendo apêndices da verdadeira fonte da riqueza: a terra trabalhada pelo labor humano[20].

Atento este modelo idílico, as próprias cidades eram mal consideradas, porquanto afectavam a disponibilidade de recursos laborais essenciais para a actividade agrícola. No modelo de Quesnay, o solo adquiria uma importância fundamental, uma vez que fundamentava uma das classes fundamentais: os proprietários. Com a mesma importância identificava a classe produtiva, correspondente aos trabalhadores agrícolas. Finalmente, a terceira classe, os estéreis, era composta pelos artesãos e pelos comerciantes. O fluxo produtivo iniciava-se, portanto, na classe proprietária, e retornava a esta, atento o modelo circular do processo económico. Segundo o modelo do *Tableau Economique*, os proprietários apropriam-se do produto líquido – a renda – absorvendo-o. Na sequência final do processo comercial, tanto a classe produtiva como a classe estéril têm de novo à sua disposição os bens

[19] Nas palavras de Avelãs Nunes, «o que é então o excedente para os fisiocratas? O excedente (=*produit net*) é aquela parte da riqueza produzida que excede a riqueza "consumida" no decurso do processo produtivo, ou, dito de outra forma, é a parte da produção social que fica depois de se reconstituirem as condições de reprodução da actividade produtiva, quer os meios de produção quer os meios de subsistência daqueles que se empregam em actividades produtivas. O excedente é, pois, uma diferença. Mas uma diferença entre duas grandezas físicas, não uma diferença entre duas grandezas em valor: o produit net é entendido pelos fisiocratas como um excedente físico de riqueza material, medida em termos quantitativos, não como um excedente de riqueza social em abstracto, medida pelo seu valor de troca. Os fisiocratas não determinam o excedente em termos da qualidade social dos bens (o valor), mas em termos da sua materialidade concreta, em termos de grandezas físicas. Não comparam o valor dos outputs com o valor dos *inputs*, mas comparam directamente a quantidade de bens materiais obtidos no fim do processo produtivo com a quantidade de bens materiais existentes no início do processo produtivo e "consumidos" na produção». *Cf.* Nunes, António Avelãs – *A Fisiocracia ou o Início da Ciência Económica*», cit., p. 25.

[20] As influências de Richard Cantillon são claras e notórias. Este autor, em 1755, havia já afirmado «*la terre est la source ou la matière d'où l'on tire la richesse; le travail de l'homme est la forme qui la produit: et la richesse en elle-même n'est autre chose que la nourriture, les commodités et les agréments de la vie*». *Cf.*, Cantilon, Richard – *Essai sur la Nature du Commerce en Générale.* Institut Coppet, 2011, p. 5 [disponível em https://www.institutcoppet.org/wp-content/uploads/2011/12/Essai-sur-la-nature-du-commerce-en-gener-Richard-Cantillon.pdf]

de que necessitam para renovar o processo produtivo, nas mesmas condições do período anterior. Assim, a actividade económica é tomada como um processo renovável, em que a produção e a circulação de mercadorias formam um *continuum* que se renova.

Por conseguinte, a organização eficiente do seu modelo económico assentava num forte individualismo de base, que se traduz numa concepção forte de propriedade fundiária. Neste quadro conceptual, a propriedade seria a fonte da liberdade, e as suas ramificações seriam as restantes instituições sociais.

Avelãs Nunes é claro a este respeito, referindo que «no sistema fisiocrático parece observar-se, pois, uma espécie de metamorfose da liberdade universal do homem na liberdade do proprietário: toda a liberdade efectiva e real é a liberdade do proprietário. A liberdade em sentido filosófico é uma pura abstracção enquanto não é concretizada por intermédio da propriedade. Para os fisiocratas, a propriedade é, afinal, a lei fundamental da sociedade» [21].

A segurança relativamente à apropriação fundiária era extraordinariamente relevante. Nas palavras de Quesnay, é essencial «que a propriedade dos bens de raiz e das riquezas mobiliárias seja assegurada aos seus legítimos possuidores; porque a segurança da propriedade é o fundamento essencial da ordem económica da sociedade; sem a garantia da propriedade, o território ficaria inculto. Não haveria proprietários nem rendeiros dispostos a fazer as despesas necessárias para o valorizar e cultivar, se a posse dos fundos nele empregados e dos seus produtos não fosse assegurada àqueles que fazem os adiantamentos para essas despesas. É a garantia da posse continuada que incentiva o emprego do trabalho e das riquezas na beneficiação e no cultivo das terras, e nos empreendimentos comerciais e industriais. Somente o poder soberano, que garante a propriedade aos seus súbditos, tem o direito originário a partilhar os frutos da terra, única fonte de riquezas»[22].

O solo seria a fonte de todo o rendimento, e de onde decorria a variação líquida positiva[23]. O trabalho agrícola consistiria num mero custo, bem como a margem potencial do arrendatário. Nessa perspectiva, e esta é a

[21] *Cf.* NUNES, António Avelãs – *A Fisiocracia ou o Início da Ciência Económica*», cit., 2000, p. 9.

[22] *Cf.* QUESNAY, François – *Quadro Económico*, cit., p. 9.

[23] Conforme refere Avelãs Nunes, «segundo os fisiocratas, é a terra que alimenta os homens. Mas só a cultura (o cultivo da terra) permite multiplicar as subsistências, multiplicar a espécie, desenvolver a sociedade». *Cf.* «A Fisiocracia ou o Início da Ciência Económica», cit., 2000, p. 7.

principal crítica conceptual que se pode apontar ao modelo fisiocrático, não existe um conceito de lucro, pois que qualquer excedente iria invariavelmente cair na renda do proprietário[24]. O investimento de capital era tomado como um adiantamento essencial para a melhoria da produtividade do solo. Nas palavras de Quesnay, «é da manutenção ou do crescimento dos adiantamentos que fazem renascer as riquezas anualmente que depende a prosperidade das nações agrícolas. Porque, se os adiantamentos não forem suficientes para originar uma reprodução tão superabundante que dê o maior rendimento possível, a nação perde sobre o produto que ela poderia retirar do seu território. Mas, se eles forem tão reduzidos que apenas se possam reproduzir a si próprios, então faltará o rendimento, os adiantamentos da classe estéril desaparecerão, toda a produção se limitará rigorosamente à subsistência do agricultor e dos seus trabalhadores»[25].

Na perspectiva da igualdade, seria fundamental que os proprietários fundiários absorvessem unicamente 2/5 do excedente total, sob pena de total obliteração dos rendimentos dos trabalhadores[26]. Para que tal acontecesse, propuseram, pela primeira vez na história, o lançamento de um imposto único (efectivamente denominado *Impôt Unique*) que não deveria incidir sobre a produção, mas sobre a renda dos proprietários (um verdeiro imposto sobre o rendimento e não sobre a propriedade fundiária), de forma que não fosse impedida a reintegração do capital circulante e a renovação do capital fixo, essencial para manter, ou aumentar, o nível de produtividade.

Contudo, a formulação fisiocrática estava claramente incompleta[27]. A necessidade de criação de uma teoria de valor completa, que englobasse

[24] *Cf.* Napoleoni, Claudio – *Fisiocracia, Smith, Ricardo, Marx*. Barcelona: Oikos, 1974.

[25] *Cf.* Quesnay, François – *Quadro Económico*, cit., p. 150.

[26] Mercier de La Rivière reconhece que «a propriedade exclui necessariamente a igualdade», porque «aqueles que se queixam da desigualdade não vêem que ela está na ordem da justiça por essência: uma vez que eu adquiri a propriedade exclusiva de uma coisa, ninguém pode ser o proprietário dela como eu e ao mesmo tempo. A lei da propriedade é a mesma para todos os homens; os direitos que ela confere são todos de uma igual justiça, mas não são todos de igual valor, porque o seu valor é totalmente independente da lei. Cada um adquire em razão das faculdades que lhe dão os meios de adquirir, mas a medida dessas faculdades não é a mesma para todos os homens». *Cf.* Rivière, Le Mercier de la – *L'Ordre Naturel et Essentiel des Sociétés Politiques*. Paris, 1767, ed. 1910. https://archive.org/details/lordrenatureleteO0mercuoft

[27] Avelãs Nunes sintetiza as principais críticas ao modelo fisiocrático: «*a)* Não tem em conta os investimentos feitos pela classe estéril ("*avances primitives*"), o que indica que Quesnay não

as mais-valias dos processos transformadores era imperativa. O modelo de Quesnay assente unicamente nas «dádivas da natureza» era insatisfatória, e foi a esse desafio que motivou a escola clássica na demonstração de uma nova teoria do valor.

Porém, entre outras virtudes que decorrem do facto de a teoria fisiocrática ser efectivamente a primeira teoria económica moderna[28], esta escola teórica é, ainda hoje, extraordinariamente relevante para a análise do valor do solo e para a concepção de propriedade. Efectivamente, o seu entendimento da actividade económica como um processo permanentemente renovável facilitou a tarefa dos fisiocratas na formulação de leis que regem a actividade económica: só numa actividade que se repete constantemente podem manifestar-se leis. Ora, a concepção da economia enquanto ciência depende intrinsecamente desse facto. Em acrescento, o modelo circular fundamentou o modelo de desenvolvimento sustentável, que supera o pressuposto de melhoria infinita da produtividade em que se baseia a doutrina fisiocrática. Não obstante, o seu aspecto mais relevante manifesta-se, ainda hoje, não na vertente económica, mas na vertente jurí-

'copiou' tão fielmente a realidade como ele próprio diz ter feito. *b)* O modelo do Tableau é um modelo estático, *i.e.*, o excedente obtido em cada período produtivo (= produto líquido = renda paga à classe dos proprietários) é apenas suficiente para permitir, após o processo de circulação, que da sua utilização produtiva resulte um volume de produção igual ao conseguido no final do período anterior. Na terminologia de Marx, dir-se-ia que se trata de um modelo de reprodução simples e não de um modelo de reprodução alargada. Nele não há acumulação de capital: por um lado, os proprietários consomem todo o excedente, não fazem avances foncières, o investimento capaz de aumentar a capacidade de produção instalada; por outro lado, o investimento feito pela classe produtiva limita-se a assegurar a manutenção da capacidade produtiva. *c)* É também um modelo que pressupõe preços constantes, não tem em conta o comércio externo nem as trocas no seio de cada uma das classes consideradas, admitindo ainda que as mercadorias são trocadas de uma só vez no fim do ciclo produtivo». *Cf.* NUNES, António Avelãs – *A Fisiocracia ou o Início da Ciência Económica*, cit., 2000, p. 35.

[28] Como por exemplo: *i)* a introdução de novos conceitos económicos (excedente, trabalho produtivo, a concepção de processo económico como um fluxo que se renova); *ii)* a contribuição para a perspectiva utilitarista futura (obtenção do máximo de satisfação com o menor custo) num pressuposto necessário de livre concorrência; *iii)* a ideia de *produit net* como percursor da teoria marxista da mais-valia; *iv)* a concepção de estado estacionário como elemento de base para a teoria do equilíbrio económico geral, de Walras; *v)* a representação numérica do sistema económico e a contribuição para a construção de contas nacionais; *vi)* a análise da interdependência entre os vários sectores de actividade económica reflectiram-se na análise de *input/output* desenvolvida por Leontief; vii) o facto de nenhuma das premissas assentar em princípios de ordem teológica.

dica. De facto, a concepção civilística inerente ao direito de propriedade, *maxime* ao direito de propriedade fundiária é, ainda hoje, eminentemente fisiocrática, assentando em pressuposto de base quase natural, absoluta, e de onde as desigualdades que decorrem são justificadas com a mesma argumentação fatalista.

Esta concepção absoluta de propriedade fundiária que ainda consta no domínio dos direitos reais é tributária directa da posição fisiocrática, não tendo recebido qualquer influência relevante ao nível das doutrinas económicas que a superaram.

2.2. O Solo na Economia Clássica

Na economia clássica, o solo era considerado um dos três factores de produção, juntamente com o capital e o trabalho. Qualquer actividade obrigava à conjugação dos três elementos. A evocação desta «trindade» constitui uma evolução face à concepção fisiocrática monoteísta anterior. Ainda assim, todos os economistas clássicos (Adam Smith, David Ricardo, John Stuart Mill e Marx) consideravam o solo um factor de produção vital. Distinguia-se do trabalho e do capital devido à sua oferta limitada e à inexistência de custos de produção (a base conceptual do recurso comum). A conclusão é clara: aumentando a procura, e uma vez que não é possível um aumento quantitativo da oferta, a consequência seria o aumento do seu preço. O proprietário, ao deter um activo que foge às regras normais de concorrência do mercado, possui um poder económico único, que se traduz, em termos monetários, na «renda económica».

Note-se que o conceito de solo (*land*) era entendido pelos clássicos como integrando o conjunto de elementos que constitui a dotação natural, ou seja, a integralidade dos recursos comuns referidos anteriormente.

A «renda económica» não se traduz no conceito actual de rendimento predial, ou seja, de um pagamento devido pela disponibilização temporária de um prédio, de lucro ou de excedente de produtor, aproximando-se antes do conceito smithiano de «renda monopolista»[29] susceptível de ser auferida pela apropriação exclusiva de um activo escasso ou exclusivo, e

[29] Inspirado por sua vez no conceito de «renda de escassez» de James Anderson: «*the farmer, however, who cultivates the rich spots, will be able to sell his corn at the same rate with those who occupy poorer fields; he will consequently, receive more than the intrinsic value of the corn he raises. ... It is this premium which we now call rent; a medium by which the expense of cultivating soils of different degrees of fertility is reduced to a perfect equality*» (citação de James Anderson em BARLOWE, R. – *Land*

que excede a remuneração do custo suportado pelo proprietário na colocação do mesmo à disposição.

2.2.1. David Ricardo

David Ricardo foi o primeiro economista a integrar o conceito de renda com o solo e a sua fertilidade. Partindo da observação de Adam Smith, que expôs que «*the rent of land, therefore, considered as the price paid for the use of the land, is naturally a monopoly price. It is not all proportioned to what the landlord may have laid out upon the improvement of the land, or what he can afford to take; but what the farmer can afford to give*»[30], David Ricardo defende que a renda de um solo é equivalente à vantagem económica decorrente da utilização de uma determinada localização mais fértil comparativamente à renda que se pagaria no melhor solo não utilizado para o mesmo efeito, assumindo as mesmas contribuições de trabalho e de capital. Um campo com um sistema de irrigação eficiente e próximo de uma via de comunicação possibilitaria a atracção de uma renda superior relativamente a outra localização menos bem servida em termos de infra-estruturas[31]. Neste quadro, o trabalhador nunca seria esvaziado da integralidade do poder negocial (como acontecia

Resource Economics: The Economics of Real Property. Eaglewood Cliffs, New Jersey: Prentice Hall, Inc., (1958) 1986, p. 138).

[30] Para Adam Smith, a agricultura era mais relevante do que a manufactura na criação da riqueza das nações, já que a agricultura combinava dois factores de produção, solo e trabalho, e a manufactura unicamente o trabalho. *Cf.* SMITH, Adam, *An Inquiry into the Nature and Causes of the Wealth of Nations* (1789). 5ª edição. Nova Iorque: Random House/The Modern Library, 1937.

[31] Uma visão diferente é-nos apresentada por Johann Heinrich von Thünen. Enquanto os restantes autores clássicos se focam nas diversas produtividades potenciais do solo em sede de fertilidade, von Thünen no seu livro de 1826, intitulado *The Isolated State*, usou a variável distância como conceito fundamental. Num trabalho pioneiro em termos de *teoria da localização*, estudou os impactos dos padrões da produção agrícola em redor de uma cidade central num estado isolado, partindo de um pressuposto de fertilidade equivalente. Este autor não fez mais do que criar um modelo neutro em termos conceptuais que possibilitasse uma análise pura das interacções entre os preços recebidos pelos agricultores pela sua produção agrícola, as rendas auferidas pelos proprietários. Desenvolveu um modelo concêntrico, em que as produções perecíveis eram produzidas nos arcos interiores e os bens mais valiosos e duráveis nos arcos exteriores. As razões para esta distribuição eram óbvias: além do factor tempo, crítico nas produções perecíveis, os custos de transporte levavam a que as rendas dos terrenos interiores fossem superiores, uma vez que o preço da mercadoria seria harmonizado. Assim, enquanto Ricardo assentou a sua teoria da renda na diferente fertilidade, von Thünen utilizou um critério muito mais objectivo: a distância ou, por outras palavras, a marginalidade em relação ao centro.

na teoria fisiocrática), pois nunca acederia a ver a sua margem de rendimento contraída abaixo do nível de rentabilidade potencial de um terreno não explorado. Se o proprietário tentasse contrair a margem do trabalhador abaixo desse limite, o trabalhador simplesmente se moveria para o terreno ainda não explorado e que, por conseguinte, ainda não beneficiava de uma «renda económica». As consequências deste entendimento são claras: o rendimento do trabalhador não dependia do seu trabalho, mas sim da margem de rentabilidade diferenciada entre o solo explorado e o solo marginal não explorado. Esta posição, além de contrariar o pensamento fisiocrático, confrontava igualmente a «lei de ferro dos salários» malthusiana, segundo a qual, com o aumento populacional o rendimento salarial dos trabalhadores iria decrescer a um nível inferior ao limiar de sobrevivência.

Esta não é senão a génese do princípio da equivalência ou do benefício, já que a renda económica do proprietário não dependia directamente da sua acção, nem do trabalhador que a explorava, antes decorria dos investimentos e da actividade colectiva da sociedade que alterava a morfologia física e económica da exploração agrícola.

Não obstante, para David Ricardo, se todos os solos fossem igualmente férteis, não existiria «renda económica», pois a sua base assentava na rentabilidade diferencial entre localizações diferenciadas.

A visão de Malthus, baseada num princípio de exaustão dos recursos, vem identificar a falha principal da posição de David Ricardo: a falta de percepção de existência de um *stock* limitado de terras férteis perante as necessidades crescentes de fornecimento. De facto, David Ricardo considerava o solo um recurso ilimitado[32] e os recursos comuns inesgotáveis, facto que não corresponde à realidade. Na prática, as necessidades crescentes levariam à utilização de solos de sucessiva inferior qualidade ou que originava uma situação de rendimentos decrescentes.

Todavia, a posição de David Ricardo tem uma consequência: considerando que a renda económica resultava unicamente do diferencial de investimento e de trabalho exterior ao próprio solo (já que o factor deci-

[32] De acordo com Blaug, «*in Ricardo's theory, there are two reasons for rent: unequal fertility and scarcity of land. Ricardo assumed a giant farm producing wheat by applying hom ogeneous labor to a fixed supply of land subject to diminishing returns. To him, land was an inexhaustible and non-reproducible agent, unalterably fixed in supply, completely specialized in the production of one crop, and homogeneous in quality, except for differences in fertility and location*».*Cf.* BLAUG, M. – *Economic Theory in Retrospect.* Cambridge: Cambridge University Press, 1997, p. 180.

sivo seria a tecnologia incremental potencial aplicada no solo marginal não explorado, de disponibilidade ilimitada), já se poderia retirar a terra das equações económicas. Conforme refere Roncaglia, «*it is with Ricardo's systematic development of the labor theory of value that rent is explained entirely in terms of labor. The exchange values of agricultural products are determined by the capital and labor costs applied to marginal land. Here, Ricardo moved in an opposite direction from Cantillon and the Physiocrats. Building on Malthus' ideas of differential rent, he could eliminate land from the analysis by considering only the 'technology' on marginal land*»[33].

A teoria de David Ricardo encontrava-se, assim, incompleta. Para ele, o preço de um bem decorreria do montante de horas de trabalho incorporadas, numa base fundiária geradora de uma renda económica de 0, precisamente, o solo marginal.

Assim, com o aumento populacional, iniciar-se-ia a exploração de solos de menor qualidade, pelo que a produção de uma cultura – por exemplo, o milho (que foi naquele tempo exaustivamente tratado – implicaria uma maior carga de trabalho. Como resultado, o preço do milho aumentaria. Uma vez que os salários são sempre mantidos ao nível do limiar de subsistência (porque senão o trabalhador não estaria em condições de exercer a sua função), tal significa que os preços do milho subiriam ainda mais, de forma a manter o salário real do trabalhador (manutenção da mesma capacidade aquisitiva face à subida do preço do milho)[34]. Neste quadro, o lucro do empresário decresceria e os salários manter-se-iam ao longo do tempo, atingindo-se o estado estacionário. Ora, esta é precisamente a base conceptual da «luta de classes» desenvolvida por Marx. Efectivamente, nesta formulação teórica, uma macroclasse só conseguiria aumentar o seu excedente à custa de outra macroclasse. No final, os capitalistas (investidores) veriam a sua margem de lucro reduzir-se sucessivamente, os trabalhado-

[33] *Cf.* Roncaglia, A. – *Petty: The Origins of Political Economy*. Armonk, New York: M. E. Sharpe, Inc., 1986, p. 86.

[34] A solução de David Ricardo para a crise do milho consistiu na proposta de eliminaçao da regulamentação e das tarifas que incidiam sobre a comercialização de milho, pois que da sua aplicação resultava um aumento de preço do mesmo. A explicitação era clara: a exploração sucessiva de terras de inferior qualidade deixava de ocorrer no momento em que se levantassem os limites à importação de milho; com a redução das tarifas de venda de milho, os salários deixariam de ter uma tendência para aumentar, já que o nível de subsistência seria alcançado num valor mais reduzido. Neste quadro, os preços seriam inferiores, os salários menores e os lucros superiores, o que permitiria a acumulação de capital.

res seriam mantidos fatalmente no nível de subsistência e os proprietários de terras de melhor qualidade receberiam uma renda económica caída do céu, ou seja, obtida sem qualquer esforço. Aliás, à medida que os solos de menor qualidade se começassem a explorar, a renda económica dos proprietários aumentaria sucessivamente. Esta é a base do conceito de exploração capitalista (*in casu*, fundiária) na génese da doutrina marxista. Existe, no entanto, uma falha conceptual a este propósito. A dotação fundiária não decorre de um qualquer acto divino ou até mesmo natural. Compete ao proprietário fundiário alocar as melhores parcelas à exploração. O eventual aumento da renda económica constitui um incentivo motivador para uma boa decisão a este respeito. Não é por acaso que no panorama anglo-saxónico a política sucessória e de casamentos se baseava numa lógica de optimização das propriedades agrárias.

2.2.2. John Stuart Mill

Em 1848, John Stuart Mill enriqueceu substancialmente a discussão teórica acerca do solo na sua obra *Principles of Political Economy.* Mill alargou substancialmente a teoria anterior, concebendo usos concorrenciais para o solo. Assim, a agricultura, a mineração, o uso residencial e o uso industrial concorriam pela localização concreta, o que altera radicalmente o âmbito do jogo inerente ao conceito agrícola de «renda económica». Nesse quadro, reconhece que a qualidade dos solos não depende unicamente da tecnologia aplicada, existindo solos fisicamente mais dotados, melhores paisagens e metodologias privativas para a melhoria da exploração económica dos mesmos (patentes e desenhos industriais protegidos). Neste quadro, poderão ser auferidas rendas extraordinárias, mas que, na sua essência, continuavam a ser semelhantes às «rendas económicas». Porém, e tal como David Ricardo, considerava que não existia risco de exaustão no fornecimento de solo, a não ser em circunstâncias especiais (pequenas ilhas), mesmo perante o crescimento populacional exponencial que se adivinhava. Ainda assim, para Mill, o solo era mais do que um simples factor de produção, tendo sido o primeiro autor a reconhecer a importância dos serviços ambientais e a relevância da paisagem enquanto activos incomensuráveis não susceptíveis de serem integrados nos processos produtivos[35].

[35] HUBACEK, Klaus; BERGH, Jeroen van den – *The Role of Land in Economic Theory.* Interim Report, International Institute for Applied Systems Analysis, Áustria, May 2002.

Atentas as rendas económicas susceptíveis de serem geradas, também, Mill propôs o lançamento de um imposto único sobre a renda económica decorrente da propriedade do solo. Sendo um ricardiano em termos conceptuais, Mill estava convicto de que esse tributo não incidia sobre os custos de produção e, por conseguinte, não teria um efeito de distorção nas opções económicas no que toca o fornecimento de bens e serviços. A sua única finalidade seria a socialização das mais-valias decorrentes das rendas fundiárias oriundas da diferente fertilidade dos solos para os quais os proprietários em nada haviam contribuído. Assistimos, aqui, ao alvor de um modelo perequativo, uma vez que Mill referiu que este instrumento nem sequer assumiria a natureza de imposto, já que a sua finalidade seria unicamente redistributiva[36].

2.2.3. Karl Marx

Após mais algumas intervenções relevantes[37], o contributo mais significativo para a posição clássica resulta de Karl Marx.

[36] Nas palavras de Mill: «*The ordinary progress of a society which increases in wealth, is at all times tending to augment the incomes of landlords; to give them both a greater amount and a greater proportion of the wealth of the community, independently of any trouble or outlay incurred by themselves. They grow richer, as it were in their sleep, without working, risking, or economizing [...]. The only admissible mode of proceeding would be by a general measure. The first step should be a valuation of all the land in the country. The present value of all land should be exempt from the tax; but after an interval had elapsed, during which society had increased in population and capital, a rough estimate might be made of the spontaneous increase which had accrued to rent since the valuation was made. [...] the existing land-tax (which in this country unfortunately is very small) ought not to be regarded as a tax, but as a rent-charge in favour of the public; a portion of the rent, reserved from the beginning by the State, which has never belonged to or formed part of the income of the landlords, and should not therefore be counted to them as part of their taxation, so as to exempt them from their fair share of every other tax*». *Cf.* MILL, John Stuart – *Principles of Political Economy, with some of their Applications to Social Philosophy*, Book V, chapter 2, London: Longmans, Green and Co., 1848, 7th ed. 1909. [disponível em http://www.econlib.org/library/Mill/mlPCover.html].

[37] Nassau William Senior, em 1836, inovou substancialmente nesta matéria, distinguindo três agentes de produção: o trabalho, os agentes naturais e a abstinência. A novidade resulta da utilização de um conceito abrangente de agentes naturais, que englobavam o solo, as minas, os rios, as florestas, a sua fauna, mas igualmente, o oceano, a atmosfera, e ainda os fenómenos físicos como a luz e o calor, a gravidade e a electricidade. Por sua vez, a abstinência decorria do esforço de não consumo imediato do detentor do capital monetário, que o disponibilizaria a terceiros para investimento a troco de juros. O capital resultaria da combinação dos três agentes de produção. Porém, quem detivesse o solo teria o domínio em todas as relações de mercado, atenta a sua posição infra-estrutural. Apesar de manter a posição ricardiana sobre a

Marx como autor clássico era essencialmente neo-ricardiano, apesar de criticar frequentemente a excessiva simplicidade analítica do seu inspirador. Assim, também repudiou as conclusões de Malthus, nomeadamente as relativas ao controlo da natalidade, uma vez que a solução, a seu ver, passaria por uma nova organização social. Note-se que, em termos de teoria económica, o panorama encontrava-se um pouco enevoado em termos de justa compensação do factor de produção trabalho: Malthus afirmava que todos iriam morrer de fome, e Ricardo, por sua vez, repudiava essa conclusão, mas unicamente pela margem mínima (o limiar de sobrevivência). Tal como Ricardo, Marx considerava que a única fonte de valor decorreria da incorporação do factor de produção trabalho. Sendo um grande conhecedor do sector agrícola, reconhecia que o processo laboral se traduzia na função transformadora de recursos naturais em objectos de utilidade para os seres humanos. Nas suas palavras: «o trabalho é um processo de que participam o homem e a natureza, processo em que o ser humano com sua própria acção impulsiona, regula e controla seu intercâmbio material com a natureza. Defronta-se com a natureza como uma de suas forças. Põe em movimento as forças naturais de seu corpo, braços e pernas, cabeça e mãos, a fim de apropriar-se dos recursos da natureza, imprimindo-lhes forma útil à vida humana. Actuando assim sobre a natureza externa e modificando-a, ao mesmo tempo modifica sua própria natureza. Desenvolve as potencialidades nela adormecidas e submete ao seu domínio o jogo das forças naturais»[38].

No seu quadro conceptual, o trabalho era decisivo. Marx distinguia duas visões de mercadoria: o valor de uso e o valor de troca. A utilidade de uma coisa transforma essa coisa num valor de uso. Mas esta utilidade nada tem de vago e de indeciso. Sendo determinada pelas propriedades do corpo da mercadoria, não existe sem ele. O próprio corpo da mercadoria, tal como o ferro, o trigo, o diamante, *etc.*, é, consequentemente, um valor de uso, e não é o maior ou menor trabalho necessário ao homem para se apropriar

renda económica (rendimento espontâneo auferido sem esforço ou por acidente), introduziu um outro tipo de renda, esta decorrente do conhecimento e do desenvolvimento tecnológico. *Cf.* Senior, Nassau William – *An Outline of the Science of Political Economy*, 1836, p. 128. https://mises.org/library/outline-science-political-economy

[38] *Cf.* Marx, Karl – *O Capital*. Vol. 1, 1867, trad. J. Teixeira Martins e Vital Moreira, Centelha – Promoção do Livro, Sarl, Coimbra, 1974 https://www.marxists.org/portugues/marx/1867/ocapital-v1/index.html

das qualidades úteis que lhe confere esse carácter. Os recursos naturais eram, para Marx, dádivas da natureza, e por isso, revestindo a qualidade de valor de uso, não tinham qualquer efeito no valor de troca. Este, sim, era o factor relevante, uma vez que dependia intrinsecamente do trabalho incorporado. É, pois, somente a quantidade de trabalho ou o tempo de trabalho necessário numa dada sociedade para a produção de um artigo que determina a grandeza do seu valor. Por outras palavras, «como valores, as mercadorias são apenas medidas determinadas de tempo de trabalho cristalizado».[39]

Porém, diversamente dos seus precursores, Marx não considerava o solo uma entidade imutável, porquanto a sua fertilidade poderia ser afectada pelo trabalho humano. E, ao contrário do que se poderia entender perante os inevitáveis avanços tecnológicos, defendia que a sobreexploração capitalista, nomeadamente nos momentos próximos das cessações dos arrendamentos, fazia diminuir a sua fertilidade[40]. As outras razões para a ocorrência de reduções de produção residiam na incerteza da própria actividade agrícola e na variabilidade dos fenómenos naturais, que afectavam o retorno dos investimentos.

Assim, à semelhança dos restantes autores clássicos, Marx distinguia o capital natural do capital fabricado pelos seres humanos. A sua teoria de classe era relativamente linear. Distinguindo entre os proprietários fundiários e os capitalistas industriais, denominava os primeiros de parasitas e os segundos de exploradores[41]. Assim, os proprietários fundiários

[39] Marx, Karl, *O Capital*, cit. vol. 1, parte I, secção I, 1867.

[40] Na sua carta de 1851 a Frederick Engels, Marx analisa as situações do preço do milho referidas por David Ricardo, concluindo da seguinte forma: «*1. Rent may rise although the price of agricultural produce falls, and yet Ricardo's law still holds good. 2. The law of rent, as laid down by Ricardo in its simplest form and leaving aside its exposition, does not presuppose the diminishing fertility of the land, but only – and this despite the general increase in fertility that accompanies the development of society – the varying fertility of fields or the varying results obtained by the capital successively employed on the same land. 3. The more general the improvement in the land, the greater the variety of the fields it will embrace, and the country's overall rental may rise, although there is a general fall in the price of corn. (...). This has nothing to do with the ratio of rent of the best land. In fact it has nothing to do directly with the ratio of rent at all*» [disponível em http://www.cooperative-individualism.org/marx-karl_theory-of-rent-1851.htm].

[41] Karl Marx não foi inovador. Já os socialistas utópicos anteriores haviam avançado com qualificações semelhantes (Robert Owen, Charles Fourier e o conde de Saint-Simon). Por sua vez, Pierre Joseph Proudhon, no seu livro «O Que é a Propriedade», de 1840, procura demonstrar que toda a propriedade tem na sua génese um acto de «roubo», concluindo que

beneficiavam da renda, que no seu entender seria um produto da sociedade e não do solo, pelo que a sua origem não radicava nas diferentes fertilidades comparadas, mas unicamente nos diversos graus de poder social exercidos pelos proprietários nos seus trabalhadores ou rendeiros. O primeiro nível de submissão traduzia-se no facto de os trabalhadores terem de aceitar a renda como um custo da sua produção. O segundo nível de submissão traduzia-se no poder monopolista dos proprietários fundiários sobre o trabalho atomizado, mas que era a fonte do excedente de produto e a base potencial para a geração da renda. Ora, sendo o nível da renda determinado por poderes monopolistas, dificilmente se poderia atingir um nível eficiente de distribuição de recursos. Neste quadro, a sua perspectiva era eminentemente ricardiana: o solo não era tratado numa vertente ecológica ou de sustentabilidade, mas unicamente como elementos de uma equação para uma distribuição de rendimento, poupança e investimento entre classes.

A solução para Marx traduzia-se na nacionalização do solo, na lógica alargada de centralização dos meios de produção na mão do Estado, o que possibilitaria a constituição subsequente (e não antecedente[42]) de associações («cooperativas») de pequenos produtores, num plano de igualdade, que desenvolveriam a sua actividade de acordo com o interesse social, segundo um plano de desenvolvimento comum e racional[43].

a propriedade é uma figura impossível e que só existe por uma ficção jurídica imposta pela força, através do Estado. Esta é a base da escola anárquica: os cidadãos só estarão livres da imposição da propriedade numa sociedade em que o Estado não exista. *Cf.*, PROUDHON, Pierre Joseph – *O Que é a Propriedade?* 2ª edição. Lisboa: Editorial Estampa, 1975.

[42] Citando Karl Marx: «*the social movement will lead to this decision that the land can but be owned by the nation itself. To give up the soil to the hands of associated rural labourers, would be to surrender society to one exclusive class of producers. The nationalisation of land will work a complete change in the relations between labour and capital, and finally, do away with the capitalist form of production, whether industrial or rural.*» *Cf.* MARX, Karl – *The Nationalisation of the Land, A paper read at the Manchester Section of the International Working Men's Association*, 1872, https://www.marxists.org/archive/marx/works/1872/04/nationalisation-land.htm; *idem*, *The Abolition of Landed Property, Memorandum for Robert Applegarth*, 1869. https://www.marxists.org/archive/marx/works/1869/12/03.htm.

[43] Marx foi evoluindo na sua teoria da socialização dos meios de produção. Apesar de num primeiro momento desenvolver uma prototeoria assente no modelo de gestão de comuns quase anárquico (o comunismo traduzido na propriedade comum dos meios de produção), abominando a intervenção do Estado e da burocracia reinante, nos seus escritos posteriores defendeu a nacionalização dos mesmos, ou seja, a posse estatal dos recursos. Ora, além da

2.2.4. Henry George

Com a industrialização, a relevância do solo para a economia reduziu-se sensivelmente. Com a emergência da indústria, a crescente importância dos capitalistas industriais e as inevitáveis tensões ao nível do proletariado urbano, a teoria económica alterou o seu foco de atenção.

A doutrina norte-americana iniciou a sua produção, num contexto totalmente diverso do europeu. Quer os teóricos ingleses (como Adam Smith e David Ricardo) quer os alemães (como Karl Marx) viviam em contextos fundiários encerrados. Em contraste, a doutrina americana (do Novo Mundo) não sentia os constrangimentos europeus. O solo era abundante, a titularidade era flexível e elástica e o valor extraído tinha como base o livre jogo da oferta e da procura[44]. Malthus e a sua teoria dos rendimentos decrescentes eram simplesmente um pesadelo distante que não sentiam verdadeiramente. Neste contexto de elevada oferta disponível, eram normais as subalternizações do solo perante o capital, e conclusões segundo as quais o trabalho incorporado na indústria permitia a extracção de maiores rendimentos do que o incorporado na agricultura. O que se discutia, então, era se o investimento na indústria gerava rendimentos crescentes...

crítica comum que via essa intervenção como um capitalismo de Estado, a verdade é que o próprio Marx, nas críticas iniciais que realizou à gestão estatal, previu o que iria acontecer ao nível da gestão pública dos recursos: uma falha sistémica ao nível da eficiência na atribuição de recursos. Efectivamente, as falhas identificadas ao nível da teoria da escolha pública serão exponenciadas num ambiente (realmente) não democrático – ou seja, em que não exista sequer a hipótese de auscultação pública – em que todos os recursos sejam geridos por uma burocracia reinante, e que impossibilitam, de facto, uma qualquer transição para o modelo de gestão eficiente de «comuns». De facto, Marx conclui o que os autores clássicos anteriores (Adam Smith, David Ricardo) haviam deixado incompleto: a necessária conclusão pela adopção de um modelo socialista imposto pelo poder do Estado. Porém, quanto às consequências finais dessa experiência social, infelizmente, nesse momento, a teoria da escolha pública ainda não existia. Ainda assim, após os eventos da queda da Comuna de Paris, ele reviu novamente a sua posição, e defendeu a abolição do Estado, proclamando o «autogoverno dos produtores associados». Porém, também aqui, e infelizmente, não existia a teoria dos jogos nem o conhecimento relativo à «tragédia dos baldios». No entanto, e no final, Marx, ao contrário de Proudhon que defendia a abolição imediata do Estado, considerou-o essencial no momento de transição, pois seria a única força que poderia quebrar as tradições existentes. Porém, esse instrumento transitório é incapaz de se desagregar por si mesmo, tendendo a perpetuar-se (de novo a teoria da escolha pública...).

[44] Especialmente relevante pela sua originalidade foi Peshine E. Smith, que negou o carácter indestrutível do solo, observando a sua depreciação por via do desenvolvimento de monoculturas intensivas (*mining the soil*).

Henry George, em 1879, na obra *Progress and Poverty*, constatou essa realidade. Nessa época, os Estados Unidos não dispunham de quaisquer instrumentos de ordenamento do território nem de impostos sobre o rendimento, no entanto, este autor preocupou-se com o facto de a «terra livre» começar a escassear, o que poderia gerar tensões fortíssimas entre os interesses públicos e os interesses privados. Henry George estava essencialmente preocupado com o facto de a escassez de terra originar graves desequilíbrios ao nível da igualdade de oportunidade económica que gerariam inevitavelmente confrontações sociais. Assim, como qualquer outro autor clássico, acreditava que os mercados concorrenciais e a propriedade privada gerariam eficiência e produtividade, remunerando os produtores quando fossem ao encontro dos interesses dos consumidores. Contudo, o factor de produção terra tinha um comportamento peculiar, dado que independentemente, do aumento da procura, a sua oferta não poderia aumentar. Sendo a capacidade da oferta limitada, a existência de um mercado plenamente concorrencial estava, à partida, afastada. Nesta situação, e verificando-se um aumento natural do volume da procura decorrente do aumento demográfico, os proprietários imobiliários beneficiariam de elevadas valorizações fundiárias, que se verificariam independentemente do uso que dessem às suas propriedades[45].

Assim, perante o desaparecimento da ideia de «terra infinita» em resultado do final da época de pioneirismo, optou por desenvolver uma teoria económica que mantinha a separação da terra e do capital enquanto realidades distintas. As críticas foram imediatas: a concepção de George estava atrasada 30 anos perante as mais modernas doutrinas económicas que privilegiavam a indústria. Todavia, a argumentação de Henry George apoiava-se essencialmente na vertente institucional: uma vez que as parcelas foram atribuídas aos pioneiros, e os direitos de apropriação pressupunham uma protecção absoluta, as gerações futuras ou eventuais concorrentes estariam privadas de um acesso a esse recurso essencial em termos equivalentes aos dos proprietários originais. Perante um mundo de «terra finita», essa renda económica corresponderia à renda monopolista que, assentando na detenção de uma infra-estrutura essencial para a integralidade da actividade económica (*bottleneck*), permitiria ao proprietário fundiário

[45] *Cf.* BROWN, H. James – «Henry George's Contributions to Contemporary Studies of Land Use and Taxation». *In Land Use and Taxation*, Lincoln Institute of Land Policy, 1997, pp. 1–5.

a projecção do seu poder dominante para os restantes sectores económicos, apropriando-se de todo o excedente disponível, quer ao restante capital quer ao trabalho.

Perante esta situação, as conclusões de Henry George são comuns às de todos os autores clássicos: desigualdade social, depressão e pobreza. Ora, a única forma que evitaria uma revolta social em larga escala traduzir-se-ia na nacionalização da terra (à semelhança do proposto por Karl Marx) ou, preferencialmente, o lançamento de um imposto único denominado *single tax* que consistiria num «tributo *ad-valorem*» sobre a terra, num valor correspondente à renda económica ricardiana, que decorria de uma propriedade privilegiada, e que beneficiava de algumas «criações sociais», como estradas e outras infra-estruturas públicas. A sua formulação é ainda hoje exemplar e serve de inspiração a muitas reformas da tributação da propriedade imobiliária um pouco por todo o mundo: «*taxes on the value of land not only do not check production as do most other taxes, but they tend to increase production, by destroying speculative rent. How speculative rent checks production may be seen not only in the valuable land withheld from use, but in the paroxysms of industrial depression which, originating in the speculative advance in land values, propagate themselves over the whole civilized world, everywhere paralyzing industry, and causing more waste and probably more suffering than would a general war. Taxation which would take rent for public uses would prevent all this; while if land were taxed to anything near its rental value, no one could afford to hold land that he was not using, and, consequently, land not in use would be thrown open to those who would use it*»[46]. Esta é a génese do princípio da equivalência ou do benefício na tributação imobiliária. O solo deveria ser tributado pela sua capacidade produtiva média, ou seja, por um valor de base territorial uniforme, determinado em função das localizações e dos acessos a infra-estruturas públicas que os valorizam, e cujo produto deveria ser aplicado no financiamento de bens públicos e, note-se, na garantia de um rendimento mínimo garantido para os cidadãos necessitados. Sendo aplicado um valor de base territorial uniforme, ninguém se poderia dar ao luxo de deter solo sem utilização.

Conforme demonstraremos adiante, a tributação do património imobiliário rústico em Portugal no século XXI ainda tem muito a aprender com Henry George.

[46] GEORGE, Henry – *Progress and Poverty*. Robert Schalkenbach Foundation, 1935, p. 414 [disponível em https://mises.org/sites/default/files/Progress%20and%20Poverty_3.pdf].

Este autor foi o último dos clássicos. Na segunda metade do século XIX, o desenvolvimento de novas metodologias analíticas e o foco crescente nas trocas em prejuízo da produção, com as crescentes preocupações de eficiência e equilíbrio, levaram a que os *inputs* – solo, trabalho e capital – e as preferências dos consumidores fossem considerados dados adquiridos. A teoria da produção foi substituída pela teoria dos preços. Tal como referem Klaus Hubacek e Jeroen van den Bergh: «*physical realities disappeared from the theoretical view. Land, resources, and energy became treated like any other factor of production or lost their status as unique factors of production. The physical and technical assumptions that were made about economic activities were often in conflict with the basic physical principles governing material and energy transformation.*»[47]

Contudo, a imobilidade, a sua rigidez na oferta e a sua duração tendencialmente eterna (não amortizável) constituem características que se adequam mal aos modelos neoclássicos supervenientes, em que as variáveis económicas variam permanentemente na procura de um equilíbrio universal. Por esta razão, o capital (em sentido amplo) superou o solo (em sentido estrito) enquanto elemento de dotação económica para a formação dos modelos económicos.

2.3. O Solo na Economia Neoclássica

Neste quadro, não é de estranhar que diversos autores, nomeadamente os neoclássicos, advogassem soluções alternativas para a organização do mercado fundiário. Ocorrendo várias distorções nos modelos económicos de organização do mercado que, no limite, impossibilitam a própria avaliação concreta do bem, não será por acaso que a teoria de renda (elemento indirecto de valoração) assuma um papel fundamental nas diversas análises históricas.

Os economistas neoclássicos, assistindo à sucessiva maior importância da indústria, e insistindo nos modelos de equilíbrio baseados na teoria das trocas, demonstraram uma tendência inelutável para a agregação do solo no factor de produção capital. Ainda, assim, iniciaram uma análise mais atenta do modelo de sustentabilidade do crescimento económico, uma vez que a demonstração da finitude dos recursos se mostrava clara e notória. Nesse quadro, iniciaram a análise intertemporal, relacionando a exaustão

[47] *Cf.* HUBACEK, Klaus; BERGH, Jeroen van den – *The Role of Land in Economic Theory*, cit., p. 14.

das matérias-primas com a taxa de juro e a taxa de desconto ao nível das preferências de consumo, tendo Lewis C. Gray, em 1914, avançado com a ideia pioneira de que efeitos externos poderiam ser responsáveis por uma «*lack of correlation in individual expense and social cost*»[48].

Hotelling, em 1931, demonstrou de forma matemática o modelo óptimo de utilização de recursos não-renováveis ao longo do tempo. Nos termos da sua equação, o preço óptimo é equivalente ao custo de extracção acrescido de um preço sombra – precisamente a *royalty* ou a renda de escassez – sendo que, a longo prazo, essa *royalty* cresce a uma taxa equivalente à taxa de inflação[49]. Por sua vez, já Carl Menger, em 1871, havia afastado o conceito de «valor intrínseco» de um bem, e consequentemente, o próprio conceito de «renda ricardiana» acentuando ao invés a gradação do interesse que o adquirente revela no seu consumo. Assim, o valor do solo não decorreria da sua fertilidade intrínseca, mas sim da valoração do adquirente relativamente à mesma, sendo o seu preço determinado em função de objectos sucedâneos. Por exemplo, uma maior produção poderia advir de uma cultura mais extensiva em termos de área ou da utilização de mais fertilizantes[50].

Ainda assim, até mesmo Léon Walras, que estabeleceu os princípios matemáticos para a teoria do equilíbrio geral, condenou a propriedade privada do solo, após concluir, por via da modelação matemática, que o preço do mesmo tenderia para o infinito[51].

2.3.1. Alfred Marshall

Alfred Marshall, ao introduzir o factor tempo na análise económica, reconciliou o conceito clássico de custo de produção com o princípio da utilidade marginal formulado por William Jevons. Além disso, apesar de ter introduzido um quarto factor de produção na modelação económica – a

[48] GRAY, Lewis – «The Economic Possibilities of Conservation». *In The Quarterly Journal of Economics*, Volume 27, Issue 3, 1 May 1913, p. 514.

[49] HOTELLING, Harold – «The Economics of Exhaustible Resources». *In The Journal of Political Economy*, volume 39, issue 2, April, 1931, pp. 137–175 [disponível em http://msl1.mit.edu/classes/esd123/2003/bottles/Hotelling.pdf].

[50] *Cf.* MENGER, Carl – *Principles of Economics*. 1871, Ludwig von Mises Institute, ed. 2007 [disponível em https://mises.org/system/tdf/Principles%20of%20Economics_5.pdf?file=1&type=document].

[51] *Cf.* WALRAS, Léon – *Théorie Mathématique du Prix des Terres et the leur rachat par l'État*. 17 de novembre 1880.

organização – manteve o solo como elemento distinto. A razão para essa segregação decorria das limitações que existiam ao nível da sua oferta, e que contrastavam com a elasticidade na oferta de capital.

Referiu o seguinte: «*there is this difference between land and other agents of production, that from a social point of view land yields a permanent surplus, while perishable things made by man do not. The more nearly it is true that the earnings of any agent of production are required to keep up the supply of it, the more closely will its supply so vary that the share which it is able to draw from the national dividend conforms to the cost of maintaining the supply.*»[52]

Na teoria neoclássica marshalliana, a «neutralidade» do capital fica evidente quando ocorre a exaustão do solo (bem como de um qualquer outro recurso comum). Uma vez que os modelos tendem para o equilíbrio, esta exaustão incentivará, a longo prazo, ao desenvolvimento de uma inovação técnica, que substitui o recurso esgotado. Como resultado, também a longo prazo, o crescimento económico não será limitado pela (in)disponibilidade de solo. Se ocorrer uma restrição a curto prazo, num futuro distante a inovação técnica aumentará o rendimento total da economia. No curto prazo, há uma situação em que a renda da terra se altera, devido ao próprio esgotamento do recurso natural. Porém, tal facto dará um incentivo extra para uma qualquer ruptura tecnológica que irá mais do que compensar as perdas transitórias. Essa inovação irá difundir-se para terras que já eram as mais produtivas, impulsionando um aumento em escala da produção. Contudo, quando esta mudança técnica passa a alcançar terras de menor produtividade, este aumento passa a diminuir. E, assim, incentiva-se a um novo ciclo de mudanças de longo prazo. Como resultado, no longo prazo, ocorrerá um aumento contínuo da produção, não limitado pela disponibilidade de solo. Na terminologia económica, este aumento da produção é medido no denominado excedente do produtor. Com a inovação, o excedente do produtor possibilita o aumento da sua participação no valor do produto, em detrimento da participação original da renda do solo.

No entanto, ao introduzir o conceito de «quase-renda» (*quasi-rent*), aproximou, em termos analíticos, os conceitos de capital e solo. Assim, a curto prazo, estando a capacidade de produção e a procura definidas,

[52] *Cf.* Marshall, Alfred – *Principles of Economics*. 8th ed., 1890 p. 426 [disponível em https://campus.fsu.edu/bbcswebdav/users/jcalhoun/Courses/History_of_Economic_Ideas/Readings/Marshall-Principles_of_Economics.pdf]

não existirá diferença entre renda e quase-renda. A quase-renda só aparecerá quando ocorrer um desajustamento transitório de preços resultante de desequilíbrios temporários das estruturas do mercado que invariavelmente desaparecerão a longo prazo, momento em que todos os preços se tornam variáveis e os ajustamentos necessários se concretizam. Assim, e numa perspectiva de longo prazo, somente a inovação tecnológica seria capaz de gerar ganhos ou lucros, já que os melhoramentos contínuos e as qualidades naturais do solo constituirão o excedente do produtor[53].

O exemplo de Marshall é idêntico ao dos autores clássicos. A renda do solo decorre da inovação, sendo as infra-estruturas fundamentais para esse facto. Estas mudanças técnicas, traduzidas em bens de capital, valorizam as terras próximas, assim como o próprio trabalho local, suplantando, em termos de importância relativa, aos atributos naturais do solo, i.e., a sua fertilidade. A conclusão superveniente é quase óbvia: a quase totalidade da renda do solo e do trabalho provém do capital.

Marshall demonstra que o incremento no excedente total da economia ocorre por meio de uma dupla melhoria. A primeira, a melhoria nominal, decorre do aumento de produção de bens decorrente do maior emprego de capital (ou seja, o aumento nominal ocorre mesmo que ocorra uma escala decrescente de produção de bens e serviços gerados pelo capital em terras onde antes o trabalho era empregado em escala crescente). Porém, e mais relevante, é a melhoria real, representada no aumento da renda devida ao capital. Este aumento é decorrente do seu incremento de produção e produtividade, e terá de ser superior à perda da terra, para ser rentável. Como consequência, o aumento da renda é comparativamente vantajoso para todos – capitalistas, trabalhadores e proprietários de terras. Embora os proprietários de terras e recursos naturais percam participação relativa, a sua renda absoluta também aumenta, em decorrência da inovação.

2.3.2. O Ocaso do Solo. De Clark e Knight a Solow e Simon

A manutenção do solo enquanto factor de produção autónomo tornou-se controversa. Apesar de a maioria dos autores manter a separação entre capital e solo, traduzida na distinção física entre *stock* («solo») e fluxo («capital»), a verdade é que a idade da imaterialidade floresceu, adquirindo a vertente monetária uma preponderância fundamental. A este propósito

[53] *Cf.* MARSHALL, A. – *Principles of Economics*, cit., p. 240.

Joseph Schumpeter indica: «*we may, however, note in passing that monetary concepts of capital carry the no doubt minor advantage that they bear a relation to capitalism which physical concepts do not.*»[54]

No entanto, John Bates Clark, já em 1891, havia argumentado que a lei da renda económica de Ricardo gerada pela produtividade marginal do solo era igualmente aplicável ao restante capital, ao analisarmos a situação de uma forma estática[55], e até mesmo ao trabalho, já que, perante um *stock* fixo de capital (incluindo o solo), cada trabalhador adicional irá contribuir marginalmente com um menor lucro. Assim, o modelo de equilíbrio assenta na maximização do lucro no ponto em que o custo marginal de um trabalhador adicional é equivalente ao rendimento marginal que ele obtém. A conclusão deste pensamento é clara: Clark propõe uma teoria unificada de «capital» que é homogénea ao solo, trabalho e bens de capital, num modelo «transmigratório» ou «transmutacional»[56] [57].

A este propósito, Frank Knight criticou o simplismo extremo do próprio conceito de factores de produção, referindo que se tratava unicamente de uma aglomeração arbitrária de bens relativamente homogéneos, e que deviam ser eliminados da discussão económica. A sua proposta era simples: todos os factores de produção deviam ser subsumidos ao conceito de capital. Neste enquadramento unificado, para Knight o solo não detinha qualquer relevância fundamental no processo económico. Assim, o solo agrícola deveria ser mantido e desenvolvido tal como qualquer outro bem de capital[58]. Este foi o ponto de partida para o desvanecimento do

[54] *Cf.* Schumpeter, Joseph – *The History of Economic Analysis.* London, Boston: George Allen & Unwin, 1954, 1981, pp. 899 e 900.

[55] *Cf.*, Clark, John Bates – «Marshall's Principles of Economics». *In Political Science Quarterly*, 6. 1, 1891, pp. 126–151.

[56] *Cf.* Gaffney, Mason – «Neo-Classical Economics as a Stratagem against Henry George». *In The Corruption of Economics*, ed. Mason Gaffney and Fred Harrison, London, 1994, p. 53; *Idem*, «Land as a Distinctive Factor of Production». *In Land and Taxation*, ed. Nicholas Tideman, Georgist Paradigm Series, London, 1994, pp. 39–102.

[57] No mesmo sentido, Philip Wicksteed, em 1914, referiu claramente que qualquer um dos factores de produção, incluindo o solo, era, a longo prazo, intercambiável relativamente a qualquer outro. *Cf.* Wicksteed, Philip – «The Scope and the Method of Political Economy in the Light of the "Marginal" Theory of Value and Distribution». *In The Economic Journal*, 24, 93, 1914, pp. 1–23.

[58] Heady menciona o seguinte: «*land, as a factor of production, has no unique characteristics which should cause it to be set aside by itself in economic analysis. The principles defining the optimum use of land are those drawn from the more general production economics principles. ... Land perhaps takes on*

solo enquanto factor produtivo, uma vez que, nesta concepção unificada, revestia a qualidade quer de *input* produtivo, quer de *output*[59].

Este desejo de obtenção de uma visão unificada era comum a todos os economistas neoclássicos, cujo anseio principal consistia em tornar a economia uma ciência objectiva. Ora, essa objectividade era claramente antagónica da perspectiva clássica que se alimentava conceptualmente quer de elementos naturais quer de influências políticas.

Na segunda metade do século passado, o solo e os restantes recursos naturais desapareceram da função produtiva e foram incluídos em conceitos mais abrangentes de capital e de trabalho. As consequências foram várias. Por exemplo, a teoria do comércio internacional excluía a exploração intensiva de recursos naturais do âmbito de análise. Os modelos de crescimento económico eram totalmente adversos à concepção de sustentabilidade. Na sequência dos ensinamentos de Clark, os modelos agregados de produção baseavam-se unicamente em dois factores: o capital e o trabalho, que, por sua vez, eram intercambiáveis entre si. O solo desapareceu de todas as teorizações económicas, quer nos modelos de crescimento dos anos 30[60] quer nos modelos dos anos 50 e 60 do século passado[61], e que adaptaram o modelo estático de Clark a um estado estacionário dinâmico de crescimento económico. A equação de maximização do lucro «custo marginal=rendimento marginal do produto» aplica-se uniformemente ao solo, capital e trabalho.

Assim, a integralidade da ciência económica, que funciona numa lógica de efeito em cadeia (*bandwagon effect*) passou a analisar modelos simplificados assentes nos dois factores sobreviventes: o trabalho e o capital. Por exemplo, a teoria das vantagens comparativas, originária de David Ricardo, e desenvolvida por Ohlin, em 1933 e Heckscher, em 1949, passou a anali-

unique importance only in respect to its use and allocation over time. Even here the tools of analysis and basic economic principles are identical with those which apply to any other production or resource use problems over time.» *Cf.* HEADY, Earl – *Economics of Agriculture and Resource Use*. Englewood Cliffs, 1952, p. 763.

[59] *Cf.* PANTINKIN, Don – «Frank Knight as Teacher». *In The American Economic Review*, LXIII:5, 1973, p. 794

[60] *Cf.* HARROD, Roy – «An Essay in Dynamic Theory». *In The Economic Journal*, 49, 193, 1939, pp. 14–33.

[61] *Cf.* SOLOW, Robert – «A Contribution to the Theory of Economic Growth». *In The Quartely Journal of Economics*, 70, 1, 1956, pp. 65–94

sar a competitividade nacional tendo como base unicamente a estrutura de capital e de trabalho[62].

Solow, na sua obra *A Contribution to the Theory of Economic Growth*, de 1956, não incluiu o solo na função de produção, que assumia a seguinte formulação: Y = f(K,N), sendo K o capital e N o trabalho. Num modelo posterior de 1974, Solow, inquirido sobre os efeitos a longo prazo decorrentes da exaustão dos recursos naturais, modifica a sua equação, introduzindo a variável recursos naturais: Y = f(D,K,N), em que D = recursos naturais não renováveis. Todavia, sendo a função produção uma relação de substituição contínua entre factores, tal significa que não se outorga qualquer papel especial aos recursos naturais, em que se incluía o solo. Conforme indicava claramente Solow: «*if it is easy to substitute other factors for (exhaustible) natural resources, then there is, in principle, no problem. The world can, in effect, get along without natural resources. Exhaustion is an event not a catastrophe... If, on the other hand, output per unit of resources is effectively bounded – cannot exceed some upper limit of productivity which is, in turn, not too far from where we are now – then catastrophe is unavoidable... Fortunately, what little evidence there is suggests that there is quite a lot of substitutability between exhaustible resources and renewable or reproducible resources.*»[63]

Porém, a simplificação neoclássica não se ficou por aqui. Os desenvolvimentos subsequentes reduziram a função de produção a simplesmente um factor: Y = f(K), eliminando-se qualquer distinção entre capital e trabalho. A produtividade do factor trabalho depende unicamente de investimento e formação. Ou, nas palavras de Simon, o conhecimento é o «recurso supremo» (*ultimate resource*)[64], assentando na ideia de que só a acumulação de conhecimento e de progresso tecnológico é que obedecerá à lei dos rendimentos crescentes.

Este reducionismo teórico era acompanhado de um arsenal matemático generalizadamente aplicado às transacções e a todas as questões relacionadas com a utilização do solo ou de qualquer outro recurso comum. Ora, essa tentativa simplificadora era dificilmente conciliável com o modelo

[62] *Cf.* FAUSTINO, Horácio – «O modelo de base de Heckscher-Olhin e os principais teoremas: uma análise em termos de elasticidades». *In Estudos de Economia*, 10, 1, 1989, pp. 31–50 [disponível em https://pascal.iseg.ulisboa.pt/~faustino/textos/modho.pdf].

[63] *Cf.* SOLOW, Robert – «A Contribution to the Theory of Economic Growth». *In The Quartely Journal of Economics*, 70, 1, 1956, pp. 67.

[64] *Cf.* SIMON, Julian – *The Ultimate Resource*. NJ: Princeton University Press, 1981.

clássico, que elevava o solo a uma dimensão política complexa. Por conseguinte, a análise do solo passou a ser fraccionada, tomando em consideração o problema específico que se defrontava. Como sabemos, a teoria económica neoclássica baseia-se no princípio do interesse individual do agente, que optimiza a sua utilidade e procura o máximo benefício económico individual. Assim, o solo seria uma entre diversas variáveis através das quais os agentes económicos tentavam optimizar os seus ganhos, gerindo os diversos constrangimentos existentes ao nível da tecnologia disponível, dos recursos e das políticas.

Esta aproximação indiferenciada ao solo foi sendo criticada, ainda que de forma bastante ténue. Questões como as da irreversibilidade das decisões, nomeadamente perante uma situação de limitação da oferta, a não substituição perfeita entre factores de produção ou a exposição a exterioridades (positivas e negativas), foram sendo ignoradas de modo mais ou menos explícito.

3. O Renascimento do Solo na Teoria Económica

3.1. A Economia do Solo, a Economia Agrária e a Economia Imobiliária

A economia do solo manteve a vertente política e institucional inerente à visão clássica. Ignorando as suas propriedades físicas (ao contrário da economia agrária), a economia do solo foi alvo de múltiplas influências[65], em que obviamente se inclui a escola neoclássica[66]. Porém, manteve viva a ideia da especificidade do solo enquanto recurso comum, numa perspectiva muitas vezes considerada tradicionalista. A sua proposta teórica manteve-se relativamente inalterada, partindo do pressuposto da finitude do recurso e das especificidades da sua estrutura económica. Dessas características genéticas decorreriam consequências institucionais e políticas, que, sendo estruturais, tinham efeitos económicos.

A importância do solo para a economia agrária é óbvia. Nesse quadro, desde a década de 20 do século passado, foi sendo desenvolvida diversa

[65] *Cf.* Randall A.; Castle, E. – «Land Resources and Land Markets». *In Handbook of Natural Resources and Energy Economics*, vol. II, Elsevier Science Publishers, 1985.

[66] A revista científica *Land Economics*, fundada em 1925, na Universidade de Wisconsin, inaugurou esta escola de pensamento, tendo como linha editorial constante a preocupação de fornecimento de soluções para a utilização eficiente do solo, quer ao nível agrícola (originalmente), quer ao nível urbano, atenta a sua importância estratégica.

teorização microeconómica tendo como objectivo garantir um rendimento eficiente para os agricultores. Esta escola económica manteve-se sempre umbilicalmente ligada à economia da terra, que insistia em manter a crença clássica de que o factor de produção solo se distinguia dos restantes atento o seu carácter singular que resultava dos efeitos externos decorrentes dos modelos da sua utilização. Assim, a agricultura intensiva, a erosão dos solos ou a utilização de fertilizantes e pesticidas químicos criaria exterioridades negativas significativas que não poderiam deixar de ser analisadas.

A economia imobiliária, por sua vez, considera o solo numa dupla perspectiva: como factor de produção e como produto. Von Thünen[67] (com a sua teoria do «Estado Isolado», em que a renda económica do solo agrícola tem uma relação inversa com o aumento da distância ao centro urbano), Alfred Weber[68] (com a teoria de «localização industrial») e François Perroux[69] (com a sua teoria dos «polos de crescimento») são considerados os fundadores desta escola de pensamento que se apoia no elemento específico da «localização» e, inicialmente, da sua associação aos custos de transporte. Assim, von Thünen direccionou a sua atenção para a agricultura, Weber para a localização de unidades industriais e Perroux para os efeitos de concentração de actividade económica com a demonstração dos efeitos decorrentes das «economias de aglomeração». O modelo distingue-se da economia fundiária por se estruturar a partir da análise das benfeitorias que são construídas com base no solo, e enquadra todo o processo de produção da exploração ou do prédio, e das suas relações com as diferentes localizações fundiárias. Neste quadro, uma construção em altura pode minimizar a falha de mercado resultante das limitações físicas do solo, quer na perspectiva habitacional, quer mesmo na perspectiva agrária (culturas hidropónicas). Por sua vez, a imobilidade do solo pode contrastar com uma política de fluidez ao nível da habitação partilhada em diversas localizações. Por outro lado, o solo é tendencialmente indestrutível, logo, não depreciável, enquanto as construções se degradam e, no limite, desaparecem. O solo não é homogéneo – não existem duas localizações idênticas – mas um apartamento pode ser similar ao vizinho. Assim, enquanto

[67] *Cf.* Thünen, Johann Heinrich von – *Der Isolierte Staat in Beziehung auf Landwirtschaft und Nationalökonomie*, Jena, (1826), 1910 [disponível em https://archive.org/details/derisoliertestaa00thuoft].

[68] *Cf.* Weber, Alfred – *Über den Standort der Industrie*, 1909.

[69] Perroux, François – *Le problème du profit*. Presses universitaires de Grenoble, 1926.

o solo adquire uma natureza de *stock* natural, o imobiliário qualifica-se claramente enquanto fluxo, sujeito aos normais condicionalismos económicos de oferta e de procura.

3.2. O Solo na Economia Ambiental e na Economia Ecológica

Conforme se demonstrou *supra*, quer a economia ambiental quer a economia ecológica outorgam uma especial relevância ao solo. Os efeitos externos que ocorrem ao nível fundiário, a irreversibilidade das decisões económicas, a sua não substituibilidade e as questões distributivas constituem matérias de eleição destas correntes de pensamento. Ainda assim, uma análise atenta destas tendências revela que o solo em si mesmo não se torna especialmente relevante enquanto activo em si mesmo, mas sim os recursos que este suporta[70]. Assim, a vertente espacial da localização fundiária é secundarizada perante outras questões, tais como a exploração dos recursos naturais, a hidrologia ou a ecologia.

Os elementos de análise são diversos e distinguem-se claramente das prioridades científicas anteriores: *i)* modelos de utilização sustentável do solo e dos recursos que este alberga; *ii)* análise dos benefícios e serviços ambientais acessórios (recreação, biodiversidade, *etc.*); *iii)* modelos de outorga de bens públicos; *iv)* modelos de mensuração de activos anteriormente incomensuráveis; *v)* equilíbrio intergeracional; e *vi)* modelos de apropriação óptima.

Tal como no caso da economia agrária e imobiliária, o solo é analisado tomado como infra-estrutura de suporte aos serviços ambientais e ecológicos, e não adquire uma dimensão tão relevante em sede dogmática. A preocupação teórica prende-se essencialmente com a produção de serviços ambientais e a utilização de recursos naturais que existem no solo, mas que com ele não se confundem. A título de exemplo, Malthus considerava a exaustão dos recursos agrícolas, Jevons do carvão e, consequentemente, dos bens energéticos, e Hotelling a sobreexploração geracional dos recursos globalmente considerada[71]. O modelo de utilização eficiente do solo em si mesmo considerado ainda não havia merecido especial atenção.

[70] *Cf.* CIRIACY-WANTRUP, S. – «Natural Resources in Economic Growth: The Role of Institutions and Policies». *In American Journal of Agricultural Economics*, 51 (5), 1969, pp. 1314–1324.

[71] DASGUPTA, P.; HEAL, M. – «The Optimal Depletion of Exhaustible Resources». *In Review of Economic Studies*, 41, 1974, pp. 1–23.

Não obstante, após a definição dos modelos de sustentabilidade fraca e de sustentabilidade forte, ficou assente que os agregados de *stock* de capital não poderiam revelar uma trajectória descendente, enquanto no modelo fraco essa sustentabilidade poderia ser alcançada por via de uma substituição de bens naturais por bens artificiais. Já no modelo forte deveria ser mantido um nível mínimo de *stock* de bens naturais[72]. E, como não poderia deixar de ser, o solo constitui uma parte essencial desse núcleo duro garante de sustentabilidade intergeracional, ainda mais quando a sua relação de sucedaneidade com qualquer outro activo se revela inconsequente face às suas características próprias[73]. Esse dever de especial precaução deve-se à incerteza quanto à eficiência das escolhas presentes em ambientes de informação assimétrica em que as acções de hoje podem gerar efeitos externos significativos no futuro e à irreversibilidade dos processos transformativos. Assim, um solo desertificado somente em termos bastante onerosos poderá ser reabilitado. O mesmo se diga com os centros urbanos degradados.

Ainda assim, o solo era tomado como um elemento de segundo nível, sendo um mero suporte para a actividade económica primária e secundária (agricultura e indústria), a infra-estrutura que contém os recursos comuns (renováveis ou não renováveis) ou o elemento através do qual os diversos serviços ambientais seriam prestados. A sua relevância enquanto recurso comum, em si mesmo, era, portanto, difusa e relativamente ignorada.

3.3. O Solo e o seu Enquadramento Económico Actual: as Diferenças Fundamentais entre Solo e o Capital

O entendimento económico convencional quanto ao enquadramento dogmático do solo é exemplarmente expressado por Fernando Araújo: «quanto aos recursos naturais, a respectiva renda – agora em sentido próprio de "rendimento fundiário", e não no de "renda económica" – resulta igualmente do encontro da oferta e procura, com a única especialidade da imobilidade desses factores, que tende para determinar alguma inelasticidade da respectiva oferta. Pode mesmo pôr-se a questão de saber se o factor

[72] PEARCE, D.; TURNER, K.R. – *Economics of Natural Resources and the Environment*. New York: Harvester Wheatsheaf, 1990.

[73] VICTOR, P.A. – «Indicators of Sustainable Development: Some Lessons from Capital Theory». *In Ecological Economics*, 4, 1991, pp. 191–213.

terra não é sempre fixo, sendo as variações temporais na respectiva produtividade fruto apenas da aplicação de capitais, que artificialmente interferem na fertilidade daquele factor. A entender-se assim, a renda poderia resultar essencialmente de dois vectores: 1. Da remuneração dos capitais aplicados na exploração fundiária; 2. Da "renda económica" – a ricardiana "renda fundiária diferencial" – decorrente das diferentes produtividades natural e localização geográfica das terras, e das oscilações no rendimento marginal dessas terras, derivadas por sua vez das variações na procura dos bens finais produzidos com esses factores naturais e uma oferta virtualmente inelástica»[74].

Esta análise tem como ponto de partida explícito o enquadramento dogmático neoclássico que tende a confundir o solo com o restante capital. Fernando Araújo não cede à tentação simplificadora e avança com algumas características distintivas, que merecem, na nossa opinião, um desenvolvimento cuidado.

Preliminarmente, haverá que referir que se encontra em discussão a própria correcção da equiparação neoclássica da dinâmica do capital e do trabalho, e que assenta no pressuposto de que o preço de mercado origina uma distribuição óptima de rendimento entre os dois factores, e não o inverso[75].

Ainda assim, o modelo unificado neoclássico que integra o solo no âmbito do capital não tem merecido igual atenção crítica. É verdade que quer o solo quer o capital podem ser vendidos e comprados no mercado. Os particulares e as empresas podem deter propriedades ou acções representativas do capital social de pessoas colectivas, permutando-os livremente em mercados organizados. Por outro lado, ambas as realidades poderão ser considerados instrumentos de «reserva de valor», com a diferença da menor liquidez relativamente às transacções de solo em comparação com o potencial dinâmico das bolsas de valores. Porém, e inversamente, o solo sempre foi considerado um excelente colateral em sede de garantia de créditos financeiros, merecendo tratamentos regulatórios privilegiados em sede de ponderação de capitais próprios das instituições financeiras (e que, no limite, originaram a crise financeira de 2008).

[74] *Cf.* Araújo, Fernando – *Introdução à Economia*, cit., 2008, p. 447.

[75] *Cf.* Cohen, Avi; Harcourt, Geoffrey – «Retrospectives: Whatever Happened to the Cambridge Capital Theory Controversies?». *In The Journal of Economic Perspectives*, 17, 1, 2003, pp. 359–374.

Contudo, existem algumas diferenças fundamentais que se torna necessário identificar:

i) O carácter físico único do solo num universo tridimensional em contraste com a natureza imaterial do capital.

Além das limitações ao nível da oferta, o mercado de propriedade imobiliária apresenta também dificuldades sensíveis na perspectiva da fluidez. A terra disponível, salvo raríssimas e muito dispendiosas excepções, resulta de uma actividade de criação natural. A sua localização espacial é uma característica única – daí termos optado pela utilização da terminologia «solo» relativamente a «terra» – não podendo existir duas propriedades numa única localização (daí o aforismo avaliativo «*location, location, location*»). Este condicionalismo exclusivo constitui, em consequência, um factor crucial na definição do seu valor, demonstrando igualmente a não sucedaneidade do bem em causa. Por outro lado, à sua configuração bidimensional tradicional, e que é demonstrada pelos modelos de cadastro geométrico, é, por vezes, acrescentado um alcance tridimensional acrescido, tendo em vista o tratamento jurídico dos modelos de apropriação do subsolo ou do espaço aéreo correspondente à circunscrição bidimensional fundiária. O capital, por sua vez, assenta em realidades sucessivamente mais imateriais, que retratam unicamente convenções de valor universalmente aceites, quer por via de fé pública – *maxime* as moedas tradicionais – quer por via de uma confiança comunalmente depositada – por exemplo, as *bitcoins*.

ii) O carácter perpétuo do solo em contraste com a natureza temporária do capital

O solo é perpétuo, salvo em situações muito limitadas – erosão costeira ou subida dos níveis do mar – não podendo ser produzido nem reproduzido de forma generalizada e, por conseguinte, não é depreciável. Porém, se entendermos, como Ryan-Collins, Lloyd e Macfarlane, que o solo reveste unicamente a forma física de um «espaço» ou localização específica, então nem a erosão ou qualquer outra forma de deterioração o poderá afectar[76]. Nenhuma destas características se aplica ao capital, em sentido (e

[76] *Cf.* Ryan-Collins, Josh; Lloyd, Tobey; Macfarlane, Laurie – *Rethinking the Economics of Land and Housing*. New Economics Foundation, 2017, p. 52

no sentido) clássico. Sendo produzido por acção humana, é depreciável pelo decurso do tempo ou pela inovação tecnológica. Esta diferença não é reconhecida, por exemplo, pela microeconomia. Por exemplo, nas análises de longo prazo, assume-se normalmente que não existem factores de produção fixos, e que a possibilidade de transformações dinâmicas entre os diversos factores são possíveis e naturais. Porém, a verdade é que a construção e destruição do capital nos prazos longos dos ciclos económicos não são coerentes com a existência continua e não depreciável do solo.

A demonstração clara deste fenómeno traduz-se na regra comummente aceite de que o solo, a longo prazo, se valoriza inevitavelmente, em claro contraste com a desvalorização do capital. As razões para a ocorrência deste fenómeno podem ser diversas. A primeira decorre naturalmente do aumento populacional; sendo o solo limitado, ocorrerá uma valorização natural decorrente do aumento quantitativo do lado da procura, nomeadamente num mundo cada vez mais urbano. Numa perspectiva qualitativa, Fred Hirsh refere que o solo pode ser visto como um «bem posicional», se considerarmos a sua relevância social[77]. Por sua vez, Stiglitz explica que, com o desenvolvimento tecnológico, todos os outros bens tendem a sofrer uma redução de preço, pelo que a concorrência pelo melhor solo irá drenar a maior parte do rendimento adicional disponível (ou seja, uma nova «renda económica ricardiana» mas de âmbito concorrencial).[78]

Por outro lado, a expansão urbana crescente acentua consideravelmente a tendência para a elevação do valor do solo, que se apresenta mais significativa do que o preço da «benfeitoria» construída sobre ele. Além do diferimento temporal decorrente do tempo de construção do edifício, a verdade é que, sendo a oferta limitada, o aumento exponencial de utilidades possíveis de aproveitamento outorga um «ganho de oportunidade» cada vez mais elevado relativamente ao solo disponível. Assim, a expansão urbana reduz o espaço disponível para a agricultura, para a vertente ambiental e recreativa, e até mesmo para a implantação de infra-estruturas de suporte urbano. Esta «luta de finalidades potenciais» origina uma natural valorização fundiária. Assim, conforme exposto por Ryan-Collins,

[77] *Cf.* Hirsh, Fred – *Social Limits to Growth*. London: Routledge, 2005.

[78] *Cf.* Stiglitz, Joseph – «New Theoretical Perspectives on the Distribution of Income and Wealth among Individuals: Part IV: Land and Credit». *In NBER Working Paper Series*, no. 21192, May, 2015.

Lloyd e Macfarlane: «*in summary, capital requires both space and time to exist; land is space and is timeless.*»[79]

iii) O solo é imóvel e o capital dinâmico

A falta de fluidez inerente à terra enquanto factor de produção origina barreiras naturais à entrada e à saída do mercado. As suas características de permanência, quantidade limitada e imobilidade têm inevitáveis efeitos no processo de decisão privada, dado que qualquer opção terá efeitos muito prolongados no tempo, podendo mesmo ser irreversível. Os prejuízos de uma má opção serão, em diversas situações, irrecuperáveis e os juízos de prognose longa são realizados, muitas vezes, sem a informação necessária, propiciando movimentos especulativos. É clara, pois, a existência de informação assimétrica ao nível da evolução futura dos mercados de propriedade imobiliária que impede a formulação de decisões económicas óptimas[80]. Existem dois exemplos finais deste estado de coisas: o primeiro, mais estrondoso, decorre precisamente da crise financeira de 2008, originada pelo rebentamento da «bolha imobiliária», insuflada artificialmente por via de uma prática de titularização desregulada, que, assentando no pressuposto (clássico) de valorização infinita do imobiliário, o aplicou de forma desadequada ao mundo da microfinança, nomeadamente ao crédito hipotecário de alto risco; o segundo, de base mais estrutural, resulta da tentativa hodierna de captura de rendas monopolísticas decorrentes do não desenvolvimento imobiliário dos centros históricos tomando como base a expectativa especulativa de obtenção de ganhos excedentários por via da transacção onerosa da capacidade construtiva.

As razões para esta disfunção decorrem precisamente do desconhecimento conceptual relativo à natureza do solo. O solo, enquanto activo imobiliário é, pela própria definição, imóvel. Ao invés, o capital é, por definição, móvel. Essa mobilidade é inerente à sua própria natureza: em termos temporais, é depreciável, ou seja, o decurso temporal implica substituições sucessivas de activos; em termos tecnológicos, é qualitativamente alterado por via de um reinvestimento em activos mais eficientes; em termos espaciais, circula para as regiões onde é susceptível de gerar mais frutos;

[79] *Cf.* Ryan-Collins, Josh; Lloyd, Tobey; Macfarlane, Laurie – *Rethinking the Economics of Land and Housing*, cit., 2017, p. 54.

[80] *Cf.* Lobo, Carlos Baptista – «Tributação do Urbanismo». *In XV Aniversário da Reforma Fiscal*, Almedina.

e, finalmente, em termos físicos, a sua imaterialidade permite uma total abstracção do mundo físico, o que contrasta com a tridimensionalidade característica do solo.

Aliás, a imobilidade do solo é precisamente o que o qualifica como colateral de enorme qualidade para a garantia de operações de crédito. Os seus fluxos de rendimento são relativamente estáveis, mas insusceptíveis de depósito ou de antecipação. A este respeito, Alfred Marshall referiu que o valor do solo decorria de três factores que eram incontroláveis pelo seu detentor: a dádiva da natureza (*gift of nature*), os serviços públicos adjacentes e os efeitos externos, positivos e negativos, decorrentes das relações de vizinhança[81].

Finalmente, a teoria da produtividade marginal assume que, a longo prazo, todos os factores de produção estarão sujeitos a uma idêntica rentabilidade marginal. A consequência desta regra é a permanente inter-sucedaneidade potencial entre os diferentes factores. Porém, tal não acontece com o solo, pois que, pelas suas características físicas, os elementos adicionais de valor não o afectarão de forma homogénea, uma vez que a sua localização única e consequente imobilidade não permitirão a concretização desse juízo de neutralidade. Por exemplo, uma nova unidade de expansão territorial de uma cidade estará inevitavelmente mais distante do seu centro.

iv) A renda económica do solo e a renda de remuneração do capital

Se a taxa de retorno de um investimento de capital aumentar, isso irá atrair novos fluxos de investimento até que a taxa de juro nivele num valor normal, ou seja, até que os rendimentos excessivos sejam eliminados. Numa outra perspectiva, um aumento de disponibilidade financeiras, por via do aumento de juros, dividendos ou lucros, irá aumentar a procura por outros investimentos, o que poderá proporcionar um aumento das taxas de juro. Porém, no caso do solo, se o seu preço aumentar, os rendimentos adicionais serão corporizados no próprio aumento do preço do solo, ou seja, revestirão a qualidade de custos fixos de produção. Assim, ao contrário do restante capital, não foi o valor do solo que fez aumentar os custos de produção; pelo contrário, o valor do solo absorveu o rendimento adicional que foi gerado pela produção. Assim, um aumento do custo do solo não aumenta a sua produtividade nem a sua procura. Em vez disso, o aumento do custo

[81] *Cf.* MARSHALL, A. – *Principles of Economics*, cit., 1920, pp. 300–307.

do solo reduz o rendimento do capital. Por essa razão, sempre que o valor do solo aumenta, tendencialmente a qualidade da benfeitoria (o prédio construído) é reduzida, já que a renda fundiária absorve a integralidade da margem decorrente da actividade produtiva.

No limite, poderá mesmo entender-se que o capital (*stricto sensu*) e o solo encontram-se numa relação concorrencial. Se o preço do solo aumentar, o investidor terá menor liquidez para investimentos de capital, mantendo-se tudo o resto inalterado. Obviamente que existe uma capacidade limitada para substituir capital por solo, construindo em altura ou escavando subcaves, mas essa capacidade é limitada, não se tratando de uma verdadeira e própria *conversão* no sentido neoclássico do termo. Relembre-se que a capacidade de oferta do solo é fisicamente limitada. No limite, sendo o solo um conceito físico, na sua ausência não poderá sequer existir capital.

v) As especificidades das falhas de mercado no mercado fundiário

Contudo, além das falências genéticas sentidas no lado da oferta fundiária e da evidente informação assimétrica nos mecanismos de formação de preços, ocorrem outros fenómenos económicos disruptivos decorrentes da especial interacção entre os diversos agentes no mercado urbanístico. Assim, poderão ocorrer exterioridades significativas nestes mercados que, ao não serem interiorizadas – contabilizadas enquanto custos ou proveitos na contabilidade individual do agente causador –, originarão situações subóptimas[82].

Desta forma, quando as entidades públicas constroem uma nova ponte ou inauguram uma nova estrada, os terrenos envolventes valorizarão sem que os seus proprietários tenham realizado qualquer acção nesse sentido. Estas mais-valias (*windfall gains*) beneficiam proprietários individualmente considerados, embora os investimentos públicos tivessem sido efectuados à custa de toda a comunidade, justificando-se, pois, uma socialização desses ganhos (socialização das exterioridades positivas), por via da imposição de contribuições especiais.

[82] Citando António de Sousa Franco, «a interdependência entre as pessoas em sociedade gera situações difíceis de regular: na verdade as decisões de um consumidor ou de um produtor reflectem-se por vezes – positiva ou negativamente – sobre outras pessoas que com elas nada têm que ver: ora proporcionando-lhes utilidades externas (benefícios resultantes de comportamento alheio), ora impondo-lhes desutilidades externas (custos resultantes de comportamento alheio» *in Finanças Públicas e Direito Financeiro*, Vol. I, cit., p. 28.

Em sentido inverso, quando os agentes privados causam custos reflexos em outros agentes devido ao seu comportamento, torna-se essencial a sua interiorização, de forma que o custo privado marginal se equipare ao custo social marginal, eliminando-se consequentemente a exterioridade negativa[83]. Tal justificaria, do ponto de vista urbanístico, que um imóvel degradado sustentasse uma carga tributária mais elevada por constituir um factor de desvalorização na área em redor à da sua localização. No campo florestal, um terreno não desbastado deveria ser mais onerado dado o risco acrescido que provoca ao nível de incêndios florestais.

Adicionalmente, agentes com acesso a informação privilegiada ou com influência nos processos de decisão urbanística poderão actuar como *rent--seekers*, originando modelos ineficientes de desenvolvimento urbano, em que o ganho económico resulta unicamente de uma actividade especulativa sem conteúdo material além da angariação da licença a edificar (um ganho monopolista decorrente da ultrapassagem com sucesso da regulamentação legal) ou do desenvolvimento artificial – mas rentável – de actuações de simples expectativa especulativa, originando situações de enorme degradação nas zonas históricas tradicionais.

Trataremos de todas estas questões adiante. No entanto, e por agora, é importante salientar que a teoria neoclássica assente no paradigma da livre concorrência e na sua capacidade para, nos termos da teoria da utilidade marginal, atribuir a justa compensação a todos pela sua contribuição efectiva para a sociedade, independentemente do factor de produção em que se baseasse[84], poderá não ser totalmente aplicável ao mercado do solo em virtude das suas características inerentes.

3.4. Consequências na Caracterização do Mercado Imobiliário

O enquadramento infra-estrutural fundiário tem clara influência no mercado imobiliário, entendido como a actividade económica traduzida na incorporação de benfeitorias sobre o solo, independentemente de revestirem o aproveitamento económico primário (agricultura e floresta), industrial, de serviços ou de habitação.

[83] Quanto às exterioridades ambientais *Cf.* LOBO, Carlos Baptista – «Impostos Ambientais. Análise Jurídico-Financeira». *In Revista Jurídica do Ambiente e Urbanismo*, n.os 2 e 3, Almedina, 1994.

[84] Nos termos da denominada Lei Natural de Clark, «*if it worked without friction, would give to every agente of production the amount of wealth which that agente creates*». *Cf.* CLARK, John Bates – *The Distribution of Wealth*. Macmillan, 1899, p. v.

Assim, e na perspectiva das benfeitorias, podem apontar-se as seguintes características específicas do mercado imobiliário:

i) Todos os prédios são singulares, sendo impossível haver dois prédios absolutamente iguais, atentas as limitações de ordem física fundiária (mesmo dois apartamentos exactamente iguais terão diferenças de vista ou de exposição solar);

ii) Há uma elevada probabilidade de um número reduzido de compradores ou de vendedores chamar a si o poder de influenciar os preços, exercendo um controlo impróprio, tanto ao nível da oferta como da procura, se não houver uma intervenção reguladora em sede de políticas de solos. Tal resulta de uma alavancagem potencial do poder monopolístico detido pelo controlo da localização (*bottleneck*);

iii) Quando há desequilíbrios entre a oferta e a procura, o reequilíbrio, principalmente quando depende de um aumento da oferta, é extremamente moroso, podendo passar-se anos entre a decisão de construir e a disponibilização da construção no mercado (a estrutura de adaptação depende de um processo lento a nível administrativo que resulta quer de insuficiências do processo administrativo de planeamento e de gestão urbanística, quer da própria dinâmica da construção);

iv) A oferta e a procura não têm uma relação formalmente estruturada e sofrem ambas de informação assimétrica, embora o sector da mediação tenha contribuído nos últimos anos de uma forma positiva para tornar estas relações mais transparentes e informadas;

v) Enquanto resultado de uma actividade de investimento, os imóveis apresentam falta de liquidez; o solo é um produto imperecível e as construções são um produto durável e sujeito a uma depreciação muito lenta;

vi) Os imóveis estão sujeitos a diversos encargos tributários, que agravam os custos de transacção, quer para o comprador, quer para o vendedor (e. g., a tragédia do imposto mais estúpido do mundo: a sisa, agora transformada em IMT, que dificulta e penaliza a mobilidade das famílias e das empresas).

A doutrina económica distingue, no imobiliário, os sectores reprodutivos, em que os edifícios fazem parte dos meios de produção de empresas industriais, de prestação de serviços, turísticas e outras – que alimentam um negócio gerando bens e serviços transaccionáveis em permanência – dos sectores não reprodutivos, que podem também satisfazer necessidades básicas, como a habitação, mas não têm um efeito multiplicador directo na produção de riqueza. É certo que os prédios de habitação são úteis e susceptíveis de acumulação, constituindo uma base de riqueza, contudo, é também inegável que a utilização da habitação em si por uma família constitui um consumo não reprodutivo.

Como já referimos: «esta dicotomia radical é discutível porquanto, por exemplo, o parque habitacional ocupa uma parte do sector da construção civil em obras de conservação e de reabilitação, fazendo assim parte de uma cadeia produtiva. O mesmo se pode afirmar sobre as redes de infra-estruturas, incluindo aí as acessibilidades, quando estas estão correctamente dimensionadas e articuladas com a satisfação de necessidades básicas e programadas com escalas que correspondam aos seus limiares de rentabilidade. No caso do investimento em edifícios fabris, em hotéis ou mesmo em hospitais e escolas e outros serviços, podemos, porventura, aceitar que os edifícios são bens de produção e, assim sendo, que a concessão de crédito nestes casos se enquadra no crédito às actividades económicas reprodutivas, em que se espera um retorno compensador do investimento. Já no caso da habitação há que distinguir o investimento das famílias na compra de habitação própria (onde não se espera um qualquer retorno do "investimento") do investimento em prédios de rendimento onde o senhorio investiu com um sentido quase empresarial, tendo em vista uma compensação financeira, e onde podemos vislumbrar não propriamente uma actividade produtiva mas seguramente uma fonte de rendimento.»[85]

Assim, tradicionalmente, existia alguma reserva da teoria económica relativamente ao investimento no imobiliário, justificada pelo facto de se tratar sempre de bens não transaccionáveis, sujeitos a uma depreciação na sua componente edificada e ao risco associado aos ciclos que afectam este sector.

Porém, com o aparecimento das plataformas agregadoras do tipo AirBnB e outras, o conceito de alojamento local veio abalar este *statu quo*, permitindo que os particulares transaccionem activos que anteriormente se

[85] *Cf.* LOBO, Carlos; PARDAL, Sidónio – *Património Imobiliário – Referências para Avaliação*, cit., p. 25.

encontravam fora do mercado. Estes modelos *peer to peer* vieram inserir eficiência no mercado devendo ser promovidos e fomentados e não combatidos.

Estas características obrigam, igualmente, ao desenvolvimento de uma política reguladora ao nível da estabilização do mercado, à inserção de informação transparente para que os agentes possam realizar as melhores decisões, e ao levantamento dos obstáculos administrativos e fiscais que obstam ao rápido ajustamento dos agentes perante as alterações das condições de mercado. Adiante trataremos destas questões quando tratarmos dos modelos de planeamento e ordenamento do território para o futuro e da política fiscal imobiliária.

A – Questões para o Futuro

i. Qual a especificidade do solo enquanto recurso comum?
ii. Em sede de análise económica será conveniente dissociar o solo das benfeitorias construídas sob o seu suporte?
iii. Terá a dimensão «localização» uma relevância física em sede de mecanismos de formação de valor?
iv. Qual a relevância as infra-estruturas urbanísticas na valorização ou desvalorização do valor do solo?
v. Deverá o solo recuperar a sua relevância em sede de formulação teórica a nível económico?
vi. Manter-se-ão as razões para a instituição de um «imposto único» sobre a renda fundiária?
vii. Qual a influência do sistema financeiro na definição do valor do solo?
viii. Existirão metodologias de avaliação fundiária de modelo não pró-cíclico?
ix. Estarão os contributos de Henry George actuais perante a actual formulação dos mercados fundiários?
x. Existirão diferenças reais nas denominadas «Economia do Solo», «Economia Agrária», «Economia Imobiliária», «Economia Ambiental» ou «Economia Ecológica»?
xi. Serão o carácter físico do solo, a sua perpetuidade, a sua imobilidade e a eventual especificidade das suas técnicas de formação de valor elementos suficientes para o distinguir do restante capital?

B – Bibliografia Nacional

CARVALHO, João Manuel – *Planeamento Urbano e Valor Imobiliário*. Principia, 2005,

LOBO, Carlos Baptista – *Sectores em Rede – Regulação para a Concorrência*. Almedina, 2010

LOBO, Carlos Baptista; PARDAL, Sidónio – *Património Imobiliário – Referências para Avaliação*. Almedina, 2011;

LOBO, Carlos Baptista – *Lei do Solo, Vertente Financeira e Fiscal*. Documento Técnico DGOTDU 4/2011

C – Bibliografia Estrangeira

DIPASQUALE, Denise; WHEATON, William – *Urban Economics and Real Estate Markets*. Prentice Hall, 1996

GEORGE, Henry – *Progress and Poverty*. Robert Schalkenbach Foundation, 1935

JONES, Gareth, Peter Ward (eds.) – *Methodology for Land & Housing Market Analysis*, Lincoln Institute of Land Policy, Cambridge, 1994

MCDONALD John; MCMILLEN, Daniel – *Urban Economics and Real Estate, Theory and Practice*. Blackwell, 2008

MILLS, Edwin e Bruce Hamilton – *Urban Economics*, Harper Collins, 5.th ed, 1994

NEBREDA, Pere, Julio Padura e Eulalia Sanchez – *La Valoración Inmobiliaria. Teoría y Práctica*, La Ley, Wolters Kluwer, 2006

PIKETTY, Thomas – *Capital in the Twenty-First Century*. Cambridge: Harvard University Press, 2014

Capítulo III
As Políticas Públicas no Ordenamento do Território e no Urbanismo

1. O Direito do Ordenamento do Território e do Urbanismo como Ramo Sectorial do Direito Económico

Nesta configuração, existirão três situações tipicamente elegíveis para efeitos de acção pública reguladora *lato sensu*[86]: *i)* situações de mercado em que se torna claro que a eficiência não é alcançada através da simples acção da iniciativa privada; *ii)* situações de mercado em que o resultado socialmente desejável não é aquele que resulta de uma estrita perspectiva de eficiência mercantil; *iii)* situações de mercado em que os custos e benefícios privados e os custos benefícios sociais são claramente distintos.

Na primeira situação, o grande desafio que se coloca ao decisor público traduz-se na conformação da estrutura material do mercado e na fiscalização dos comportamentos dos agentes quando existe a tendência para a concretização de situações anticoncorrenciais nos mesmos. Tais fenómenos decorrem de falhas de mercado resultantes de fenómenos económicos que propiciam a institucionalização de monopólios naturais, como acontece no caso da generalidade das redes infra-estruturais do território.

Por sua vez, na segunda situação, a solução (eficiente) de mercado não coincide com a solução eficiente em termos sociais. É muito mais oneroso para um operador de telecomunicações fixas ou móveis o fornecimento de serviços a utilizadores isolados do que para utilizadores concentrados. Porém, os imperativos de coesão territorial impulsionam uma decisão inversa.

[86] Enunciando uma classificação quase similar, Economides, N. – *Public Policy in Network Industries.* Working paper #06-01, Net Institute, 2006, p. 3.

Na terceira situação, a maximização em matéria de bem-estar social não coincide com a soma agregada dos benefícios dos consumidores e dos accionistas, dada a ocorrência das exterioridades de rede. Por outro lado, um poluidor só acomoda a sua acção ao custo social marginal se for alvo de uma acção correctiva externa. A sua interiorização torna-se, portanto, fundamental, o que só poderá acontecer com uma política pública dirigida para essa finalidade, *maxime* ao nível tarifário ou por via de direitos negociáveis.

Em síntese, as funções do direito económico, independentemente das vestes que acolhe – direito regulatório ou direito da concorrência[87] –, são as seguintes[88]:

i) Introdução, manutenção e garantia de padrões de eficiência elevados:
   a. Em mercados existentes – os mercados, apesar de funcionarem de acordo com o princípio da liberdade, padecem de incapacidades genéticas, sendo necessária uma acção de regulação pública tendo em vista a resolução dessas falhas de mercado (*market failures*);
   b. Na promoção de novos mercados – compete aos organismos públicos a prossecução de políticas de orientação macroeconómica visando o desenvolvimento estrutural da economia. Mui-

[87] Não se nega que existem algumas diferenças entre estes dois institutos. Assim, o direito da concorrência actua num pressuposto *ex post*, enquanto a regulação privilegia a actuação *ex ante*. Este facto encontra-se um pouco erodido atendendo à prática de controlo das concentrações mas mantém relevância. Por outro lado, as obrigações regulatórias são tendencialmente mais abrangentes e intensas do que as obrigações concorrenciais. No entanto, tal poderá decorrer de falhas regulatórias e não de uma qualidade intrínseca do mecanismo (o mesmo poderá ser apontado relativamente às medidas de correcção, cujo elenco regulatório é bastante mais rico). Finalmente, a entidade reguladora poderá promover de forma mais intensa a promoção de novos mercados. Efectivamente, enquanto as autoridades concorrenciais se devem limitar à enunciação de princípios gerais de promoção de concorrência intersistemática, as autoridades regulatórias poderão aplicar verdadeiros programas de *design* de rede, fomentando positivamente (e por vezes através da própria subsidiação a cargo dos incumbentes) o aparecimento de novos mercados.

[88] Alguns autores referem uma quarta razão para a intervenção orientadora do Estado. Nesse enquadramento, a acção das autoridades públicas seria necessária para garantir os direitos de passagem dos componentes infra-estruturais, quer ao nível da propriedade privada quer ao nível do domínio público. Porém, entende-se que tal função se enquadra no quadro mais amplo da regulação, integrando quer a vertente da eficiência produtiva, quer a vertente da eficiência redistributiva. *Cf.*, *e. g.*, GÓMEZ-IBÁÑEZ, J. – *Regulating Infrastructure, Monopoly, Contracts and Discretion*. Harvard University Press, 2003, p. 5.

tas vezes, essa função de orientação passa pela promoção de novos mercados, erigindo-se sistemas de protecção em conformidade. Os mercados ambientais são um exemplo emblemático, tais como a implementação das energias renováveis. O risco subjacente à actividade de inovação pode ser substancialmente reduzido através de uma política pública eficiente.

ii) Garantia de redistribuição, equidade e qualidade – os organismos públicos não têm uma postura neutra relativamente ao destino do rendimento na sociedade. A promoção da igualdade é essencial para o desenvolvimento equilibrado, sustentável e inclusivo, eliminando-se os efeitos de falhas de mercado históricas e evitando-se falhas de mercado futuras. É este o fundamento de suporte às concepções de desenvolvimento sustentável, de serviço de interesse económico geral e de serviço universal.

Nesta perspectiva, é fácil concluir que, além da dimensão eminentemente administrativa, o direito do ambiente, do ordenamento do território e do urbanismo deverá ser conformado pelos princípios fundamentais do direito económico.

A actividade administrativa ambiental, territorial e urbanística do Estado encontra-se sujeita a uma pesada regulamentação jurídica. Essa submissão é justificada pela amplitude das tarefas desenvolvidas e pela abundância de relações intersubjectivas estabelecidas. Tais relações podem revestir uma natureza estritamente pública ou privada, ou, na grande maioria das ocasiões, uma natureza mista.

Perante a necessária intervenção reguladora dos entes públicos, o princípio da eficiência – essencial para a reconfiguração eficiente dos mercados – e o princípio da igualdade – em sentido amplo, incluindo a óptica material da redistribuição – constituirão condicionantes constitucionais na interpretação do direito administrativo ambiental, territorial e urbanístico. Uma qualquer interpretação da lei a este respeito não pode ignorar (antes pelo contrário, deverá privilegiar) a necessária regulação económica nestes sectores, de nada valendo uma qualquer intervenção administrativa que não seja «iluminada» por estes fundamentos teleológicos mais elevados. Note-se que não estamos a defender, a este respeito, qualquer princípio de interpretação económica da lei. O que estamos a afirmar é que a acção administrativa do Estado só encontra fundamento e, igualmente, orientação, logo, legitimidade, se os efeitos da mesma decisão contribuírem positivamente para uma melhor organização destes mercados sectoriais. A interpretação das normas não pode ignorar a lógica económica subjacente; a acção legitimadora reside na necessidade de acção reguladora do mercado, tendo em vista a composição eficiente dos interesses em presença. Num segundo nível, deverá conter uma lógica programática potenciadora do desenvolvimento e de utilização eficiente dos recursos disponíveis.

Não negamos, obviamente, a natureza administrativa de parte do Direito do Ambiente, do Ordenamento do Território e do Urbanismo. Porém, não se pode conceber a parte pelo todo, atento o seu âmbito mais restrito e limitado (claro está se o entendermos unicamente como normativo ordenador das relações plurissubjectivas que são estabelecidas neste âmbito). Tomando em consideração o elevado número de relações jurídicas de natureza administrativa que são estabelecidas entre as entidades públicas e os particulares, é fundamental que se constitua todo um direito substantivo e adjectivo de natureza essencialmente administrativa que defina o conteúdo dos poderes de autoridades detidos pelas entidades públicas e as garantias dos particulares perante estes.

Em consequência, é inegável que a vertente administrativa do Direito do Ambiente, do Ordenamento do Território e do Urbanismo se encontra sujeita aos princípios jurídicos gerais reguladores da actividade administrativa: o princípio da legalidade genérico, o princípio geral da proporcionalidade, o princípio específico do excesso e o princípio da igualdade.

Note-se que uma concepção limitada que reconduza estes ramos do direito a um alcance meramente administrativo cego aos seus impactos económicos gera conclusões intoleráveis, resultados ineficientes e situações injustas. Tal facto é explicitamente reconhecido, por exemplo, por Fernando Alves Correia, ao escrever, sobre direito do urbanismo: «na verdade, a finalidade principal das normas urbanísticas – em especial daquelas que têm assento nos planos – é definir os destinos das várias áreas ou zonas do território, bem como as formas e intensidades de utilização das diferentes parcelas do solo. E uma vez que o tipo e a medida de utilização do solo não podem ser os mesmos independentemente da sua localização, antes devem ser diferentes conforme as zonas em que se situarem os terrenos, verifica-se que o direito urbanístico reveste necessariamente um carácter discriminatório e é fonte de desigualdades em relação aos proprietários – ou aos titulares de outros direitos reais – dos terrenos por ele abrangidos.

Estas discriminações, que se traduzem muitas vezes na interdição ou na limitação do exercício do vulgarmente designado "*jus aedificandi*", exercem uma influência profunda no valor dos solos e são geradoras de graves desigualdades entre os proprietários (sublinhado nosso)»[89].

Ou seja, estamos claramente na presença do reconhecimento explícito de uma falha de regulação pública do mercado e que decorre de uma utilização limitada dos recursos normativos ao dispor do Estado para a regulação do mercado fundiário, consubstanciada na criação de limitações e condicionantes à actividade privada sem a competente indemnização ou compensação ou, em sentido inverso, na outorga de prémios indiscriminados a beneficiários de decisões administrativas favoráveis às suas pretensões (*whistle fall gains*), sem a efectiva redistribuição dos mesmos aos prejudicados.

Ora, o conteúdo discriminatório potencial do direito do urbanismo não é nenhum traço característico que permita a sua autonomização. Traduz, isso sim, a constatação das suas insuficiências ao não serem tomadas em consideração as vinculações constitucionais que conformam o direito económico enquanto direito ordenador do mercado fundiário.

Neste enquadramento, torna-se urgente integrar a dimensão reguladora na interpretação das normas e no exercício das políticas. Deverá evoluir-se necessariamente de uma função de simples atribuição (função administrativa) – sem critério substantivo – para uma efectiva função reguladora e distributiva (função económico-financeira) – de eminente alcance material. Só assim se evitarão conclusões como as enunciadas por Fernando Alves Correia.

A necessária submissão da actividade administrativa do Estado nos campos do Direito do Ambiente, do Ordenamento do Território e do Urbanismo ao Direito Económico, e consequentemente aos seus princípios, é quase intuitiva. Por exemplo, se considerarmos a vertente substantiva do direito do urbanismo, verificamos que esta se traduz, quase integralmente, no condicionamento público do direito de propriedade privada, realizado através do exercício de funções de planeamento genérico e de limitação específica do conteúdo do direito da propriedade privada sobre os imóveis. Ganha, então, uma maior clareza a concepção que integra a activi-

[89] *Cf.* CORREIA, Fernando Alves – *O Plano Urbanístico e o Princípio da Igualdade*, Coimbra, Almedina, 1989, p. 60.

dade urbanística no âmbito do direito económico, quer ele seja entendido como «sistema resultante da ordenação de normas e princípios jurídicos, em função da organização e direcção da economia»[90] ou como «ramo normativo do direito que disciplina, segundo princípios específicos e autónomos, a organização e a actividade económica»[91].

De facto, sendo o «Plano» o instrumento urbanístico fundamental, é fácil antever uma correlação estrita com os planos económicos que se inserem no objecto típico do direito económico, considerando alguns autores[92], de forma correcta, que estes instrumentos específicos de planeamento técnico urbanístico, com inevitável incidência na actividade económica se constituem como verdadeiros «planos socioeconómicos».

A acção pública de planeamento e ordenamento territorial tem um inevitável fundamento económico. Se o ignorarmos, aparecem inevitavelmente as distorções, a ineficiência e a injustiça.

A justificação para o desenvolvimento da actividade reguladora pública de regulação do solo é evidente. Imagine-se os custos de uma negociação individual entre centenas ou milhares de proprietários no sentido da conformação do direito a construir de cada um na sua propriedade. Os custos de negociação seriam elevadíssimos, o que a tornaria proibitiva. Por outro lado, os interesses divergentes (nomeadamente a máxima *not in my courtyard* a que assistimos permanentemente quando estão em causa grandes obras públicas) levariam inevitavelmente à concretização de situações subóptimas em sede de Bem-Estar geral que adviriam de boleias (*free rides*) ou de bloqueios (*hold out*), consequências inevitáveis se a decisão em causa fosse desenvolvida numa óptica estritamente privada (ou cooperativa, se o bem for considerado recurso comum).

Essa actividade reguladora pública é fundamental. Não seria possível a elaboração de um plano urbanístico se a decisão assentasse num pressuposto de cooperação (aplicando-se a regra da unanimidade), pois os custos de negociação seriam extraordinariamente elevados, podendo um único agente bloquear a conclusão de um instrumento que beneficiasse milhares. Por oposição, os juízos de prognose quanto ao desenvolvimento e organização da cidade só podem ser desenvolvidos de forma coerente

[90] *Cf.* CORDEIRO, António Menezes – *Direito da Economia*. AAFDL, 3ª reimp., 1994, p. 8.

[91] *Cf.* FRANCO, António de Sousa – *Direito Económico/Direito da Economia*. Dicionário Jurídico da Administração Pública, Vol. IV, p. 46.

[92] SANTOS, António Carlos [*et al.*] – *Direito Económico*. Almedina, 2004, pp. 231–232.

pelos organismos públicos dado que estes não terão, à partida, quaisquer interesses pecuniários directos decorrentes dessa actividade (partindo-se, claro está, da ideia de que a estrutura tributária é neutra, o que não ocorre actualmente em Portugal).

O plano urbanístico aparece, então, como um plano ordenador, em quase tudo idêntico aos modernos planos económicos, caracterizados por uma grande flexibilidade. Por outro lado, e tal como sucede nas restantes áreas do direito económico, o direito urbanístico tem como objecto a conformação do direito de propriedade privada tendo em vista um interesse público superior, definido numa lógica de hierarquia de interesses, necessariamente arbitrados por um fundo substantivo de ordem material que permita a realização de opções arbitrais em casos de conflito sensível. Assim, de uma mera argumentação formal – fomentadora de discriminações e arbitrariedades – deverá o intérprete colher referenciais de base material do direito económico que, no caso concreto, permitam alcançar a solução mais eficiente e mais justa, logo, a solução legítima.

1.1. Um Exemplo de Tragédia Interpretativa – As Obras de Escassa Relevância Urbanística

A previsão legal relativamente à possibilidade de existência de «obras de escassa relevância urbanística» tem uma funçao especial no ordenamento jurídico português. Efectivamente, num ambiente estruturalmente regulamentado, «as obras de escassa relevância urbanística» aparecem como «válvula de escape» tendo em vista o nivelamento, numa lógica *de minimis*, da aplicação prática do normativo urbanístico a acções privadas de escasso impacto.

O que o legislador pretendeu foi a outorga de um espaço de liberdade para que os municípios pudessem regular, por si mesmos, a regularização de pequenas obras que, por terem um reduzido significado urbanístico, não mereciam um «tratamento pesado» da perspectiva do ordenamento urbanístico, garantindo-se os princípios da proporcionalidade, da economia processual e da simplificação. De facto, para pequenas obras não se justificava a aplicação dos mecanismos tradicionais do licenciamento ou da autorização.

Esta opção legislativa insere-se precisamente no movimento de desburocratização e de descentralização de competências para os municípios no direito do urbanismo, visando a redução dos custos de transacção ante a irrelevância da matéria. Sendo os municípios os gestores do território seriam estes, pela sua relação de proximidade, que teriam as melhores condições para averiguar estas pequenas obras de alcance reduzido em sede urbanística.

Contudo, a evolução legislativa revelou uma tragédia interpretativa. No regime anterior à redacção da Lei nº 60/2007, seriam os municípios as entidades competentes para a definição do que seriam «obras de escassa relevância urbanística».

Esse conceito era definido genericamente recorrendo a um conceito indeterminado – a escassa relevância urbanística –, sendo que o regulamento municipal deveria concretizar o respectivo critério. Como referem Fernanda Paula Oliveira e outros, «o regulamento municipal teria de concretizar o referido critério (não podendo limitar-se a repeti-lo [...] devendo identificar claramente qual a natureza, a dimensão e/ou localização das obras que ficavam dispensadas daqueles actos de controlo prévio [...]»[93]. Ora, o que estes autores demonstram é que os municípios estavam obrigados a concretizar *in loco*, considerando a sua natureza e situação concreta, as obras que, pelo seu reduzido impacto urbanístico, não estariam sujeitas a controlo prévio por parte dos órgãos administrativos.

A competência para a sua definição era integralmente dos municípios. São estes os gestores do seu território e são eles que em melhor posição estão para a definição dos critérios em causa. De facto, perante o reduzido impacto destas obras, não haveria qualquer justificação para uma acção dos órgãos regionais ou mesmo para um controlo prévio municipal. Este regulamento serviria unicamente para garantir a salvaguarda do princípio da igualdade de tratamento na aplicação das opções municipais.

No entanto, nada aconteceu. Os municípios recusaram-se genericamente a exercer as suas competências alegando que os critérios de análise não se encontravam definidos na lei. Todavia, a ideia do legislador era mesmo essa: conceder uma livre margem de análise aos municípios para a regularização imediata das obras de «escassa relevância», ou seja, que não mereciam um tratamento «pesado» a nível administrativo.

Não obstante, dada a aversão ao exercício das suas competências discricionárias por parte dos municípios, talvez justificada pela fraca tradição do nosso ordenamento legislativo na concessão de uma livre margem de apre-

[93] OLIVEIRA, Fernanda Paula [*et al.*] – *Regime Jurídico da Urbanização e da Edificação Comentado*. 3ª edição. Almedina, 2012, p. 134.

ciação aos órgãos municipais, o legislador, verificando a não concretização sucessiva deste mandamento legal – ou seja, a realização de uma apreciação substantiva discricionária – que, repete-se, decorre directamente da Constituição, já que se baseia directamente nos princípios constitucionais da proporcionalidade, da economia processual e da simplicidade, com a Lei nº 60/2007, o RJUE passou a definir positivamente o conceito de obras de escassa relevância urbanística no elenco do seu artigo 2º.

Ora, um conceito que deveria ser vago e indeterminado passou a ser sucessivamente mais concretizado, reduzindo-se sucessivamente o seu campo de aplicação potencial.

Porém, e como referem Fernanda Paula Oliveira e outros, «o legislador foi, contudo, agora mais longe, porque ao invés de se limitar a remeter a concretização deste conceito para os regulamentos municipais, veio identificar um elenco de situações que necessariamente considera reconduzirem-se a este conceito, embora admita o seu alargamento, ao permitir que os municípios identifiquem, em regulamento municipal, outras obras com estas características [alínea *g)* do nº 1 do artigo 6º-A], bem como definir limites superiores às operações por si identificadas (nº 3 do artigo 6º-A)»[94].

Observe-se a situação ridícula: o legislador, verificando que os municípios não estavam a cumprir o ditame legal de ponderação efectiva do conceito de «obra de escassa relevância urbanística» – e, por conseguinte, não se encontravam a respeitar os princípios da proporcionalidade, da economia processual e da simplicidade – vem substituir-se a estes definindo administrativamente e, *a priori*, obras que, genericamente, aí se integram. Porém, esta definição legal é *ad minus*, porquanto os municípios estão obrigados a concretizar de forma mais alargada o que consideram «obra de escassa relevância urbanística».

Assim, poderemos concluir que o conceito de obra de escassa relevância urbanística tem como objectivo outorgar aos municípios a competência para melhor concretizarem os princípios da proporcionalidade, da economia processual e da simplicidade na vertente urbanística. Esta «devolução de poderes» deve ser positivamente exercida pelos órgãos municipais na verificação concreta de situações com que sejam defrontados, tendo a obrigação de concretizar as realidades concretas perante este ditame legal.

[94] Oliveira, Fernanda Paula [*et al.*], ob. cit., p. 135.

Efectivamente, e ao contrário da generalidade das restantes normas urbanísticas, este dispositivo legal não é limitador de direitos, mas sim um ponderador de interesses em presença, outorgando aos órgãos municipais os poderes necessários para a melhor definição possível do que é uma obra de escassa relevância urbanística. Esta discricionariedade não é arbitrária, ou seja, não é uma competência que o município opte por não exercer; pelo contrário, é um poder-dever efectivo, já que o ordenamento jurídico obriga a que situações de reduzido impacto ao nível dos interesses em presença não merecem um tratamento pesado ao nível do enquadramento adjectivo urbanístico.

Assim, o dispositivo legal apresenta-se como integrando um conteúdo mínimo que os órgãos municipais devem respeitar, mas que têm a obrigatoriedade de alargar perante a efectiva verificação dos interesses e dos impactos concretos em presença. Essa concretização deve ser efectuada caso a caso, com base num regulamento municipal (para a garantia do princípio da igualdade – tratamento equivalente de situações idênticas), mas com uma total liberdade outorgada aos órgãos municipais na apreciação concreta de situações factuais perante os interesses em causa.

Neste enquadramento, concluímos que a apreciação municipal das obras de escassa relevância urbanística é discricionária, mas de necessária composição perante os princípios da proporcionalidade, da economia processual e da simplicidade. Não deve ser exercida de forma restritiva ou limitada. O que é relevante é que as instâncias municipais apreciem livremente pequenas obras, indagando da sua relevância urbanística efectiva.

Para o efeito, a lei obriga: *i)* à ponderação dos interesses em presença; *ii)* à verificação da natureza da obra; *iii)* à apreciação da sua dimensão; e *iv)* à sua localização.

Note-se que, na perspectiva legal, estes ponderadores são meramente orientadores da melhor decisão administrativa. O que consta da lei é um mero enquadramento mínimo.

O que os órgãos municipais devem analisar é se a obra em concreto tem um impacto relevante ou escasso na perspectiva do ordenamento do território do município. No entanto, e apesar de toda esta orientação legislativa, continuou a ocorrer uma renitência generalizada dos municípios ao exercício efectivo deste poder-dever, tentando eximir-se às competências efectivamente detidas através de uma interpretação sucessivamente mais restritiva dos conceitos em presença. *In fine*, exigiram à Direcção Geral do

Território a emissão de um regulamento geral concretizador, de âmbito burocrático, reduzindo ainda mais o espaço de liberdade que o legislador sempre entendeu conceder-lhes e que era crucial para o tratamento generalizado de situações diferenciadas.

Assim, os legisladores ordinário e constitucional pretenderam que as competências dos municípios fossem efectivamente exercidas no sentido da desburocratização e da simplificação administrativa. Contudo, os municípios resistem sistematicamente a essa mudança, não acreditando nessa devolução de poderes nem na outorga desse espaço de liberdade, e solicitaram continuadamente regulamentos de concretização que mais não servem para fundamentar decisões binárias assentes numa excessiva exegese legal adoptando um conceito de Direito excessivamente positivado em que todas as soluções devem estar expressamente previstas.

Porém, essa não é a solução eficiente... O que interessa é que se ponderem efectivamente os valores em presença e isso só é conseguido através de conceitos abertos, através de tipos legais eficientes que abarquem a possibilidade de exercício de ponderações factuais concretas perante os interesses em presença. E esse tipo legal eficiente no caso em análise é o próprio conceito de «obra de escassa relevância urbanística».

O que aconteceu? Uma situação típica de desfasamento interpretativo. Não tendo sido explicada a dimensão económico-financeira do escopo da norma referente ao conceito de escassa relevância urbanística, os intérpretes nunca entenderam os termos da análise da relevância. De facto, essa relevância deveria ser medida atenta a necessidade objectiva de regulação fundiária e da composição dos interesses em presença. Se a obra é de escassa relevância, então situar-se-á num domínio inferior à justificação de intervenção da acção reguladora do Estado («obra *de minimus*»). Contudo, se esta dimensão económica não for explicitada, tudo será relevante, mesmo o aspecto mais mínimo de uma qualquer construção. Aquilo que é irrelevante será o mais relevante, exigindo o intérprete saber com detalhe extremo aquilo que é irrelevante. Ora, o que é irrelevante não pode ser detalhado por definição, pois, após essa emissão regulamentadora tornar-se-á por inerência relevante.

A formação jurídico-económica é essencial para dotar o intérprete da segurança necessária para a realização das decisões discricionárias que o legislador exige. Só assim o exercício administrativo do poder-dever poderá ser exercido.

A situação agrava-se quando o intérprete da norma nos municípios nem sequer tem formação jurídica (engenheiros, arquitectos ou urbanistas), que, assentando a sua acção em regulamentações detalhadas, o mesmo exigiram para a concretização deste mesmo mandamento. Assim, uma norma que serviria para desanuviar a excessiva pressão regulamentadora em que tal não se justificava dada a irrelevância da pretensão do privado tornou-se ela própria numa tragédia reguladora.

O resultado deste imbróglio interpretativo é evidente. Proliferam no nosso país situações claras de desfasamento urbanístico, que numa óptica de ponderação se poderão considerar bagatelas – daí o conceito de escassa relevância. Porém, dada a incapacidade de apreensão por parte do intérprete da dimensão económica subjacente, as situações não foram regularizadas continuando os organismos administrativos a gastar tempo e recursos preciosos no «combate» a pequenas irregularidades, não concedendo a devida importância ao que seria relevante: à gestão e ordenamento do território no sentido do desenvolvimento sustentável, do progresso económico e da promoção da coesão.

2. O Solo, a sua Apropriação e o Conceito de Propriedade

O solo é um recurso comum. Na sua forma mais básica, o mecanismo da posse não é passível de ser consubstanciado num modelo formal satisfatório para a prova efectiva de uma apropriação[95]. O argumento é físico. Um ser humano individualmente considerado não consegue fazer valer a sua pretensão de apropriação de forma firme e convincente tendo em consideração as limitações do seu alcance natural (vulgo *arm's lenght*).

[95] Ainda assim, e numa tentativa algo desesperada de legitimação formal: «E logo no mesmo dia mes e anno acima declarado (22.2.1830) fui eu Tabelião em companhia do ditto Joaquim Antonio da Fonseca Procurador das Exmas. Baronesas de Lebzeltern compradoras, à Estrada das Picoas nº 47 para lhes dar posse da Quinta mencionada na escritura acima, cuja Posse com effeito tomou entrando nos predios rusticos e urbanos abrindo e fechando Portas e Jannelas, pondo as mãos em as paredes, Cortando ramos de Arvores, e lançando ao ar mão cheias de terra, e praticando todos os mais actos possessorios, Cuja Posse tomou em nome de suas Constituintes Mais especificamente sem contradição de Pessoa alguma, e eu Tabelião lha houve por dada e tomada, Real, actual Cível e Natural tanto quanto por Direito me he permetido, ao que forão testemunhas presentes Jose Antonio Cazeiro da mesma Quinta, Felipe Jose Pinto, moço da dita Quinta que nesta Nota assignarão com o Procurador das Apossadas depois deste lhe ser lido por mim Tomás Isidoro da Silva Freire, Tabelião, que o arquivei.», *apud* MONTEIRO, Cláudio, *O domínio da cidade. A propriedade à prova no Direito do Urbanismo*, Lisboa, AAFDL, 2013.

A este respeito, Jean Jacques Rosseau expôs o seguinte: «o primeiro que, tendo cercado um terreno, se lembrou de dizer: Isto é meu, e encontrou pessoas bastantes simples para o acreditar, foi o verdadeiro fundador da sociedade civil. Quantos crimes, guerras, assassínios, misérias e horrores não teria poupado ao gênero humano aquele que, arrancando as estacas ou tapando os buracos, tivesse gritado aos seus semelhantes: "Livrai-vos de escutar esse impostor; estareis perdidos se esquecerdes que os frutos são de todos, e a terra de ninguém!"»[96].

No entanto, conforme foi demonstrado *supra*, a existência de um modelo de apropriação é essencial para o desenvolvimento sustentado de uma actividade económica baseada no solo. Tendo os modelos baseados na propriedade colectiva e na propriedade comum um alcance limitado, tornou-se essencial construir um modelo económico e jurídico de propriedade privada fundiária tendo em vista a criação de condições de exercício de poderes de exclusão aos frutos resultantes do investimento realizado pelo titular.

Uma vez que a posse não constitui, por si só, uma metodologia operacional suficiente para o exercício de apropriação sólida, a «propriedade» necessita de ser formatada por um conjunto de normas jurídicas. Essas normas jurídicas constitutivas do instituto do direito de propriedade fundiário constituem o núcleo originário do direito económico regulador do solo.

Contudo, há que efectuar algumas ressalvas. A utilização eficiente de um recurso comum não implica necessariamente a aplicação do conceito de propriedade. Relevante será a definição de edifício eficiente de poderes de exclusão de terceiros. Porém, essa exclusão poderá ser realizada de múltiplas formas (concessão, direito de utilização, usufruto, *etc.*), sendo a propriedade somente uma das alternativas.

Conceptualmente, a propriedade privada traduz-se na ideia de que um recurso é atribuído a uma pessoa individual ou jurídica (uma pessoa colectiva) que tem a liberdade de tomar decisões sobre o mesmo. Essa pessoa a quem o recurso foi atribuído tem controlo sobre o mesmo e pode decidir sobre os termos da sua utilização e destino. Este poder de autoridade é inerente e não decorre de qualquer delegação de poderes atribuída pela sociedade. No entanto, o direito de propriedade não implica a existência de um poder ilimitado e irrestrito sobre o recurso. Em primeiro lugar, haverá

[96] *Cf.* Rosseau, Jean Jacques – *Discurso sobre a Origem da Desigualdade*. 1775 [disponível em http://www.dominiopublico.gov.br/download/texto/cv000053.pdf].

que respeitar a propriedade dos vizinhos. Mas outras limitações existirão e que resultam de um modelo complexo de equilíbrio social intrageracional ou intergeracional (o caso do direito sucessório[97]). Ora, perante a complexidade conceptual das diversas vinculações sociais inerentes ao direito de propriedade, e que se fazem sentir com particular incidência no caso do solo, alguns autores chegam a propor o abandono do termo «propriedade» ou «titularidade» da ordem jurídica[98]. A razão para essa opção decorre da errada percepção de uniformidade que a utilização do conceito pode transmitir, o que não se revelaria correcto perante a diversidade material decorrente das diversas situações concretas em presença. De facto, o próprio conceito de propriedade não é unívoco. Independentemente dos conceitos de exclusão numa base de apropriação colectiva ou comum – também estas formulações possíveis de propriedade –, a propriedade privada também admite formas e tipologias diversas. Por exemplo, a propriedade individual é distinta da propriedade empresarial; a propriedade intelectual é distinta da propriedade fundiária, que por sua vez, é distinta da propriedade de uma casa de habitação indiferenciada, que é distinta da propriedade de um edifício histórico, que por sua vez se distingue de um móvel não sujeito a registo.

Neste quadro, o direito de propriedade não deve ser entendido como uma realidade monolítica e monofásica, mas sim como um pacote integrado de direitos, cuja configuração deve variar conforme o caso. Essa geometria variável é determinada em função do objectivo primordial: a concretização do modelo mais eficiente de organização económica do mercado em causa, sendo o direito de propriedade um mero instrumento para a concretização desse desígnio.

[97] John Stuart Mill, ao distinguir a propriedade mobiliária da imobiliária, chega a afirmar que a propriedade privada não implica a transmissão por via sucessória: «*nothing is implied in property but the right of each to his (or her) own faculties, to what he can produce by them, and to whatever he can get for them in a fair market: together with his right to give this to any other person if he chooses, and the right of that other to receive and enjoy it. It follows, therefore, that although the right of bequest, or gift after death, forms part of the idea of private property, the right of inheritance, as distinguished from bequest, does not. That the property of persons who have made no disposition of it during their lifetime should pass first to their children, and, failing them, to the nearest relations, may be a proper arrangement or not, but is no consequence of the principle of private property. I see no reason why collateral inheritance should exist at all.*» *Cf.* MILL, John Stuart – *Principles of Political Economy*, cit., 1848, pp. 171.

[98] *Cf.* GREY, T. – *The Disintegration of Property. In* PENNOCK, J.R.; CHAPMAN, J.W. (eds.), Nomos XXII: Property, New York University Press, 1980.

3. O Direito de Propriedade Enquanto Conceito Agregador de Faculdades

O direito de propriedade integra conceptualmente todo um acervo de faculdades. Quer os direitos reais quer a análise económica do direito são coincidentes a este propósito. A formulação clássica dos direitos reais utiliza a metodologia classificativa seguinte. O modelo básico baseia-se na construção de uma lógica de exclusão de terceiros, pelo que o seu carácter *erga omnes* é transversal. As faculdades fundamentais são três, a saber:

i) o *ius utendi* é o direito de posse e de uso de que o titular do activo beneficia, e que pode ser exercido dentro das limitações legais e sociais. Nesta categoria, poderá integrar-se o direito de edificação (o *ius aedificandi*);

ii) o *ius fruendi* é o direito à percepção dos frutos e à utilização dos produtos da coisa. Neste quadro, traduz-se num direito de gozo e de exploração económica dos fluxos que decorrem do activo;

iii) o *ius abutendi ou disponendi* é o direito de dinâmico traduzido da disposição da coisa. É neste quadro que se pode falar do «abuso da coisa», dado que o proprietário poderá dispor dela como melhor lhe aprouver, inclusive destruindo-a, isto é, alterando-lhe a *substantia rerum* (demolir edifícios, desmatar florestas, *etc.*)

Esta formulação simplificada tem necessariamente de ser interpretada à luz do princípio da eficiência. De facto, a propriedade não é um fim em si mesmo, mas um instrumento – essencial – para a construção de situações óptimas em sede de mercado. Sem o direito de propriedade (*lato sensu*), enquanto instrumento de apropriação, os próprios fundamentos da economia de mercado ruiriam dada a impossibilidade na realização de transacções. E essa vertente é confirmada pela concepção da análise económica do direito.

A este propósito, Eddela Schlager e Elinor Ostrom[99] enunciam cinco faculdades básicas:

i) a faculdade de acesso ao *stock*, que atribui o poder de definir quem se encontra no âmbito dos poderes de titularidade da coisa, e consequentemente, pela negativa, quem se encontra no exterior desse

[99] Schlager, Eddela; Ostrom, Elinor – «Property-Rights Regimes and Natural Resources: a Conceptual Analysis». *In Land Economics*, 68 (3), 1992, pp. 249–262.

âmbito de poderes. Este direito de acesso, oponível a terceiros, revestindo uma natureza absoluta, fundamenta as acções de reivindicação;

ii) a faculdade de extracção de frutos e de outros rendimentos, que se traduz na fruição dos fluxos decorrentes do *stock*. Neste quadro, poderão ocorrer limitações no sentido de restringir sobreutilizações, ou, na perspectiva oposta, subutilizações ineficientes de recursos escassos. Neste contexto, um modelo de optimização social poderá definir os termos quantitativos, qualitativos e temporais de utilização do recurso;

iii) a faculdade de gestão, ou seja, o direito de participar nos processos de decisão sobre a manutenção e optimização do recurso;

iv) a faculdade de exclusão de acesso ao recurso por parte de terceiros, que, na prática, constitui a essência da formação do bem de mercado transaccionável;

v) a faculdade de alienação, ou seja, o direito de transferir a propriedade para um terceiro. Este direito é fundamental para a definição do conteúdo intrínseco da propriedade, pois que, em alguns casos, de direitos menores, os sujeitos poderão aceder ao recurso e utilizá-lo, mas não terão a capacidade de aliená-lo.

Estas faculdades integram diversos direitos, de âmbito real, obrigacional e económico, que, apesar de independentes entre si, se interligam mutuamente de forma a concretizar soluções óptimas na utilização do recurso. Assim, o usufruto pode conter as faculdades inerentes à gestão e à fruição, mas não a faculdade de alienação do recurso. Será, portanto, o modelo de articulação entre as diversas faculdades que consubstanciará a fórmula concreta de um direito de apropriação. Como não poderia deixar de ser, o direito de propriedade corporiza o modelo mais completo ao nível da agregação destas faculdades.

Ora, a construção eficiente de um modelo dinâmico de articulação entre os diversos agentes detentores de interesses, convergentes ou divergentes, implica uma acção regulatória de primeiro nível tendo em vista a construção de um edifício jurídico eficiente e eficaz capaz de resolução dos conflitos intersubjectivos de proximidade, ou seja, e numa formulação clássica, de regulação dos conflitos de vizinhança, entendida numa dimensão necessariamente ampla.

Porém, o ambiente constitucional e o interesse público conformam igualmente os modelos de utilização eficiente deste acervo de direitos. Relembramos que o solo é um recurso comum, sendo a sua regulação uma questão extraordinariamente complexa em sede económica. Tal resulta da sua multifuncionalidade, ou seja, da possibilidade de extracção de diversos fluxos com configurações diferenciadas. Assim, uma floresta poderá ser uma fonte de madeira, de sombra, de captação de dióxido de carbono, de base de ecossistema, de terreno para práticas desportivas mais radicais, uma paisagem, mas igualmente solo disponível para edificação de habitações, para a implantação de áreas industriais ou para o desenvolvimento de uma cultura agrícola intensiva.

Esta multifuncionalidade obriga à construção de um tecido regulatório bem mais exigente quanto ao seu alcance. As relações já não são estabelecidas num modelo relacional de proximidade, mas sim numa vertente sistémica e socialmente abrangente. Tal é o campo do direito público, e claro, está, do direito económico clássico. A concretização de um equilíbrio eficiente entre o interesse privado e o interesse público é o seu objectivo. Essa acção é tanto mais exigente quando o aproveitamento do solo para actividades económicas implica o investimento em bens públicos, o que coloca enormes dificuldades ao nível da concretização de soluções de financiamento eficientes.

Finalmente, não nos poderemos esquecer de um terceiro grau regulatório. Os dois graus antecedentes têm uma dimensão essencialmente assente na eficiência produtiva. Ora, a dimensão redistributiva é, como temos demonstrado ao longo do texto, igualmente essencial. Assim, as decisões ao nível dos modelos de gestão do solo poderão, devido às suas características genéticas, ter implicações significativas ao nível do princípio da igualdade, quer na vertente intrageracional quer na vertente intergeracional. Este será, precisamente, o âmbito do terceiro grau de acção regulatória pública.

PARTE II
REGULAÇÃO EFICIENTE DO SOLO

Capítulo I
A Regulação Económica

1. A Formulação dos Direitos Reais de Apropriação Enquanto Primeiro Nível de Regulação Fundiária – A Vertente Bilateral ou de Vizinhança

1.1. O Direito de Propriedade Fundiária na História

A vertente interpessoal do direito de propriedade privada fundiária decorre naturalmente de um imperativo civilizacional. A partir do momento em que o solo se tornar «escasso», ou seja, for insuficiente para as pretensões de apropriação particular, gerar-se-ão inevitáveis conflitos que cabe à ordem jurídica regular.

Nesse sentido, David Hume, em 1739, defendeu que as relações de propriedade só fariam sentido quando o recurso em causa fosse escasso. Nas suas palavras: «*property may be defin'd, such a relation betwixt a person and an object as permits him, but forbids any other, the free use and possession of it, without violating the laws of justice and moral equity*»[100]. No entanto, e tendo em vista o lastro social de matriz europeia, assente na construção do direito romano, o paradigma de propriedade privada sempre adquiriu proeminência relativamente aos modelos de propriedade comum e de propriedade colectiva.

Note-se que a questão relativa ao modelo preponderante de organização económica do mercado fundiário nunca foi pacífica. Já na Grécia Antiga, Platão, idealista, defendia um modelo de propriedade comum ou, segundo alguns autores, de inexistência de propriedade[101], tendo em vista o desen-

[100] HUME, David – *A Treatise of Human Nature*. 1739, Oxford: Clarendon Press, 1896, p. 214 [disponível em http://lf-oll.s3.amazonaws.com/titles/342/Hume_0213_EBk_v6.0.pdf].

[101] Peter Garnsey refere que a doutrina normalmente atribui a origem do ideal de comunismo à doutrina clássica grega, *maxime* a Platão na sua obra República. Porém, ele considera que

volvimento harmonioso da sociedade[102], e Aristóteles, realista, defendia de forma intransigente um princípio de organização de acordo com o modelo de propriedade privada, uma vez que acentuava as virtudes da prudência e da responsabilidade[103]. A doutrina clássica grega discutia a relação entre a propriedade e a virtude. A vertente egoísta da actividade humana originava acesos debates quanto à conduta correcta. Aristóteles retorquia que a propriedade individual faria com que cada um só se importasse com os seus assuntos, deixando de se intrometer nos assuntos dos restantes e que o altruísmo era mais bem alcançado por via do exercício parcimonioso do direito de propriedade individual e não colocando-se em causa a integralidade do instituto. De uma forma menos virtuosa, a relação entre a liberdade e a propriedade era estabelecida pelo contraste entre a liberdade dos homens livres (que pertenciam a si próprios) e a situação dos escravos (que pertenciam a outrem).

Esta dimensão essencialmente pessoal da antiguidade grega foi sofrendo atenuações, cedendo paulatinamente à penetração de restrições no seu uso e fruição. Transitando do individual para o social, a propriedade do direito antigo difere da propriedade do direito clássico, e esta distingue-se do direito da época de Justiniano. Efectivamente, Justiniano iniciou a unificação do direito de propriedade, que foi completada na época bizantina.

No Direito Romano, e excluindo o regime colectivo das coisas públicas (*res publicae*) o direito de propriedade privada fundiária beneficiou da inserção das qualidades de perpetuidade e exclusividade, o que justifica

«*this claim is mistaken. There is no collective or comunal ownership of property in the ideal state of the Republic. Rather, Plato has Socrates prescribe (...) an absence of property*». *Cf.* GARNSEY, Peter – *Thinking about Property*. Cambridge University Press, 2007, p. 6.

102 Nas palavras de Sócrates, redigidas por Platão: «*convém acrescentar que estamos de acordo com o que estabelecemos anteriormente. Com efeito, dissemos que os nossos guerreiros não deviam possuir nem casas, nem terras, nem qualquer outra propriedade, mas que deviam receber seu sustento dos outros cidadãos, vivendo vida comum, se quiserem ser guerreiros autênticos*» PLATÃO – *República*. 12ª edição. Fundação Calouste Gulbenkian, 2010, 5, 2, 7 a 9.

103 Aristóteles elogia Hipódamo de Mileto, filho de Eurífon, que intitula como o inventor da divisão dos Estados por classes de cidadãos, dizendo que este «foi o primeiro entre as pessoas de condição privada que, sem nunca ter ocupado cargos públicos, tenha tentado conceber Constituição. [...] Divide também a terra em três partes: uma consagrada à religião, outra ao uso público e a terceira dada como propriedade aos particulares; a primeira se destina às despesas do culto e dos sacrifícios, a segunda à alimentação e ao soldo do exército e a terceira aos lavradores». ARISTÓTELES – *Política*, Nova Vega, 2016, 5, 25–29.

a sua qualificação corrente enquanto direito absoluto. Nesse contexto, o ordenamento jurídico romano tendeu a considerar a propriedade direito absoluto, perpétuo, oponível *erga omnes* e exclusivo do seu titular, ou seja, acreditava-se que o direito à propriedade fazia parte da dignidade do cidadão, o que implicava que toda a família tinha direito a uma moradia e esta moradia seria a sua propriedade, fruída em plenitude[104].

Uma análise mais fina permite identificar três concepções distintas de propriedade privada na vigência do Império Romano: a quiritária, a pretoriana e a *ius gentium*[105].

A propriedade quiritária decorria directamente da concepção aristotélica, não podendo pertencer a alguém que não fosse romano. Neste modelo restrito, o âmbito de exclusão nunca ultrapassava o quadro pessoal e territorial da cidade do Império Romano. A sua aquisição pressupunha um ritual solene, na presença de testemunhas, utilizando-se uma simbologia assente no bronze e balança. Este modo solene e formal de aquisição era excluído somente para o usucapião (dois anos relativamente ao solo; um ano no caso de móveis).

A propriedade pretoriana ou bonatária, por sua vez, teve por fito a extensão da possibilidade pessoal de apropriação. Neste enquadramento, e sempre numa óptica fiscalizada pelo pretor, o não cidadão, geralmente um comerciante estrangeiro, poderia apropriar-se de bens imóveis e móveis, e protegido de uma eventual acção de reivindicação interposta por um cidadão tendo por base o *ius civili*. Dessa forma, com o aval do pretor, o adquirente poderia reivindicar a propriedade por usucapião, tornando-se dono por direito quiritário.

No período do século V a. C., Roma passa por uma crise social, o que origina uma grande reforma agrária, sendo esta a única forma de acalmar os ânimos da plebe, que reivindicava solo por todo o Império romano. A propriedade *ius gentium* alargou ainda mais o âmbito potencial de titularidade pessoal, dispondo que a propriedade era um direito de todos os

[104] Ainda assim, alguns autores dissociam esta figura da verdadeira e própria «propriedade». Por exemplo, para Fernand de Visscher, a propriedade não existia originalmente no direito romano, sendo o lugar ocupado pelo *mancipium*, ou seja, pelo direito soberano exercido pelo chefe de família de carácter potestativo e não patrimonial, que tinha por objecto simultaneamente as coisas e as pessoas, os escravos ou os homens livres, colocados sob a sua autoridade.

[105] Sobre a evolução histórica da propriedade fundiária cf. MONTEIRO, Cláudio – *O Domínio da Cidade. A Propriedade à Prova no Direito do Urbanismo*, AAFDL, 2013, pp. 35-123

homens. Não obstante, apesar de geralmente se retratar o conceito romano de propriedade como absoluto e irrestrito, o facto é que sempre conheceu limitações de âmbito funcional e relacional

Tendo nascido numa vertente intrinsecamente individualista, o conteúdo da flexibilidade do direito de propriedade foi evoluindo paulatinamente. As restrições à liberdade de propriedade podem decorrer da vontade do proprietário, de causa natural ou da lei (interesse público). As resultantes da lei são as mais importantes e já existiam no direito Romano, desde o período pré-clássico[106], alargando-se no período pós-clássico[107].

[106] O conteúdo normativo da *actio in rem* foi sendo concretizado ao longo do tempo. As limitações mais relevantes do período pré-clássico e clássico são as seguintes: *i)* os proprietários de terrenos vizinhos, segundo a Lei das XII Tábuas (em especial a sexta), não podem construir ou cultivar uma faixa de terra, em volta do imóvel, de dois e meio pés de largura, a qual – unida à deixada livre pelo vizinho – constitui o *ambitus* (nas cidades) ou o *iter limitare* (no campo), com cinco pés de largura; *ii)* o dono de um terreno deve permitir que os galhos das árvores do vizinho se projectem sobre o seu imóvel a uma altura não inferior a quinze pés (se isso não ocorrer, pode exigir que se cortem os galhos que estão a menos de quinze pés e, em se recusando o vizinho, ele mesmo pode cortá-los); *iii)* o proprietário de um terreno pode entrar, dia sim, dia não (*tertio quoque die*), no imóvel do vizinho para recolher os frutos caídos das suas árvores; *iv)* o proprietário é obrigado a manter conservada a estrada que confina com o seu imóvel, sob pena de ter de permitir a passagem, inclusive de animais, pelo seu terreno; *v)* o proprietário de um imóvel que seja o único meio de acesso ao local onde se encontra um sepulcro deve permitir a passagem (*iter ad sepulchrum*), pelo seu terreno, das pessoas que para ali se dirijam; *vi)* o dono do imóvel superior não pode fazer obras que provoquem invasão no terreno inferior, das águas que correm de um para o outro, sob pena de o proprietário deste mover contra ele, para obter a demolição das obras, a *actio aquae pluuiae arcendae* nem o dono do imóvel inferior pode impedir a entrada natural das águas que vêm do terreno superior; *vii)* o proprietário de imóvel cortado por rio público está obrigado a permitir que qualquer pessoa utilize as margens para passagem ou para ancorar barcos; *viii)* para que as cidades não se enfeitem com ruínas, a demolição de casas com o fito de venda do material de construção é proibida; *ix)* o proprietário de uma trave não pode – para que se evitem demolições – retomá-la, se empregada em construção de outrem, a não ser depois de a construção ser posta abaixo; a jurisprudência estendeu a proibição a todo o material destinando a obras; x) as constituições imperiais estabeleceram para as cidades grandes a altura máxima dos prédios (setenta pés, no tempo de Augusto; sessenta no de Trajano); *xi)* não pode o dono de um imóvel, localizado dentro de uma cidade, sepultar, aí, mortos; e, fora dela, era necessário salvaguardar uma distância de sessenta pés de qualquer edifício; *xii)* nas províncias, a propriedade – quer mobiliária, quer imobiliária – é sujeita a uma série de limitações impostas no interesse da administração pública.

[107] Neste período, permanecem as limitações já existentes, sendo acrescentadas outras, algumas focadas na necessária utilização eficiente do recurso comum, senão vejamos: *i)* enquanto, no período clássico, as minas pertencem ao proprietário do terreno onde se encontram, no período pós-clássico, este obriga-se a admitir escavações feitas por terceiros,

Essas limitações são impostas em virtude ou do interesse dos particulares ou do interesse do Estado, devendo o proprietário abster-se de certos usos da coisa ou tolerar que outrem dela se utilizasse. Além das limitações impostas pela lei, o proprietário podia, voluntariamente, restringir a amplitude de seu direito, destacando e concedendo a outrem certa parcela deste. Por outro lado, deveria abster-se de praticar actos que afectassem negativamente o vizinho[108].

Na Idade Média, a teoria do domínio eminente que fundamentava o direito do soberano neutralizava qualquer resistência básica na manutenção de uma qualquer margem de propriedade privada que ultrapassasse o poder dos detentores do domínio (rei, senhores feudais, Igreja). Assim, na Idade Média, a noção romana de propriedade foi sendo alterada devido à influência do direito canónico e consuetudinário. O cristianismo sempre resistiu a reconhecer a propriedade enquanto direito absoluto e exclusivo, atenta a existência de obrigações morais. Porém, o movimento de desagregação social voltou a estabelecer uma clivagem entre as classes prevalentes: a nobreza, com o clero, que tinham o pleno direito de exercer o direito de propriedade privada, e o povo, que não podia exercer esse direito. Apesar das suas múltiplas formas, a propriedade feudal caracterizava o domínio fundiário como a principal fonte do poder e este domínio manifestava-se sob dois modos: o *directum,* pertencente ao soberano, e o *utile,* ao vassalo que se encontrava na dependência do senhor feudal. A partir do século XVI, com a ascensão da burguesia, as terras dos senhores feudais passaram

cabendo-lhe um décimo do produto obtido (igual proporção é devida ao Estado); *ii)* aumentam as limitações no que diz respeito a construções nas cidades (por exemplo: uma não pode distar da outra menos de 12 pés; e de 15 se se tratar de edifício publico; 100 pés é a altura máxima dos edifícios); *iii)* no direito Justinianeu, a matéria relativa a águas que correm do terreno superior para o inferior sofre modificações; proíbe-se que o proprietário do imóvel superior faça construções que impeçam, além dos limites da sua necessidade de água, que flua para o terreno inferior, ou que se utilize a água em medida superior à das necessidades do imóvel; *iv)* o proprietário que não cultiva o seu terreno perde a propriedade sobre ele a favor de quem o cultivou por mais de dois anos.

[108] O Código Civil francês de 1804 recebeu a concepção justiniana do direito de propriedade. O artigo 544º dispôs que «a propriedade é o direito de gozar e dispor das coisas da maneira mais absoluta, desde que não se faça um uso proibido pelas leis ou pelos regulamentos". Por sua vez, o artigo 545º estabeleceu que "ninguém pode ser obrigado a ceder a sua propriedade, senão por motivo de utilidade pública e mediante uma justa e prévia indemnização». Esta concepção da propriedade sob a influência do direito romano foi incorporada no direito francês e transmitida ao direito português.

a ser adquiridas pelos burgueses, que as adquiriam, por vezes conjuntamente com o título nobiliárquico correspondente.

Na Idade Moderna, a Revolução Francesa trouxe uma completa transformação no tocante ao direito de propriedade, em comparação ao *Ancien Régime*. A Declaração dos Direitos do Homem e do Cidadão, votada em 2 de Outubro de 1789, consolidou os princípios filosóficos dominantes do século XVIII ao estabelecer no artigo 17º que: «sendo a propriedade um direito inviolável e sagrado, ninguém pode ser dela privado, a não ser quando a necessidade pública, legalmente reconhecida, o exige evidentemente e sob a condição de uma justa e anterior indemnização.»

Todavia, embora a Revolução Francesa tenha procurado dar um carácter democrático e universal ao direito de propriedade através da abolição dos privilégios ancestrais, a verdade é que esse direito veio privilegiar a classe burguesa, que ascendia nesse momento histórico.

Perante as tensões sociais da altura, a doutrina foi desconstruindo a concepção absoluta e irrestrita de propriedade que alegadamente havia sido recepcionada do direito romano. Ainda assim, no período medieval, São Tomás de Aquino desenvolveu a ideia aristotélica de que a virtude poderia ser alcançada pelo uso que cada um poderia retirar da sua propriedade individual. As consequências eram, no entanto, bem mais abrangentes: os ricos tinham a obrigação moral de actuar generosamente e os pobres, apesar da ausência de pertences, mantinham os seus direitos básicos relativamente aos ricos.

No início da época moderna, a doutrina preocupou-se com o modelo de instituição da propriedade. Apoiando-se na nascente teoria do Estado, Hobbes e Hume argumentaram que não existia qualquer direito natural para que algo fosse considerado «meu» ou «teu», pelo que a propriedade seria uma criação do Estado soberano[109] ou então seria o produto artificial de uma convenção colectiva celebrada entre todos os membros de uma sociedade visando a concretização de um modelo de apropriação estável de forma que se pudessem desenvolver os empreendimentos individuais[110].

[109] Thomas Hobbes considerava que as regras de propriedade consistiam num produto da autoridade do soberano (Estado), igualmente, numa função reguladora de inserção de um ambiente de paz e estabilidade catalisadora de investimento e progresso, evitando os conflitos e tensões individuais. *Cf.* HOBBES, Thomas – *De Cive: The English Version* [1647], Howard Warrender (ed.), Oxford: Clarendon Press, 1983.

[110] David Hume considerava que não existia nada de «natural» no conceito de propriedade privada. A sua base de pensamento assentava no risco de disrupção inerente à frágil legitimação

John Locke tinha uma posição dissonante considerando que a propriedade poderia ser instituída num estado natural, sem a necessidade de qualquer intervenção política ou a existência de uma qualquer convenção. A sua posição é curiosa. Tomando como ponto de partida a pressuposição de que Deus criou um Mundo inicialmente comunal, sendo omnisciente, teria de saber que a apropriação privada iria criar um dilema moral. Então, para ultrapassar o dilema da «*disproportionate and unequal Possession of the Earth*» que é inerente ao conceito de propriedade privada, Locke desenvolve uma defesa moral relativamente à legitimidade da apropriação privada. Assim, indica: «*though the Earth... be common to all Men, yet every Man has a Property in his own Person. This no Body has any Right to but himself. The Labour of his Body, and the Work of his Hands, we may say, are properly his. Whatsoever then he removes out of the State that Nature hath provided, and left it in, he hath mixed his Labour with, and joined to it something that is his own, and thereby makes it his Property. It being by him removed from the common state Nature placed it in, it hath by this labour something annexed to it, that excludes the common right of other Men.*»[111]

Esta posição assume, de novo, que a estrutura da «primeira ocupação» que legitima a apropriação originária decorre da eficiência acrescida que resulta da adição do factor trabalho para a concretização de uma situação superior de bem-estar social. A teoria da apropriação originária visa premiar a acção empreendedora do primeiro humano que, perante um recurso comum, no caso, o solo, iniciou o seu aproveitamento. No âmbito moral,

que resultava da posse. Assim, a forma como se poderia proceder a desapossamentos originava uma tensão permanente. A única forma de resolver esse conflito potencial passava pela criação de regras sociais, ou seja, de um quadro regulatório que garantisse uma relação estável entre a pessoa e a pessoa. Refere David Hume: «*our property is nothing but those goods, whose constant possession is establish'd by the laws of society; that is, by the laws of justice. Those, therefore, who make use of the words property, or right, or obligation, before they have explain'd the origin of justice, or even make use of them in that explication, are guilty of a very gross fallacy, and can never reason upon any solid foundation. A man's property is some object related to him. This relation is not natural, but moral, and founded on justice. Tis very preposterous, therefore, to imagine, that we can have any idea of property, without fully comprehending the nature of justice, and shewing its origin in the artifice and contrivance of man. The origin of justice explains that of property. The same artifice gives rise to both*». *Cf.* HUME, David – *A Treatise of Human Nature*.1739, Oxford: Clarendon Press, 1896, p. 491. Por conseguinte, uma vez que a relação estável de propriedade resultava dessa acção pública reguladora, não se poderia concluir pela existência de uma qualquer vinculação natural a este respeito.

[111] LOCKE, John – *Two Treatises of Government* [1689] Peter Laslett (ed.), Cambridge: Cambridge University Press, 1988, livro II, para. 27.

este primeiro empreendedor não poderia ser acusado de nada, uma vez que não desapossou ninguém. De facto, o recurso comum estava ao dispor de todos, porém, só esse empreendedor revelou interesse no mesmo, tendo investido o seu trabalho no seu aperfeiçoamento, comportando-se como seu titular. Ora, mais uma vez ressalta aos nossos olhos o princípio da necessidade de aproveitamento eficiente do recurso para a justificação da sua titularidade[112]. Locke considerava, por exemplo, que os caçadores nativos e os povos nómadas não exploravam convenientemente o seu solo, pelo que não poderiam ser considerados titulares dos solos onde habitavam. Por outro lado, ante o argumento que apontava a exaustão de recursos comum por via dos modelos de apropriação individual sucessiva enquanto risco para a subsistência daqueles que nada tinham, Locke retorquia que a eficiência da apropriação produtiva iria aumentar sucessivamente o volume de bens e utilidades disponíveis para toda a sociedade[113/114].

[112] O Código de Hamurabi, que data do século XVIII antes de Cristo, dispunha que a propriedade deveria cumprir a sua função social e que os seus proprietários ou locatários que não lhe dessem uma função adequada não estariam a cumprir a lei. Ou seja, a utilização indevida da propriedade geraria um confronto potencial, pois que os terceiros considerar-se-iam legitimados a tomar a posse dos mesmos.

[113] LOCKE, John – *Two Treatises of Government* [1689] Peter Laslett (ed.), Cambridge: Cambridge University Press, 1988, livro II, para. 37.

[114] A construção teórica de John Locke assenta em três momentos: no momento inicial, o solo não pertence a ninguém. Necessitando do solo, o indivíduo toma-o em seu proveito, não sendo necessária qualquer reunião formal colectiva para a legitimação da sua pretensão, conjugando o seu trabalho na optimização da produção; no momento intermédio, o excedente produzido não reverte para a comunidade, mas propicia trocas comerciais que multiplicam os capitais disponíveis que voltarão a ser investidos na melhoria das condições produtivas do solo; no terceiro momento, esta prosperidade geraria desigualdade, inveja e tensões sociais pelo que só nesse momento deveria ser instituído um governo para proteger os direitos de propriedade. David Hume, pelo contrário, considerava que a apropriação originária não teria sido pacífica, uma vez que os homens lutavam, desde tempos imemoriais, pela posse dos recursos. Assim, a atribuição inicial não decorria de mérito, mas unicamente de factores exógenos, como a força ou a sorte. Essa convulsão social inicial seria estabilizada quando todos tivessem a sensibilidade para o «dividendo da paz», ou seja, que todos ganhariam mais num patamar de confiança e serenidade. Esse momento traduzir-se-ia no reconhecimento de propriedade *de iure*, que ratificava a apropriação *de facto*, independentemente de o resultado final ser injusto ou desproporcionado. A principal virtude desta teoria em comparação com a de John Locke resulta no facto de estabelecer um momento inicial normativo para a legitimação social da apropriação. Uma terceira corrente, corporizada na filosofia normativa de Jean-Jacques Rosseau e de Immanuel Kant, ignora a vertente individual inicial da acção

A perspectiva de Immanuel Kant sobre a propriedade é mais formal e abstracta, e apoia-se na ligação entre propriedade e agência. Considerava, portanto, que seria contrário à agência, e por conseguinte, à personalidade humana se um sistema não permitisse que recursos úteis fossem utilizados de forma conveniente. Neste quadro, cada um deveria actuar sobre os recursos como se os recursos fossem também de outrem[115]. Esse poder-dever legitimava a apropriação individual, mas, e uma vez que tal afectava as posições de terceiros, a sua legitimidade dependia da «ratificação» por via de um acordo colectivo que respeitasse os interesses de todos sobre a matéria, ou seja, pelo estabelecimento de uma «constituição civil» que definisse quem seria o proprietário e estabelecesse os termos justos do exercício de apropriação do recurso na perspectiva colectiva.

Hegel fundamenta a sua filosofia na perspectiva aristotélica salientando a importância da propriedade para o desenvolvimento do «eu». Nestes termos, a propriedade seria a formulação externa que daria corpo factual à liberdade, que, na sua ausência, seria unicamente uma mera ideia conceptual[116].

Esta concepção foi desenvolvida posteriormente pelos idealistas ingleses, nomeadamente por T. H. Green[117], que voltaram a salientar a importância da propriedade para o desenvolvimento ético, por via da sua contribuição para o desenvolvimento da vontade e da responsabilidade (de novo os primados aristotélicos). Assim, a propriedade não seria um fim em si mesmo, mas teria um contributo positivo para a construção e desenvolvimento do bem social.

E, como num ciclo fechado de devir histórico, Karl Marx altera o sentido da propriedade hegeliana, alterando o seu foco não no desenvolvimento individual, mas sim no desenvolvimento social[118]. Assim, para Marx, tal como para Platão, a preocupação da responsabilidade social no exercício

humana, exigindo sempre a existência de uma convenção social legitimadora, pelo que as questões redistributivas estarão permanentemente em cima da mesa.

[115] *Cf.* KANT, Immanuel – *The Metaphysics of Morals* [1797]. Mary Gregor (trans.) Cambridge: Cambridge University Press, 1991, p. 74.

[116] *Cf.* HEGEL, G. W. F. – *The Philosophy of Right* [1821]. T. M. Knox (trans.), Cambridge: Cambridge University Press, 1967, para 41.a.

[117] *Cf.* GREEN, T. H. – *Lectures on the Principles of Political Obligation* [1895]. London: Longmans Green & Co, 1941.

[118] *Cf.* MARX, Karl – *Theories of Surplus Value* [1862], London: Lawrence and Wishart, 1972.

do direito de propriedade assume uma dimensão totalitária, progredindo a evolução humana para o estádio integral de trabalho cooperativo, que culminaria no comunismo (pretensamente) platónico.

Este modelo autodestrutivo de propriedade privada proposto por Marx incendiou (também) a doutrina. John Stuart Mill, que considerava o comunismo uma opção válida[119], objectava, ainda assim, contra a fatalidade da iniquidade capitalista referindo candidamente: «*if... the choice were to be made between Communism...and the present state of society with all its sufferings and injustices,...all the difficulties, great or small, of Communism would be but as dust in the balance. But to make the comparison applicable, we must compare Communism at its best, with the regime of individual property, not as it is, but as it might be made...The laws of property have never yet conformed to the principles on which the justification of private property rests.*»[120]

Ora, esta é, igualmente, a questão actual. Efectivamente, se esquecermos as derivas utópicas e assentarmos antes no modelo eficiente de desenvolvimento de políticas públicas, verificamos que a fundamentação económica do direito de propriedade foi esquecida em toda a construção dogmática.

2. Conclusão: a Regulação Económica das Relações Individuais como Primeira Linha Regulatória: a Dimensão Eficiente dos Direitos de Apropriação

Constituindo o solo a natureza de recurso comum, a sua apropriação não se consolida com simples actos de apropriação individual. Nesse quadro, a acção pública será sempre necessária na consolidação e exercício dos direitos de apropriação.

Tomando o direito de propriedade fundiária como referencial de exposição, a acção regulatória pública será sempre essencial na definição do perímetro de exclusão. De facto, ignorando os casos em que a iniciativa

[119] John Rawls considerava que a questão da titularidade era secundária, devendo ser analisada de uma forma pragmática por parte da filosofia política (Rawls 1971, p. 274). Assim, cada sociedade deveria decidir se optava por um modelo de propriedade privada ou por um modelo e economia colectiva. Para Rawls isso seria secundário, pois os filósofos deveriam dedicar-se ao estudo dos princípios abstractos da justiça que deveriam ser observados nas sociedades, independentemente do seu modelo de organização.

[120] *Cf.* Mill, John Stuart – *Principles of Political Economy, with some of their Applications to Social Philosophy. Book* V, chapter 2, London: Longmans, Green and Co., 1848, 7th ed., 1909.

comunitária é eficiente na definição do perímetro de intervenção dos diversos interessados, a verdade é que o próprio conceito de «direito» implica uma titularização, ou seja, a criação de um mercado secundário através do qual o recurso é susceptível de ser transaccionado. A demonstração é simples: a transacção em mercado implica fluidez do bem; ora, o solo é imóvel. Assim, o que é transaccionado não é o solo em si mesmo, mas sim o direito sobre o solo. O que se torna relevante é a atribuição de um título que permita a alguém a reivindicação de uma pretensão sobre o recurso (como veremos, a base da *actio in rem* do direito romano). Esse título é construído com base num modelo regulatório complexo traduzido em três elementos essenciais:

i) **A prova da legitimidade do titular do direito de apropriação.** Essa prova é realizada com a colaboração do Estado por via da necessidade de outorga de fé pública quanto à transmissão do título aquisitivo, exigindo-se modelos artilhados ao nível formal, como a escritura pública. A acção notarial, ou outra, controla as transmissões dos títulos constitutivos de direitos reais de apropriação por via da solenidade criada no momento da transmissão (muitas vezes assente em modelos simbólicos como a entrega das chaves). Este procedimento ritual tem como objectivo sinalizar a importância do acto privado para o interesse público geral.

ii) **A delimitação física do objecto físico subjacente ao título**. Tal tarefa apoia-se na construção da matriz predial, ou seja da delimitação do perímetro físico da área de inclusão/exclusão. Sendo a definição física da propriedade fundiária relativamente onerosa (por via da vedação física ou da construção de muros), é essencial que seja mantido um registo formal da composição bidimensional dos polígonos. Esta matriz predial não é mais do que uma base de dados que identifica as formas, as áreas e os titulares dos direitos de forma que o Estado possa conhecer o seu território, a forma do fraccionamento do solo e os proprietários. Sem este registo sistemático, não poderiam ser exercidas políticas públicas, como a fiscal (daí a matriz predial em Portugal estar a ser gerida pela administração fiscal), a florestal, a agrícola ou a ambiental, ou seja, as matérias relevantes em sede de ordenamento do território e de urbanismo.

iii) **A atribuição de um efeito *erga omnes* relativamente à prova da titularidade corporizada no direito de apropriação.** Sendo o

> fundamento da atribuição do direito a concessão de um exclusivo na exploração do recurso traduzido na criação de um perímetro de exclusão de acesso de terceiros ao aproveitamento desse recurso, é essencial que esse direito exclusivo tenha eficácia perante terceiros por via da publicitação do mesmo. Este é o campo «registo predial». Através do direito registral, a ordem jurídica consolida o perímetro de consolidação do título, obrigando os terceiros excluídos a reconhecer a legitimidade do detentor actual do direito. Essa legitimidade baseia-se na demonstração da cadeia de transmissões anteriores (o tracto sucessivo) que, por essa via, consolida de forma definitiva a legitimidade da titularidade do titular do direito presente.

Estas três funções constituem os serviços mínimos regulatórios a cargo das entidades públicas. Sem estas três dimensões, nem sequer poderia existir um título de habilitação para o aproveitamento do recurso fundiário.

A sua dimensão é essencialmente bilateral, ou seja, o princípio subjacente é o da resolução de conflitos individuais, muitas vezes decorrentes de relações de vizinhança, ou seja, de conflitos directos de pretensões de titularidade conflituantes.

Os direitos reais evoluíram num modelo focado nas relações intersubjectivas individuais e o direito administrativo foi sendo construído tendo como objectivo o exercício do interesse (pretensamente) público, suprindo as falhas de alcance do primeiro âmbito de direitos relacionais.

Ao esquecermos o princípio da eficiência na formação de situações óptimas, bem como o primado da igualdade na concretização da igualdade de opções, o resultado não pode ser satisfatório.

Os direitos reais são eficazes na determinação do conteúdo de faculdades inerentes à definição do perímetro de exclusão e à dirimição de conflitos individuais (e para aí remetemos integralmente em sede de estudo dogmático); porém, se alheados de uma preocupação de eficiência, originam bloqueios insustentáveis ao desenvolvimento de modelos de apropriação óptima. Assim, um modelo absoluto de propriedade origina situações ineficientes de exploração de recursos fundiários (solos agrícolas abandonados, florestas desreguladas, edifícios em ruínas nos perímetros urbanos), o que, como demonstrámos, é totalmente antagónico às fundamentações para a legitimação da propriedade privada, mesmo na sua dimensão mais conservadora.

Por sua vez, o direito administrativo é eficiente na definição do interesse público, mas esquece que esse interesse tem de ter uma dimensão económica subjacente. Não existe interesse público sem uma ponderação de eficiência e de igualdade. As decisões de constrangimento da liberdade inerente aos direitos de propriedade têm de ser ponderadas globalmente numa perequação alargada. Questões como a classificação de interesse público de um qualquer imóvel não podem originar custos para o proprietário (em tese, este é que deveria ser compensado por manter um imóvel que é do interesse de todos), uma restrição de interesse ambiental não pode ser um ónus individualmente localizado, mas o resultado de um juízo global de ponderação, equitativamente suportado, igualmente num juízo de perequação alargado. Por outro lado, juízos de definição de classificação de solos não podem resultar em benefícios para alguns e encargos para os demais. Esse desajustamento é totalmente intolerável em termos económicos. Por outro lado, a cumulação desorganizada de pretensões sobre um determinado solo origina situações como a da tragédia dos antibaldios e do financiamento das infra-estruturas urbanas (bens públicos), de que trataremos oportunamente.

No entanto, existem outros ramos do direito que, esquecendo os primados genéticos de eficiência inerentes à utilização privada do recurso fundiário, contribuem cada vez mais para a criação de situações ineficientes. Dois casos paradigmáticos: o direito sucessório continua a permitir (ou até mesmo a incentivar) a fragmentação da propriedade para dimensões subóptimas, insusceptíveis de aproveitamento económico viável: o direito das expropriações toma como direitos as simples aspirações de proprietários ausentes que, por via da tentativa de criação de valor de uma qualquer iniciativa empreendedora (pública ou privada), beneficiam integralmente de uma renda monopolista criada pela inacção ou a simples expectativa desprovida de motivo empreendedor.

Os princípios financeiros da eficiência e da igualdade têm uma vantagem. Sendo dogmaticamente neutros, visam unicamente garantir a concretização de soluções eficientes em sede social. Assim, escapam das críticas doutrinárias de base dogmática. Nestes termos, tal como não concordamos com Hayek, que considera ser extraordinariamente difícil a articulação do direito da propriedade privada com o princípio da igualdade, não concordamos com Nozick, que considera que os direitos de propriedade no mercado devem ser resistentes a qualquer tentativa de redistribuição, com a excepção possível do momento da sua inicial atribuição.

A propriedade, ou qualquer outro modelo de apropriação, deverá ser formulada no seu modelo mais eficiente, sendo a sua legitimidade alcançada por via do investimento eficiente na rentabilização do recurso. Por outro lado, o interesse público não pode, de forma aleatória, arbitrária, ou discricionária, violar as expectativas fundadas e legítimas do legítimo titular, ou seja, aquele que aproveita eficientemente o recurso, em modelos totalmente consentâneos com o interesse social.

3. A Formulação da Função Social da Propriedade Fundiária Enquanto Segundo Nível de Regulação Fundiária – a Vertente do Interesse Público

3.1. O Equilíbrio entre o Direito e o Dever de Propriedade

Mesmo nas formulações teóricas originárias relativamente à fundamentação do direito de propriedade fundiária, a questão do interesse colectivo esteve presente. Aliás, importa recordar que a própria formulação absoluta do direito de propriedade tinha como fundamento a sua eficiência acrescida para o tráfego jurídico e económico, atentos os níveis de certeza, de estabilidade e de confiança que proporcionava aos seus detentores.

Não obstante, e salvaguardando-se algumas posições mais radicalmente conservadoras, a legitimidade dessa protecção absoluta pressupunha inevitavelmente um dever de exploração. Neste quadro conceptual, ao direito de propriedade poderia justapor-se um dever de propriedade, simetricamente erigido e do qual a legitimidade do direito inicial dependeria. Esta construção assenta precisamente no modelo económico regulatório inerente à utilização eficiente dos recursos comuns. Havendo um recurso escasso, a legitimidade da sua titularidade depende dos termos da sua utilização. Numa perspectiva económica, não deverão admitir-se situações de sobreexploração abusiva nem subexploração ociosa: ambas traduzem modelos subóptimos em sede de bem-estar social, devendo ser combatidas pela ordem jurídica.

Enquanto a justificação da ineficiência inerente à sobreexploração do recurso comum já foi tratada[121], a justificação da subexploração ainda não foi suficientemente explicitada[122]. E aqui haverá que efectuar uma distin-

[121] *Cf.* Lobo, Carlos Baptista, "Finanças e Fiscalidade do Ambiente e da Energia", cit., 2019.

[122] Conforme referimos conjuntamente com Sidónio Pardal: «a indisponibilidade do solo é uma causa de improdutividade, de perdas económicas e de inflação do preço do solo, o que, no

ção: a subexploração poderá resultar de um (in)acto voluntário de ócio, ou então de uma sobrecarga ineficiente de pretensões/restrições que bloqueiam qualquer aproveitamento económico do recurso. Ora, enquanto o primeiro caso é intrinsecamente desvalorizado em termos de eficiência económica, legitimando uma acção correctiva pública, o segundo caso resulta precisamente duma intromissão pública ineficiente, resultado de uma falha administrativa ou de governo e desaguando numa situação de tragédia dos antibaldios.

Pelo exposto, a eficiência da acção pública na conformação do direito de propriedade privada deverá ser permanentemente aferida, bem como a acuidade e relevância dos interesses em presença, de forma que do remédio público não resulte uma maleita superior à doença privada.

3.2. A Formulação Eficiente do Modelo de Regulação Pública da Propriedade Fundiária

A supressão destas falhas de mercado constitui um imperativo para as entidades públicas. No mesmo sentido, e visando-se uma utilização eficiente do solo, não poderão ser toleradas «falhas de regulação» ou a concessão arbitrária de privilégios de forma aleatória ou a sujeitos detentores de informação privilegiada. Não existe opção possível a este propósito. Se o mercado não funciona numa área essencial para os cidadãos (o mercado fundiário é essencial para a vida em sociedade já que fornece o suporte básico para a mesma), devem as entidades públicas tomar as medidas necessárias para a sanação dessas incapacidades. Estamos, pois, numa das áreas mais sensíveis do governo público – a gestão da *polis* – a «política» no seu sentido mais profundo, que deverá actuar numa óptica de produção de serviços e de utilidades – o ordenamento do território, o urbanismo e a construção de infra-estruturas urbanas – e de redistribuição – distribuição eficiente dos custos de infra-estruturação e de manutenção, bem como dos ganhos decorrentes das opções de planeamento (que analisaremos ao abordarmos o terceiro nível de regulação pública).

conjunto, cria uma desorientação no mercado fundiário e imobiliário. A plena utilização do solo no âmbito do uso correctamente estabelecido significa que todos os recursos da estrutura fundiária do país estão a ser conduzidos, explorados ou simplesmente conservados. Significa ainda que o solo produtivo está a ser trabalhado para proporcionar o desejado rendimento». *Cf.* LOBO, Carlos Baptista; PARDAL, Sidónio – *Património Imobiliário – Referências para Avaliação*, INCI, Fevereiro de 2011, p. 9.

De facto, e num modelo óptimo, o promotor (o proprietário ou o investidor) deverá alcançar a margem de lucro unicamente por via da eficiente aplicação de recursos produtivos na construção e não pela simples obtenção de uma benesse de ultrapassagem de bloqueio monopolista público – o licenciamento. Assim, de um paradigma de valor fundiário de mercado (que não se sabe bem o que é) deverá passar-se para uma perspectiva de valor justo. Este valor justo não deve ser entendido como valor administrativo ou estatal, mas sim como valor eficiente para o desenvolvimento efectivo da actividade imobiliária, eliminando-se todos os constrangimentos de distorção decorrentes das falhas de mercado e de organização, providenciando-se, igualmente, uma verdadeira e alargada perequação de custos e de benefícios por todos os agentes intervenientes do mercado.

Sendo uma área essencial para o bem-estar social, todas as opções políticas a este respeito devem respeitar os mais profundos mandamentos aplicáveis; e, quanto a isso, não existem quaisquer dúvidas: as entidades públicas competentes devem, a qualquer custo, desenvolver esforços no sentido do aumento dos padrões de eficiência no mercado urbanístico – tal obrigação decorre directamente das alíneas *d)* e *e)* do artigo 9º, do artigo 65º e das alíneas *a)*, *d)* e *f)* do artigo 81º da Constituição.

O solo adquire, neste enquadramento, as feições de «recurso de interesse geral»[123], o que obriga a uma actuação pública orientadora eficiente.

[123] A definição de recurso de interesse económico geral é substantiva e assenta no âmago da decisão financeira pública. De facto, um recurso constitui-se como de interesse económico geral quando o mercado não consegue fornecer de forma totalmente satisfatória as utilidades em causa numa óptica de redistribuição de encargos e de benefícios. As razões para essa insatisfação são diversas das decorrentes de falhas de mercado (que obrigam à acção prestativa pública) e radicam em razões de foro compensatório ou redistributivo. Assim, a definição de recurso de interesse geral depende da sua própria justificação intrínseca. Essa fundamentação implica a presença dos seguintes elementos: *i)* a necessidade de desenvolvimento de um serviço universal (ou seja, um requisito de interesse geral que garanta que certos serviços são disponibilizados, com uma qualidade especificada, a todos os consumidores e utentes de um espaço territorial local, independentemente da sua localização relativa e a um preço acessível); *ii)* a necessidade de desenvolvimento da actividade económica numa lógica de continuidade (ou seja, a necessidade de prever a não interrupção dos serviços quando a estrita lógica de mercado o imponha ou aconselhe); *iii)* a necessidade de garantir padrões elevados de qualidade de serviço (superiores aos que resultariam da óptica prestativa de mercado em matérias de segurança, cobertura territorial, protecção contra cortes de fornecimento, etc.); *iv)* a necessidade de garantir uma acessibilidade de preços (ou seja, a prestação deverá ser norteada numa óptica redistributiva, tornando acessíveis bens ou serviços a quem tenha

Esta actuação pública deverá assumir uma natureza reguladora, mas não intervencionista. Não estamos no campo da orientação ou da intervenção económica; o que está em causa é uma verdadeira e própria correcção das insuficiências do mercado, tarefa que se inclui no âmbito das mais básicas funções do Estado.

3.3. A Função Social do Direito de Propriedade Fundiária

Tal como sucede nas restantes áreas do direito económico, qualquer norma de direito do ordenamento do território ou do urbanismo tem a obrigação de realizar uma conformação eficiente do direito de propriedade fundiária privada com o interesse público superior («hierarquia de interesses»), necessariamente arbitrados por um fundo substantivo de ordem material que permita a realização de opções arbitrais em casos de conflito sensível. Assim, de uma mera argumentação formal – fomentadora de discriminações e arbitrariedades –, deverá o regime jurídico regulador do solo conter os referenciais de base material que, no caso concreto, permitam alcançar a solução mais eficiente e mais justa. O estatuto económico do direito de propriedade privada fundiária assume, assim, uma dimensão fundamental.

Em sede de direitos e deveres económicos, a Constituição da República Portuguesa reconhece como direito análogo aos direitos fundamentais (artigo 17º), no artigo 62º, o direito à propriedade privada. Este direito tem um inevitável conteúdo económico, já que abrange no seu conteúdo a propriedade de meios de produção, entre os quais o solo, o que fundamenta a sua conformação ao princípio da eficiência. Como refere António Carlos dos Santos, «o direito de propriedade privada não é reconhecido como um direito absoluto, podendo ser objecto de limitações ou restrições, as quais se relacionam com princípios gerais de direito (função social da propriedade, abuso de direito), com razões de utilidade pública ou com a necessidade de conferir eficácia a outros princípios ou normas constitucionais, incluindo outros direitos económicos ou sociais e as disposições da organização económica [...]»[124]

Relembre-se que, quer na perspectiva clássica, quer na da *law and economics*, o direito de propriedade fundiária privada inclui quatro compo-

menores recursos); *v)* a necessidade de desenvolver uma determinada acção privada (através da nivelação dos níveis de risco ou do desenvolvimento de operações de charneira, *e. g.*, reabilitação urbana).

[124] Santos, António Carlos dos *et al.* – *Direito Económico*, Almedina, 2004, pp. 231 e 232.

nentes: o direito de a adquirir, ou seja, o direito de acesso; o direito de a usar e fruir, na óptica do exercício; a liberdade de transmissão e o direito de não ser privado dela, ou seja, o direito de exclusão[125]. São, contudo, admissíveis restrições ao direito de propriedade privada.

Essas limitações são, normalmente, inseridas no conteúdo da «função social da propriedade»[126]. De facto, o Tribunal Constitucional no seu acórdão nº 421/2009 relativo ao procedimento de fiscalização preventiva do Regime Jurídico da Reabilitação Urbana vem, por unanimidade, enunciar mais uma vez a sua posição a este respeito. Refere a importância da garantia do direito à propriedade, salientando que: «a "garantia" que vai reconhecida no nº 1 do artigo 62º tem uma importante dimensão institucional e objectiva, que se traduz, antes do mais, em injunções dirigidas ao legislador ordinário. Por um lado, e negativamente, estará este proibido de aniquilar ou afectar o núcleo essencial do instituto infraconstitucional da "propriedade" (nos termos amplos atrás definidos). Por outro lado, e positivamente, estará o mesmo legislador obrigado a conformar o instituto, não de um modo qualquer, mas tendo em conta a necessidade de o harmonizar com os princípios decorrentes do sistema constitucional no seu conjunto. É justamente isso que decorre da parte final do nº 1 do artigo 62º, em que se diz que "a todos é garantido o direito à propriedade privada [...] nos termos da Constituição"».

Salienta, de seguida, o seu enquadramento social: «assim, e apesar de a redacção literal do preceito constitucional não conter, como é frequente em direito comparado, uma referência expressa às funções que a lei ordinária desempenha enquanto instrumento de modelação do conteúdo e limites da "propriedade", em ordem a assegurar a conformação do seu exercício com outros bens e valores constitucionalmente protegidos, a verdade é que essa remissão para a lei se deve considerar implícita na "ordem de regulação" que é endereçada ao legislador na parte final do nº 1 do artigo 62º, e que o vincula a definir a ordem da propriedade nos termos da Constituição [...]. Embora a Constituição lhe não faça uma referência textual, existirá portanto, e também entre nós, uma cláusula legal da conformação social da propriedade,

[125] *Cf.* Canotilho, Gomes; Moreira, Vital – *Constituição Portuguesa Anotada*. Coimbra, p. 332.

[126] Cabe, igualmente recordar os ensinamentos da religião católica sobre a propriedade privada e a sua função social, desde a Rerum Novarum, do papa Leão XIII (1891), até a Laudato Si' do papa Francisco (2015)

a que aliás terá aludido desde sempre a jurisprudência constitucional, ao dizer que "[e]stá tal direito de propriedade, reconhecido e protegido pela Constituição, na verdade, bem afastado da concepção clássica do direito de propriedade, enquanto *jus utendi, fruendi et abutendi* – ou na formulação impressiva do Código Civil francês [...] enquanto direito de usar e dispor das coisas *de la manière la plus absolue* [...]. Assim, o direito de propriedade deve, antes do mais, ser compatibilizado com outras exigências constitucionais» (referido Ac. nº 187/2001, § 14, citando anterior jurisprudência)[127].

Assim, e como bem ensina António de Sousa Franco[128], no plano constitucional, o direito de propriedade é consagrado e disciplinado de duas formas: *i)* como direito fundamental de apropriação dos bens de qualquer natureza (desde que apropriáveis), tanto de produção como de consumo: direito fundamental de conteúdo económico que traduz a base do regime geral do direito de propriedade privada, nas suas diversas manifestações; *ii)* como direito institucional de propriedade, sendo definida como elemento integrante da organização económica, logo com uma inevitável dimensão social. Neste último sentido, a propriedade do solo é vista como um meio ou bem de produção, integrando os recursos naturais, cuja utilização eficiente se torna imperativa num modelo sustentado de desenvolvimento.

A situação não é muito diversa em outros países, que admitem – ou melhor, impõem – uma função social de propriedade, de forma mais ou menos explícita.

Quanto à concepção do direito de propriedade no direito comparado, é de referir que, na Alemanha, o artigo 14.2 do *Grundgesetzbuch* consagra a «função social da propriedade» (*Sozialbindung oder Sozialvorbehalt*), em primeiro lugar, através da possibilidade de a lei determinar o conteúdo e os

[127] Tal vinculação não será, portanto, substancialmente diversa da contida, por exemplo, no artigo 33º da Constituição espanhola («É reconhecido o direito à propriedade privada [...]. A função social desse direito limita o seu conteúdo, em conformidade com as leis.»); no artigo 42º da Constituição italiana («A propriedade privada é reconhecida e garantida pela lei, que determina o seu modo de aquisição, gozo e limites com o fim de assegurar a [sua] função social [...]»; no artigo 14º da Lei Fundamental de Bona («A propriedade e o direito à herança são garantidos. O seu conteúdo e limites são estabelecidos pela lei [...]. O seu uso deve servir ao mesmo tempo os bens colectivos». Para uma análise comparada, *Cf.* RODRIGUEZ, Andrés; DIEGO Javier de – *Sintesis General de Los Estudios Comparados de Las Legislaciones Urbanísticas en Algunos Países Occidentales*. Ministério de Fomento, CyTET, XXXIII, 127, 2001, pp. 93–96.

[128] FRANCO, António de Sousa – *Noções de Direito da Economia*, I vol. Lisboa, AAFDL, 2000, pp. 211 e 213.

limites do direito de propriedade; em segundo lugar, através da obrigação da sua utilização ao serviço do bem comum e, em terceiro lugar, através da ponderação dos interesses gerais em conjunto com os privados, a fim de fixar o montante da indemnização em caso de expropriação. Por outro lado, mais do que proclamar a proibição de especulação, estabeleceu-se, por via legislativa, técnicas destinadas a combater as suas manifestações mais graves: a retenção improdutiva do solo não edificado durante um prazo superior a sete anos poderá ser sancionada com uma perda substancial do direito à indemnização em caso de modificação do planeamento. Além disso, em caso de escassez de imóveis para habitação, pode o Município forçar o proprietário do terreno a construir em conformidade com o Plano. Resulta do exposto que uma das orientações fundamentais do planeamento urbanístico é, precisamente, garantir uma utilização socialmente justa do solo.

A Constituição Francesa de 1958, por sua vez, não contém nenhuma referência aos direitos e liberdades, considerando-se vigente, por remissão expressa, a Declaração do Direitos do Homem de 1789, confirmada e completada pelo preâmbulo da Constituição de 1946. Segundo esta declaração, o direito à propriedade é um direito inviolável e sagrado. Assim, o Código Civil francês estabelece que «a propriedade traduz-se no direito de gozar e dispor das coisas de forma absoluta, desde que não se faça um uso proibido pela lei ou pelos regulamentos» (artigo 544º). A propriedade, nesta concepção, inclui a propriedade do subsolo e do espaço aéreo. Nestes termos, o proprietário poderá realizar as construções e escavações que julga convenientes.

Contudo, esta enfática declaração tem sido restringida ao longo dos anos pela vida social e política. O interesse geral estabelece limites e condições gerais, incluindo a expropriação por utilidade pública mediante o pagamento de uma indemnização justa (artigo 545º). O Código do Urbanismo, por sua vez, parece recorrer implicitamente à função social da propriedade, de forma a limitá-la no âmbito urbanístico. Como resulta do artº L.112-1 do referido código, «o direito a edificar encontra-se ligado à propriedade do solo e exerce-se com respeito pelas disposições legislativas e regulamentares relativas a utilização do solo». É hoje pacífica na doutrina francesa a aceitação desta concepção social de propriedade, que se manifesta em diversas matérias nomeadamente no regime do arrendamento e no regime de perequação por via dos coeficientes de ocupação do solo, de base eminentemente redistributiva.

Em Inglaterra, como é sabido, não existe uma Constituição escrita, nem a codificação dos direitos civis. A propriedade é um direito de liberdade susceptível de ser limitado pela lei. Em particular, poderão ser impostos limites ao usufruto do direito e conferir às autoridades públicas o poder de «compra forçosa» por motivos de interesse geral. A especulação imobiliária, no entanto, não é explicitamente impedida pela lei.

As contrapartidas (*planning gains*) públicas negociáveis em cada caso também não são limitadas pela lei e são aplicadas pelas autoridades responsáveis pelo planeamento, tendo em conta o benefício obtido e os impactos causados pelo plano livremente propostos pelo promotor (não existe plano prévio vinculativo), impondo-lhe maiores ou menores quantias de obras públicas e participando nas mais-valias geradas pela licença, muitas vezes de forma tão extrema que a construção se torna inviável.

Nos Estados Unidos, o reconhecimento constitucional do direito de propriedade não impede o reconhecimento de uma função social e a subordinação do mesmo ao interesse geral. Esta função social é implementada através de técnicas precisas. São de referir os chamados *taking*, que concedem à administração a faculdade de expropriar o direito a fim de satisfazer uma finalidade pública. Porém, tal como no sistema inglês, não existe nenhuma norma expressa que impeça a especulação no mercado, não existe um direito a urbanizar quando o mesmo não se encontra expressamente previsto no plano e não existem outras limitações às contrapartidas públicas exigíveis.

Em Espanha, segundo a Constituição de 1978, a propriedade deve cumprir uma função social que legitima a sua própria existência e que delimita o seu conteúdo em cada uma das leis existentes, com excepção de um conteúdo essencial do direito que não se encontra à livre disposição do legislador, devendo o proprietário ser indemnizado quando é expropriado com base num interesse social ou com base em utilidade pública. Segundo o Código Civil de 1889, «a propriedade é o direito de gozar e dispor de uma coisa sem outras limitações do que as estabelecidas por lei» (artigo 348º). A faculdade de edificar ou de urbanizar um terreno apenas pode ser exercida quando a lei em geral e o plano municipal em concreto a estabelecem e quantificam expressamente. As limitações gerais ou, inclusive, a proibição de edificar estabelecida pelo plano urbanístico de ordenação do solo rústico, não dão direito à indemnização.

A especulação imobiliária é expressamente proibida pela Constituição Espanhola, estabelecendo como um dos princípios basilares da política social e económica que os poderes públicos promovem a legislação urbanística pertinente, «regulando a utilização do solo de acordo com os interesses gerais de forma a impedir a especulação» (artigo 47º da CE). Os mecanismos e instrumentos existentes para assegurar a função social da propriedade encontram-se estabelecidos na legislação estatal do regime do solo e concretizados nas leis autónomas.

A intervenção reguladora do Estado é, portanto, essencial no mercado fundiário. Mesmo exemplos mais recentes (*e.g.*, o caso de Colorado Springs) demonstram a inequívoca necessidade de ordenação pública neste campo, tendo em vista a resolução eficiente das falhas de mercado e a definição de modelos de organização espacial. Por seu lado, a doutrina e a jurisprudência reconhecem de forma unânime a dimensão social da propriedade tal como consta da Constituição da República Portuguesa.

O regime jurídico de regulação do solo deverá conter os princípios orientadores deste modelo económico conformando de forma sintética os princípios gerais de actuação. Porém, a regulação fundiária não se pode confundir com intervenção ou intervencionismo fundiário de base fundamentalmente ideológica. Pelo contrário, o princípio geral de actuação neste mercado deverá ser a do primado da iniciativa privada, conformada, contudo, por um conjunto de regras financeiras que visem a concretização de resultados óptimos ao nível social.

Para ser economicamente eficiente, o regime jurídico de regulação do solo deverá ser doutrinariamente neutro, preocupando-se unicamente com a correcção das falhas de mercado ao nível da estrutura produtiva, como a hierarquia dos legítimos interesses públicos e com a redistribuição justa dos encargos e dos benefícios patrimoniais decorrentes da actividade urbanística.

Para tal, o regime jurídico de regulação do solo deverá prever uma orientação geral ao nível do exercício dos instrumentos financeiros por parte do Estado. De facto, decorrendo as insuficiências do mercado fundiário das incapacidades específicas do tecido económico geral, a forma mais adequada de as suprir será a actuação directa ao nível das estruturas económicas institucionais. Neste quadro, a emissão de regulamentação administrativa ou o intervencionismo casuístico só introduziria mais factores de distorção.

Advoga-se, portanto, a adopção de um princípio geral de organização económica ao nível da actividade que tem de suporte o solo, tendo em vista o desenvolvimento eficiente das respectivas actividades no panorama económico nacional: a actividade florestal deverá estar sujeita a um regime imperativo, tendo em consideração a escala necessária para o desenvolvimento eficaz da mesma e a eliminação das externalidades (*maxime* os incêndios florestais); a actividade agrícola deverá estar sujeita a um regime facultativo, permitindo-se o acesso de terceiros interessados a solos que o proprietário opte por não explorar por via do arrendamento rural; e a actividade urbanística deverá estar sujeita a um regime excepcional, só sendo desenvolvido o direito a urbanizar quando for efectivamente provada a sua necessidade e viabilidade, garantindo-se a cobertura dos custos públicos na infra-estruturação e a redistribuição das mais-valias que decorram da alteração da classificação dos usos do solo.

Neste quadro, a dimensão financeira reveste uma importância decisiva. Não existe política sem instrumentos. A emissão de directrizes administrativas ao nível fundiário tem de ser necessariamente acompanhada por um conjunto integrado de acções que, actuando na perspectiva financeira, moldam a realidade económica tendo em vista a eliminação das falhas de mercado visando a concretização de soluções eficientes de mercado.

3.4. Da Função Social aos Modelos de Regulação assentes no Ordenamento do Território

O solo, pela sua dimensão infra-estrutural à vida humana, e sendo o suporte físico a todas as actividades humanas, obriga a que a ordem jurídica desenvolva uma função de ordenação eficiente dos vários interesses em presença.

Segundo David Hume, «*two neighbours may agree to drain a meadow, which they possess in common: because it is easy to know each other's mind; and each must perceive that the immediate consequence of his failing in his part, is the abandoning the whole project. But it is very difficult, and indeed impossible, that a thousand persons should agree in any such action; it being difficult for them to concert so complicated a design, and still more difficult for them to execute it; while each seeks a pretext to free himself of the trouble and expense, and would lay the whole burden on others. Political society easily remedies both these inconveniences*»[129].

[129] *Cf.* HUME, David – *A Treatise of Human Nature*, Livro II, parte II, 1740, p. 239.

Este é o campo de excelência da economia espacial. A economia espacial está intrinsecamente relacionada com a economia das redes. Quer estejamos a tratar dos sistemas ambientais, da organização agrícola, da estrutura industrial ou das cidades, o sistema de organização em rede é omnipresente. No ordenamento do território e no urbanismo, estaremos na presença de redes territoriais e de redes urbanas, sendo que estas últimas se inserem naturalmente nas primeiras, uma vez que se referem aos aglomerados situados no território. As redes territoriais são abrangentes, e constituem a base infra-estrutural da actividade humana. Os ecossistemas, a actividade agrícola, as florestas assentam em redes específicas que funcionam nos termos de uma lógica própria. Uma vez que na primeira parte da nossa análise foram tratados os assuntos relacionados com a vertente ambiental e ecológica, analisaremos nesta sede unicamente as matérias relacionadas com as redes de génese humana.

A construção de uma rede constitui a base de um aproveitamento fundiário que supera a simples auto-subsistência. Aliás, os próprios autores clássicos reconheciam que a renda fundiária dependia da proximidade às infra-estruturas de transporte que serviam as terras aráveis. Por sua vez, a cidade é o protótipo de articulação em rede. A construção de estradas, de abastecimento de água e de luz, a recolha de lixo, ou até mesmo a vivência cultural e desportiva constituem manifestações agregadas de modelos de rede. Por outro lado, a actividade comercial e industrial depende intrinsecamente das economias de aglomeração, ou de densidade. A organização em *clusters* propicia intercâmbios relacionais que optimizam os sistemas de produção, criando inovação e reduzindo custos de produção (e. g., Silicon Valley ou Hollywood).

Ora, as economias de aglomeração ou de densidade constituem precisamente um factor acelerador das externalidades de rede, propiciando a criação de utilidade em modelos acelerados e optimizados[130]. Não é por acaso que a tendência de urbanização se tem acentuado nos últimos anos. Efectivamente, tendo em consideração a sofisticação tecnológica do mundo moderno, tendo-se garantido a criação de redes logísticas de abastecimento de alimentos eficientes, torna-se inevitavelmente mais eficiente a

[130] Estes efeitos económicos fazem-se sentir em todos os segmentos da vida social humana. Por exemplo, no sector da saúde, *cf.* MARTINEZ-GIRALT, Xavier e Pedro Pitta Barros – *Health Economics. An Industrial Organization Perspective*, Routledge, 2012.

agregação em grandes cidades, onde as oportunidades e o crescimento económico são potenciados.

Este modelo de organização em rede implica uma acção pública reguladora. Assim:

i) Num primeiro nível, haverá que definir o modelo básico de organização das actividades económicas. A primeira preocupação histórica, e que data de Vitrúvio, reside precisamente na salubridade e saúde pública. Não é por acaso que a edificação perto de pântanos ou outras localizações insalubres era proibida. Por outro lado, os modelos de arejamento – a passagem do vento – presentes no direito romano indiciam claramente uma orientação ancestral nesse sentido – Vertente da Salubridade e da Saúde Pública.

ii) Num segundo nível, torna-se necessário definir o modelo organizacional da ocupação e, por conseguinte, da própria forma da urbe, em sentido amplo. O ser humano é gregário por natureza. Face às suas limitações físicas individuais, a vivência colectiva sempre assumiu uma predominância a nível organizacional. Contudo, essa organização da polis, em contraste com o indivíduo, é susceptível de originar conflitos de interesses naturais. No limite, o interesse colectivo pode conflituar com o interesse individual sempre que os requisitos que permitem uma decisão comunal eficiente não se verificarem. É precisamente para superar essa ineficiência que surge a acção pública de governo da cidade (a «política»). Assim, a definição da arquitectura urbana da cidade é uma decisão tipicamente votada aos organismos públicos, uma vez que serão estas entidades que teoricamente são capazes de melhor sintetizar os interesses em presença e de alcançar a decisão mais eficiente e justa. Este modelo de planeamento geoespacial deve ser entendido de forma alargada, abarcando igualmente as redes logísticas de abastecimento e as redes de transporte de longa distância – Vertente do Planeamento e Ordenamento do Território e do Urbanismo.

iii) Num terceiro nível, mais transversal, importará lidar com os fenómenos económicos que se verificam neste modelo organizativo (externalidades de rede, monopólios naturais, concorrência monopolística) de forma que se concretizem situações óptimas em sede de bem-estar social – Vertente da Organização Eficiente das Redes.

iv) Num quarto nível, intrinsecamente relacionado com o segundo, é essencial construir um modelo de auto-sustentabilidade financeira de todas estas infra-estruturas que tendem a revestir a modalidade de «bem público» – Vertente do Financiamento.

v) Num quinto nível, de foro material, haverá que lidar com os efeitos das decisões públicas em sede de princípio da igualdade, na óptica da redistribuição dos benefícios e dos encargos que decorrem das decisões urbanísticas e de ordenamento do território – Vertente da Perequação.

Focaremos a nossa atenção expositiva nos quatro últimos níveis de necessidade regulatória citados, uma vez que o nível inicial encontra-se intrinsecamente relacionado com a área ambiental, matéria tratada em volume autonomo.[131]

4. Regulação Económica Territorial: Vertente do Planeamento e Ordenamento do Território e do Urbanismo

A actividade administrativa urbanística (em sentido amplo) do Estado baseia-se numa estrutura pesada de regulamentação jurídica. A construção desse edifício regulatório justifica-se pela amplitude das tarefas desenvolvidas e pela abundância de relações intersubjectivas estabelecidas. Tais relações podem revestir uma natureza estritamente pública ou privada ou, na grande maioria das ocasiões, uma natureza mista.

Muitas vezes insiste-se na mera denominação parcial «urbanismo» para a descrição de toda a realidade territorial. Nada mais errado.

Nos termos do 6º Inventário Florestal Nacional publicado pelo Instituto de Conservação da Natureza e das Florestas (ICNF)[132], «[...] em 2010 o uso florestal do solo representa o uso dominante em Portugal continental, ocupando 35,4% do território. Os matos e pastagens constituem a classe seguinte de uso do solo com maior área, correspondendo, os matos a 52% desta classe, ou seja, a 1.500.157 hectares. As áreas agrícolas correspondem a 24% do território continental. As águas interiores apresentam um significativo aumento ao longo dos 15 anos em análise, em resultado

[131] Lobo, Carlos Baptista, *Finanças e Fiscalidade do Ambiente e da Energia*, Almedina, 2019, cit.

[132] *Cf.* Informação disponível em: http://www.icnf.pt/portal/florestas/ifn/resource/ficheiros/ifn/ifn6-res-prelimvl-1

do aumento de albufeiras de barragens, sendo que o empreendimento de Alqueva é responsável por cerca de 25.000 hectares deste aumento [...]»[133].

De acordo com o ICNF[134], o solo em Portugal é maioritariamente florestal, sendo atribuído uso florestal a mais de 3000 hectares. Num segundo plano, os matos e pastagem e, em terceiro lugar, o uso agrícola.

Figura 1 – Usos do Solo em Portugal

Em milhares de hectares	1995	2005	2010	% 1995-2010
Floresta	3.305	3.212	3.155	-4,6%
Matos e Pastagem	2.539	2.720	2.853	+12,4%
Agricultura	2.408	2.205	2.114	-12,2%
Águas interiores	151	178	183	+21,2%
Urbano	315	399	426	+34,9%
Improdutivos	190	196	178	-6,2%

Fonte: ICNF (2010).

Pela análise da tabela acima pode observar-se que a área florestal em Portugal tem vindo a decrescer durante as últimas décadas, tendo registado um decréscimo de 4,6% no período entre 1995 e 2010, o que representa uma queda significativa da área total florestal. Também no que respeita à área agrícola, esta sofreu um decréscimo de 12,2% entre 1995 e 2010.

Em contrapartida, a área urbana expandiu 34,9%, no seguimento de várias medidas e políticas de expansão e desenvolvimento de áreas urbanas. Ora, da expansão urbana resultou um deterioramento das áreas florestais e agrícolas.

[133] *Cf.* Diagnóstico de apoio às jornadas de reflexão estratégica, Documento de trabalho nº 2, Eixo Temático, 4, Recursos Naturais e Ambiente, Floresta, Estratégia Nacional de Investigação e Inovação para uma Especialização Inteligente 2014-2020, pp. 6 e 7.

[134] *Cfr.* ICNF – *6º Inventário Florestal Nacional – Áreas dos usos do solo e das espécies florestais de Portugal continental.* 2013.

Figura 2 – Utilização do Solo em Portugal em 2010

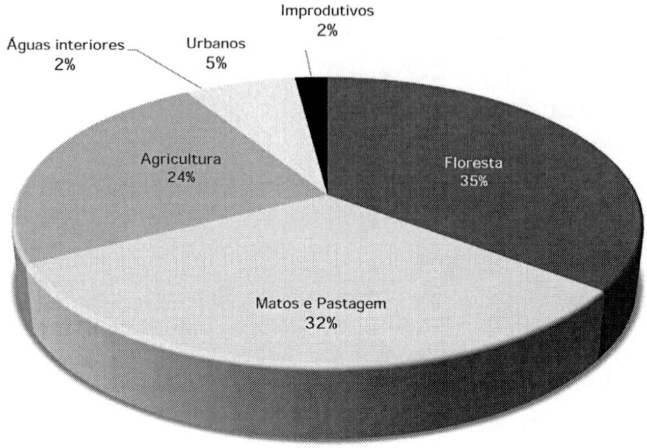

Apesar disso, e mesmo assim, a área urbana corresponde a meros 5% do território nacional. Nestes termos, não podemos reduzir a análise da dimensão fundiária ao urbanismo, mas a todo o território, englobando necessariamente os restantes 95%.

Conforme referimos, juntamente com Sidónio Pardal, em outra sede: «o ordenamento do território é um resultado cultural que reflecte a sensibilidade dos povos, o grau de desenvolvimento das instituições e o seu desempenho socioeconómico. De entre os factores determinantes dos valores do solo avultam a política de disponibilização do solo para as suas funções sociais, a distribuição dos usos do solo, a estrutura dos aglomerados urbanos, as características demográficas, a divisão cadastral e a racionalidade e desempenho das redes. Ressalve-se, no entanto, que o preço do solo e a sua disponibilidade efectiva justificam uma atenta regulação para corresponder às necessidades sociais, salvaguardar a segurança do sistema financeiro e fomentar o normal funcionamento do próprio mercado. Essa regulação tem de ser alicerçada em planos territoriais merecedores de confiança e numa política de solo onde prevaleçam direitos fundamentais como o direito à propriedade e à habitação a preços justos, assim como à utilização racional do solo no quadro das actividades económicas e da salvaguarda dos recursos naturais»[135].

[135] *Cf.* Lobo, Carlos Baptista; Pardal, Sidónio – *Património Imobiliário – Referências para Avaliação*. Cit., p. 8.

Nesta óptica, o regime regulatório do solo, condicionante infraconstitucional do ordenamento do território (englobando o rural – agrícola e florestal e o urbano), deverá assentar numa lógica económica, reguladora do mercado, tendo em vista a composição eficiente dos interesses em presença e, num segundo nível, deverá conter uma lógica programática potenciadora do desenvolvimento e da utilização eficiente dos recursos disponíveis.

Não negamos, obviamente, a natureza administrativa de parte do Direito do Ordenamento do Território e do Urbanismo, entendido como Direito do Planeamento Fundiário. Porém, estes regimes são localizados e visam o estabelecimento de um modelo de organização funcional instrumental que contribui, mas não se confunde com o objectivo fundamental que é o estabelecimento de um modelo eficiente de organização do território e das cidades

Tomando em consideração o elevado número de relações jurídicas de natureza administrativa que são estabelecidas entre as entidades públicas e os particulares, é fundamental que se constitua todo um direito substantivo e adjectivo de natureza essencialmente administrativa que defina o conteúdo dos poderes de autoridades detidos pelas entidades públicas e as garantias dos particulares perante estes.

Em consequência, é inegável que a vertente administrativa do Direito do Urbanismo se encontra sujeita aos princípios jurídicos gerais reguladores da actividade administrativa: o princípio da legalidade genérico, o princípio geral da proporcionalidade, o princípio específico do excesso e o princípio da igualdade.

Contudo, o regime regulatório do solo excede em muito a vertente puramente administrativa, revestindo uma natureza intrinsecamente económica e financeira.

Tal facto é explicitamente reconhecido, embora pela negativa, por Fernando Alves Correia, ao escrever: «na verdade, a finalidade principal das normas urbanísticas – em especial daquelas que têm assento nos planos – é definir os destinos das várias áreas ou zonas do território, bem como as formas e intensidades de utilização das diferentes parcelas do solo. E uma vez que o tipo e a medida de utilização do solo não podem ser os mesmos independentemente da sua localização, antes devem ser diferentes conforme as zonas em que se situarem os terrenos, verifica-se que o direito urbanístico reveste necessariamente um carácter discriminatório e é fonte de desigualdades em relação aos proprietários – ou aos titulares de outros direitos reais – dos terrenos por ele abrangidos. Estas discriminações, que se traduzem muitas vezes na interdição ou na limitação do exercício do vulgarmente designado *jus aedificandi*, exercem uma influência profunda no valor dos solos e são geradoras de graves desigualdades entre os proprietários»[136].

Ou seja, estamos claramente na presença do reconhecimento explícito de uma falha de regulação pública do mercado e que decorre de uma utilização limitada dos recursos normativos ao dispor do Estado para a regulação do mercado fundiário, consubstanciada na criação de limitações e condicionantes à actividade privada sem a competente de indemnização ou compensação ou, em sentido inverso, na outorga de prémios indiscriminados a beneficiários de decisões administrativas favoráveis às suas pretensões (*whistle fall gains*), sem a efectiva redistribuição dos mesmos aos prejudicados.

Assim, o conteúdo discriminatório potencial do direito do urbanismo não é nenhum traço característico que permita a sua autonomização; antes constitui a constatação das suas insuficiências ao não serem tomadas em consideração as vinculações constitucionais que conformam o direito económico enquanto direito ordenador do mercado fundiário. Neste enquadramento, o regime regulatório do solo tem de prever os elementos necessários à correcta atribuição dos recursos na perspectiva distributiva e de desenvolvimento. Deverá evoluir-se necessariamente de uma função de simples atribuição (função administrativa) – sem critério substantivo– para uma efectiva função reguladora e distributiva (função económico-financeira) – de eminente alcance material.

De facto, a actividade urbanística do Estado abrange uma ainda maior panóplia de realidades que se situam indiscutivelmente fora do âmbito dos conteúdos normalmente apontados ao direito administrativo.

A necessária submissão da actividade urbanística do Estado – enquanto instrumento de gestão fundiária do território – ao direito económico, e consequentemente aos seus princípios, é quase intuitiva. Efectivamente, se considerarmos a vertente substantiva do direito do urbanismo, verificamos que esta se traduz, quase integralmente, no condicionamento público do direito de propriedade privada, realizado através do exercício de funções de planeamento genérico e de limitação específica do conteúdo do

[136] *Cf.* ob. cit., p. 60.

direito da propriedade privada sobre os imóveis. Ganha, então, uma maior clareza a concepção que integra a actividade urbanística no âmbito do direito económico, quer ele seja entendido como «sistema resultante da ordenação de normas e princípios jurídicos, em função da organização e direcção da economia»[137] ou como «ramo normativo do direito que disciplina, segundo princípios específicos e autónomos, a organização e a actividade económica»[138].

De facto, sendo o «Plano» o instrumento urbanístico fundamental, é fácil antever uma correlação estrita com os planos económicos que se inserem no objecto típico do direito económico, considerando alguns autores[139], de forma correcta, que estes instrumentos específicos de planeamento técnico urbanístico, com inevitável incidência na actividade económica, se constituem como verdadeiros «planos socioeconómicos».

A acção pública de planeamento e ordenamento territorial tem um inevitável fundamento económico. Se o ignorarmos, aparecem inevitavelmente as distorções, a ineficiência e a injustiça.

A justificação para o desenvolvimento da actividade reguladora pública de regulação do solo é evidente. Imagine-se os custos de uma negociação individual entre centenas ou milhares de proprietários no sentido da conformação do direito a construir de cada um na sua propriedade. Os custos de negociação seriam elevadíssimos, o que a tornaria proibitiva. Por outro lado, os interesses divergentes (nomeadamente a máxima *not in my courtyard* a que assistimos permanentemente quando estão em causa grandes obras públicas) levariam inevitavelmente à concretização de situações subóptimas em sede de Bem-Estar geral que adviriam de boleias (*free rides*) ou de bloqueios (*hold out*), consequências inevitáveis se a decisão em causa fosse desenvolvida numa óptica estritamente privada (ou cooperativa, se o bem for considerado recurso comum).

Essa actividade reguladora pública é fundamental. Não seria possível a elaboração de um plano urbanístico se a decisão se baseasse num pressuposto de cooperação (aplicando-se a regra da unanimidade), pois os custos de negociação seriam extraordinariamente elevados, podendo um

[137] *Cf.* CORDEIRO, António Menezes – *Direito da Economia*, AAFDL, 3ª reimp., 1994, p. 8.

[138] *Cf.* FRANCO, António de Sousa – «Direito Económico/Direito da Economia». *In Dicionário Jurídico da Administração Pública*, IV Vol., p. 46.

[139] SANTOS, António Carlos dos *[et al.]* – *Direito Económico*, Almedina, 2004, pp. 231 e 232.

único agente bloquear a conclusão de um instrumento que beneficiasse milhares. Por outro lado, os juízos de prognose quanto ao desenvolvimento e organização da cidade só podem ser desenvolvidos de forma coerente pelos organismos públicos dado que estes não terão, à partida, quaisquer interesses pecuniários directos decorrentes dessa actividade (partindo--se, claro está, do princípio de que a estrutura tributária é neutra, o que não ocorre actualmente em Portugal).

O plano urbanístico aparece, então, como um plano ordenador, em quase tudo idêntico aos modernos planos económicos, caracterizados por uma grande flexibilidade.

4.1. A Regulação Económica do Mercado Fundiário como Condição Necessária, mas não Suficiente para a Concretização de Situações Óptimas

A simples regulação do mercado imobiliário, só por si, está longe de assegurar o bom ordenamento do território. A qualidade dos planos urbanísticos e dos projectos arquitectónicos é um desafio que transcende a esfera estritamente económica. Conforme referimos noutro contexto: «é interessante, a este título, comparar dois empreendimentos hoteleiros realizados em Portugal, quase em simultâneo, nos anos 60: o hotel Estoril-Sol, em Cascais, e o hotel Ritz, em Lisboa. O primeiro, volvidos 50 anos, ficou obsoleto e foi demolido, pelo que o valor da sua construção entrou em negativo, com custos de demolição e transporte de entulho a vazadouro. O edifício do hotel Ritz mantém, actualiza e compensa o seu valor de investimento e impõe-se como uma extraordinária obra de arquitectura que marca a cidade de Lisboa»[140].

Contudo, é certo que um mercado imobiliário equilibrado, em que se pratiquem preços justos, fundamentados na economia real dos custos de produção, será mais favorável à prática de um urbanismo de mérito alicerçado em padrões de valores estéticos e de organização funcional. Este urbanismo contribuirá, por outro lado, para valorizar a propriedade e manter esse seu valor, conferindo-lhe um poder de sobrevivência que pode perdurar ao longo de séculos, graças a um correcto investimento na manutenção e conservação.

[140] *Cf.* Lobo, Carlos Baptista; Pardal, Sidónio – *Propriedade Imobiliária -Referências para Avaliação*, cit., p. 24.

Apesar disso, por ser uma matéria que extravasa claramente o âmbito jurídico-económico, não iremos desenvolvê-la nesta sede.

4.2. Modelo de Utilização Eficiente: a Segmentação dos Mercados Enquanto Função Primordial da Acção Regulatória em Sede de Ordenamento do Território e do Urbanismo

A política do solo é um elemento essencial da política de ordenamento do território e do urbanismo. Nesse âmbito, a definição óptima da intensidade de apropriação e a definição eficiente da propriedade sobre os recursos constituem a atribuição de primeira linha a cargo da acção pública. Esta é a dimensão neutra da política do solo.

Porém, e num segundo nível, o funcionamento de vários mercados de solo, operando separadamente dentro de uma estrutura segmentada em função dos usos do solo, dos seus rendimentos, e tendo como referência o valor justo – critério redistributivo –, também deve ser assegurado pelas entidades estatais. O conceito de segmentação em sede de política do solo pressupõe a necessidade de se criarem mercados distintos e separados considerando os usos do solo e a procura interessada em prosseguir as actividades e as explorações que cumprem e sustentam esses usos. A razão para esta função é clara. Sendo um recurso comum, o solo deverá ser utilizado da forma mais eficiente possível. Essa aferição de eficiência deve ser efectuada num modelo alargado, num juízo intrageracional e intergeracional. Ora, a garantia de escala de produção agrícola e florestal, a manutenção e valorização dos serviços ambientais, a agregação eficiente das cidades ou a salubridade e a segurança das edificações constituem objectivos essenciais de política pública de ordenamento do território e do urbanismo.

Existem, portanto, diversos níveis regulatórios em sede de política pública de ordenamento do território e do urbanismo:

i) Na perspectiva da classificação e do uso:

a. Um primeiro nível, correspondente à classificação do solo: neste quadro, o solo poderá ser rústico ou urbano. O solo rústico será aquele que não se encontra infra-estruturado para utilização urbana, englobando solo em estado natural não tratado (rústico *stricto sensu*, e que não é necessariamente ambiental), ou que seja utilizado para efeitos agrícolas, florestais, pecuários, ambientais (*proprio sensu*), recursos geológicos, energéticos, recreio e lazer, entre outros; simetricamente, o solo urbano será aquele que já foi transformado por acção humana, ou seja, infra-estruturado, para efeitos de edificação[141].

b. Um segundo nível corresponde à definição do uso do solo, ou seja, à forma potencial de sua exploração definida por critérios de política pública. Nestes termos, o solo poderá ter um uso urbano, agrícola, ambiental, florestal, turístico, industrial, militar, entre outros[142].

A classificação do solo e o uso susceptível de aproveitamento relacionam-se num modelo matricial, num jogo permanente de equilíbrio entre o interesse privado e o interesse colectivo que visam a criação de mercados típicos, num modelo puro (solo urbano, com utilização urbana, solo rústico com utilização agrícola, ambiental ou florestal, por exemplo), ou em modelos híbridos (solo rústico, com uso urbano, ou solo urbano com uso ambiental – por exemplo, a área de Monsanto em Lisboa). Se este equilíbrio não for alcançado de forma eficiente, resvalaremos para uma situação típica de "tragédia dos baldios" (com sobreaproveitamento do recurso) ou de "tragédia de antibaldios" (com subaproveitamento do recurso)[143].

Esse equilíbrio, que é chave da eficiência da regulação do solo, é alcançado por via de uma política regulatória de segundo nível de segmentação dos mercados, também assente numa outra classificação dicotómica:

i) A perspectiva da segmentação dos mercados

a. Segmentação do Mercado Fundiário, ou segmentação primária
Esta segmentação é corporizada precisamente por via da função do planeamento e ordenamento do território e do urbanismo. A segmentação do mercado fundiário e das suas utilizações e restrições consiste na conformidade entre os usos e utilizações

[141] *Cf.* Artigo 10º da Lei nº 31/2014, de 30 de Maio (Lei de Bases da Política de Solos, do Ordenamento do Território e do Urbanismo, adiante Lei do Solo). Nos termos do artigo 15º da Lei do Solo, sendo a classificação do solo urbano o resultado de uma acção de intervenção humana de infra-estruturação, as faculdades urbanísticas, ou seja, a susceptibilidade de aproveitamento do solo urbano, são adquiridas de forma gradual.

[142] Um solo poderá ter uma classificação rústica e um uso urbano. Neste quadro, a casa de um agricultor ou uma exploração agro-pecuária consistirá num uso urbano num solo rústico. O inverso também é possível. Poderá existir uso agrícola em solo urbano, como acontece, por exemplo, nas hortas urbanas.

[143] *Cf.* Lobo, Carlos Baptista, *Finanças e Fiscalidade do Ambiente e da Energia*, 2019, cit.

atribuídos ao solo por classificação em sede de planos territoriais, configurando a sua correspondência com a utilização desejada, correcta e eficiente[144]. Cabe à política de solos ordenar o mercado de forma eficiente, redistribuindo os benefícios e os encargos inerentes à sua função reguladora.

Na área do ordenamento do território, a segmentação do mercado de solos tem como principal objectivo assegurar a disponibilização do solo agrícola e florestal para a sua correcta utilização. Neste quadro, é essencial garantir uma dimensão óptima, um modelo de gestão eficiente e uma atenuação de exterioridades negativas potenciais (como as que decorrem de incêndios ou de patologias agrárias). É igualmente importante que sejam desmanteladas e desincentivadas práticas de expectativa inerentes a comportamentos especulativos. O solo é um recurso comum demasiado precioso para que se deixem espaços rústicos em subexploração. A situação limite é a do abandono, ou seja, quando os proprietários «não os tratam, não os exploram, não os arrendam nem os vendem, mantendo (os solos) numa situação de expectância».

Tal como refere Sidónio Pardal[145], é necessário, para maximização do desenvolvimento económico nacional, estabelecer uma base conceptual lógica para a taxonomia dos usos do solo, em que se distinga meio urbano e meio rústico:

- o meio urbano corresponde ao território que está dentro dos perímetros urbanos, observando que dentro de um perímetro urbano podem existir prédios rústicos, prédios urbanos e o domínio público;
- o meio rústico corresponde ao negativo dos perímetros urbanos e compõe-se de prédios rústicos, prédios urbanos e espaços que são do domínio público. É importante observar que, ao contrário do que por vezes se pensa, o meio rústico não é

[144] Em casos excepcionais de regiões gentrificadas, que atraem uma procura abastada e interessada em paisagens de vilegiatura, o valor de mercado do solo silvestre e agrícola pode ser muito superior ao valor de rendimento referido à produção agrícola ou florestal, e tal pode não constituir um problema desde que as actividades agrícolas e florestais estejam asseguradas e sejam correctamente praticadas.

[145] SIDÓNIO, Pardal – *Apontamentos para uma Lei dos Solos*, 2009

nada homogéneo, sendo o uso agrícola muito diferente do regime do uso florestal e este, por sua vez, é também diferente do estatuto das áreas classificadas.

A relação entre o meio rústico, os perímetros urbanos, os prédios urbanos e os prédios rústicos implica um processo de classificação taxonómica regressiva.

A análise do território trabalha sobre a interpretação da sua base geográfica, informada sobre a estrutura geológica e geomorfológica, mas, para efeitos de classificação em planeamento urbanístico, é fundamental distinguir e separar claramente as competências e responsabilidades inerentes à classificação analítica e à classificação prepositiva. Se a primeira é eminentemente técnica, a segunda é essencialmente política e encontra-se regulada de acordo com princípios de eficiência económica e de justiça redistributiva. É, portanto, necessário devolver o território aos decisores políticos: são estes que devem definir, no âmbito da sua legitimidade democrática, as opções de desenvolvimento[146].

Tal como referimos, conjuntamente com Sidónio Pardal, a estruturação do mercado deve partir de uma primeira diferenciação que distinga e separe o mercado fundiário fora dos perímetros urbanos do mercado de solos e do espaço edificado dentro dos perímetros urbanos. Nisto consiste o conceito de «segmentação primária», referente ao mercado fundiário, com o propósito de promover e fazer respeitar a separação necessária entre os espaços de uso silvestre, agrícola e urbano, e preconizando que cada um destes usos do solo seja arrumado em unidades territoriais com escalas apropriadas.

A segmentação do mercado de usos do solo visa também assegurar que os solos florestais estejam integrados nas matas nacionais ou em explorações florestais particulares com capacidade para assegurar a boa condução da floresta. Nestes termos, «a

[146] Esta operação de ordenamento compósito do mosaico territorial e paisagístico deve ser acompanhada de uma gestão fundiária que neutralize os interesses dos proprietários relativamente a eventuais mais-valias ou menos-valias geradas por alterações de uso ou de utilização do solo contempladas na classificação prepositiva. A procedimentalização que assegura esta neutralização dos interesses económicos e financeiros em sede de mais-valias é uma questão-chave de que trataremos na última parte deste trabalho.

viabilidade de uma exploração florestal depende, em regra, da extensão do perímetro florestal onde esta se integra e da qualidade e sustentação dos serviços de silvicultura responsáveis pela sua condução. Podemos considerar que a dimensão ideal de um perímetro florestal deve ser superior a 5 000 hectares, devendo, de preferência, estar acima dos 15 000. Uma exploração agrícola deve ter mais de 20 hectares[147], sendo incompreensível a permissividade da lei e dos planos territoriais no que concerne à divisão da propriedade rústica. A facilidade na divisão da propriedade rústica tem efeitos perniciosos na estruturação do povoamento, que regista níveis de dispersão gravíssimos, ao mesmo tempo que fragmenta e inviabiliza as explorações agrícolas»[148].

O uso urbano, idealmente, deve ser contido dentro dos limites dos aglomerados ou perímetros urbanos, de modo a evitar o povoamento disperso, aproveitando as vantagens dos efeitos de aglomeração, essenciais para a sustentabilidade das infra-estruturas e para a segurança pública, nomeadamente no caso de incêndios florestais.

b. A segmentação no mercado imobiliário ou segmentação secundária

A segmentação do mercado imobiliário relaciona-se com a sua tipologia, qualidade habitacional e segurança.

Este quadro regulatório incide mais directamente sobre os prédios construídos em meio urbano, pelo que a segmentação da oferta e da procura se organiza de uma forma completamente diferente daquela que informa o mercado fundiário em meio rústico. Devido às suas características próprias (maior atomicidade e capacidade de adaptação do lado da oferta), poderá deixar-se uma maior liberdade aos ajustamentos entre a oferta e a

[147] Em França, é condição para que um empresário agrícola seja reconhecido oficialmente como agricultor que a sua exploração tenha mais de 24 hectares (*ver* conceito de *surface minimale d'installation* [SMI]). Vem a propósito a comparação com o caricato conceito de unidade mínima de cultura, que chega a ser referida aos 5000 m^2, instalada no planeamento do território português.

[148] *Cf.* Lobo, Carlos Baptista; Pardal, Sidónio – *Património Imobiliário – Referências para Avaliação*, cit., 2011, p. 27.

procura num espaço de livre iniciativa e no contexto do mercado. Assim, o solo é de oferta limitada, mas os edifícios sobre o mesmo não o são. No limite, poderão sempre evoluir em altura. Dentro do segmento do mercado de solos e de edifícios de uso urbano, há desdobramentos que se impõem como uma exigência estrutural para o ordenamento do território, havendo, neste caso, lugar para uma diversificação compósita dos produtos imobiliários por utilizações. Assim, «através do desenho urbano procede-se à articulação estética e funcional do espaço público com os espaços privados e de espaços livres em contraponto com os volumes edificados, num exercício de expressão arquitectónica. A distribuição das utilizações dentro do uso urbano não é pacífica, na medida em que o valor da área de construção autorizada varia significativamente de uma utilização para outra»[149]. A diversificação do produto imobiliário dentro do sistema urbano exige flexibilidade para responder às necessidades da economia, o que deverá decorrer da iniciativa privada, salvaguardada uma capacidade pública de oferta de imóveis a preços sociais, que procedam a uma garantia do direito da habitação, e simultaneamente a um mecanismo de regulação dos preços de arrendamento. Face à dinâmica imobiliária, os próprios edifícios, sempre que possível, devem poder ser adaptados a novas utilizações através de remodelações, uma vez que faz parte da qualidade de um edifício essa capacidade de ajustamento à reconversão da utilização, que se traduz no seu poder de sobrevivência e na sustentação do seu valor.

4.3. O Perigo da Acção Privada Ineficiente: o Desemparcelamento Fundiário

Devido à sua natureza enquanto recurso comum, o solo deve ser mantido numa dimensão economicamente eficiente tendo em vista o seu aproveitamento económico optimizado.

Tal poderá não ser coincidente com alguns institutos jurídicos ou motivações económicas de curto-prazo. Essencialmente, poderão existir três

[149] *Cf.* LOBO, Carlos Baptista; PARDAL, Sidónio – *Património Imobiliário – Referências para Avaliação*, cit., 2011, p. 29

motores de fragmentação de propriedade: *i)* motivações de ordem estritamente especulativa, associada ao interesse do proprietário-vendedor em reduzir a dimensão dos prédios ou fracções a uma dimensão mínima de modo a maximizar o seu valor por unidade de superfície; *ii)* motivações de ordem prática, decorrentes da necessidade de facilitar a partilha de propriedades entre herdeiros; *iii)* motivações de ordem logística, decorrentes do atravessamento de prédios por vias públicas ou outras infra-estruturas.

Ora, o primado da exploração eficiente do recurso deve sobrepor-se às demais e, por isso, a divisão dos prédios não deve constituir uma prerrogativa da propriedade, competindo ao planeamento do território fomentar e preservar a racionalidade do parcelamento dentro de uma lógica de sustentabilidade económica da sua exploração e do bom ordenamento do território. O direito sucessório tem necessariamente de ser repensado a este propósito.

O regime florestal, concebido no princípio do século XX, permitia estabelecer um ordenamento florestal quase independente da divisão da propriedade, conferindo aos serviços florestais os meios jurídicos para intervir na propriedade privada através do regime florestal parcial, que operava sempre sobre perímetros florestais com escala adequada. No caso dos espaços agrícolas, o dimensionamento da exploração depende muito da estrutura fundiária da propriedade, em particular da sua base cadastral. O ideal é que a superfície de exploração seja constituída por parcelas conexas, com a continuidade física indispensável à optimização das operações mecânicas e de transporte. O parcelamento do espaço de uso agrícola deve ser sempre avaliado em função da estrutura orgânica das explorações. Conforme referimos, «a existência de pequenas propriedades rústicas com escassos milhares ou mesmo centenas de metros quadrados, cujos proprietários não são agricultores nem as disponibilizam para a agricultura, por arrendamento ou por venda, constitui um dos maiores factores limitantes ao desenvolvimento do sector agrícola em Portugal».

O controlo do valor dos prédios destinados à agricultura exige uma política de solos que aproxime os valores de mercado dos valores de rendimento, credencie e proteja o estatuto do agricultor, em articulação com a estrutura fundiária da sua exploração e estabeleça para esta uma superfície mínima, em função da região e da estrutura de povoamento.

Neste quadro, critica-se o conceito de dimensão mínima actualmente vigente: «note-se que o conceito da unidade mínima de cultura vigente na legislação portuguesa nunca teve qualquer fundamento no ordenamento agrário, tendo tido uma motivação puramente fiscal de controlar o universo dos contribuintes dos prédios rústicos, e revela-se particularmente nefasto ao ser invocado em regulamentos de planos municipais[150] de ordenamento do território como critério de legitimação da construção e da divisão da propriedade. A interferência imprópria dos critérios fiscais no processo de divisão da propriedade rústica é patente também na percepção existente de que a criação de artigos fiscais urbanos dentro de um prédio rústico constitui uma pré-divisão da propriedade. O prédio no seu todo constitui uma unidade jurídica, ainda que integre artigos urbanos e artigos rústicos, devendo os artigos constituídos dentro do prédio, em princípio, ter apenas uma relevância fiscal. Porém, na prática do planeamento e do comportamento do mercado, a articulação entre prédios e artigos não está bem consciencializada nem regulada. Na prática, o facto de existirem artigos urbanos dentro de um prédio rústico induz em erro acerca das facilidades na divisão da propriedade. Ainda assim esta consuma-se com relativa frequência nos termos do direito vigente, recorrendo à figura do destaque (ou a uma simples autorização administrativa), sendo este desligamento entre artigos urbanos afectos a centros de lavoura e artigos rústicos, dentro do mesmo prédio, especialmente pernicioso para a agricultura. Após a criação de novos artigos, é fácil criar a expectativa ou ilusão de uma divisão do prédio, criando tendencialmente tantos prédios quantos os artigos do prédio original».

No contexto do uso urbano, a divisão da propriedade apresenta uma muito maior complexidade, não incidindo apenas no parcelamento do solo em si, mas envolvendo também as cargas de construção e o número de fracções a construir através de um aumento da volumetria. Com estas divisões configuram-se «camadas» de direitos sobre o solo, através da figura da propriedade horizontal e de outros novos modelos de propriedade, que vão sendo criados para responder a novos desafios de composição urbana, nomeadamente a propriedade do subsolo.

A divisão da propriedade urbana tem fundamentalmente em vista o conforto dos habitantes, a optimização de limiares de capacidade das infra-estruturas e deve processar-se com base em operações de desenho e de

[150] *Cf.* LOBO, Carlos Baptista; PARDAL, Sidónio – *Património Imobiliário – Referências para Avaliação*, cit., 2011, p. 33.

composição do tecido urbano, obedecendo a critérios de equilíbrio na quantificação e qualificação dos parâmetros urbanísticos, nomeadamente índices de construção, número e tipologia de fogos e configuração dos demais espaços exteriores e interiores.

4.4. O Perigo da Acção Pública Ineficiente: a Tragédia dos Antibaldios

A definição do nível de apropriação eficiente de um recurso constitui um verdadeiro desafio para a ciência jurídico-económica. Tal como analisámos *supra*, a não apropriação eficiente de um recurso gera uma situação de sobreexploração do mesmo, ou seja, uma tragédia dos baldios.

Contudo, e simetricamente, um excesso de pretensões de apropriação sobre o mesmo recurso poderá originar uma situação de subexploração ineficiente, denominada tragédia dos antibaldios.

Conforme refere Fernando Araújo, a tragédia dos baldios «é o mais recente desenvolvimento na análise do emprego colectivo de recursos comuns, e reporta-se aos efeitos de acumulação de poderes de exclusão a incidirem sobre um mesmo e único recurso, e a tolherem ipso facto os benefícios individuais que adviriam de um acesso normal, e de uma exploração normal, desse recurso»[151]. Assim, tomando como referência o ponto óptimo de utilização de um recurso, a tragédia dos baldios inicia a sua vigência no momento em que começa a ocorrer uma sobreexploração concorrencial do recurso e, no lado oposto, a tragédia dos antibaldios aparecerá quando em resultado do exercício de titularidades «sobrepostas e conflituantes» se originar um fardo excessivo (*excess burden*) ao proprietário, gerando-se uma subexploração desse recurso.

Neste último caso, as pretensões cumulativas de exclusão de que são titulares diversos agentes gerarão uma potencial exterioridade, podendo, no limite, gerar-se um processo de *feedback* cumulativo[152], impedindo a

[151] *Cf.* Araújo, Fernando – *A Tragédia dos Baldios e dos Anti-Baldios*, cit., 2008, p. 111.

[152] As exterioridades inerentes à tragédia dos antibaldios revestem duas qualidades. As externalidades estáticas ocorrem quando o exercício de um direito, poder ou pretensão por um agente prejudica directamente os direitos do outro. As externalidades dinâmicas, ao invés, são mais complexas e resultam de um ciclo vicioso de exercícios de direitos, poderes ou pretensões por parte de sujeitos diversos com efeitos directos na determinação do valor privado do bem, cujos efeitos perniciosos se multiplicam por via de uma amplificação sucessiva de bloqueios cumulativos. *Cf.* Parisi, Francesco; Schulz, Norbert; Depoorter, Ben – «Simultaneous and Sequential Anticommons». *In European Journal of Law and Economics*, 17, 2004, pp. 115–190.

extracção dos benefícios quer de ordem privada, quer de ordem social[153]. Ora, neste cenário, teremos uma dupla perda de bem-estar (*deadweight loss*), semelhante à que ocorre nas sobrecargas tributárias, também estas susceptíveis de serem consideradas como uma pretensão apropriativa excessiva sobre um mesmo recurso.

Assim, e de uma forma simplista, enquanto o modelo óptimo de apropriação de um recurso pressupõe um equilíbrio eficiente entre a função uso e a prerrogativa de exclusão:

i) no caso da tragédia dos baldios, a função uso assume uma relevância desproporcionada face à prerrogativa de exclusão;
ii) no caso da tragédia dos antibaldios a prerrogativa de exclusão assume uma relevância desproporcionada face à função de uso.

Apesar de a formulação teórica da tragédia dos antibaldios ter aparecido para explicar os bloqueios ao direito de propriedade em economias socialistas em transição para o modelo de economia de mercado, tendo como trabalho seminal a análise de Michael Heller sobre a situação das lojas de rua de Moscovo[154], a verdade é que ela se aplica exemplarmente à análise dos efeitos do direito do ordenamento do território e do urbanismo, nomeadamente nas situações em que os diversos interesses em presença não são conciliados de forma eficaz sob o olhar tutelar do princípio da eficiência económica.

A tragédia é quase inevitável. As tendências inerentes à natural propensão para a apropriação de parcelas do solo (parcelas físicas, jurídicas

[153] Conforme refere Fernando Araújo, «a questão básica gravita em torno da externalização e dos problemas de internalização: ao exercer as suas prerrogativas de exclusão, cada um externaliza negativamente sobre o recurso e os demais titulares no seu conjunto, mas internaliza somente uma fracção do custo total causado pelo seu "veto de acesso", uma fracção correspondente à sua quota-parte no valor total do recurso». *Idem*, *A Tragédia dos Baldios e dos Anti-Baldios*, cit., 2008, p. 112.

[154] A questão era a seguinte: no momento de abertura do mercado, as lojas de retalho em Moscovo encontravam-se vazias ou fechadas, mas os quiosques de rua floresciam, apesar de o espaço e as condições oferecidas serem mais precários comparados com as lojas. A razão era simples: enquanto para operar numa loja eram necessárias 23 autorizações de organismos distintos, cada um com poder de veto, no caso dos quiosques a aprovação era linear. *Cf.* HELLER, Michael – «The Tragedy of the Anticommons: Property in Transition from Marx to Markets». *In Harvard Law Review*, 111, 1998, pp. 621–688. *Idem*, «The Boundaries of Private Property». *In Yale Law Journal*, 108, 1989, pp. 1163–1223.

ou de uso) tendem a cercear um juízo que se pretende eficiente. Dada a multiplicidade de agentes em presença (cada vez superior, tendo em consideração o aumento populacional a nível global) e de interesses por vezes divergentes em presença (ambientais, habitacionais, produtividade económica, paisagísticos, entre outros), as entidades públicas tentarão intervir no mercado, condicionando usos e utilizações. Porém, essa intervenção constitui um campo fértil para falhas de governo, quer por via da captura do regulador, quer por via da excessiva rigidez dos instrumentos de composição de interesses e que não são adaptáveis, em tempo útil, às alterações de circunstâncias próprias da economia moderna.

As «falhas de mercado» aliam-se às «falhas de governo», criando o que se denomina de «excessiva proprietarização»[155] do solo, por via de uma convivência desorganizada de múltiplas pretensões de apropriação que se bloqueiam mutuamente.

Por diversas razões, o nosso direito do ordenamento do território e do urbanismo é propenso a esta situação. Vejamos:

5. A Tragédia dos Antibaldios ao Nível do Ordenamento do Território e do Urbanismo

Este é, no nosso entender, o problema crescente em sede nacional e que resulta de uma total falta de percepção do equilíbrio que se deve manter na regulação fundiária.

Se o princípio da eficiência económica (na sua vertente ampla e intergeracional) não for contemplado como elemento orientador na definição da escala de interesses em presença, o objectivo de desenvolvimento sustentável não poderá ser concretizado, atenta a diversidade de interesses em presença que se combaterão numa batalha caótica e sem quartel, gerando-se inevitáveis situações de desigualdade. Senão, vejamos:

i) Desfasamento com o Princípio da Eficiência Económica

   a. Os diversos regimes legais de ordenamento do território e do urbanismo continham um regime essencialmente adjectivo, não contendo um regime de regulação económica da decisão que

[155] *Cf.* Schulz, Norbert; Parisi, Francesco; Depoorter, Ben – «Fragmentation in Property: Towards a General Model». *In Journal of Institutional and Theoretic Economics*, 159, 2003, pp. 594–613.

seria essencial para o eficiente desenvolvimento das decisões de política pública – não existindo esse farol, os interesses sectoriais instrumentais não se conseguem organizar eficazmente, gerando-se uma confusão regulatória;

b. Os instrumentos de planeamento e ordenamento territorial não revelam uma adaptação ao princípio da eficiência económica. Muitas vezes, preocupam-se unicamente com interesses de ordem técnica, desprezando a racionalidade económica das decisões. Por exemplo, o sistema anterior à actual Lei do Solo que assentava a potencialidade de expansão urbana no conceito de «solo urbanizável» permitia a criação de uma renda monopolista (especulativa) não relacionada com qualquer actividade de investimento – a eficiência económica das decisões de ordenamento, aspecto central em toda a teorização económica moderna, é totalmente ignorada num processo completamente dirigido por modelos decisórios de ordem adjectiva que, por esta razão, se tornam um fim em si mesmo;

c. A expansão das infra-estruturas urbanas era realizada tomando em consideração um espaço amplíssimo de solo urbanizável que não correspondia às efectivas necessidades de desenvolvimento. Uma vez que as infra-estruturas eram financiadas por fundos comunitários, o seu encargo não transparecia no custo efectivo de urbanização. Porém, uma vez que a sua manutenção não merece apoio equivalente, gera-se um problema real e efectivo de manutenção e de posterior amortização – a sustentabilidade económica das decisões de infra-estruturação, cruciais para o aproveitamento eficiente do solo, é totalmente desprezada gerando-se encargos futuros insustentáveis relativamente a redes inúteis, o que desregula fatalmente qualquer escalonamento de interesses; por outro lado, faixas de protecção virtuais sinalizadoras de servidões futuras manter-se-ão permanentemente corporizando ónus não materiais que distorcem os processos de decisão económica.

ii) Desfasamento com o Princípio da Igualdade

a. Em sede política pública de ordenamento territorial, nenhum agente pode sair prejudicado nem beneficiado por uma simples decisão administrativa. Esse é um dos princípios fundamentais (de vigência constitucional) pelo qual o mecanismo de regulação económica do solo se deve orientar. Tal quadro é claramente visível na aversão que a dogmática nacional tradicional em Portugal revela quanto à perequação urbanística – sem perequação generalizada a nível nacional não existirá verdadeiramente uma escala de análise para a selecção eficiente e justa dos princípios a prosseguir em sede de regulação territorial.

iii) Modelo de Planeamento Territorial Obsoleto, Desenquadrado e Desfasado

a. O planeamento territorial em Portugal constitui um processo pesado, baseado em pressupostos de ordem administrativa, de difícil adequação ao tráfego económico moderna. Um Plano Director Municipal é construído com base em modelos da década anterior e vigora, sem alterações, por mais de duas décadas. Tal traduz-se num modelo de planeamento para o futuro assente em prioridades com mais de 30 anos, e que não se consegue alterar. Ora, se esse modelo de enquadramento temporal é adaptado ao desenvolvimento de infra-estruturas, não o será para a adaptação daquele território ao jogo da competitividade regional, nacional e internacional. A prova final da obsolescência deste modelo gestionário revela-se na prática corrente de proceder à suspensão do plano tendo em vista a pretensão de uma tomada de decisão que implica a sua alteração. Todavia, como o processo de alteração do plano é mais pesado do que a sua suspensão, opta-se pela mais radical – o sistema actual de planeamento territorial não se adapta ao correcto e eficiente jogo de ponderação de interesses que obriga a modelos dinâmicos de gestão do território.

b. A definição da escala de ponderação do interesse público encontra-se distorcida. O processo encontra-se distorcido na sua origem. Antes de existir um Plano Nacional de Política de Ordenamento do Território (PNPOT) que contivesse as orientações nacionais ao nível da ponderação dos interesses territoriais de primeiro nível, apareceram os Planos Directores Municipais. As razões para isso eram explicáveis à data da década de 80 do século passado: a necessidade de angariação de fundos comunitários. Porém, já passaram 40 anos e o PNPOT continua sem

> conseguir legitimar-se como quadro de agregação da multiplicidade dos interesses públicos em presença – perante a desagregação e a fragmentação dos interesses públicos em presença, a inexistência de um centro de consolidação dos mesmos, de forma dinâmica e operacional, origina uma cumulação sucessiva de pretensões, o que origina um claro desaproveitamento da potencialidade do solo.

As situações descritas criam uma tempestade perfeita numa matéria em que a suavidade normativa seria essencial. Neste ambiente caótico, a concretização de uma situação eficiente revestirá um evento quase miraculoso. De facto, os Planos Sectoriais são criados de forma autónoma, sem que se tome em conta os restantes interesses sectoriais públicos. É usual zonas de Reserva Ecológica Nacional conviverem no mesmo espaço que zonas de Reserva Agrícola Nacional. Por outro lado, existem áreas de Rede Natural 2000 em áreas urbanas. Note-se que todas estas realidades corporizam a existência de interesses públicos relevantes. No entanto, a desarticulação entre as diversas entidades públicas gera situações de bloqueio administrativo que impedem o funcionamento eficiente do mercado, sem que isso salvaguarde algum dos interesses em presença.

Esta desarticulação é facilmente demonstrada nos casos da «conferência de serviços» em termos de aprovação de instrumentos de planeamento territorial. A *ratio* da norma em causa passava pela criação de uma obrigação de opinião única de todas as entidades públicas, por via de uma conciliação presencial de interesses, e pela redacção de uma posição comum, foi totalmente ignorada, transformando-se a «conferência de serviços» numa agremiação de entidades distintas que emitem pareceres parcelares sobre a sua área de competência, sem considerar os interesses das restantes entidades públicas envolvidas.

Na prática, a obrigação de emissão de um parecer comum foi substituída pela obrigação de reunião numa localização comum para a emissão de pareceres sectoriais diversos. Os efeitos desta descoordenação são devastadores. As entidades públicas atropelam-se na priorização dos interesses em presença. Plano sectoriais, que deveriam ser transpostos para a lógica local por via do Plano Director Municipal, começam a integrar normas «directamente aplicáveis» aos particulares, em total desarticulação com o documento receptor. Mesmo que se diga que são ineficazes, a necessidade de parecer da entidade em causa torna-as aplicáveis de *facto*, num mundo totalmente à margem do direito.

Também entidades que gerem o domínio público do Estado deixam de cumprir a sua função reguladora, bloqueando de forma desproporcionada e desnecessária a acção dos agentes privados, sem qualquer justificação económica subjacente, e à total revelia dos instrumentos de gestão municipal. Por exemplo, a aplicação das faixas de domínio público de protecção da costa em áreas urbanas consolidadas constitui uma das maiores afrontas à racionalidade económica actualmente existentes no nosso ordenamento jurídico. A sua fundamentação de base radica num pretenso regime constante num decreto régio de 1864. Porém, se verificarmos a *ratio* desse decreto régio, verificamos que a protecção da costa era o último dos interesses aí revelado, já que o fundamental era a regulamentação da salubridade do edificado. Ainda assim, e com essa fundamentação, o legislador do século XXI determinou abstractamente a manutenção dessa linha, facto que é totalmente ignorado pela sociedade durante quase dois séculos em sede registral e matricial. Entretanto, a Agência de Protecção do Ambiente (APA) não cumpre a obrigação de fixação concreta da faixa de domínio público, mantendo a regulação abstracta dos 50 metros. A linha não é pública, mas condiciona os processos de autorização municipal de obras de reabilitação do edificado. Para que o particular obtenha uma autorização de reabilitação, tem de provar que o imóvel era de propriedade privada em 1864. Todavia, o Estado não cumpriu a sua função básica de manutenção do cadastro territorial, não existindo registos operacionais sobre o assunto. E, mesmo que prove, o processo tem de ser dirimido em Tribunal, demorando cerca de 5 anos a ter uma decisão. Eis o resultado desta situação: a degradação do património, o bloqueio económico e a geração de tensões insustentáveis entre organismos da administração pública, particulares e a criação de custos administrativos totalmente injustificados num mundo em que a eficiência económica é essencial.

Num quadro disfuncional, sem uma orientação positiva de eficiência económica e de desenvolvimento, a tragédia dos antibaldios é inevitável.

5.1. A Tragédia dos Antibaldios ao Nível da Definição do Direito de Propriedade

A tragédia dos antibaldios também pode emergir facilmente na definição das fronteiras dos direitos de apropriação e até mesmo na delimitação do próprio direito de propriedade. Quando se discute se o direito de edificar integra, ou não, o conteúdo do direito de propriedade, estamos precisamente no campo potencial da tragédia dos antibaldios. Ela aparecerá inevitavelmente se a definição da fronteira for mal estabelecida ou se as intensidades das diversas pretensões conflituantes forem mal arbitradas. Neste quadro, e uma vez que o problema de base se situa no cerne do direito de propriedade e da sua faculdade de edificar (*jus aedificandi*), torna-se importante efectuar uma análise do conteúdo abrangente do mesmo. Mas a questão não se limita a este âmbito.

Questões como a eventual necessidade da autorização condominial para o exercício da actividade de alojamento local ou a emissão pública de quotas para essa mesma actividade resvalarão necessariamente para a criação de bloqueios de decisão, em que o interesse de bloquear superará a vontade empreendedora de geração de rendimento económico: no caso da autorização condominial, por via da captura de renda e do efeito de incentivo que se gera ao bloqueio colectivo de uma actividade individual (*cf.* modelos de economia comportamental), ou, no caso da emissão de quotas, pela formação de um mercado secundário em que o valor da quota superará o benefício económico resultante da prestação de um serviço de alojamento local de boa qualidade, caminhando-se para a sovietização deste mercado, sem que do mesmo ressalte qualquer falha de mercado, em termos de eficiência. De facto, se o Estado pretende efectuar uma política de coesão social, mantendo os residentes com capacidade aquisitiva reduzida, deverá desenvolver uma política activa de habitação, adquirindo unidades para arrendamento a preços regulados.

Mas mesmo o juízo de relacionamento entre os diversos direitos em sede de apropriação pode resvalar para a construção de situações ineficientes ao ignorar-se o primado da eficiência económica. A questão do desparcelamento em sede de direito sucessório é um desses casos. Contudo, mesmo a relação entre o arrendamento e o direito de propriedade poderá facilmente ser subvertida.

Analisemos, a título de exemplo, duas questões sobejamente tratadas pela doutrina nacional: o caso do *jus aedificandi* e a questão do direito de preferência do arrendatário em prédio indiviso.

5.1.1. A Controvérsia Quanto ao Fundamento do *Jus Aedificandi*: Privado *vs.* Público

Tendo em consideração a sua posição central no universo dos direitos que incidem sobre a propriedade, importa analisar qual a natureza jurídica do *jus aedificandi*.

A doutrina está longe de ser unânime na sua qualificação, existindo uma acesa discussão quanto à natureza jurídica do *jus aedificandi*, com posições extremadas a este respeito. Enquanto para uns o *jus aedificandi* constitui uma faculdade inerente ao direito de propriedade privada do solo (tese privatista)[156], para outros traduz um direito subjectivo público atribuído pela Administração Pública, não tendo, em consequência, qualquer natureza real (tese publicista). Esta questão assume uma relevância cada vez maior, atenta a importância da faculdade de edificar na determinação do valor económico do solo.

Para a tese privatista, o «poder de construir» constitui uma emanação ou um produto do direito de propriedade do solo, sendo um dos componentes fundamentais do *bundle of rights* constituinte do modelo mais formal de apropriação. Assim, o *jus aedificandi* seria conferido ou atribuído pelo plano urbanístico, tendo este unicamente por função conformar ou moldar o exercício desse direito.

A doutrina que adopta a tese publicista[157] defende, ao invés, que a faculdade de construção é uma concessão adicional de natureza pública, que

[156] Defendida, entre nós, por ASCENSÃO, José de Oliveira – «O Urbanismo e o Direito de Propriedade». *In Direito do Urbanismo*, INA, 1989, pp. 324 e ss.; CAUPERS, João – «Estado de Direito, Ordenamento do Território e Direito de Propriedade». *In Revista Jurídica do Urbanismo e do Ambiente* 3, Almedina, 1995, p. 112; ANDRADE, José Robin de – *A Revogação dos Actos Administrativos*. 2ª edição. Coimbra: Coimbra Editora, 1985, p. 107; AMARAL, Diogo Freitas do – «Apreciação da Dissertação de Doutoramento do Licenciado Fernando Alves Correia». *In Revista da Faculdade de Direito da Universidade de Lisboa* Vol. XXXII, 1991, pp. 99–101; SOUSA, Marcelo Rebelo de – «Parecer sobre a Constitucionalidade das Normas Constantes do Decreto-Lei nº 351/93, de 7 de Outubro (Regime de Caducidade dos Actos de Licenciamento de Obras, Loteamentos e Empreendimentos Turísticos)». *In Revista Jurídica do Urbanismo e do Ambiente* 1, Almedina, 1994, pp. 144 e 145.

[157] *Cf.* CORREIA, Fernando Alves – *O Plano Urbanístico e o Princípio da Igualdade*. 2ª reimpressão. Coimbra: Almedina, 2001, pp. 348 e ss.; CORREIA, José Manuel Sérvulo; GOUVEIA, Jorge Bacelar de – «Parecer» publicado na obra colectiva *Direito do Ordenamento do Território e Constituição (A Inconstitucionalidade do Decreto-Lei nº 351/93, de 7 de Outubro)*. Lisboa: Associação Portuguesa de Promotores e Investidores Imobiliários, 1998, p. 114; OLIVEIRA, Mário Esteves de – «O Direito de Propriedade e o *Jus Aedificandi* no Direito Português». *In Revista*

resulta do sistema de atribuição (*Zuteilungssystem*) do plano urbanístico. Como refere Alves Correia, «a faculdade de construção não deve ser entendida como um direito subjectivo privado imanente à propriedade do solo, mas antes como um direito subjectivo público concedido pelo acto de plano». Assim, nega que o conceito jurídico-constitucional da propriedade inclua o «poder de construir», porque está a considerar o direito de edificação enquanto decorrente de um processo de urbanização juridicamente definido.

Em Portugal, o *jus aedificandi* parece ter uma dupla configuração. Numa perspectiva estrita, ou clássica, e tomando em consideração o artigo 1344º do Código Civil, ao referir-se que a propriedade dos imóveis abrange o espaço aéreo e o subsolo correspondente à superfície, parece que se inclui o *jus aedificandi* no direito de propriedade. No entanto, como afirma Rui Pinto Duarte[158], «tal preceito (o artigo 1344º do Código Civil) não pode ser interpretado isoladamente, tendo de ser coordenado com as demais normas, nomeadamente as urbanísticas. Dessa coordenação, cremos, resulta que não é possível uma resposta universal. Se o plano urbanístico condiciona o direito de propriedade, este também condiciona aquele»[159].

Jurídica do Urbanismo e do Ambiente 3, Almedina, 1995, p. 161; MACHETE, Rui Chancerelle de – «Constitucionalidade do Regime de Caducidade Previsto no Decreto-Lei nº 351/93, de 7 de Outubro (Parecer)». *In Revista Jurídica do Ambiente e Urbanismo* 3, Almedina, 1995, p. 241 e ss.

[158] *Cf.* DUARTE, Rui Pinto – *Curso de Direitos Reais*. Cascais: Principia, 2002, p. 72.

[159] Importa, neste momento, relembrar as palavras de Menezes Cordeiro: «as soluções concretas proporcionadas por Direitos Reais evoluem, por fim, em obediência a uma integração sistemática que transcende o tecido civil. Joga, nesse sentido, em primeiro lugar um conjunto extenso de normas de Direito público, especialmente vocacionado para intervir em certos domínios, como os da propriedade imobiliária. Quando se pretende indagar o regime concreto que informa as situações jurídicas reais, no campo imobiliário, apenas se obterá uma imagem desfocada e insuficiente se se limitar a pesquisa ao Código Civil. A faculdade de edificar em solo urbano, por exemplo, encontra-se hoje sujeita a uma multiplicidade de diplomas de natureza administrativa, camarária e fiscal [...]. Esta confluência de regras públicas e mistas na determinação do conteúdo último dos direitos reais tem sido mesmo utilizada para explicitar o imobilismo aparente das fontes clássicas: as modificações a introduzir no seio dos direitos reais económica e socialmente mais sensíveis processam-se através de aditivos sediados no Direito administrativo, no Direito económico, no Direito agrário e no Direito do urbanismo. A manutenção, através de codificações diversas e de reformas civis variadas, da integridade do regime jurídico real, resulta, afinal, aparente: toda a matéria tem sido abundantemente mexida, ao sabor das necessidades do momento e dos ventos da história, graças à intermediação de outras disciplinas jurídicas. A verdadeira solução – e é nela, apenas que surge o Direito – compreende-se, afinal, em latitudes distantes das iniciais, e em permanente movimento.»

Parte da confusão em torno do *jus aedificandi* advém de uma incompreensão das diferenças estruturais entre os conceitos de edificação e de urbanização[160]. A urbanização, etimologicamente, «construção da cidade», é na essência uma competência pública, eminentemente municipal e não passível de constituir uma prerrogativa da propriedade privada.

A partir desta distinção de base, importa evidenciar a distinta natureza da actividade edificatória em meio rústico e em meio urbano. A edificação pode ser considerada uma prerrogativa da propriedade rústica. Porém nada sustenta que o proprietário de um prédio rústico, perdido no meio do campo, possa arrogar-se prerrogativas de construção no seu terreno de edifícios de habitação colectiva, confrontando o Município com o embrião de um novo aglomerado urbano, com o que isso implica em matéria de extensão das infra-estruturas e de equipamentos sociais. Essa pretensão seria insustentável, logo, ineficiente.

Pode, assim, afirmar-se que a edificação em espaço rústico constitui um direito do proprietário na medida em que: *i)* não existam interesses de ordem geral conflituantes com esta intenção; *ii)* esta não implique nem tenha efeitos semelhantes aos de uma urbanização, ou seja, não obrigue à realização de um qualquer investimento em infra-estruturação não sustentável em termos económicos, quer na sua construção, quer na sua manutenção subsequente. Resulta evidente que o direito de propriedade em meio rústico nunca contempla a possibilidade de densificação da construção para outros fins ou o loteamento da propriedade. Porém, se o solo estiver já infraestruturado, constituirá uma objeção de eficiência a sua densificação de forma a retirar o melhor aproveitamento dos investimentos realizados. Se por alguma razão existir uma fundamentação económica que sustente a criação de um novo aglomerado (no caso de empreendimentos turísticos ou industriais) e não existir um qualquer interesse conflituante que sustente uma restrição, então não existirão barreiras a essa pretensão, desde que seja efectuada de forma ordenada e sustentável.

Cf. CORDEIRO, António Menezes – «Evolução Juscientífica e Direitos Reais». *In Revista da Ordem dos Advogados* 45 (I), 1985, pp. 103 e 104.

160 Para Rui Pinto Duarte, o *jus aedificandi* «compreende não só a faculdade de construir, mas também as de levar a cabo os actos jurídicos e as operações materiais que possam ser necessárias à construção, v.g. o loteamento e a realização de infra-estruturas urbanísticas». *Cf.* DUARTE, Rui Pinto – *Curso de Direitos Reais. cit.*, p. 70.

A edificação em meio urbano não constitui uma prerrogativa da propriedade do solo nos mesmos termos em que o pode constituir em espaço rústico, uma vez que a construção em meio urbano depende e emerge da decisão de urbanização de forma que os diversos interesses em presença sejam conciliados. A urbanização constitui-se, ainda, como uma competência pública, dada a atomicidade das pretensões em presença (o que é inerente a zonas de aglomeração), pelo que o condicionamento dos proprietários em meio urbano assume uma particular relevância. Na prática, a edificação em meio urbano é regulada pelos planos urbanísticos e só é admitida na medida em que estes o consagrarem, já que: *i)* se torna essencial garantir uma conciliação de interesses, eliminando-se as falhas da decisão individual e colectiva; *ii)* é essencial para a definição eficiente das infra-estruturas de suporte (por exemplo, seria impossível construir uma estrada direita sem a existência de um plano urbanístico).

Poderemos concluir que o *jus aedificandi* tem diversos significados substantivos e não assume uma natureza una, também por via do plano urbanístico – o qual naturalmente não pode fazer tábua rasa das situações jurídicas que lhe pré-existem – e, por outro lado, que há certos conteúdos mínimos potenciais do direito de propriedade, também na vertente do *jus aedificandi*, que o plano urbanístico não pode lesar sem a necessária composição redistributiva.

Atendendo aos argumentos avançados, o *jus aedificandi*, enquanto direito de construção e edificação, constitui-se como uma faculdade inerente ao direito de propriedade na sua configuração original (rústica) desde que funcionalmente vinculado à exploração primária, inserindo-se nesta medida no âmbito conceptual do «uso e fruição» da propriedade. Entendemos, portanto, que o *jus aedificandi* é uma componente do direito de propriedade rústica. E é nesta medida que tem pleno sentido a afirmação de Oliveira Ascensão, segundo a qual «o direito de construir é um atributo natural da propriedade imóvel»[161], considerando esta no seu estado natural.

Em meio urbano, tendo em consideração as tarefas e incumbências prioritárias do Estado, o direito de construção e edificação deverá ser regulado no sentido do ordenamento eficiente do território. As limitações ao direito de propriedade deverão, pois, ser justificadas por razões de inte-

[161] *Cf.* ASCENSÃO, José de Oliveira – «O Urbanismo e o Direito de Propriedade». *In Direito do Urbanismo*, INA, 1989, p. 319.

resse público, respeitando o princípio da eficiência, e permanentemente escrutinadas pelo princípio da igualdade entre os cidadãos. Compete ao plano urbanístico desenvolver essa função de regulação administrativa, económica e urbanística do direito de propriedade.

A própria doutrina privatista admite esta vertente quando efectua a distinção entre o conceito de liberdade de construção para efeitos de direito constitucional (*verfassungsrechtlicher Begriff der Baufreiheit*) e o conceito de liberdade de construção para efeitos de direito urbanístico (*baurechtlicher Begriff der Baufreiheit*).

Importa referir que, no ordenamento francês, o ponto de partida do denominado «estatuto urbanístico» da propriedade do solo – instituto jurídico inexistente neste ordenamento – resulta da afirmação constante do Código de Urbanismo: «o direito o construir encontra-se vinculado pela propriedade do solo». Trata-se de um ponto de partida civilista ao qual se sobrepõem limitações administrativas, uma vez que, tal como resulta do acima referido preceito, o direito exerce-se com respeito pelas disposições legislativas e regulamentares relativas à utilização do solo. Configura-se, assim, como um estatuto misto: a uma base civil sobrepõe-se uma função reguladora administrativa.

Compete ao plano urbanístico desenvolver essa função de regulação administrativa, económica e urbanística do direito de propriedade.

Entendemos, portanto, que o direito a edificar decorre directamente do direito da propriedade; esse direito a edificar, que no limite permite a auto-edificação, ou seja, a construção individual para proveito próprio, é, no entanto, conformado pela função pública de urbanização, ou seja, de organização eficiente do território que, atenta a sua configuração plurissubjectiva, não pode ser exercida numa óptica estritamente individualista.

Obtemos, portanto, uma situação jurídica complexa: *i)* o direito a edificar, que se baseia num estrito direito subjectivo individual, e que fundamenta no limite a autoconstrução, de iniciativa privada; *ii)* o direito a urbanizar, que, consistindo numa arbitragem colectiva dos interesses em presença, vigora naturalmente sobre o primeiro, ou seja, decorre essencialmente de uma iniciativa pública.

Assim, e na perspectiva que nos interessa, o direito a urbanizar – enquanto acto de criação de cidade – depende integralmente do plano urbanístico. A compressão do direito de propriedade pelo plano urbanístico só pode ser considerada como obnubilando o direito que esse proprietário teria à auto-edificação. Aqui, e mais uma vez, a definição concreta e eficiente dependerá das virtudes da regulação económica subjacente.

Todavia, independentemente desta conclusão, as questões de redistribuição não se encontram ainda resolvidas, dado que é esse direito a urbanizar – concedido por acto público – que poderá conceder uma renda monopolista de desenvolvimento ao proprietário beneficiado.

Em termos económicos, o problema está bem identificado: a concessão de uma mais-valia por via de uma protecção monopolista a um agente e a limitação colateral dos demais na possibilidade de oferta de solo concorrente para desenvolvimento. E, neste quadro, é necessária uma alteração fundamental, independente do modelo de eliminação/captura desta renda monopolista artificial, no que diz respeito à definição do valor de expropriação: a necessidade imperativa de alteração dos modelos de avaliação.

É de primordial importância a alteração do modelo de indemnização por expropriação para desenvolvimento fundiário[162], para o estabelecimento de uma obrigação de edificar ou reabilitar ou para a imposição do regime florestal (ou outra exploração económica)[163], à semelhança do que foi efectuado pela Lei do Solo espanhola. De facto, no nº 1 do artigo 21º da *Ley de Suelo* (8/2007), estabelece-se que, como princípio geral, a avaliação deve assentar no conceito de pleno domínio de propriedade – o *jus aedificandi* tal como foi defendido nos parágrafos anteriores – considerado em si mesmo e expurgado de potenciais direitos ou encargos que expandem ou limitam o cerne da propriedade e que, nestes termos, se confunde com o próprio valor singelo do solo. O nº 2 contém uma orientação fundamental e que tem necessariamente de ser transposta para o direito português: o solo será avaliado pelo seu valor real e não por expectativas baseadas num futuro incerto não decorrentes do esforço de investimento do seu titular. Assim, se um prédio se situar em terreno rural, deverá ser avaliado tendo em consideração a sua renda de uso, na óptica do maior e melhor uso; por sua vez, se for um prédio em ruínas, a avaliação deverá basear-se no seu valor actual e não na sua capacidade edificatória potencial, que só poderá

[162] Sobre este assunto *Cf.* Lobo, Carlos Baptista; Pardal, Sidónio – *Património Imobiliário – Referências para Avaliação*, Almedina, 2011, cit.

[163] Pressupondo-se, claro está, um mercado de arrendamento eficiente.

ser alcançada por via de investimento significativo – e essa margem de lucro tem necessariamente de ser cometida ao promotor investidor e não ao proprietário expectante.

5.1.2. O Outro Exemplo, o Exercício do Direito de Preferência de Inquilino em Prédio Indiviso

O Decreto-Lei nº 321-B/90, de 15 de Outubro, que aprovou o Regime de Arrendamento Urbano (RAU), confrontado com a existência de regimes não coincidentes de preferências comerciais e habitacionais no Código Civil e naquele diploma, revogou-os e uniformizou-os no seu artigo 47º, sob a epígrafe «Direito de Preferência»: 1. O arrendatário de prédio urbano ou de sua fracção autónoma tem o direito de preferência na compra e venda ou na dação em cumprimento do local arrendado há mais de um ano; 2. Sendo dois ou mais preferentes, abre-se entre[164] eles licitação, revertendo o excesso para o alienante.»

Quid iuris quando existir um arrendatário num prédio indiviso? Tem preferência sobre a integralidade do prédio? Esta questão tem uma importância fundamental na delimitação concreta do direito de propriedade. A resposta a esta questão permitirá analisar o grau de maturidade na regulação do direito de propriedade, atenta a dimensão de titularidade (da propriedade) e de uso (do arrendamento). A jurisprudência e doutrina maioritárias, na interpretação deste preceito, seguiram o entendimento expansionista: o arrendatário de parte indivisa tem direito de preferência na venda da totalidade do prédio urbano[165].

[164] SEIA, Jorge Aragão – *Arrendamento Urbano*. 6ª Edição, Almedina, 2002, p. 314; FURTADO, Jorge Pinto – *Manual do Arrendamento Urbano*. 3ª edição, Almedina, pp. 639 e 640; MARTINEZ, Pedro Romano – *Direito das Obrigações, Parte Especial, Contratos*. Almedina, 2000, p. 247, nota 1; LIMA, Pires de; VARELA, Antunes – *Código Civil – Anotado – II*. Anot. 8 ao art. 47º RAU, Almedina, 2010; MONTEIRO, Luís Miguel – *Direito e Obrigações Legais de Preferência no Novo Regime Jurídico do Arrendamento Urbano*. AAFDL, Lisboa, 1992; GUEDES, Agostinho Cardoso – *O Exercício do Direito de Preferência*. Universidade Católica, 2006, pp. 172–208.

[165] *Cf.* acórdãos de 26.09.1991, BMJ 409º – p. 779, de 08.10.1992, BMJ 420º- pág. 502; de 28.01.1997, CJ, STJ. T.V, ano I, p. 77; de 13.02.1997, CJ, STJ, T.V, ano I, p. 104; de 10.12.1997, BMJ – 472º-454; de 30.04.1997, processo nº 885/96, 2ª secção, Cons. Pereira da Graça; de 02.06.1999, Co. Ac. STJ, VII, 2º, 129; de 22.10.1999, BMJ, 490-270; de 13.01.2000, revista nº 991/99 – 2ª secção; de 29.04.2003, revista nº 706/2003 – 6ª secção, de 06.07.2004, proc. 07B1554 e de 31.05.2007, processo nº 07B1554, in www.dgsi.pt; de 20.10.2009, revista nº 563/2001.S1,

Os argumentos subjacentes a este entendimento eram os seguintes:

i) o alargamento, por via legal, do direito de preferência a todos os arrendamentos urbanos vinculísticos (que não apenas os destinados a comércio, indústria, profissões liberais ou habitação) e a consagração de novos direitos de preferência, designadamente a favor dos titulares de novo arrendamento e do senhorio em caso de trespasse;
ii) a manutenção das designações de «prédio urbano» e «fracção autónoma», o que implicaria que a limitação ao local arrendado apenas diria respeito aos casos de venda de prédio já constituído em propriedade horizontal;
iii) a manutenção da norma que mandava proceder à licitação em caso de concurso de preferente, que ficaria sem campo de aplicação caso não se perfilhasse o entendimento de que estes poderiam preferir na totalidade do prédio; e
iv) o preâmbulo do diploma.

Estes argumentos revestem uma natureza eminentemente formal, não discutindo minimamente o equilíbrio entre as diversas dimensões em presença tendo em vista a sua configuração económica óptima. De facto, o que está em causa é a delimitação efectiva das fronteiras do direito de propriedade e do direito do arrendamento. O princípio da eficiência é claro a este respeito. Numa situação de cumulação de direitos, e uma vez que existe uma acção do titular no sentido da alienação da sua apropriação, concede-se ao titular do direito de uso a preferência tendo em vista a consolidação de ambos. Teremos, assim, o emparcelamento de direitos. Não obstante, se esse direito de uso não se encontrar bem delimitado, ou seja, por via de uma propriedade horizontal, não existirá ambiente jurídico que permita esta extensão. O exercício do direito de preferência só é permitido no estrito domínio do uso juridicamente tutelado que o arrendatário já detém. Se extravasar, estaremos a conceder ao arrendatário uma pretensão exorbitante sobre a restante propriedade, o que bloqueará a liberdade de disposição do proprietário, reduzindo em termos incomportáveis e injustificáveis a sua liberdade. Relembre-se, o direito maior – direito de

de 22.10.2009, revista nº 446/09.9YFLSB, de 12.11.2009, revista nº 1842/04.3TVPRT.S1, de 25.03.2010, revista nº 5541/03.5TBVFR.P1.S1, de 12.01.2012, revista nº 72/2001.L1.S1;

propriedade – engloba naturalmente os termos do direito menor – o arrendamento –, e não o inverso.

A alteração da redacção legal motivou o surgimento, minoritário ao início, do entendimento contrário: o inquilino duma fracção de um prédio não constituído em propriedade horizontal não tem direito de preferência no caso de o senhorio pretender vender a totalidade do prédio.

Esta posição alicerçou-se no seguinte entendimento:

i) a lei contemplava com relevância preferencial a fracção autónoma ou o prédio urbano, pelo que, se o arrendamento tem por objecto a fracção autónoma e ela é vendida, ou se tem por objecto o prédio urbano e ele é vendido, existirá, por essa via, uma delimitação do direito de preferência do arrendatário;

ii) a lei não contempla no seu texto o direito de preferência de arrendatário de parte alíquota sobre a totalidade do prédio urbano indiviso, pelo que defendê-lo não teria base legal;

iii) a regra da licitação entre os preferentes tem aplicação no caso de o prédio ou a fracção poder ter vários arrendatários e cada um deles pretender exercer o respectivo direito, não se permitindo uma extensão do seu âmbito;

iv) a expressão «local arrendado» constitui uma restrição relativamente à legislação precedente[166].

Estes argumentos revestem igualmente uma natureza formal. Contudo, revelam já uma articulação entre as intensidades dos direitos em presença. Assim, refere o acórdão do Supremo Tribunal de Justiça de 21 de Janeiro de 2016: «o preceito consagrador da preferência legal reveste-se de índole excepcional, pois traduz uma limitação da liberdade de contratar – artigo 405º do Código Civil – na vertente relativa à escolha da contraparte, e, de índole imperativa/injuntiva, pois que lhe subjazem razões de interesse público. Por consequência, o intérprete está obrigado a confiná-la imperativamente aos casos expressamente previstos na lei [...]. Na verdade, se o direito de preferência nasce do direito de arrendamento e justifica-se na relação próxima (tendencialmente duradoura) entre o arrendatário e a coisa locada, afigura-se ajustado, equilibrado, e proporcional que o pri-

[166] *Cf.* acórdão do STJ referente ao Processo 9065/12.1TCLRS.L1.S1, www.dgsi.pt

meiro não suplante o segundo quanto ao objecto, e antes haja rigorosa identidade entre a extensão da coisa locada e a da coisa preferida»[167].

A vertente material reveste uma importância fundamental na análise desta situação de cumulação de direitos. Como bem refere o acórdão, o direito de preferência reside no direito de arrendamento, devendo limitar-se a este. Por sua vez, o direito de arrendamento constitui uma das vertentes possíveis do uso ou fruição englobado no direito de propriedade. O princípio da eficiência deve arbitrar esta potencial disputa. E fá-lo efectivamente, nos termos descritos no acórdão:

1. o direito de preferência do arrendatário está limitado ao local arrendado, objecto do contrato de arrendamento, se se tratar de bem jurídico autónomo;
2. caso o prédio vendido não tenha sido constituído em propriedade horizontal, o arrendatário de parte dele, sem autonomia jurídica, não tem direito de preferência sobre ele ou sobre a totalidade do prédio, em caso de venda ou dação em cumprimento deste último.

Esta posição constitui, hoje em dia, a doutrina maioritária[168] e revela um equilíbrio entre as diversas componentes de apropriação. A teoria expansionista padecia de uma patologia básica: a inserção de um bloqueio adicional no sistema que prejudicaria a utilização económica de todo o prédio. Como Laurinda Gemas e outros referiam, tal significaria conceder ao arrendatário de um painel publicitário no todo de um prédio indiviso um direito de preferência sobre a integralidade do mesmo em caso de alienação. A extensão desse direito traduziria a inserção de um bloqueio económico adicional na transacção de um imóvel que se pretende fluida, um pouco à semelhança do que concederia na outorga de uma necessidade de autorização do condomínio para o desenvolvimento de uma actividade

[167] *Cf.* acórdão do STJ de 30.04.1997, BMJ 466º – 501; GOMES; Manuel Januário – *Arrendamentos Comerciais.* 2ª edição. Almedina, 1996, p. 204; ASCENSÃO, José de Oliveira – «Subarrendamento e Direitos de Preferência no Novo Regime de Arrendamento Urbano». *In Revista da Ordem dos Advogados,* ano 51º, I, 1991, p. 68; GEMAS, Laurinda; PEDROSO, Albertina; JORGE, João Caldeira – *Arrendamento Urbano, Novo Regime Anotado.* 3ª edição, *Quid Juris,* 2009, p. 430.

[168] *Cf.* GEMAS, Laurinda; PEDROSO, Albertina; JORGE, João Caldeira, ob. cit.; CORDEIRO, António Menezes; CADETE, José Pedro Carneiro (coord.) – *Leis do Arrendamento Urbano Anotadas.* Coordenação: António Menezes Cordeiro – *Da Preferência do Arrendatário Habitacional.* Almedina, 2014.

de alojamento local em imóvel próprio.Esta questão ficou definitivamente estabilizada com a emissão do acórdão nº 583/2016 do Tribunal Constitucional[169], que não julgou inconstitucional a norma extraída da alínea *a)* do nº 1 do artigo 1091º do Código Civil, na redacção introduzida pela Lei nº 6/2006, de 27 de Fevereiro, interpretada no sentido de o arrendatário, há mais de três anos, de parte de prédio urbano não constituído em propriedade horizontal, não ter direito de preferência sobre a totalidade do prédio, na compra e venda desse mesmo prédio. A análise do Tribunal Constitucional é relevante, uma vez que analisa a vertente da igualdade, quer a nível formal – a posição comparativa do arrendatário em propriedade horizontal face aos proprietários de prédios indivisos – quer a nível material, ou seja, em sede de direito à habitação. Refere, a este propósito: «A interpretação normativa [...] não viola o princípio da igualdade, pois não pode afirmar-se igual a situação do arrendatário de uma parte de um imóvel com autonomia jurídica – designadamente, uma fração autónoma – e a do arrendatário de uma parte de um imóvel não autonomizada, desde logo porque a igualdade não pode aferir-se por referência ao mais simplificado plano de facto, mas à situação global complexa de facto e de direito; No aludido plano, não estamos perante a mesma situação num caso em que o arrendamento incide sobre um objeto cujo domínio pode ser autonomamente transacionado e num caso em que incide sobre parte não autonomizada de um imóvel. A atribuição do direito de preferência a favor do arrendatário visa proporcionar o acesso à propriedade a quem beneficia já de um direito de gozo prolongado sobre o imóvel, com o que daí vem implicado de estabilidade na habitação, mas – até a essa luz – não pode dizer-se que há igualdade na situação de aquisição do espaço de habitação e na situação de aquisição de maior superfície, incluindo área que não correspondia à anterior habitação; O objeto da propriedade não tem, forçosamente, que coincidir com o objeto do arrendamento, tratando-se de direitos de natureza diferente, podendo o legislador exigir que a propriedade tenha por objeto uma realidade física e jurídica unitária com certas características, nao se fazendo sentir as mesmas exigências no caso de locação. Mostrando-se razoável a exigência da autonomia jurídica da coisa para que possa constituir objeto de um negócio translativo da propriedade, é também razoável que o direito de preferência a partir do arrendamento se projete por referência à mesma unidade jurídica, sendo ele tendente

[169] DRE nº 235/2016, Série II de 9 de Dezembro de 2016.

à aquisição do direito real»[170]. Por seu lado, o direito à habitação é salvaguardado pela manutenção da vigência do contrato de arrendamento. O solo já padece de um elevado teor de elementos estruturais de bloqueio. Os direitos sobre o imobiliário construído devem tomar isso em consideração e proceder a um aumento de fluidez no mercado. Se às falhas de mercado próprias do solo juntarmos falhas de governo na definição dos conteúdos do direito de propriedade sobre as edificações, obteremos toda uma estrutura desequilibrada, ineficiente e injusta propriedade foi fatal.

A Lei nº 64/2018, de 29 de Outubro, veio tentar reequilibrar o regime estabelecendo uma alteração ao nº 8 do artigo 1091º do Código Civil, estabelecendo um direito de preferência relativo à quota-parte virtual do prédio não organizado na forma de propriedade horizontal.

6. Conclusões Quanto ao Segundo Nível de Acção Regulatória: a Dimensão da Política do Solo e os seus Efeitos no Conceito de Valor Fundiário

Um aspecto relevante a considerar na crítica ao sistema actual de planeamento do território é a espantosa ausência de informação sobre a razoabilidade dos preços do solo e sobre a dinâmica das relações entre a oferta e a procura. A opacidade do mercado e a inexistência de cartas de preços enquadradas numa regulamentação anti-especulativa constituem falhas que marcam negativamente os planos territoriais e que permitem que estes sejam utilizados de uma forma perversa pelo sistema financeiro.

É natural que, com a turbulência do sistema financeiro ligado à sobreavaliação de activos imobiliários (e que tende sequencialmente a uma situação de subavaliação), à gestão monopolista das redes de infra-estruturas (que, já por si, são monopólios naturais) e ao urbanismo que, de forma irresponsável, tem dado cobertura à criação oculta e desprocedimentalizada das mais-valias simples, venha a estar na ordem do dia a questão da reformulação da política regulatória do solo.

Espanha reviu a sua *Ley de Suelo* em 2008[171], devendo salientar-se alguns dos seus pressupostos: «Independentemente das vantagens que possa ter

[170] Acórdão do TC nº 153/2016, pontos VI, VII e VIII [disponível em https://dre.pt/home/-/dre/105335913/details/maximized?serie=II&parte_filter=32&day=2016-12-09&date=2016-12-01&dreId=105334040.

[171] Goyanes, Enrique Sánchez (dir.) –*Ley de Suelo. Comentario Sistemático del Texto Refundido de 2008*. Madrid: Edições La Ley, 2009.

a técnica da classificação e categorização do solo pelo planeamento [...] a classificação contribuiu historicamente para a inflação dos valores do solo, incorporando expectativas de revalorização muito antes de se realizarem as operações necessárias para materializar as determinações urbanísticas dos poderes públicos e, por fim, fomentou também as práticas especulativas, contra as quais devemos lutar por imperativo constitucional»; «racionalmente, o solo urbanizável só será necessário para a satisfação de necessidades reais e a sua localização deve evitar a dispersão e a criação de novos núcleos populacionais, imprimindo mais eficiência ao desenho e implantação das redes de infra-estruturas e serviços»; [...] «a presente lei integra-se de um modo natural no conceito estatutário do direito da propriedade formulado pela jurisprudência e pela doutrina especializada, considerando as diferentes classes básicas de usos do solo, e onde a classificação, a qualificação e a atribuição pormenorizada de usos e intensidades não produzem quaisquer direitos a indemnização, significando que a urbanização e a transformação jurídica e factual dos usos do solo é uma faculdade exógena ao direito da propriedade que só pode efectuar-se naquelas zonas ou terrenos que gozem previamente da classificação adequada».

A questão da função social da propriedade volta a ser tratada como um conceito «que às vezes não é claramente entendido» e que o legislador esclarece que significa «ter em conta a contribuição insubstituível do solo não urbanizável no ciclo dos recursos hídricos e na qualidade dos mesmos; o papel do solo como suporte imprescindível de todos os ecossistemas, cujo valor resulta de difícil tradução em termos monetários e que o solo não urbanizável deve associar-se à qualidade de vida e à igualdade de oportunidades no meio rural, objectivos sociais que não podem ser excluídos de qualquer acção pública com incidência no território; quer dizer que o solo não é um elemento de especulação mas o sustento de uma actividade, de um desenvolvimento [...]».

Assim, a nova *Ley* 8/2007 introduziu alterações profundas no sistema até aí vigente, desvinculando a classificação da valorização, passando a partir da situação básica do solo, isto é, rural ou urbanizado, comparando o imóvel em questão a outro imóvel semelhante na mesma situação, tentando, desta forma, eliminar a especulação imobiliária e promover a função social da propriedade.

De igual modo, o legislador nacional deve, de forma urgente, proceder à estabilização dos usos do solo e à procedimentalização das dinâmicas das alterações de uso, com cálculo e explicitação das mais-valias, assim como a definição dos critérios para a sua parametrização e redistribuição.

A multidimensionalidade policromática do solo complica de forma inexorável uma definição de valor. Conforme referimos com Sidónio Pardal em outro local, «um prédio pode ser objecto de procura por mais do que um segmento de mercado. Por sua vez, a procura faz incidir a sua atenção e escolha por diversos prédios num quadro geográfico mais ou menos alargado. O mercado, enquanto jogo de relações entre a oferta e a procura, estrutura-se em termos de localização geográfica, quantidades, diversidades, características singulares dos prédios, conforto jurídico-administrativo, segurança, número de proprietários vendedores e número de potenciais compradores, entre outros factores. Em princípio, todos os prédios devem ter um sentido útil para os seus proprietários, o qual deve ter correspondência com a sua função social. Porém, a utilidade subjectiva de um prédio na perspectiva de quem compra é diferente da utilidade objectiva determinada pelos métodos do perito avaliador, a qual deve ser economicamente fundamentada e alicerçada no rendimento real e presumido do prédio[172]».

No entanto, uma conclusão é certa: a variação do preço do imobiliário deve-se fundamentalmente ao custo do solo. A variação dos custos da construção acompanha, quando muito, a taxa de inflação monetária oficial, e os custos administrativos dependem da relativa (in)eficiência dos serviços do Estado.

Assim, a determinação do valor do solo constitui uma delicada questão económica, política e social, que remete para o problema fundamental da disponibilização e utilização real dos prédios para funções produtivas, para a habitação ou para outros fins socialmente considerados necessários.

Face às diversas vertentes em presença, também a concepção de valor se altera consoante a perspectiva em análise. Ante a essencialidade da concepção económica para a determinação dos justos e eficientes remédios regulatórios, é essencial estabelecer uma base conceptual sólida nesta matéria. O problema adensa-se quando na prática da avaliação do solo poderão conjugar-se diferentes conceitos de valor, custo e preço.

Conforme expusemos com Sidónio Pardal, «o custo é o preço explicitado previamente para um determinado produto, de tal modo que a pro-

[172] Lobo, Carlos Baptista; Pardal, Sidónio, ob. cit., p. 59.

cura pode, antes de decidir comprar, ter conhecimento exacto do montante da transacção. O custo pode ser validado pela decomposição dos encargos que se teriam de suportar para a produção de um objecto idêntico, daí os conceitos de custo de reprodução, custo de reposição e custo de substituição. Assim, diz respeito ao investimento efectuado na compra do terreno, projectos e demais encargos com a realização de obras de construção, reabilitação, manutenção e outras despesas susceptíveis de ficarem incorporadas na estrutura física do imóvel ou de lhe serem imputáveis, de algum modo, no cálculo do seu valor; O preço é determinado no acto da transacção e corresponde ao montante em dinheiro pago pelo comprador ao proprietário vendedor. O preço de um prédio corresponde à quantia em dinheiro acordada para a realização de um negócio, sendo o montante que o comprador aceita pagar e que o vendedor aceita receber para se efectuar uma transacção num determinado contexto. O preço é, pois, o valor efectivo da transacção, implicando que esta se tenha realmente concretizado e resulta, assim, num facto passível de verificação objectiva[173]».

Resta-nos, portanto, o conceito de valor. Ora, o valor é uma estimativa que informa as partes interessadas na transacção de um bem e desdobra-se em múltiplos significados que atendem à finalidade da avaliação a que o prédio é sujeito. Por isso, para efeitos de uma avaliação, o termo *valor* tem necessariamente de ser qualificado. No entanto, perante a sua multidimensionalidade funcional, poderemos obter os seguintes valores fundiários:

- valor de mercado[174];
- valor justo[175];
- valor de uso[176];

[173] *Idem*, ob. cit., p. 61 e ss..

[174] Entende-se por *valor de mercado* o preço estimado pelo qual se admite que vendedores e compradores de um determinado tipo de bens estariam interessados em transaccioná-los. É importante considerar que o valor é ainda a estimativa de um preço provável para um bem que está disponível no mercado, estimativa essa que só é válida por um dado período de tempo durante o qual não se tenham alterado significativamente as condições que a informaram.

[175] O *valor justo* pode ser determinado partindo-se da perspectiva da oferta e fazendo o cálculo do custo composto ponderando cada factor a partir dos preços de mercado e acrescentando a margem de lucro do promotor. Na prática, seria o valor que seria determinado num ambiente de informação perfeita, sem falhas de mercado, governo ou qualquer outra distorção motivacional.

[176] Na literatura anglo-saxónica da avaliação imobiliária, o *valor de uso* é definido como o valor que uma propriedade específica tem para um uso e utilização específicos, que podem

- valor de rendimento[177];
- valor de substituição ou valor patrimonial[178];
- valor de caução[179].
- valor de indemnização expropriatória ou valor de interesse público[180];
- valor de seguro[181];
- valor líquido[182];
- valor de investimento[183];
- valor de negócio[184];

ser os melhores e os mais rentáveis para essa propriedade ou qualquer outro uso e utilização especificados como uma condição à partida para efeitos da avaliação.

177 O *valor de rendimento* é o valor correspondente à capitalização do rendimento proporcionado pelo prédio. Este rendimento pode ser estimado com base nas rendas auferidas pelos proprietários de prédios colocados no mercado de arrendamento.

178 O *valor de substituição* ou patrimonial corresponde ao montante do investimento realizado e materializado no imóvel, podendo dizer-se que equivale ao somatório dos custos de construção e constituição do prédio

179 O *valor de caução* corresponde à materialização monetária da qualidade que o imóvel detém para ser usado como colateral ou garantia de uma operação financeira, contemplando os necessários custos para a sua materialização líquida e eventuais variações de valor económico, considerando o prazo mais ou menos longo da operação principal.

180 O *valor de expropriação* deve acomodar o interesse público definido por objectivos de políticas públicas no quadro das competências do Estado e dos Municípios. Este conceito, por vezes, assume contornos vagos quando se associa a designações tais como «valor natural», «valor estético», «valor cénico» ou «valor cultural». No processo de avaliação, justifica-se que um terreno privado, ao ser expropriado por interesse público, tenha um valor de expropriação superior ao valor de mercado, no sentido de compensar e indemnizar o expropriado, o qual, para todos os efeitos, está a ser violentado por uma «venda coerciva». As orientações do *Appraisal Institute* recomendam que o valor de interesse público seja 25% superior ao valor de mercado.

181 O *valor de seguro* corresponde à totalidade ou a parte dos custos de reconstrução e de reposição da estrutura física perante riscos de sinistralidade.

182 O conceito de valor líquido corresponde ao total do valor de mercado de um prédio subtraído dos encargos em débito que recaem sobre o mesmo. No caso dos prédios adquiridos com recurso ao crédito hipotecário, o valor líquido é calculado subtraindo ao valor estimado de mercado o montante da hipoteca ainda em dívida e outros ónus financeiros que incidam sobre o imóvel.

183 O *valor de investimento* corresponde ao valor de um determinado prédio para um investidor singular, observando os requisitos do respectivo programa e das suas intenções e exigências.

184 Quando um prédio pertence à entidade que o ocupa e o utiliza para as suas actividades correntes, prevendo-se que continuará a ocupá-lo por tempo indeterminado, ao seu valor de mercado acresce um valor logístico e funcional – o *valor de negócio* – devido ao facto de ser quase imprescindível num contexto operacional que tem uma dimensão intangível.

- valor intrínseco[185];
- valor fiscal ou tributário[186].

Estas são simplesmente algumas das vertentes possíveis em sede de análise económica e que diferem de outros conceitos de valor, como o valor geológico, o valor cultural, o valor ecológico, entre outros.

O valor real do solo é determinado pelo seu conjunto de atributos e de características que materializa cada unidade enquanto bem transaccionável. Neste trabalho, concentra-se a atenção no caso particular do valor fundiário, distinto do valor do imobiliário em geral.

Ora, a dimensão multidimensional policromática do solo obriga ao estabelecimento de um conceito de base para a determinação eficiente e justa das acções de política pública. Esse conceito unificado poderá tomar como referência o valor de base territorial, ou seja, o valor eficiente do solo enquanto referencial para o desenvolvimento de políticas de regulação óptima, às quais se poderão acrescentar outros factores circunstanciais tomando em consideração políticas de base redistributiva, ou até mesmo sectoriais.

O valor de base territorial seria, assim, o valor óptimo de uma dada parcela fundiária, atento o seu melhor aproveitamento económico. Seria

[185] O conceito de *valor intrínseco* aplica-se a prédios que, devido às suas características ou por razões conjunturais, estão fora do mercado, mas que nem por isso deixam de ter um valor de base, sustentado pela territorialidade real e essencial do prédio, pelo seu enquadramento local, em que pesam os interesses do proprietário que o detém e o sentido útil que a sociedade lhe atribui.

[186] O *valor fiscal* corresponde à aplicação das normas de incidência objectiva a elementos patrimoniais de sujeitos passivos, variando em função da causa e da lógica subjacente aos diferentes tributos em presença. Assim, se o imposto assentar no princípio da capacidade contributiva, o valor fiscal do imóvel traduzirá a sua riqueza patrimonial; ao invés, se a contribuição assentar num princípio da equivalência, o valor fiscal já dependerá das vantagens que esse prédio aproveitar das prestações públicas. Assim, e a título de exemplo, o Valor Patrimonial Tributário de um prédio pode ser diferente em sede de IMI e de IMT. O IMI tem uma lógica condominial, pelo que todos os apartamentos iguais de um mesmo prédio devem pagar precisamente o mesmo, enquanto o IMT tem uma dimensão transaccional, pelo que, se o valor da transmissão for superior ao VPT, deverá ser pago nesse montante, mas isso não afectará o VPT em sede de IMI, que se manterá estável. O mesmo ocorre em caso de prova de valor transaccional inferior ao VPT. Esse montante inferior será adoptado para efeitos de IMT e de Impostos sobre o Rendimento, mas o VPT em sede de IMI manter-se-á inalterado.

o valor na ausência de falhas de mercado, de governo ou de quaisquer disfunções gestionárias. Este valor ideal deverá ser tomado como referência para o desenvolvimento de políticas de desenvolvimento económico, redistributivas ou de coesão.

O valor de base territorial corresponderá igualmente ao valor agregado do pacote compósito (*bundle of rights*) de faculdades inerentes à propriedade fundiária, entendida esta na sua versão mais completa, na posse de um titular, ou de um grupo coordenado de titulares, que habilite uma utilização produtiva eficiente do recurso, numa óptica quer de intensidade de uso, quer de escala ou dimensão da exploração.

A determinação deste valor regulatório óptimo tem diversas dificuldades. Em primeiro lugar, e como não poderia deixar de ser, a dimensão espacial tem uma importância primordial. Tal implica uma heterogeneidade permanente que deve ser normalizada para efeitos de determinação de políticas regulatórias. Por outro lado, a própria tecnologia permite uma evolução das técnicas de exploração do solo, alterando radicalmente produtividades de áreas anteriormente inexploráveis. Assim, ao nível do solo rústico, torna-se essencial proceder a uma determinação cautelosa deste valor de base territorial, de forma que os modelos de exploração sejam sempre efectuados da forma mais eficiente possível, incentivando à eficiência e penalizando a ineficiência. Note-se que o conceito de utilização eficiente pode passar pela não exploração económica em sentido clássico, mantendo-se as florestas e os ecossistemas intocados quando for a solução mais adequada.

Na vertente urbana, há que tomar em consideração as dimensões da economia urbana e regional, relembrando as modificações recentes ao nível dos usos prevalentes: terciarização económica e prevalência da habitação[187].

A este respeito, Thomas Piketty analisou a relação entre o capital e o rendimento no Reino Unido desde o ano 1700, concluindo que, após 1970, a relação entre o capital e o rendimento se desequilibrou a favor do capital, sendo os seus retornos superiores à taxa de crescimento económico, o que, na sua opinião, geraria uma situação de desigualdade social, com acentuação das clivagens em sede de rendimento. No entanto, a razão fundamental para este aumento de importância do capital não reside na pou-

[187] *Cf.* PIKETTY, Thomas – *Capital in the Twenty-First Century*. Cambridge: Harvard University Press, 2014.

pança, mas sim na variação positiva dos activos patrimoniais residenciais. E, uma vez que Piketty, tal como os neoclássicos, não distingue o solo, e consequente imobiliário, do restante capital, generaliza a sua conclusão numa afirmação da superioridade do capital, quando que o que está em causa é a variação patrimonial positiva do valor do solo e dos imóveis. Ora, independentemente da vertente especulativa desta variação de valor, a verdade é que, mais uma vez, se poderá afirmar que existe uma transferência de renda para os proprietários fundiários. Porém, estes já não serão os proprietários agrícolas, mas os proprietários urbanos.

A obrigação do Estado de estabelecer critérios de determinação do valor fundiário para as diferentes classes de uso do solo decorre da sua competência em matéria de declaração de utilidade pública, o que implica o direito à expropriação, com justa indemnização. Paralelamente, tem também o Estado responsabilidades na regulação do mercado imobiliário e, constitucionalmente, estão-lhe cometidas as tarefas de:

- «assegurar o direito à habitação», com base numa «política tendente a estabelecer um sistema de renda compatível com o rendimento familiar» (nº 1 do artigo 65º da CRP);
- definir «regras de ocupação, uso e transformação dos solos urbanos, designadamente através de instrumentos de planeamento, no quadro das leis respeitantes ao ordenamento do território e ao urbanismo, e procedem às expropriações dos solos que se revelem necessárias à satisfação de fins de utilidade pública urbanística» (nº 4 do artigo 65º da CRP);
- promover o «combate às actividades especulativas e às práticas comerciais restritivas» (artigo 99º da CRP).

O processo de reclassificação do uso do solo apresenta-se como umadas principais questões regulatórias de política de solo, concretamente no que diz respeito ao controlo das mais-valias, às garantias de expropriação e à racionalização da distribuição e composição dos espaços urbanos em contraponto com a compartimentação das unidades agro-florestais.

Para que a regulação económica do solo possa alcançar alguma operacionalidade, deverá reconhecer-se que o direito da propriedade fundiária deverá ser interpretado tomando em consideração algumas condicionantes de ordem política:

i) O direito das famílias à habitação, a preços razoáveis e sempre comparados com o seu rendimento médio, tendo em vista a garantia de padrões mínimos de qualidade de vida;
ii) O dever de organização eficiente dos padrões de ocupação territorial, eliminando as falhas de mercado existentes e promovendo a correcta aplicação dos factores;
iii) O dever de promoção de condições para o desenvolvimento eficiente de actividades económicas que impliquem risco acrescido e escalas de produção (actividade agrícola e florestal);
iv) A competência do Estado para proteger e gerir racionalmente os recursos naturais numa perspectiva intra e intergeracional;
v) A competência do Estado para estabelecer usos do solo imperativos no que diz respeito às áreas classificadas, ao uso florestal e ao uso urbano (o uso agrícola tem um carácter indicativo).

A procura de solo para utilização directa, visando satisfazer necessidades primárias de habitação e de produção, deve merecer uma atenção destacada em todo o processo de regulação territorial.

Todavia, não existem soluções mágicas a este respeito. O congelamento de rendas distorce radicalmente o mercado, já que corporiza o desenvolvimento de uma política redistributiva cega e iniqua. Por sua vez, o estabelecimento de quotas desagua inevitavelmente em situações de tragédia de antibaldios e na criação de mercados secundários especulativos.

Assim, a questão política complica-se quando se constata que, para haver regulação do mercado pelo próprio mercado, é necessário que cerca de 20% do parque imobiliário (dirigido a todas as utilizações e a todos os segmentos da procura) seja gerido em regime de oferta pública para arrendamento, constituindo-se como uma alternativa apetecível sempre que a oferta para venda esteja a praticar preços especulativos. Ora, a determinação de um valor eficiente da habitação é uma tarefa bastante difícil, atentas as diversas variáveis em presença (muitas delas de ordem subjectiva). O que haverá a referir é que o desenvolvimento de uma política habitacional eficiente implicará uma acção regulatória do preço dos imóveis para habitação por via de uma componente de oferta pública de arrendamento a preços regulados. Se a oferta pública de imóveis para arrendamento rondar os 20% da oferta total, quer os valores de venda de imóveis para habitação, quer os valores de arrendamento se acomodarão tomando como referência esta componente da oferta.

Com este nível de oferta pública – existente em todos os países civilizados – os preços de mercado estabilizariam naturalmente, sem que fosse necessário impor qualquer medida redistributiva discricionária,como o congelamento de rendas que mais não traduz do que o desenvolvimento de uma política de redistribuição sem encargos para o Estado, e que, a longo prazo, tem efeitos extremamente nocivos na qualidade do parque habitacional.

O planeamento deve impossibilitar a prática da procura de imóveis para entesouramento passivo, isto é, para serem deixados em estado de abandono e de ruína, apostando na inflação dos preços no mercado ou na configuração de desenvolvimentos virtuais que sirvam para legitimar operações de crédito hipotecário com activos sobreavaliados.

Assim, e em jeito de conclusão, além do regime de planeamento urbanístico *proprio sensu*, o regime jurídico do solo deverá integrar um conteúdo prepositivo estruturante, que abarque a vertente produtiva e a vertente redistributiva tendo em vista a composição eficiente do mercado fundiário e a sanação das situações de distorção actualmente existentes. Esse conteúdo material terá um valor infraconstitucional, mas conterá os elementos essenciais para a construção de um novo modelo de organização fundiária, aplicando-se a toda a panóplia de instrumentos financeiros e fiscais disponíveis.

7. Num Terceiro Nível Regulatório – Vertente da Organização Eficiente das Redes Locais e Regionais

7.1. O Planeamento Urbano e a Economia Espacial

As economias de aglomeração e os efeitos de rede na formação dos aglomerados urbanos deram origem a uma nova escola denominada Economia Espacial[188], que tem como objecto de análise o estudo da economia regional, da economia urbana e, num horizonte mais alargado, da economia internacional.

A finalidade é inequívoca. A organização da sociedade humana rege-se por modelos económicos que, tendo em vista a concretização de situações óptimas, devem ser aprofundados e desenvolvidos. O ponto de partida será, claro está, a cidade, enquanto rede urbana de proximidade. Aumentando-

[188] *Cf.* FUJITA, Masahista; KRUGMAN, Paul; VENABLES, Anthony – *The Spatial Economy*. Cambridge: MIT Press, 2001.

-se a escala de análise, haverá que estudar-se a economia regional. Para este efeito, tem sido utilizado o modelo de concorrência monopolística denominado Dixit-Stiglitz que analisa as localizações múltiplas tomando em conta os custos de transporte entre essas localizações, permitindo analisar a eficiência da organização regional, numa óptica de espaço[189]. O modelo de Dixit-Stiglitz tem como objectivo determinar o modelo eficiente de organização regional tomando em consideração as relações de utilidade cruzada entre o lado da oferta e o lado da procura, considerando as externalidades de rede do lado da procura – economias externas – que fortalecem eventuais economias de escala do lado da oferta, e vice-versa, e que tendem para a criação de um mercado de concorrência imperfeita, mas eficiente, que origina uma tendência inevitável para a aglomeração numa determinada localização[190].

[189] Para uma análise regional nacional, *Cf.* MARTINHO, Vitor – *O Processo de Aglomeração nas Regiões Portuguesas*. Documento de trabalho nº 13, CEUP, FEUC, Coimbra, 2002 [disponível em http://www4.fe.uc.pt/ceue/working_papers/iecogeovitor.pdf].

[190] No entanto, as bases da teoria da localização espacial são mais ancestrais. A tradição da geometria germânica de Weber assentava nos mecanismos do século XVIII, em que os problemas da localização eram representados directamente, como problemas de ponderação de um conjunto de forças discretas de atracção. Assim, cada empresa era confrontada com um conjunto de forças de atracção, tendo de optar por um número reduzido de locais de produção, onde existiam economias de escala para explorar, mas que tinham de ser ponderadas, atentos os custos de transporte. Este modelo de análise iniciou-se para a definição das melhores localizações em sede de economia agrária e evolui naturalmente para a economia de localização industrial (*Cf.* WEBER, A. – *Über den Standort der Industrien*. Tübingen: J.C.B. Mohr., 1909). Por sua vez, os geógrafos norte-americanos da década de 50 do século passado começaram a desenvolver os modelos de concorrência monopolística e a explorar a questão da circularidade no auto-reforço das cidades tendo por base o conceito de mercado potencial (*cf.* HARRIS, C. – «The Market as a Factor in the Localization of Industry in the United States». *In Annals of the Association of American Geographers*, 64, 1954, pp. 315-348). Nos anos 60 do século passado, aplicou-se a denominada *High Development Theory* ao crescimento regional. Assim, Pred supôs que a economia regional cresce até um certo ponto crítico (embora não tenha sido explícito na explicação da forma como este crescimento se processa), em que se torna vantajoso substituir as importações de certos bens sujeitos a economias de escala pela produção local. A substituição das importações expande o emprego regional, trazendo trabalhadores de outras regiões, aumentando o mercado local e assim sucessivamente, reflectindo uma relação de circularidade entre o tamanho do mercado e a gama de indústrias que uma região possui (*Cf.* PRED, A. – *The Spatial Dynamics of U.S. Urban-Industrial Growth*. Cambridge: MIT Press, 1966). Porém, este modelo tinha uma falha intrínseca: a negligência dos efeitos externos negativos decorrentes de congestionamentos e de outras ineficiências, que, não sendo colmatados, geram forças de centrifugação destrutivas das economias de aglomeração,

Assim, uma localização será tanto mais eficiente quanto maiores forem as forças de concentração da actividade económica e da população. Estas forças de atracção podem decorrer de diferenças nos salários reais (localizações com salários reais mais altos, têm melhores condições para desencadear o processo de aglomeração), concentração da actividade económica e da população, que interagindo num processo circular e multiplicativo gerarão crescimentos geométricos em sede de graus de competitividade.

Estes efeitos de aglomeração são sentidos a diferentes níveis: na esfera urbana (rural ou local)[191], ao nível regional, no plano nacional, ou ao nível mundial[192].

Os efeitos de rede são poderosos. Os efeitos circulares das forças económicas do lado da oferta e da procura originam uma concentração da actividade económica em determinadas localizações concretas. Assim, os consumidores potenciais deslocam-se para uma certa área porque sabem que poderão encontrar o que procuram (e também o que não procuram), os vendedores pretendem localizar-se nessas áreas para terem acesso a esses consumidores. As cadeias de serviços, por sua vez, são atraídas para a mesma localização face ao dinamismo da actividade económica aí estabelecido. Por sua vez, para que tudo possa funcionar correctamente, é criada uma rede de infra-estruturas pesadas para permitir a logística das operações. Ora, este efeito multiplicador de utilidade gera uma força de aglo-

que já von Thunen em 1826 e Alfred Marshall em 1920 haviam identificado (*Cf.* Thünen, J. H. von – *Der Isolierte Staat in Beziehung auf Landwirtschaft und Nationalökonomie.* Hamburg, 1826; MARSHALL, A. – *Principles of Economics.* 8th ed., 1890).

191 A denominada Lei de Zipf, aplicada por Xavier Gabais, tenta explicar o fenómeno de agregação das cidades tendo por base a conciliação de diversas variáveis, como a distância e os custos de transporte, os efeitos das exterioridades negativas e positivas, a produtividade relativa das diversas funções que utilizam o solo como suporte e, claro está, a dotação natural de recursos. *Cf.* ZIPF, George – *Human Behaviour and the Principle of the Least Effort.* Addison-Wesley, 1949; GABAIS, Xavier – «Zipf's Law for Cities: an explanation». Quarterly Journal of Economics, 114, 3, 1999, pp. 739–167.

192 Anteriormente, autores como Hirschman e Nicholas Kaldor identificaram a existência de processos de polarização urbana. No entanto, enquanto os modelos de polarização assentavam intrinsecamente nas forças do lado da oferta (economias de escala e de gama), a aglomeração pressupõe a existência cumulativa dos efeitos de rede em sede de incremento de utilidade do lado da procura. *Cf.* HIRSCHMAN A. – *The Strategy of Economic Development.* Yale University Press, 1958; KALDOR, N. – «The Role of Increasing Returns, Technical Progress and Cumulative Causation in the Theory of International Trade and Economic Growth». *In Économie Appliquée,* nº 4, 1981.

meração de elevada dimensão, que justifica as disparidades entre zonas urbanas extremamente povoadas e zonas rurais despovoadas. Assim, as forças de aglomeração são a fonte e o resultado de zonas de alta densidade, enquanto a sua ausência é a fonte e o resultado de zonas de baixa densidade.

Qual o desafio para o decisor?

i) Desenvolver as políticas necessárias para a potenciação da eficiência em zonas de alta densidade, aplicando modelos de localização e de infra-estruturação eficientes que potenciem e melhorem os níveis transaccionais e eliminem eventuais custos externos, como a ocorrência de congestionamentos ou fenómenos de elevação desproporcionada de preços fundiários;

ii) Desenvolver as políticas necessárias para a potenciação da eficiência em zonas de baixa densidade, aplicando modelos de desenvolvimento económico que potenciem as virtudes da baixa densidade, pelas valências em si mesmas, ou como territórios de suporte regional às zonas de alta densidade aí situadas.

7.2. As Economias e Deseconomias Externas na Organização das Cidades e Regiões

A origem dos modelos económicos relacionais explicativos do ordenamento do território, *maxime* da formação das cidades, radica em Von Thünen. Este autor, em 1826, idealizou uma cidade isolada, rodeada de espaço rústico. No seu modelo, estabeleceu uma relação entre a rentabilidade da produção, a intensidade do cultivo e os seus custos de transporte, o que determinaria a localização óptima das actividades produtivas e a forma como, num mercado não regulado, os produtores e os proprietários fundiários se relacionavam mutuamente num modelo óptimo. Von Thünen demonstrou que a concorrência entre agricultores levaria a que as rendas se estabelecessem de forma gradativa, num valor máximo na orla da cidade e num valor mínimo no anel exterior imediatamente contíguo ao solo inexplorado[193]. Neste contexto concorrencial, cada agricultor teria de ponderar a variável renda fundiária com a variável custo de transporte

[193] *Cf.* Thünen, J. H. von – *Der Isolierte Staat in Beziehung auf Landwirtschaft und Nationalökonomie.* Hamburg, 1826. Alonso desenvolveu este modelo em 1964, mas com trabalhadores industriais e de serviços numa cidade centralizadora de várias áreas de negócio. *Cf.* Alonso, W. – *Location and Land Use.* Cambridge: Harvard University Press, 1964.

e, como os custos de transporte e de rentabilidade variavam consoante o tipo de produção, gerar-se-ia um padrão anelar em redor da cidade, em que cada estrato concentraria uma produção típica, mesmo na ausência de qualquer concertação ou acordo entre produtores. O modelo de Von Thünen é exemplar na demonstração do modelo de ordenamento territorial em redor da cidade – a cidade monocêntrica – mas não explicava a origem da cidade em si mesma.

Alargando o perímetro conceptual, Perroux introduziu um conceito intuitivo de pólos de crescimento em sede de economia espacial. Nos termos do seu modelo, a aglomeração geográfica, o desenvolvimento de relações de produção cruzada entre os agentes económicos e o estabelecimento de uma população activa e dinâmica constituíam os três vértices essenciais para o triângulo que baseava a instituição do pólo. Cada pólo teria forças centrípetas (de aglomeração) e centrífugas (de afastamento)[194], que atraíam ou repeliam os agentes produtivos, sendo que da sua gestão optimizada resultaria o sucesso ou insucesso do pólo de crescimento. Num plano superior – nacional – o sucesso da competitividade nacional decorreria da criação de relações de interoperabilidade com outros pólos de crescimento. Se um pólo não se revelasse flexível ou adaptável às novas tecnologias, estagnaria e desapareceria[195]. O modelo de Perroux amplia a margem

[194] Nas palavras de Jovanovic: «*They are centripetal and centrifugal forces which also assist to explain the agglomeration and dispersion forces of the 'core-periphery' development model. Centripetal forces promote agglomeration. They concentrate production and employment in specific geographical areas. These 'snowball' or herding forces include: economies of scale, forward and backward linkages in production, trade costs, increasing returns in transport, concentration of firms and consumers, existence of suppliers, limited spread of information and embodied knowledge, as well as thick labour market (especially for certain skills so that employers can find workers and workers can find jobs). Centripetal forces take the production system towards the equilibrium. Centrifugal forces push the other way and test if the equilibrium is stable. These dispersion (comparative advantage) forces discourage further spatial concentration of business. They favour a geographical spread of firms and include factor immobility, regional or international wage differentials, relative height of land rents, competition for factors and consumers, commuting costs, pollution, congestion, traffic accidents, crime, infectious and other diseases, sewage and waste disposal. The final result depends on the balance between these two forces, on what factors are mobile and what immobile, on barriers to the reallocation of resources and on public policy.*» *Cf.* JOVANOVIC, Miroslav N. – «Spatial Location of Firms and Industries: An Overview of Theory.» *In Economia Internazionale*, Vol. 56, No. 1, pp. 23–82, February 2003 [disponível em SSRN: https://ssrn.com/abstract=451800 ou http://dx.doi.org/10.2139/ssrn.451800].

[195] Este modelo de «campeões nacionais» foi desenvolvido em França na década de 50 do século passado, tendo o Estado promovido oito pólos urbanos de agregação, de forma a

espacial de análise. O perímetro já não é o da cidade monocêntrica, mas o da região em redor da cidade. Por outro lado, ao identificar as forças centrífugas, geradoras de «deseconomias de escala», outorgou um novo campo para o estabelecimento de políticas urbanas correctivas.

A economia espacial pressupõe uma análise mais abrangente dos fenómenos económicos. Independentemente da modelização de organização territorial em redor da cidade, é essencial entender quais as razões da agregação urbana em si mesmo. O modelo de rendimentos crescentes decorrente dos efeitos externos de rede contribui decisivamente para esse desiderato. Estes conceitos foram primeiramente avançados por Alfred Marshall. Em 1920, este autor avançou com três factores para a localização de instalações industriais (*in casu*, Sheffield): *i)* os efeitos *spillover* (ou seja, os efeitos externos de rede; *ii)* a especialização (*clustering*); e, *iii)* a existência de relações *backward* e *forward*, ou seja, relações com os mercados locais (trabalhadores, fornecedores e parceiros), que, pela sua bidireccionalidade, geram as exterioridades de rede ou, numa expressão menos técnica, as economias de escala do lado da procura[196].

contrabalançar a força de Paris. *Cf.* PERROUX, François – «Note sur la notion de pôle de croissance». *In Économie Appliqué*, 1955, pp. 307–320.

196 As redes bidireccionais, geradoras de exterioridades de rede, podem revestir uma natureza física ou virtual. Para a nossa análise revestem-se de especial importância as primeiras. Assim, as redes físicas bidireccionais são constituídas pelo sector das telecomunicações, transportes (sectores das estradas e auto-estradas, transportes rodoviários, transportes de mercadorias, transportes aéreos, transportes fluviais, transportes marítimos, serviços postais, sistemas de transacções e compensação financeiras, correio electrónico e fóruns de discussão), entre outros. Conforme referimos noutra sede: «podendo a rede comportar tráfego bidireccional, ocorrerá, inevitavelmente, reversibilidade ou reciprocidade dos serviços prestados: estes poderão, por exemplo, ter uma configuração $A_n S B_n$ ou $B_n S A_n$, pois os segmentos comportam uma transmissão física em qualquer das direcções. No entanto, quer a utilidade retirada do serviço, quer a sua própria configuração poderão ser totalmente distintas: não será necessária, portanto, a existência de uma relação estritamente sinalagmática entre os agentes participantes na rede. Dadas as suas características próprias, bem como a contínua sofisticação tecnológica, as redes bidireccionais tendem a assumir-se como o elemento da charneira da organização económica, e subsequentemente, como alvo privilegiado dos instrumentos regulatórios [...] Nas redes bidireccionais, dada a sua vertente pluralista ao nível das relações cruzadas de oferta e de procura, será essencial tomar em consideração os efeitos económicos decorrentes da existência de exterioridades de rede e a consequente necessidade de se proceder à sua interiorização. Neste enquadramento, a existência de uma plataforma de intermediação poderá ser fundamental para essa função, eliminando por essa via os excessivos custos

A cidade constitui-se assim como localização no espaço onde se constroem e desenvolvem um conjunto de infra-estruturas traduzidas numa multiplicidade de redes físicas materiais e imateriais[197]. Dada a sua multidimensionalidade, a cidade aparece como o elemento de agregação máximo do conjunto de redes disponíveis constituindo a qualidade de rede virtual[198] em sentido próprio, em que, pela sua configuração, se fazem sentir

decorrentes de negociações bilaterais generalizadas». *Cf.* LOBO, Carlos Baptista – *Sectores em Rede*, cit., pp. 61–63

[197] As redes físicas assentam a sua prestação de serviços na existência de uma infra-estrutura de suporte que sustenta a actividade prestacional complementar, na ausência da qual a prestação de serviços relevante se tornaria impossível. Essa infra-estrutura poderá ser material ou imaterial. No caso da rede de estradas, da rede ferroviária, da rede de distribuição de energia (gás e electricidade) e água e da rede de telecomunicações por cabo (cobre ou fibra óptica), a infra-estrutura de suporte é material, pois todos os segmentos, nós e portais de ligação corporizam realidades materialmente existentes, implicando uma actividade prévia de construção, manutenção e subsequente amortização. No entanto, o conceito de rede física não comporta unicamente as redes materialmente físicas, abrangendo igualmente as redes imateriais, que assentam numa plataforma de prestação de serviços não totalmente composta por segmentos fisicamente palpáveis ou, numa perspectiva económica mais indicada para a matéria em análise, não amortizáveis ou depreciáveis. Integram-se nesta classificação as redes de telecomunicações ou de difusão de imagem ou som, que utilizam o espectro-radioeléctrico, os transportes aéreos, que utilizam o espaço aéreo, e os transportes marítimos, que utilizam as rotas marítimas. Nestes casos, sendo necessários componentes de natureza eminentemente material (antenas, transmissores e receptores no primeiro caso, aviões e aeroportos no segundo, navios e portos no terceiro), a infra-estrutura essencial que serve de base à prestação de serviços é imaterial, não sendo necessário qualquer investimento para a sua construção, manutenção ou amortização, mas unicamente para a sua gestão, apesar de os utilizadores da mesma retirarem benefícios económicos da sua exploração. *Cf.* LOBO, Carlos Baptista –*Sectores em Rede*, cit., pp. 48 e 49.

[198] As redes virtuais são constituídas por um conjunto de bens e serviços que partilham uma plataforma técnica comum assente numa norma de compatibilidade. Neste caso, o que releva não é a prestação de um determinado tipo de serviço no âmbito de uma determinada infra-estrutura, mas sim a adopção de uma norma técnica que é partilhada por sistemas ou aplicações compatíveis. As redes virtuais distinguem-se das redes físicas imateriais, pois o espaço existente entre os diversos componentes não é utilizado como nó ou portal essencial para a construção da rede (transmissão de sinal ou espaço aéreo). Nesta situação, os diversos componentes (de diferente tipo) interagem uns com os outros, numa relação de intrínseca compatibilidade. Os diversos componentes complementam-se mutuamente, decorrendo as diversas relações de utilidade directamente da compatibilidade entre os diversos componentes complementares. A existência da cidade depende, pois, da combinação de diversos componentes segmentares. Conforme referimos noutra sede: «os componentes da rede (virtual) não necessitam de estar ligados a uma unidade central, como acontece numa rede de comunicações; basta, pois, que ocorram efeitos de retorno positivos (*positive feedback effects*),

efeitos externos de rede[199] significativos que tendem para a constituição natural de um modelo de aglomeração gerador de economias de densidade, do qual resultam economias do lado da oferta (economias de escala e de gama) e do lado da procura (exterioridades de rede).

Sendo a cidade uma rede de redes, de dimensões, configuração e intensidade diferenciadas, a sua complexidade desafia a ciência económica na sua modelização. Para dificultar ainda mais esta tarefa, a eliminação de fronteiras políticas, com a criação de blocos regionais, e a desmaterialização da actividade económica, que tornou o espaço físico um elemento quase irrelevante, tornaram-se variáveis multidimensionais que alteraram o *level playing field* do qual habitualmente se partia para análise conceptual.

Fujita, Krugman e Venables têm contribuído decisivamente para a positivização destes conceitos na modelação económica das cidades e das regiões[200]. As suas posições assentam em duas ideias simples. A primeira está relacionada com o facto de, numa situação com custos de transporte e rendimentos crescentes à escala, as interligações produtivas poderem

na interacção entre os diversos elementos do sistema para que se atinjam elevados níveis de compatibilidade funcional. Neste tipo de sectores, o bem final – compósito – é criado através da combinação de dois ou mais bens complementares, numa lógica intrínseca, cuja formulação prototípica pode ser encontrada na relação hardware-software. Assim, um mercado assente em componentes compatíveis é constituído por n variedades de bens do tipo A e por n variedades de bens do tipo B. Os bens finais – compostos – são fabricados através da combinação dos componentes de tipo diverso [...] Ao contrário do que acontece nas redes físicas, numa rede virtual um único utilizador pode ver todas as suas necessidades satisfeitas independentemente do facto de se encontrar ligado a outro sistema detido por outro utilizador». *Cf.* Lobo, Carlos Baptista –*Sectores em Rede*, cit., pp. 53–56.

199 Relembre-se que o conceito de efeitos externos de rede não é coincidente com o conceito técnico de exterioridade. Existem efeitos externos de rede que não se reconduzem ao conceito técnico de exterioridade já que não decorrem, nem provocam, uma incapacidade de mercado. Assim, tal como referimos noutra sede: «devemos, pois, concluir que o conceito de efeito externo de rede é significativamente mais amplo do que o conceito de exterioridade de rede, englobando todas as situações em que a utilidade do consumo varia consoante o número de produtos compatíveis vendidos por decorrência de uma qualquer especificidade do lado da procura. Esta variação pode ser positiva, gerando-se um efeito externo positivo de rede – que é a situação mais comummente estudada pela doutrina económica, ou negativa. Neste último caso, o efeito externo negativo de rede poderá ser originado por uma situação de congestionamento, correspondendo a uma verdadeira e própria exterioridade negativa». *Cf.* Lobo, Carlos Baptista – *Sectores em Rede*, cit., p. 99.

200 *Cf.* Fujita, Masahista; Krugman, Paul; Venables, Anthony – *The Spatial Economy*. Cambrige: MIT Press, 2001.

criar a lógica circular de aglomeração por via do estabelecimento de ligações *backward and forward*. Este modelo relacional é empírico: os produtores localizam-se próximo dos seus fornecedores e consumidores e vice-versa. O factor determinante para o sucesso desta aglomeração é a diferença de salários reais, ou seja, localizações que, por alguma razão, tenham salários reais mais altos atraem mais trabalhadores (que também são consumidores) – efeito *forward* – o que por sua vez atrai mais empresas – efeito *backward*. Perante a existência de economias de escala, a presença de mais empresas e pessoas faz que o custo de capitação da sustentação das infra-estruturas se reduza, baixando-se os preços da sua utilização, o que permite um aumento dos salários nominais, e assim sucessivamente num ciclo virtuoso. Simultaneamente, geram-se economias de gama ou de diversificação (mais cultura, mais desporto) e efeitos de rede decorrentes do aumento das interligações pessoais (mais inovação, mais conhecimento). A chave para uma regulação eficiente a este propósito passa simplesmente pelo correcto planeamento na criação das infra-estruturas físicas (transportes, energia, água, comunicações) e virtuais (rede cultural, de ensino e outras), que rodeiam um qualquer desígnio competitivo (natural, histórico ou construído) que agregue o *cluster* de competitividade local e regional.

Nesta configuração, o solo pode assumir-se como força centrífuga que se opõe às forças centrípetas de aglomeração. Dada a sua configuração física, o solo, enquanto espaço e localização, é propiciador de congestionamentos, geradores de exterioridades negativas, e propenso a valorizações especulativas que impedem a eficiência localização de actividades económicas. Por estas razões, autores como Mills[201], em 1967, e Henderson[202], em 1974, apontaram a existência de tensões entre as economias externas associadas à concentração geográfica de indústrias e as deseco-

[201] *Cf.* MILLS, E., «An aggregative model of resource allocation in a metropolitan área». *In American Economic Review*, 57, 1967, pp. 197–210.

[202] De acordo com Henderson, as cidades deviam especializar-se em sectores económicos distintos. Por exemplo, uma cidade deveria agregar todo o sector financeiro, outra o sector siderúrgico e assim sucessivamente (modelo de cidade-empresa). As razões para esta opção são simples: ao existir uma monoprodução, as metodologias de formação de preços fundiários serão simples, não ocorrendo distorções (desenconomias externas ineficientes) por via de modelos diferenciados de produção económica. Assim, se existissem duas produções numa mesma cidade, a sua rentabilidade diferencial geraria duas dimensões óptimas concorrentes, o que levaria inevitavelmente a uma cidade ineficiente. *Cf.* HENDERSON, J. – «The sizes and types of cities». *In American Economic Review*, 64, 1974, pp. 640–656.

nomias externas decorrentes dos custos de comutação (*maxime* de transporte), inerentes às grandes cidades. Assim, poderá identificar-se que existe uma tensão permanente entre a dimensão da cidade e a utilidade que esta fornece ao residente. Assim, dependendo dos efeitos em presença, a utilidade vai aumentando até um ponto óptimo (máxima qualidade de vida), mas decrescerá logo de seguida, desaguando numa situação catastrófica em caso de megalópolis. As razões são claras: os custos de comutação são cada vez superiores (em tempo e em dinheiro), sendo que as localizações do centro se vão inflacionar significativamente em função disso. Nada de novo! Já David Ricardo, com a sua teoria sobre a formação da renda fundiária, havia identificado os custos de transporte enquanto factor crucial de ordenamento da estrutura produtiva agrícola.

Sendo escasso e limitado, a procura pelo solo é altamente concorrencial tendo em vista o seu aproveitamento para diversos usos. A determinação de uma metodologia de avaliação revela-se extremamente difícil. No entanto, uma realidade é incontestável. O solo é tanto mais valorizado consoante a rentabilidade da actividade que sustenta. De facto, o seu valor actual é o resultado da soma descontada da renda fundiária futura que está intrinsecamente relacionada com a rentabilidade económica da sua utilização. Essa é a base conceptual do modelo de Von Thünen transportado para a tipologia de organização da malha urbana. Obviamente que existem elementos relevantes de base natural, como a proximidade de um rio ou do mar. Porém, esses elementos intrínsecos constituem-se igualmente como forças centrípetas relevantes que fundamentam movimentos de procura de solo para finalidades mais específicas.

O equilíbrio entre forças centrípetas e centrífugas pode originar combinações múltiplas. Por exemplo, Fujita e Ogawa, partindo do princípio de que as forças de atracção tendem a atrair os trabalhadores para determinadas localizações especializadas, referem que a sua interacção com os custos de comutação, que actua como força de repulsão, pode dar origem a subpólos especializados, na orla da cidade, onde o custo do solo é menor, e que atrairão trabalhadores com menores salários[203]. Este modelo de cidade policêntrica corresponde tipicamente à forma de organização das áreas metropolitanas.

[203] *Cf.* FUJITA, M.; OGAWA, H. – «Multiple equilibria and structural transition of non-monocentric urban configuration». *In Regional Science and Urban Economics*, 12, 1982, pp. 161-196.

Todavia, conjuntamente com estas dimensões existirá sempre uma história para contar. Conforme referem Fujita, Krugman e Venables, «[...] *urban economists have been a little like geologists before plate tectonics: deeply sophisticated about forces that tear mountains down, but lacking any real modelo f why they rise in the first place*»[204]. No limite, o elemento de acaso histórico não pode ser descurado[205]. Efectivamente, em algumas circunstâncias, o nascimento do pólo gera-se na localização do ponto de abastecimento essencial, quer por razões materiais (por exemplo, uma siderurgia situa-se perto do local de extracção mineral essencial), quer por razões logísticas naturais (uma cidade-porto como Lisboa ou o Porto que aproveitaram o ponto de interoperabilidade entre a rede fluvial e a rede marítima). Esse elemento de acaso pode não explicar a integralidade das forças de atracção. Porém, efeitos como a dependência das escolhas passadas[206] (*path dependence*) e os efeitos externos advenientes de redes de infra-estruturas pesadas já construídas concedem alguma vantagem a aglomerações já existentes[207].

[204] *In* FUJITA, Masahista; KRUGMAN, Paul; VENABLES, Anthony – *The Spatial Economy*, cit., p. 23.

[205] *Cf.* ARTHUR, B. – «Silicon Valley locational clusters: when do increasing returns imply monopoly». *In Mathematical Social Sciences*, pp. 235-251.

[206] Nesta situação, verificam-se «bloqueios à saída» (efeito de *lock-in*) de utilizadores por dependência das «escolhas passadas» (*path-dependence*). Os agentes, quando efectuaram as suas escolhas no passado, efectuaram-nas na pressuposição de que no momento futuro essa seria a rede mais eficiente. Aí se manterão perante a dificuldade de realização de um novo investimento que se traduza na mudança. Conforme referimos noutra sede «neste âmbito, e tendo em consideração a importância operacional deste efeito, poderemos distinguir dois tipos de efeitos de bloqueio: um efeito de bloqueio forte (*strong lock-in*) e um efeito de bloqueio fraco (*weak lock-in*). O efeito de bloqueio forte existirá quando um novo produto com uma incontestável superioridade qualitativa não conseguir ultrapassar a barreira da compatibilidade intrínseca entre os consumidores. Nestes termos, se os utilizadores não se preocupassem com a compatibilidade, eles adquiririam esse produto. Porém, ao existirem efeitos de rede, isso implicará que esse requisito seja considerado como uma questão decisiva na formulação da decisão económica. A solução final só será economicamente ineficiente se os custos de aquisição, os custos de sincronização e os custos de aprendizagem decorrentes da aquisição de um novo sistema forem inferiores aos benefícios económicos dessa aquisição, e ainda assim a tecnologia inovadora não vingar. [...] O efeito de bloqueio fraco, por sua vez, emerge nas situações em que um produtor oferece um produto superior ao existente no mercado, não decorrendo, no entanto, da sua adopção um benefício suficientemente compensador que cubra os custos individuais da alteração de sistema (compatibilidade individual) [...]. Nesta situação, ao contrário da anterior, não existirá qualquer dimensão de ineficiência no mercado». *Cf.* LOBO, Carlos Baptista – *Sectores em Rede*, cit., pp. 130–134.

[207] Para uma análise mais desenvolvida das teorias de localização espacial *Cf.* CAPELLO, Roberta – «Location, Regional Growth and Local Development Theories». *In AESTIMUM*

7.3. A Emergência da Economia Regional

Porém, também a economia regional tem contribuído doutrinariamente para a teorização geral do ordenamento do território. A economia regional altera o foco de análise. Enquanto a economia espacial se baseia no «espaço», e na sua influência a nível da microeconomia, a economia regional trata do «território» na sua dimensão intrinsecamente macroeconómica. Neste enquadramento mais amplo, o espaço constitui um recurso comum que se comporta como um factor de produção autónomo, gerador de vantagens estáticas e dinâmicas para os agentes que aí se situam.

No mundo actual, a cidade e a sua região de influência são indissociáveis. A economia moderna expandiu geometricamente a área de influência das redes, ou seja, o poder de atracção gravitacional inerente às forças centrípetas foi sendo ampliado sucessivamente perante a condutividade cada vez superior decorrente da melhoria da qualidade das redes logísticas.

As doutrinas clássica e neoclássica já analisavam esta questão numa lógica baseada na dotação de factores. De acordo com estas correntes, seria o comércio de bens e factores que procederia a um ajustamento dos preços, a um aumento da produção e à concretização de uma situação de pleno emprego. Assim, a perspectiva neoclássica que assume uma perfeita mobilidade de factores de produção entre regiões defende que será a realocação desses factores no espaço que explicará a concretização de maiores taxas de crescimento em diferentes regiões[208]. A doutrina clássica, por sua vez, estava um passo atrás, porquanto a teoria das vantagens comparativas assumia que uma determinada região detinha uma competitividade acrescida na produção de um bem se o conseguisse fabricar a um preço mais reduzido. Essa possibilidade decorria da sua capacidade de dotação natural, ou seja, da vocação intrínseca dessa região para uma determinada actividade[209].

As teorias regionais iniciais do século XX concebiam o crescimento enquanto resultado de uma maior procura do mercado por produtos pro-

58, Giugno, 2011, pp. 1–25 [disponível em http://fupress.net/index.php/ceset/article/viewFile/9559/8912].

[208] *Cf.* Borts, G. H.; Stein, J. L. – *Economic Growth in a Free Market*. New York: Columbia University Press, 1964.

[209] *Cf.* Ricardo, David – *On the Principles of Political Economy and Taxation* [1817]. Cambridge University Press, 1962; Heckscher, E. F. – «The Effects of Foreign Trade on the Distribution of Income». *In Economik Tidskrift*, 1919, pp. 497-512; eng. ver. in Ellis, H. S.; Metzler, L. S. (eds.)– *Readings on the Theory of International Trade*. London: Allen&Unwin, 1950, pp. 270–300

duzidos localmente, numa típica expressão keynesiana segundo a qual o desenvolvimento decorre da produção, do rendimento e do emprego. Assim, baseando o seu foco na procura, os efeitos positivos de um seu aumento não se limitariam à concretização a uma ampliação da base de emprego e do rendimento do sector responsável pela produção do bem, mas de toda a envolvente, atentas as relações de intrínseca interdependência estabelecidas. Esta é a base do modelo de liderança de exportações de North[210].

Contudo, as teorias de base keynesiana pecam pela sua perspectiva de imediatista. Se assumirmos uma análise de longo prazo, assente numa lógica multiperíodo, poderemos abandonar o ponto focal na procura e reconhecer a importância fundamental da poupança e da formação de capital. Estes elementos, de base mais estrutural, são simultaneamente um corolário e uma fonte do desenvolvimento regional de acordo com o modelo *Harrod-Domar*[211].

E, nesta dimensão, a potencialidade exportadora da região assume uma especial importância, dado que o sucesso (expansão) ou insucesso (implosão) da cidade e, consequentemente, da região, depende da eficiência que se alcance em dois níveis diferenciados, mas intimamente relacionados: o primeiro nível de eficiência urbana, em que os custos e os benefícios dos habitantes são geridos num modelo óptimo – este será o campo da economia urbana; e um segundo nível que se relaciona com a base de exportação da região, ou seja, com a capacidade competitiva própria daquela aglomeração expandida e que lhe permite adquirir valor adicional por via da criação de valor e, consequentemente, das vendas que efectua para o exterior e que, naturalmente, redistribui a todos os participantes da rede, aumentando ainda mais os seus factores de atractividade (efeito de expansão) numa relação de base multiplicativa (de inspiração keynesiana)[212]. Se for deficitária, ao invés, os seus recursos serão drenados até um ponto em que implodirá para uma dimensão mínima. Porém, nesse momento,

[210] *Cf.* North, D. – «Location Theory and Regional Economic Growth». *In Journal of Political Economy*, vol. 63, 1955, pp. 243–258.

[211] *Cf.* Domar, E.D. – *Essays in the Theory of Economic Growth*. London: Oxford University Press, 1957; Harrod, R. F. – «An Essay in Dynamic Theory». *In The Economic Journal*, vol. 49, no. 193, 1939, pp. 14–33.

[212] *Cf.* Pred, A. – *The Spatial Dynamics of US Urban-Industrial Growth*. Cambridge: MIT Press, 1966.

se descobrir ou criar uma vocação própria, e uma vez que o custo do solo é reduzido, poderá criar uma dinâmica virtuosa de crescimento, potenciando as vantagens da sua baixa densidade.

As teorias modernas do desenvolvimento local procuram identificar os factores que permitem a uma determinada região adquirir vantagens competitivas. Esses factores podem ser exógenos ao contexto local, mas que são transportados para o seu interior de forma deliberada ou fortuita (a instalação de uma empresa multinacional, a construção de uma infra-estrutura importante ou a difusão de uma inovação concebida numa outra localização), ou endógenos, ou seja, factores que são desenvolvidos na região e que potenciam o seu crescimento de forma sustentada (iniciativa empresarial, presença de recursos ao nível do trabalho e do capital, qualidade das decisões de governo local na articulação positiva de todos os factores). O modelo de *clusters* de Porter é uma manifestação prática desta orientação teórica, fornecendo orientações acerca da forma como o processo de inovação e a proximidade entre agentes – ou seja, a aglomeração – se constituem como variáveis centrais para a criação da rede regional de competitividade acrescida[213]. A competitividade nacional não seria mais do que a soma agregada das competitividades regionalmente estabelecidas.

7.4. A Estrutura Típica de Organização do Mercado Fundiário: de Dixit-Stiglitz a Heckscher-Olin-Samuelson: Conclusões quanto ao Terceiro Nível Regulatório

Reconhecendo o papel fundamental das economias externas enquanto elemento fundamental na estrutura do mercado em análise, a aproximação que mais se adequa, actualmente, ao seu estudo é o modelo Dixit-Stiglitz de concorrência monopolística[214] já analisado. Efectivamente, um dos defeitos da economia urbana tradicional é a desconsideração dos efeitos que as economias externas geram na estrutura do mercado. Essa desvalorização leva a que não sejam propostas medidas regulatórias de correcção do mercado que, em liberdade, levará inevitavelmente à constituição de situações

[213] Porter, M. – *On Competition, Updated and Expanded Edition*. Harvard Business Press Books, 2008.

[214] Avinash, K.; Stiglitz, Joseph E. – «Monopolistic competition and optimum product diversity». *In The American Economic Review*, American Economic Association, 1977, via JSTOR. 67 (3): 297–308. *JSTOR 1831401*. Brakman, Steven; Heijdra, Ben – The Monopolistic Competition Revolution in Retrospect. Cambridge University Press, 2004.

subóptimas. Essa desoptimização poderá constituir um esmagamento do potencial de crescimento pela acção das deseconomias externas (ou, de forma simplista, as forças centrífugas) ou por um subaproveitamento das economias externas (ou, também de uma forma simplista, as forças centrípetas). Note-se que não estamos a referir-nos necessariamente ao conceito de exterioridade enquanto falha de mercado. Pelo contrário, estamos a falar igualmente de forças virtuosas multiplicadoras de valor. No entanto, também não nos poderemos esquecer das entropias relacionais intersubjectivas que podem gerar externalidades negativas por via de conflitos ao nível da estrutura de apropriação. E estas, tais como as outras inerentes aos custos de transporte sucessivamente mais elevados e às falhas de informação para a construção de modelos óptimos de preço fundiário, devem ser geridas de forma eficiente pelos poderes públicos.

Apesar de simplista, o modelo *Dixit-Stiglitz* estabelece um modelo conceptual adequado para estruturas de mercado como as das cidades e regiões, onde os agentes concorrem para o estabelecimento de vantagens concorrenciais assentes na diferenciação competitiva, criando estruturas produtivas diferenciadas e especializadas, distintas das demais[215]. Efectivamente, nenhuma cidade é igual às restantes, nenhuma localização é similar às demais. Ora, o modelo *Dixit-Stiglitz* acolhe no seu seio a possibilidade de inserção de estruturas de produção heterógenas (em que alguns produtos são normalizados, mas outros são distintos), aceita múltiplas localizações para aferição de comparações concorrenciais e relacionais e integra os custos de transporte enquanto factor fundamental na equação de crescimento.

No entanto, a realidade é bem mais complexa e o mundo bem mais global do que a cidade e a sua região de influência.

David Ricardo nunca se preocupou em explicar porque é que as produtividades diferiam entre localizações, sendo que as vantagens comparadas de cada uma decorriam do uso de diferentes tecnologias, logo, de diferentes produtividades do factor trabalho. A teoria neoclássica, por sua vez, concedia uma importância fundamental à procura. Perante as insuficiências destas duas aproximações, Eli Heckscher e Bertil Ohlin propuseram uma teoria alternativa: (i) a produção dos bens requer diferentes quantidades de cada um dos factores (intensidade factorial dos bens); e (ii)

[215] In FUJITA, Masahista; KRUGMAN, Paul; VENABLES, Anthony- – *The Spatial Economy*, cit., pp. 45 e ss..

as localizações caracterizam-se por diferentes dotações factoriais (abundância factorial das localizações).

O modelo de *Heckscher-Ohlin* conclui que cada localização goza de vantagens comparativas nos bens que usam mais intensivamente o seu factor mais abundante (relativamente mais barato). Assim, se o solo for abundante numa localização numa zona de baixa densidade, o seu sucesso dependerá da forma como este for utilizado da forma mais intensa.

Os três corolários deste modelo ajudam à compreensão da importância do solo na competitividade regional, nacional e internacional. Assim, o teorema da igualização do preço dos factores (*teorema de Samuelson*) demonstra que, se entre duas localizações se produzirem dois bens, para os quais apresentam funções de produção idênticas, não ocorrendo restrições ao comércio nem custos de transporte, a remuneração dos factores, relativa e absoluta, será a mesma nas duas localizações. Este corolário reforça a importância da necessária eficiência acrescida nas estruturas transaccionais e na gestão dos custos de transportes.

Por sua vez, nos termos do teorema da repartição interna dos rendimentos (*teorema de Stolper-Samuelson*), verificando-se um aumento no preço relativo de um bem, o factor em que ele é relativamente intensivo vê subir o seu preço relativo e o outro vê diminuir a sua remuneração. Assim, o valor do solo provém da sua escassez. Quando o preço relativo de um bem sobe, tal reflecte um aumento na sua procura pelos indivíduos, isto é, um aumento da escassez relativa desse bem. Este, por seu turno, reflecte um aumento na escassez dos factores que entram no seu desenvolvimento. O teorema geral refere que, para produzir mais do bem, aproveitando a sua subida de preço, os produtores terão de utilizar mais factores elevando a sua procura e dispondo-se a oferecer maior remuneração. Assim sendo, quanto mais intensivamente for um factor utilizado na produção do bem em causa, mais aumentará o seu preço (remuneração) relativamente ao outro factor. Ora, sendo a oferta do solo determinada, as tensões inflacionistas serão intoleráveis.

Finalmente, o teorema da livre troca e do crescimento económico (*teorema de Rybczynski*) refere que, quando os coeficientes de produção são constantes, um aumento na dotação de um factor aumenta a produção do bem que usa esse factor intensivamente e reduz a produção do outro bem. Este postulado faz a "ponte" entre o comércio internacional e o crescimento económico, observando os efeitos da alteração das dotações factoriais (crescimento), mantendo-se constantes os termos de troca. O problema é que não pode haver um aumento da dotação do solo numa determinada localização.

Estes modelos são normalmente utilizados para a explicação das virtudes do comércio internacional e para o desenvolvimento optimizado de modelos concorrenciais de política industrial de âmbito nacional. Porém, parte do princípio, também neoclássico, de oferta e sucedaneidade perfeita entre factores de produção o que, como vimos, não ocorre quanto ao solo.

O solo tem, assim, uma dimensão primordial na formulação do modelo de desenvolvimento urbano. O próprio movimento de desmaterialização, com a sua flexibilidade inerente, tem contribuído para uma atracção para o centro, dado que os agentes já não precisam de se deslocar para grandes unidades industriais ou de serviços estabelecidas nas orlas urbanas. O mesmo acontece com as tendências crescentes de desenvolvimento turístico. De facto, o viajante procurando aquilo que é único e típico de uma cidade tende naturalmente a querer instalar-se nos centros históricos, onde pode usufruir da atmosfera urbana própria que amplia a sua experiência. Estas duas tendências acentuam um novo movimento de convergência para o centro, que propicia um aumento geométrico do preço do solo.

É estranho que parte da doutrina que analisa as teorias de desenvolvimento local, regional e nacional ignore o solo (com as suas especificidades) como factor relevante em sede de teoria de localização. Preferindo usar terminologias como a localização, espaço, ou região, congregados com outros fenómenos como a poluição difusa, áreas de congestionamento ou custos de transporte, esta doutrina padece de uma insuficiência similar à da doutrina económica neoclássica, ou seja, a desconsideração do solo enquanto factor de produção e variável essencial no tráfego económico. A situação torna-se mais grave quando os modelos de avaliação fundiária, que são o alicerce de todos os elementos de custo para a actividade humana de base material, revelam igualmente uma total ignorância dos modelos económicos em presença.

Não é por acaso que ocorrem ciclicamente fenómenos disruptivos como a emergência de «bolhas imobiliárias», ou, numa forma ainda mais grave, crises financeiras de escala global como a de 2008-2009.

Os desafios para a regulação económica a este respeito são enormes: *i)* a criação de modelos de informação perfeita quanto à disponibilidade do solo e ao seu «preço»; *ii)* o estabelecimento de um modelo previsional demográfico e de evolução da actividade económica; *iii)* a construção de infra-estruturas num exercício previsional, e que sejam sustentáveis no longo prazo; *iv)* o estabelecimento de um modelo de planeamento urbanístico que seja flexível e rápido tendo em vista a adaptação rápida da procura de solo ao tipo de procura (os planos não podem ser estabelecidos definitivamente há uma década, com princípios de há três décadas); *v)* a antecipação das tendências económicas globais (por exemplo, o aparecimento das plataformas de agregação de imóveis para efeitos turísticos deveria ter sido antecipada), entre outros desafios, devem ser geridos pelo decisor público sem que este caia em falhas de governo ou «tiques» intervencionistas geradores de falhas de governo (por exemplo, o estabelecimento de licenças para o alojamento local).

Competitividade global e políticas eficientes de solo estão intrinsecamente relacionadas, mesmo numa época de digitalização. Ninguém quer desenvolver novas aplicações em ambientes degradados. É por essa razão que os novos pólos de desenvolvimento tecnológico se situam em áreas sustentáveis ou cidades atractivas. A relação entre o território e a economia é inerente.

A – Questões para o Futuro

i. Qual o modelo óptimo de apropriação do solo?

ii. Não será a garantia de um cadastro territorial o «grau 0» de uma política regulatória fundiária e a uma obrigação básica do Estado?

iii. Existirá um dever de utilização eficiente do solo? O que será a função social da propriedade?

iv. Qual o equilíbrio entre o direito e o dever de propriedade?

v. Será inevitável a necessidade de existência de uma autoridade pública para a garantia da propriedade privada do solo?

vi. Será o direito de propriedade em sentido clássico uma barreira à utilização eficiente do solo?

vii. Qual o equilíbrio entre a tutela efectiva de segurança e liberdade decorrente do direito de propriedade privada e o imperativo de utilização eficiente de um recurso comum como o solo?

viii. Qual a formulação óptima do conjunto agregado de direitos que compõe o direito de propriedade privada do solo?

ix. O direito de propriedade privada do solo deverá assentar numa base intrínseca de «direito real» ou de «direito obrigacional»?

x. Atendendo à dimensão óptima da propriedade fundiária e à relevância das economias de escala na exploração agrícola e florestal, deveria ser iniciado imediatamente uma política de emparcelamento fundiário com alteração do direito sucessório a este propósito?

xi. Será o *jus aedificandi* uma componente natural do direito de propriedade privada fundiária, uma dádiva do plano urbanístico ou um referencial para uma regulação económica óptima do solo?

xii. Será o plano urbanístico o instrumento por excelência para a regulação económica do solo?

xiii. Como obstar que a excessiva regulação desagúe numa situação de «tragédia dos antibaldios»?

xiv. Será a tragédia dos antibaldios em sede fundiária o cumulo máximo da tragédia burocrática anunciada pela teoria da escolha pública?

xv. Como se articula a política de utilização fundiária eficiente com o princípio da igualdade, nomeadamente o direito à habitação?

xvi. Qual é o conceito de valor aplicável ao solo? E em que circunstâncias?

xvii. Existirá um verdadeiro «valor do mercado» do solo?

xviii. O que deverá ser o «valor de base territorial»?

xix. Quais os mecanismos agregadores que explicam a formulação das cidades? Quais as forças centrífugas? E as forças centrípetas?

xx. Qual a base da competitividade regional? A região? Ou a cidade?

xxi. Será a competitividade nacional o resultado agregado das competitividades regionais?

xxii. Existirão diferenças entre as políticas de alta densidade e de baixa densidade? Quais?

B – Bibliografia Nacional

ARAÚJO, Fernando – *A Tragédia dos Baldios e dos Anti-Baldios.*

CORREIA, Fernando Alves – *O Plano Urbanístico e o Princípio da Igualdade.* 2ª reimpressão. Coimbra: Almedina, 2001

FRANCO, António de Sousa – *Noções de Direito da Economia,* I vol. Lisboa, AAFDL, 2000

LOBO, Carlos Baptista; PARDAL, Sidónio – *Património Imobiliário – Referências para Avaliação,* Almedina, 2011

MIRANDA, João – A Dinâmica Jurídica do Planeamento Territorial [A Alteração, a Revisão e a Suspensão dos Planos], Coimbra Editora, 2002

MONTEIRO, Cláudio – *O Domínio da Cidade. A Propriedade à Prova no Direito do Urbanismo*, AAFDL, 2013

C – Bibliografia Estrangeira

BARNETT, Jonathan, Brian Blaesser – *Reinventing Development Regulations*, Lincoln Institute of Land Policy, Cambridge, 2017

CALABRESI, Guido; MELAMED, A. Douglas – «Property Rules, Liability Rules, and Inalienability: One View of the Cathedral». *In Harvard Law Review*, Vol. 85, No. 6, 1972

COLE, Daniel, Elinor Ostrom (eds.) – *Property in Land and Other Resources*, Lincoln Institute of Land Policy, Cambridge, 2011

FUJITA, Masahista; KRUGMAN, Paul; VENABLES, Anthony – *The Spatial Economy*. Cambridge: MIT Press, 2001

GABAIS, Xavier – «Zipf's Law for Cities: an explanation». *In Quarterly Journal of Economics*, 114, 3, 1999, pp. 739–167

HELLER, Michael – «The Tragedy of the Anticommons: Property in Transition from Marx to Markets». *In Harvard Law Review*, 111, 1998

HIRSCHMAN A. – *The Strategy of Economic Development*. Yale University Press, 1958

MARTINEZ-GIRALT, Xavier e Pedro Pitta Barros – *Health Economics. An Industrial Organization Perspective*, Routledge, 2012

MCCARTHY, George, Gregory Ingram e Samuel Moody (eds.) – *Land and the City* Lincoln Institute of Land Policy, Cambridge, 2016

PORTER, M. – *On Competition, Updated and Expanded Edition*. Harvard Business Press Books, 2008

SCHLAGER, Eddela; OSTROM, Elinor – «Property-Rights Regimes and Natural Resources: a Conceptual Analysis». *In Land Economics*, 68 (3), 1992

SCHULZ, Norbert; PARISI, Francesco; DEPOORTER, Ben – «Fragmentation in Property: Towards a General Model». *In Journal of Institutional and Theoretic Economics*, 159, 2003, pp. 594–613

Capítulo II
A Produção de Bens Públicos

1. A Actividade Financeira do Estado no Quadro da Regulação do Mercado do Solo

A base do urbanismo é a infraestruturação. E para existir infraestruturação deverá ser construído um edifício financeiro sustentável. É esse o desafio que se colocará aos alunos neste capítulo.

Ante as incapacidades de mercados existentes no mercado da propriedade imobiliária, a acção reguladora do Estado é, conforme demonstrámos, mais do que justificada. No limite, poderá mesmo considerar-se essa função correctora obrigatória [alíneas *a)*, *b)* e *f)* do artigo 81º da CRP].

Esta função de regulação e ordenação dos mercados, essencial na configuração económico-financeira dos Estados modernos enquanto Estados Reguladores[216], deve ser exercida com prudência, dado que pode originar «falhas de regulação», que aparecerão inevitavelmente no caso das entidades públicas se entrincheirarem no conforto dos normativos de ordem meramente formal, bloqueando iniciativas de desenvolvimento por via de argumentos de base estritamente burocrática, não se efectuando os necessários «balanços económicos» exigidos pelo princípio da eficiência e próprios da função política de gestão do território. Neste quadro, se exercidas de forma não cuidada, as políticas públicas, além de não corrigirem as falhas ou os desequilíbrios do mercado, poderão mesmo agravá-las. A ineficiência será, então, dupla: a decorrente da organização ineficaz do mercado acrescida da falha de governação.

[216] *Cf.*, por todos, FERREIRA, Eduardo Paz – *Direito da Economia*, AAFDL, Lisboa, 2001, pp. 393 e ss..

Um ordenamento urbanístico que não tome em consideração os imperativos de direito económico e, no limite, o princípio da igualdade económica origina fatalmente desigualdade e injustiça.

Neste prisma, assumindo o solo como um recurso de interesse geral, e qualificando a Constituição da República Portuguesa o valor social da propriedade, o regime jurídico de política de solo deverá prever, na perspectiva financeira, um conteúdo regulador que inclua o estatuto jurídico da propriedade privada e a sua relação intrínseca com o interesse público, tomando em consideração a preocupação de ordenamento urbano eficiente, a introdução de transparência na avaliação fundiária e a consequente regulação das metodologias de formação de preços.

No entanto, e além das citadas vinculações regulatórias, é essencial que a acção pública proceda a uma composição eficiente das infra-estruturas em rede de suporte à propriedade imobiliária, numa óptica de redistribuição de encargos e, claro está, à redistribuição eficaz dos ganhos ou mais-valias fundiárias num quadro tributário baseado na teoria da organização fundiária óptima.

O mercado fundiário, na sua perspectiva mais ampla, é inevitavelmente influenciado pelas opções de infra-estruturação desenvolvidas pelas entidades públicas no campo das potencialidades construtivas. Relembramos que até David Ricardo fazia depender a renda fundiária agrícola da proximidade de infra-estruturas que possibilitassem os produtos para as cidades.

É, portanto, essencial que o enquadramento regulatório contemple critérios de repartição dos benefícios e dos encargos decorrentes da actividade de infra-estruturação, numa perspectiva que respeite o princípio da igualdade na sua vertente material e a lógica própria da utilização óptima dos recursos disponíveis.

Efectivamente, sendo o modelo de organização eficiente do solo decorrente de princípios de organização económica, deverão as entidades públicas utilizar instrumentos com tipologia idêntica para a resolução das suas insuficiências. Os instrumentos económico-financeiros, mormente os instrumentos tributários, adquirem, neste enquadramento, uma função primordial, que transcende, em larga medida, os puros interesses recaudatórios.

E, neste ponto, identificamos uma outra insuficiência. Em Portugal, e numa perspectiva financeira, a actividade urbanística tem sido considerada fundamentalmente uma fonte de receitas públicas municipais. O mesmo se verificava noutros ordenamentos jurídicos, nomeadamente no francês, merecendo especial destaque o denominado *platfond legal de densité*, estabelecido discricionariamente pelos planos. Este plano tinha como finalidade fixar um tecto máximo – apenas para efeitos valorativos de solo urbanizado, não do direito de propriedade – ultrapassado o qual, segundo o plano de ocupação do solo (*Plan d'Occupation des Sols*, que, em 2001, foi substituído pelo *Plan Local d'Urbanisme*), teria o promotor de pagar ao município uma contribuição compensatória complementar pelo excesso, uma vez solicitada a licença de construção. Esse licenciamento dissociado de qualquer função prestacional gerava receitas consideráveis para as entidades públicas, mas não beneficiava os privados não beneficiados pelo plano de ordenamento nem era recanalizado para efeitos de regulação fundiária. Assim, um modelo de financiamento eficiente foi transformado num sistema de angariação de receitas tributárias gerais.

Efectivamente, em Portugal, o resultado financeiro da actividade pública de urbanização tem sido de tal forma considerável que os organismos públicos responsáveis[217] ignoram os verdadeiros fundamentos da actividade financeira urbanística, funcionalizando a actividade urbanística à maximização dos proveitos financeiros daí decorrentes.

Esta visão, limitada e viciada, tem um impacto extremamente gravoso no desenvolvimento eficiente da própria actividade administrativa subjacente.

[217] Tendo em consideração o princípio da descentralização, a actividade urbanística é historicamente cometida aos municípios, pois serão essas entidades que estarão em melhores condições para o seu desenvolvimento dada a relação de extrema proximidade com as populações e com o território. Todavia, actualmente, e atendendo ao desenvolvimento factual de áreas metropolitanas, deverão ser criados organismos de coordenação urbanística sob pena de as disfunções actuais se continuarem a agravar em resultado da falta de percepção atempada da necessidade de criação dessas entidades centralizadas (de coordenação ou mesmo integradas) que resolvessem as disfunções resultantes de decisões autárquicas individualizadas em grandes massas urbanas. Efectivamente, o princípio da descentralização na decisão pública advoga, por razões de eficiência, que a decisão seja tomada o mais próximo possível dos seus destinatários, permitindo ao decisor sintetizar mais fielmente as reais necessidades dos cidadãos minimizando eventuais distorções que influenciem negativamente a sua decisão. No entanto, se a decisão for mais eficiente num nível mais elevado, atendendo aos condicionalismos mais abrangentes que a condicionam, deverá ser tomada nesse grau. *Cf.* FRANCO, António de Sousa – *Finanças Públicas e Direito Financeiro*. Vol. I, 4ª edição, Almedina, 2004, pp. 74 e ss; MUSGRAVE, Richard; MUSGRAVE, Peggy – *Public Finance in Theory and Practice*. 5th edition. McGraw-Hill, 1989, pp. 87 e ss..

O resultado destas disfunções é visível aos olhos de todos. Não será necessária a realização de uma investigação empírica aprofundada para verificar as consequências da política de urbanismo assente no primado da receita.

Desta situação resultam diversos problemas ao nível da organização eficiente do mercado atento o seu comportamento pró-cíclico. Numa situação de estagnação, os níveis de receitas directas provenientes das actividades de implantação urbanística reduzir-se-ão drasticamente, o que coloca enormes problemas aos municípios que se encontram totalmente dependentes deste tipo de receitas[218].

A dependência das autarquias locais relativamente às receitas provenientes da actividade urbanística originou uma propensão para a maximização desregrada de carga urbanística de baixa qualidade a nível concelhio, na maioria das vezes desproporcionada ante as necessidades reais do mercado e quase sempre excessiva considerando as capacidades de edificação óptimas no espaço em causa. Não se condena estas opções municipais; de facto, e atendendo ao modelo de desenvolvimento que nesse quadro se deparava, esta era a única opção racional a desenvolver. Porém, o mundo mudou e, nesta perspectiva, estes padrões decisórios têm inevitavelmente de o acompanhar.

[218] As autarquias locais sentem actualmente constrangimentos financeiros gravíssimos que podem colocar em causa a sua solvabilidade num futuro muito próximo e que as tornam particularmente sensíveis a todas as possibilidades de maximização dos níveis de receita de curto prazo. A demonstração deste verdadeiro «estado de necessidade» ao nível da despesa é bastante fácil, dado: (1) o aumento da despesa autárquica proveniente do alargamento de competências autárquicas; (2) o aumento da despesa autárquica proveniente do aumento da dimensão dos corpos administrativos de suporte à decisão autárquica; (3) o aumento da despesa autárquica decorrente do enorme esforço de investimento realizado nos últimos anos na criação de infra-estruturas públicas que agora necessitam de manutenção; (4) o desenvolvimento e implementação de um princípio de descentralização alargado; (5) o aumento de exigência por parte dos munícipes ao nível da prestação dos serviços pelos municípios; (6) a redução do investimento público por parte da Administração Central que necessita de ser compensada por investimento autárquico. No entanto, este movimento de expansão da despesa depara com uma tendência totalmente inversa do lado da receita decorrente: (1) do esgotamento do modelo tradicional de financiamento autárquico; (2) da redução significativa da taxa de crescimento dos impostos locais (Contribuição Autárquica/IMI, Imposto Municipal de Sisa/IMT, Imposto sobre os Veículos); (3) da limitação da possibilidade de endividamento por via das sucessivas Leis do Orçamento do Estado desde 2002; (4) da redução das transferências proveniente do Orçamento do Estado.

No entanto, a dependência estrutural dos municípios em relação às receitas das actividades urbanísticas e a sua desadequação dogmática não constituem os únicos factores de desequilíbrio que obstam à criação de uma situação economicamente óptima na perspectiva territorial.

Efectivamente, existe um desequilíbrio entre as potencialidades de edificação dos diferentes municípios sem que se encontre prevista qualquer modalidade de compensação intermunicipal[219] minimamente operacional. O mesmo acontece na sustentação do custo com infra-estruturas urbanísticas, sensivelmente mais baratas *per capita* em zonas de elevada densidade, atentas as significativas economias de escala presentes.

Esta reorganização não significa uma menor ou maior receita. A perspectiva é diversa, o que se propugna é a angariação de uma receita eficiente e justa: *eficiente* na óptica da sustentação dos encargos urbanísticos incorridos pelas entidades públicas; *justa* do ponto de vista da redistribuição de benefícios entre agentes abrangidos pelos mandamentos de planeamento urbano.

Mais do que uma perspectiva meramente quantitativa, a receita tributária decorrente da actividade urbanística deverá assentar numa lógica qualitativa, funcionalizando-se os instrumentos financeiros disponíveis à concretização de situações fundiárias óptimas. Nesta perspectiva, as entidades públicas deverão utilizar os instrumentos financeiros disponíveis (taxas, tarifas, contribuições especiais e impostos) tendo em vista

[219] Essa desigualdade decorre de duas razões essenciais: 1) do ponto de vista estrutural, existem áreas municipais de baixa e de alta densidade. Ora, em situações de baixa densidade, por exemplo, em áreas de montanha, os custos de construção de infra-estruturas urbanísticas são bastante elevados, incompatíveis com os valores de mercado dos imóveis, o que inviabiliza liminarmente a aplicação de um qualquer mecanismo de repartição perequativa dos investimentos se tal for efectuado num âmbito estritamente intramunicipal. Desta forma, a solução para esta falha estrutural de mercado dependerá da acção das autoridades públicas centrais, que deverão desenvolver mecanismos de compensação intermunicipal entre os municípios propensos à criação em larga escala de solo urbano (os municípios do litoral) e os municípios do interior, de reduzida densidade urbana e que sustentam custos infra-estruturais proibitivos; 2) do ponto de vista legal e atendendo às características morfológicas do território nacional, as áreas da RAN, da REN e as áreas protegidas não poderão ser tomadas como encargos dos municípios onde se situam, mas sim de toda a colectividade. O benefício social decorrente, por exemplo, da existência do Parque Nacional do Litoral Alentejano e da Costa Vicentina transcende as vantagens directamente incorridas pelos cidadãos residentes nas áreas municipais abrangidas estendendo-se a todos os cidadãos nacionais e, no caso das áreas englobadas na rede Natura 2000, igualmente aos cidadãos comunitários.

a composição eficiente de um modelo de organização territorial óptimo, de onde advirá, conforme demonstraremos, uma superior legitimidade na decisão política.

O regime jurídico-económico do solo decorre da integralidade do regime administrativo, urbanístico e fiscal aplicável ao imobiliário. Os planos territoriais, na medida em que determinam e legitimam as alterações dos usos do solo e os índices de construção, têm repercussões de monta sobre a formação do valor do solo e sobre o comportamento do mercado imobiliário.

De igual forma, o regime fiscal aplicável condiciona as opções dos agentes económicos alterando de forma decisiva os seus comportamentos. Neste último caso, o IMT tem um impacto extraordinariamente negativo ao inserir uma rigidez adicional no sector, atenta a sua natureza de imposto de transacções em cascata.

No entanto, poderá referir-se que qualquer sistema fiscal que não tome em consideração as preocupações de regulação eficiente do mercado fundiário, mas que unicamente vise a angariação de receita pública (numa perspectiva de pura tributação do capital) originará distorções significativas no mercado com os inevitáveis impactos negativos em sede de Bem-Estar Social.

Esta relação entre os instrumentos do urbanismo, a fiscalidade e o mercado fundiário tem sido ignorada por uns, escondida por outros e profusamente utilizada numa prática especulativa generalizada suportada por operações de engenharia financeira, de tal forma criativas e abstractas que se tornam insustentáveis, incompreensíveis na sua irracionalidade e que estão em boa parte na origem da crise do sistema financeiro internacional e, actualmente, inserem padrões de desconfiança no mercado.

Conforme refere Sidónio Pardal, os planos territoriais não são inocentes ao fazerem crer que os seus conteúdos são o resultado de conclusões científicas quando, em boa verdade, traduzem opções políticas e económicas intersubjectivas e de exercícios de desenho e composição que remetem para o foro da criatividade urbanística. Ora, esta realidade não é negativa se os benefícios e os encargos inerentes forem correctamente distribuídos e se os próprios planos contiverem um normativo de execução minimamente eficaz para a sua implementação, quer ao nível da produção de utilidades (*e. g.*, expansão de redes) quer ao nível da redistribuição (*e. g.*, compensação perequativa de encargos e benefícios) quer ao nível do desenvolvimento (*e. g.*, aposta em sectores municipais ou regionais estratégicos como, por exemplo, a reabilitação urbana).

De igual forma, deverá determinar os modelos óptimos de fixação tarifária dos diversos serviços prestados sobre infra-estruturas gerais e inserir uma componente de eficiência na tributação urbanística (quer nas taxas urbanísticas, nas tarifas dos serviços de interesse geral, quer nos impostos).

A limitação do solo urbanizável ao estritamente necessário para satisfazer as necessidades reais implica um protagonismo quase absoluto do Estado e dos municípios na promoção das novas urbanizações, à semelhança do que ocorre na Holanda, na Alemanha e mesmo nos Estados Unidos. Por outro lado, obriga a assegurar uma distribuição do produto final, de modo a garantir uma relação de equilíbrio entre a oferta e a procura. Este equilíbrio pressupõe que se assegure a produção suficiente de solo devidamente adaptado para as actividades produtivas (agrícola e florestal) e para a habitação, o que só é possível com uma parte em regime de oferta pública, numa óptica de proximidade.

2. As Infra-estruturas Territoriais e Urbanas Enquanto «Bens Públicos»

2.1. Bem Público: Conceito

O conceito de bem público[220] foi originariamente avançado por Paul Samuelson. Conceptualmente, este tipo de bens decorre (e corporiza) de uma falha de mercado, já que as suas características implicavam não só uma não exclusão potencial de acesso a terceiros (tal como acontece com os recursos comuns), como também um consumo não rival. Assim, a intensidade das suas incapacidades perante o modelo ideal de bem transaccionável é superior à dos próprios recursos comuns, já que estes somente padecem de uma insuficiência ao nível da perfeição da sua apropriação.

Enquanto nos recursos comuns a determinação incorrecta dos termos da sua apropriação decorre da presença de exterioridades negativas, no caso dos bens públicos, a situação é inversa, já que o fenómeno em causa é precisamente o da presença de exterioridades positivas não socializadas

[220] António de Sousa Franco apresenta como causas de incapacidade de mercado a existência de bens públicos (bens colectivos, na sua terminologia), os custos decrescentes e o efeito de monopólio, a ocorrência de exterioridades e a existência de incerteza e risco na actividade económica, ou seja, precisamente as incapacidades identificadas no mercado urbanístico. *Cf.* FRANCO, António de Sousa – *Finanças Públicas e Direito Financeiro*. Vol. I, 4ª ed., pp. 25-33.

A incapacidade de exclusão efectiva conjugada com a não rivalidade no acesso ou com a não exclusividade do seu uso gera um problema potencial em sede de economia de mercado. De facto, e nestas condições, o bem nem sequer poderá ser construído.

Os exemplos tradicionais são conhecidos, desde o farol que orienta os navios em alto-mar, às estradas rodoviárias, passando pela defesa nacional ou a segurança pública – toda uma panóplia de serviços e infra-estruturas essenciais tipicamente classificados como bens públicos, atento o facto de os benefícios sociais do fornecimento dessas utilidades ultrapassarem os custos impostos aos privados beneficiários pelo seu fornecimento.

A questão é clara e intuitiva: se o bem ou utilidade for insusceptível de exclusão e os agentes o puderem consumir ou utilizar sem que isso afecte a base disponibilizada aos restantes, cumular-se-ão os efeitos de boleia (*free-riding*), com a impossibilidade de atribuição concreta de um preço pela utilidade fornecida a um nível individual, mesmo que em determinadas circunstâncias limite possam ocorrer congestionamentos potenciais ao nível do uso (como, por exemplo, quando as praias estiverem de tal forma lotadas que se torne impossível colocar a toalha, ou quando ocorrem congestionamentos de trânsito).

É por essa razão que, neste quadro conceptual, a iniciativa privada se torna incapaz de proceder a uma oferta destas utilidades, atenta a impossibilidade de garantia de um retorno pelo investimento realizado. Poderemos chegar a uma situação paradoxal: os bens ou utilidades que mais essenciais se revestem a uma vida organizada em sociedade, uma vez que se constituem como a base da vivência gregária – as infra-estruturas urbanas e territoriais – não poderão ser fornecidos em termos eficientes pelo mercado pelo facto de não ser possível a extracção directa do retorno pelo investimento através dos mecanismos de preços. Porém, foi precisamente esse paradoxo que originou o aparecimento da decisão pública, na sua vertente de autoridade política.

Importa, a este propósito, efectuar algumas distinções:

i) Por vezes, confunde-se bem de titularidade pública com bem público. Essa confusão, usual no direito, deve ser afastada, uma vez que o Estado poderá fornecer bens privados, na perspectiva da sua função de actuação económica;

ii) Deveremos distinguir bem público de activo natural. O ar atmosférico, em geral, não necessita de uma acção criadora, nem a luz solar.

Pelo contrário, o bem público implica uma actividade de investimento localizada;

iii) Também o bem público não se confunde com o conceito jurídico político de bem do domínio público, já que estes, tradicionalmente, integram bens públicos em sentido clássico – como as infra-estruturas –, mas igualmente recursos comuns e algumas vezes puros bens privados (por exemplo, monopólios fiscais);

iv) O bem público também se distingue da necessidade pública. A necessidade pública é determinada pela lei e revela uma preferência e uma opção da sociedade que deverá ser autoritariamente imposta. As necessidades públicas dependem das regras de votação e variam no tempo e no espaço consoante as preferências reveladas pelos cidadãos e o poder de síntese do decisor. Assim, um serviço nacional de saúde poderá revestir a qualidade de necessidade pública em Portugal, mas não nos Estados Unidos.

v) Por outro lado, tal como os bens públicos e os recursos comuns são diferenciados, não se deverá confundir os bens públicos com os bens colectivos, bens de clube ou com os bens semipúblicos. Os bens colectivos são bens privados detidos colectivamente. Os bens de clube, relembre-se, classificam-se pela possibilidade de exercício de exclusão no acesso, inexistindo rivalidade ou exclusividade no seu uso (por exemplo, os grandes clubes privados, ou os lagos comunais em redor de Londres). Neste caso, os modelos de organização colectiva permitem uma gestão eficiente destas utilidades, uma vez que a possibilidade de exclusão de terceiros dificulta o *free riding* integral[221]. Ora, a possibilidade de exercício de um exclusão nos «bens de clube» fará toda a diferença ao nível dos modelos de financiamento da sua construção e manutenção: quem não contribuir não usufrui do bem, podendo para o efeito ser eficientemente excluído pelos demais participantes.

vi) Situação quase similar será o das infra-estruturas em rede que tendem para a organização num modelo de monopólio natural. Nestas situações, os efeitos das economias do lado da oferta (escala e de gama) e do lado da procura (exterioridades de rede) geram um efeito económico esmagador no sentido da organização mono-

[221] *Cf.* ARAÚJO, Fernando – *Introdução à Economia*, cit., 2014, p. 581.

polística (ou quando muito oligopolística por razões de política regulatória ou concorrencial). Estes casos tendem a ocorrer nas situações que mais se aproximam dos modelos de satisfação das necessidades mais básicas dos cidadãos (infra-estruturas de fornecimento de água, energia, redes de transportes, entre outros). Porém, aqui, tal como no caso dos «bens de clube», o gestor da infra-estrutura tem a capacidade de excluir o «faltoso» do grupo de clientes beneficiário do serviço. Neste caso, o poder público é delegado no gestor por via legislativa, sendo o seu exercício controlado pelo regulador;

vii) Já os bens semipúblicos revestem claramente a qualidade de bens potencialmente privados[222], ou seja, bens que o mercado é susceptível de fornecer de forma eficiente (já que beneficiam das características de exclusão e de rivalidade), mas cujos termos de fornecimento (por exemplo, uma excessiva onerosidade, ou a presença de um monopólio natural enquanto infra-estrutura prestacional) são considerados impróprios ou inadequados pelo decisor público, que assim decide fornecer ou regular os termos do seu fornecimento aos cidadãos (por exemplo, os serviços prestados pelas infra-estruturas referidas no ponto anterior, como o preço da água ou da electricidade em mercado regulado tendem a revestir esta qualidade). Neste quadro, já não estaremos no campo da estrita eficiência, mas sim no campo da igualdade redistributiva;

viii) Mais sensível será o caso dos bens de mérito, ou seja, bens que revestem, igualmente, uma natureza potencialmente privada, mas de cujo consumo individual resultam vantagens sociais evidentes, ou seja, o seu consumo individual gera exterioridades positivas em sede social (como as campanhas de vacinação, a educação, o sistema de saúde, ou situações de lançamento de novas infra-estruturas potencialmente geradoras de exterioridades de rede); neste caso, a preocupação redistributiva é evidente, mas essa subsidiação é igualmente legitimada pela exterioridade positiva que a sociedade

[222] Todas essas actividades proporcionam aproveitamentos específicos a favor de sujeitos certos e determinados e, portanto, cabem amplamente naquilo a que Teixeira Ribeiro chama de bens semipúblicos (*Cf.* Ribeiro, José Teixeira – *Lições de Finanças Públicas*. Coimbra, 1987, p. 28).

absorve por via desse consumo específico e, neste quadro, entramos claramente no campo da eficiência.

2.2. O Mundo em Mudança: a «Privatização» dos Bens Públicos – do Farol aos Satélites

As distinções entre o conceito de bem público e as demais situações de fronteira revelam-nos uma tendência inelutável: a evolução tecnológica permite uma cada vez maior perfeição do mercado. Aliás, essa é uma boa motivação de negócio. Ao conseguir satisfazer-se uma necessidade colectiva através de uma oferta de mercado, não existirá necessidade de «educar» a oferta acerca dos méritos do produto: a necessidade é histórica e presente; só haverá que formatar o produto em termos transaccionais, criando uma esfera de exclusão – por via de um título que legitime um direito de acesso – e um modelo de pagamento que permita o equilíbrio financeiro dessa oferta. O exemplo clássico do farol marítimo continua, ainda hoje, a ser paradigmático na demonstração desta tendência de mudança.

John Stuart Mill, Henry Sidgwick, A.C. Pigou e Paul Samuelson[223/224] utilizaram o exemplo do farol qualificando-o como o bem público de charneira. As razões eram claras: todos os navios beneficiavam da luz emitida pelo farol para a sua navegação, não sendo possível exigir-lhes o pagamento pela vantagem concedida e, nestas condições, a construção de faróis não seria sustentável por via da iniciativa privada. Neste quadro, as caracte-

[223] Paul Samuelson é considerado o pai conceptual da definição de «bem público». *Cf.* SAMUELSON, Paul A. – «The Pure Theory of Public Expenditure». *In The Review of Economics and Statistics*, 36(4), 1954, pp. 387–389; *Idem* – «Diagrammatic Exposition of a Theory of Public Expenditure». *In The Review of Economics and Statistics*, 37(4), 1955, pp. 350–356; *Idem*. «Aspects of Public Expenditure Theories». *In The Review of Economics and Statistics*, 40(4), 1958, pp. 332–338. *Idem*, «Pure Theory of Public Expenditure and Taxation». *In* MARGOLIS, Julius; GUITTON, Henri (eds.) – *Public Economics: An analysis of Public Production and Consumption and their Relations to the Private Sectors*. London: Macmillan, 1969.

[224] O (de)mérito da definição conceptual de bem público é normalmente atribuído a Paul Samuelson. Porém, como bem nota Maxime Desmarais-Tremblay, as ideias de «não exclusão» e de «não rivalidade» tinham sido anteriormente avançadas, no início da década de 30 do século passado, por Richard Musgrave, que baseou as suas posições nas posições do filósofos sociais do século XIX, que enfatizavam a importância dos processos políticos de decisão e a necessidade de inserção dos mecanismos de mercado no processo de distribuição dos bens públicos. *Cf.* DESMARAIS-TREMBLAY, Maxime – *On the Definition of Public Goods; Assessing Richard A. Musgrave's contribution*. CES Working Papers, 2014.05 [disponível em https://halshs.archives-ouvertes.fr/halshs-00951577/file/14004.pdf].

rísticas de não exclusão e de não rivalidade encontram-se presentes, pelo que a classificação da instalação enquanto bem público inevitável, o que levaria à conclusão de que a única entidade que a poderia construir e manter seria o Estado.

Porém, Ronald Coase vem mais uma vez discordar da doutrina anterior, referindo que o modelo de apropriação desenvolvido pelas entidades pública permitia a construção de faróis pela iniciativa privada[225]. E, demonstrou que, historicamente, tal tinha sido efectivamente o caso, já que tinham sido privados a construir os faróis que tipicamente eram considerados protótipos de bens públicos.

E efectivamente tal é verdadeiro. A Coroa britânica construiu um intrincado sistema regulatório, concedendo monopólios para a construção, regulando as áreas de navegação e construindo um sistema tarifário equilibrado nos portos que permitia o pagamento das tarifas necessárias ao exercício viável desta actividade.

Esta observação originou uma enorme querela dogmática. As correntes mais libertárias viram aqui uma oportunidade para descredibilizar a acção pública. Todavia, alguns autores como Van Zandt vieram referir que o modelo regulatório construído se traduzia numa complementaridade de acção entre o sector público e o privado[226]. E Bertand veio dizer que, mesmo com essa configuração que gerava claras ineficiências, o sistema era mais «público» do que privado[227], sendo que quem pagava as tarifas eram os proprietários dos navios, que só o faziam perante a pena de prisão que os ameaçava em caso de incumprimento, o que desmontava o modelo voluntário relacional no qual a teoria coaseana normalmente assenta.

Efectivamente, o que Coase pretendeu criticar foi a posição de Samuelson que advogava a impossibilidade *ipso facto* de o sector privado poder fornecer os bens que se qualificam como bens públicos. E para isso desenvolveu uma construção em tudo semelhante à que avançámos ao tratarmos de recursos comuns: a acção pública poderá, por via regulatória, criar um

[225] Coase, Ronald – «The Lighthouse in Economics». *In Journal of Law and Economics*, 17, 1974, pp. 357–376. Barnett, William; Block, Walter – «Coase and Van Zandt on Lightouses». *In Public Finance Review*, 35, 2007, pp. 710–733.

[226] Zandt; Van; David, E. – «The Lessons from the Lighthouse: "Government" or "Private" provision of Goods». *In Journal of Legal Studies*, 22, 1993, pp. 47–72.

[227] Bertrand, Elodie – «The Coasean Analysis of Lighthouse Financing: Myths and Realities». *In Cambridge Journal of Economics*, 30, 2005, pp. 389–402

mercado secundário estabelecendo de forma eficiente «fronteiras de propriedade» e possibilitando a criação de uma base de apropriação eficaz. Assim, e partindo do mesmo princípio de aversão à teoria clássica das exterioridades, o sistema regulatório tarifário que remunerava os faróis traduzia um modelo operacional de socialização de exterioridade positiva que, sendo aplicável, a eliminava.

Uma questão restava: se o modelo de base de parceria público-privada funcionava no século XIX (independentemente da intensidade superior ou inferior de um dos lados), por que razão a função havia sido nacionalizada a partir do século XX?

Erik Lindberg vem demonstrar que tal se deveu a razões de ordem prática. Com o aumento do movimento marítimo e com o sucessivo maior alcance dos navios, tornava-se muito ineficiente (e também injusto, já que o modelo de parceria partia do pressuposto de que os navios tinham de acostar a alguns portos) a manutenção do modelo tarifário anterior, tornando-se muito mais prático o fornecimento público dessa função.[228]

Ora, o problema das definições canónicas para realidades aparentemente imutáveis reside precisamente no ambiente em mudança que torna o «imutável» em mutável a uma velocidade avassaladora. Bens ou utilidades que num determinado momento padeciam das «incapacidades» de não exclusão ou não rivalidade podem, numa ruptura tecnológica, passar a ser efectivamente sustentados num quadro financeiro estável.

A grande questão sempre esteve no custo da regulação ou da supervisão. Como Fernando Araújo avança no seu exemplo do candeeiro de rua[229], o custo da iluminação pública poderia ser sustentado garantindo-se que os não contribuintes seriam excluídos da fruição da iluminação através da conduta zelosa de um guarda avençado. O problema é que o custo da remuneração do guarda excederia inevitavelmente qualquer benefício económico que se retirasse da iluminação, o que tornava esta solução ineficiente. Porém, hoje em dia, e conceptualmente, os contribuintes para a iluminação pública podem deter identificadores pessoais que transmitem um sinal personalizado para os candeeiros em redor, que se acenderão à medida da sua proximidade. No limite, até se torna possível proceder a um custeio na estrita óptica do utilizador-pagador, ou seja, do pagamento

[228] LINDBERG, Erik – *The Market and the Lighthouse, Public Goods in Historical Perspective. In* Economic History Society Annual Conference, April, University of Warwick, 2009.
[229] *Cf.* ARAÚJO, Fernando – *Introdução à Economia*, cit., 2014, p. 580.

efectivo do tempo de iluminação pública efectivamente fruído. O mesmo acontece com o pagamento pela utilização de estradas, ou mesmo dos faróis marítimos; os sistemas de localização por satélite (GPS ou outros) permitem a aferição das localizações e a medida da efectiva fruição das utilidades em causa em moldes directos e concretos.

Assim, as próprias características de «não exclusão» e de «não rivalidade» estão hoje em crise, já que o principal desafio do mercado hoje em dia é precisamente a colmatação destas eventuais lacunas históricas por via do desenvolvimento tecnológico de modelos de localização, identificação, custeio e posterior cobrança. Ora, num mundo em mutação, mais relevante do que saber se o bem público se caracteriza por uma «não exclusão» e «não rivalidade» é saber como é que este tipo de necessidades são supridas da forma mais eficiente possível, garantindo-se simultaneamente as preocupações ao nível da igualdade, ou seja, a sustentabilidade, inclusão, coesão e solidariedade. A questão do financiamento adquire, assim, uma importância determinante.

2.3. O Financiamento como Elemento Determinante

Efectivamente, estas querelas doutrinárias tenderam a tornar o irrelevante numa questão essencial: não importa se a iniciativa é pública ou privada ou em parceria, o que é importante é que a necessidade seja satisfeita da melhor forma possível. E, para isso, aquilo que se tratava como secundário – o sistema de financiamento – é que adquire a relevância fundamental.

Note-se que foi isso que, em última linha, baseou o movimento de nacionalização integral do serviço de farolagem no século XX. Essa nacionalização resolveu as querelas permanentes entre os armadores e os gestores portuários, eliminou a votação tieboutinana ineficiente – ou seja, a escolha do porto de ancoragem simplesmente por motivos tarifários e não por questões de melhor localização ou acostagem – desaparecendo, consequentemente, todo um campo potencial de suborno e de gestão de favores que vigorava num ambiente totalmente adverso a este tipo de tributação específica de difícil legitimação pública (como se conseguiria explicar que somente o barco que ancorava no porto sustentasse o custo do farol, serviço de que todos os outros beneficiavam?).

Deixemos, então, a questão financeira para momento posterior. Por todas estas razões, a doutrina tem vindo a duvidar da existência de um conceito de bem público. Na sua obra *Are Public Goods Myths?*, Cornes e Sandler sumarizam esta tendência nos seguintes termos: «*Samuelson's classic formulation provoked a number of critics...whose chief concern was that Samuelson's austere simplification produced a rarefied concept, a mythical beast, without any counterpart in, and therefore without any applicability to, the real world*».[230] A razão desta crítica reside na própria formulação conceptual de Samuelson. Sendo estreita e aparentemente fatalista, esquece que em circunstâncias anormais o mercado pode fornecer todo o elenco de bens e serviços que normalmente são qualificados como bens públicos. Assim, os faróis poderiam ser sustentados por privados, a justiça pode ser administrada por tribunais arbitrais, a defesa externa pode ser garantida por grupos mercenários, as estradas podem ser enclausuradas por portagens, os fogos-de-artifício podem ser pagos por *resorts* turísticos, e até o ar limpo pode ser fornecido em situações excepcionais a quem esteja disposto a pagar por isso[231].

Este quadro normativo confuso constitui um campo fértil para a geração espontânea de ampla profusão conceptual (bens colectivos, bens de clube, bens sociais, *public contract goods*, recursos comuns, bens semipúblicos, bens públicos impuros, *etc.*) que visam capturar uma diversidade de situações, mantendo o conceito solene de bem público num plano cada vez mais teórico e, consequentemente, cada vez mais afastado da prática e do mundo real.

Discordamos, contudo, de Marc Wuyts que concluiu que os bens públicos eram construídos em redor daquilo que se consideravam ser as «necessidades públicas», independentemente das suas características de não exclusividade e de não rivalidade. Wuyts refere: «*public goods are socially defined and constructed: the outcome of complex political processes which evolve around the definition of public need...Public goods...result from public action...Orthodox theory, by contrast, defines public goods as specific types of goods or services (such as law and order, defence, the use of a road or a bridge, etc.) which markets find it hard to deal with. The reasons for this market failure...are often stated in economic*

230 *Cf.* CORNES, Richard; SANDLER, Todd – «Are Public Goods Myths?» *In Journal of Theoretical Politics*, 6(3), 1994, p. 369.

231 Este é um caso extremo em que um activo natural é transformado em bem artificial, logo, susceptível de ser considerado bem público em termos potenciais. Na China, e como resposta a problemas extremos de poluição atmosférica, algumas escolas construíram redomas artificiais sobre as suas áreas desportivas, com sistemas de filtragem de ar. Quem frequenta estas escolas terá, obviamente, de pagar este serviço adicional. *Cf.* «In China, Breathing Becomes a Childhood Risk». *In New York Times*; April 22, 2013.

jargon...[I]n orthodox economic theory, public goods are defined solely with respect to the inherent characteristics of the goods and services concerned...[a definition that is] only technical in nature.»[232]

Efectivamente, uma definição canónica é desnecessária. Porém, para que exista uma concreta delimitação da metodologia prestacional eficiente, é essencial uma análise substantiva de ordem operacional. Tal significa uma verificação da qualidade do bem em termos genéticos, ou seja, na sua formulação original.

De facto, sem que exista uma qualquer acção regulatória do Estado, nem que seja no modelo de criação de mercados, o serviço de faróis não poderia ser prestado; sem a acção impositiva do Estado a portagem era de instituição impossível (veja-se o caso dos portais de portagem electrónica ou a iniciativa de «chipagem» das matrículas), ou o pagamento aos mercenários seria dificilmente desenvolvido em tempos de paz prolongada, dado que o grupo beneficiário teria uma reduzida percepção do valor do serviço.

Assim, e mais uma vez, o que está em causa é o desenvolvimento eficiente de uma política de financiamento da necessidade. É verdade que essa definição é importante, mas é ainda mais a qualificação intrínseca do bem em causa. Se este padecer originariamente das características de não exclusividade e de não rivalidade, o tecido regulatório terá de construir a infra-estrutura legal necessária para a concretização do modelo ideal de custeio e de sustentabilidade da operação.

E o sucesso dessa tarefa dependerá essencialmente da correcta configuração dos «vícios» originários de que padece esse bem ou utilidade. Note-se que, se esse bem puder ser fornecido pelo mercado, embora em modelos não totalmente perfeitos em termos de preço, teremos um problema redistributivo[233], mas não um problema de eficiência pura (estaremos, portanto, no campo dos bens semipúblicos).

Se, ao invés, a utilidade revestir a qualidade de «bem de mérito», a função regulatória limitar-se-á a garantir uma justa remuneração da comunidade por via da «socialização da exterioridade positiva resultante da acção pública – de fornecimento ou de financiamento – ou no subvencionamento

[232] WUYTS, Marc – *Deprivation and Public Need. In* MACINTOSH, M.; WUYTS, M.; HEWITT, T. – *Development Policy and Public Action*, 1992.

[233] Relembre que a redistribuição também é eficiente, embora simplesmente num plano de segunda ordem.

inicial de uma rede que, no momento futuro, gerará inevitáveis vantagens reflexas em sede de exterioridades de rede.

Posto isto, a questão essencial foi correctamente colocada por Galbraith, já em 1958, quando referiu que os bens públicos seriam «*...things [that] do not lend themselves to [market] production, purchase and sale. They must be provided for everyone if they are to be provided for anyone, and they must be paid for collectively or they cannot be had at all*».[234]

Ora, neste quadro teremos de revisitar toda a nossa classificação anterior. O bem público já não se traduz numa categoria estática e imutável, mas transmuta-se à medida da evolução tecnológica e da voracidade (no bom sentido) do mercado que tenta, por todas as vias possíveis, ultrapassar as suas falências históricas.

Porém, esse esforço de adaptação também é realizado pela iniciativa pública. Foi por essa razão que o Estado deixou de agir por via dos modelos de actuação ou intervenção económica, para privilegiar a regulação dos mercados. Também é por essa razão que a política tributária tem, igualmente, alterado a sua configuração tradicional, com a vigência, cada vez mais energética, do princípio da equivalência e do benefício, que visa alcançar um modelo de angariação de receita pública em função dos benefícios recebidos pelos utilizadores destas «utilidades públicas» de acordo com o princípio de imputação genericamente denominado «utilizador pagador».

A tendência é inelutável:

i) sempre que existe um situação historicamente delimitada como revestindo a natureza de bem público, o mercado esforça-se significativamente para superar a sua insuficiência por via da inovação tecnológica, criando a potencialidade de exclusão e a criação da necessária rivalidade no consumo (veja-se o caso paradigmático das escolas com redomas de ar respirável das escolas de Pequim);

ii) o Estado, apercebendo-se das virtudes do mercado, e das suas insuficiências ao nível da qualidade prestacional, apressa-se a garantir condições regulatórias ao mercado para que, sob a supervisão e controlo das autoridades públicas, possa passar a fornecer essas utilidades (redes de abastecimento, auto-estradas, aeroportos, portos, etc.).

[234] GALBRAITH, John K. – *Affluent Society*. Houghton Mifflin, 1958, p. 111.

Mas as autoridades públicas não ficam por aqui:

i) sempre que estejam em causa acções públicas geradoras de exterioridades positivas (promoção turística, grandes investimentos públicos potenciadores de valorizações fundiárias, actividade de protecção civil, segurança alimentar, pluralidade de meios de comunicação social, *etc.*), o Estado apressa-se a criar instrumentos tributários que socializem, total ou parcialmente, a exterioridade positiva causada;

ii) quando estão em causa actividades de mérito (como a saúde pública, a educação ou a cultura), a arrecadação da receita correspondente é norteada por via da imposição de tributos moderadores, que podem ser justificados como forma de limitação da procura, mas que na prática são instrumentos de financiamento subvencionados com a justificação do bem público alcançado por via da aquisição privada dos mesmos;

iii) se a preocupação for redistributiva, estaremos no campo dos bens semipúblicos, ou seja, no fornecimento de bens privados, mas que, por decisão de sustentabilidade, inclusão, coesão e solidariedade, são fornecidos a um preço mais baixo;

iv) se estivermos no campo das infra-estruturas em rede e na presença de monopólios naturais, os bens em causa deverão ser regulados de forma a cercear a inevitável tentação pela angariação da renda monopolística pelo detentor da exploração da rede e, por conseguinte, estaremos no campo das tarifas, ou seja, dos preços eficientes.

E significará isso que os impostos assentes na capacidade contributiva se encontram em crise? Claro que não, e bem pelo contrário. As funções de sustentabilidade, inclusão, coesão e solidariedade, cada vez mais essenciais num mundo em elevada mutação e que concede oportunidades cada vez mais desiguais aos diversos elementos da sociedade (para não falar em termos globais), só podem ser efectivamente financiadas por via de impostos baseados na capacidade contributiva de cada um, devendo cada qual pagar na estrita medida da sua disponibilidade económica. Esta concretização de situações de equilíbrio social é essencial para a construção de soluções justas e eficiente, a curto, médio e longo prazo.

O desafio para as decisões públicas passará precisamente por construir todo um edifício equilibrado, eficiente e justo ao nível da sustentação dos encargos públicos, utilizando os instrumentos disponíveis da melhor forma possível e articulando os níveis prestacionais públicos com as efectivas necessidades públicas, tudo isto num juízo integrado que relacione a função prestacional com a função tributária. Só ligando as duas realidades (acto de despesa e acto de receita) poderemos concretizar decisões financeiras realmente eficientes e socialmente justas.

3. Vertente Financeira da Actividade de Produção de Infra-Estruturas Urbanísticas

Foquemos a nossa atenção nas infra-estruturas territoriais e urbanísticas. Atendendo ao relevo das receitas tributárias provenientes da tributação estática e dinâmica do património imobiliário nas suas diversas modalidades (impostos, contribuições especiais, tarifas e taxas) estas tornam-se essenciais para uma qualquer análise sustentada e compreensiva do sistema tributário nacional.

O urbanismo tem, pois, vertentes extrafinanceiras importantes, que transcendem a simples lógica de arrecadação de receita pública. Assim, uma casa só satisfará de forma eficiente as necessidades do seu proprietário se existir toda uma rede de infra-estruturas urbanísticas que suporte a propriedade imobiliária individual. Os arruamentos, os parqueamentos, as redes de água, gás, telecomunicações, energia, iluminação pública, recolha de lixos, esgotos constituem equipamentos que são essenciais, estando o valor do imóvel condicionado à sua existência e à sua qualidade. No entanto, além das redes de serviços básicos, outros equipamentos, como as escolas, os espaços verdes, as piscinas, os hospitais são, hoje, essenciais. A estes equipamentos físicos poderão acrescentar-se serviços como a segurança pública e a animação cultural.

Na grande maioria das ocasiões, este tipo de utilidades só é eficientemente fornecido por uma entidade pública. Tal resulta da qualificação deste tipo de utilidades enquanto revestindo a qualidade de bens públicos[235]

[235] Como se sabe, na sequência dos estudos dos economistas neoclássicos, designadamente Pareto, Marshall e Pigou (*Cf.* SCHUMPETER, Joseph – *History of Economic Analysis*. London: George Allen & Unwin, 1954, pp. 833-440, 858-861 e 1069-1072; LUMBRALES, João – *História do Pensamento Económico*. Coimbra: Coimbra Editora, 1988, pp. 181 e ss. e 217 e ss. e SANTOS, Jorge Costa – *Decisão Financeira e Bem-Estar Social*. Almedina, 1994, p. 37 e ss.), e da moderna teoria das finanças públicas ou da economia pública (*Cf.* FRANCO, António de Sousa – *Finanças Públicas e Direito Financeiro*. Vol. I, 4ª ed., cit., p. 17 e ss.; MUSGRAVE, Richard; MUSGRAVE,

em sentido amplo (isto é, integrando todas as outras derivações referidas anteriormente, ou seja, todas as utilidades que não possam ser fornecidas por um mercado livre não regulado), dadas as suas características de satisfação passiva (prestam, pela sua própria natureza, utilidades indivisíveis, independentes da procura em mercado), de consumo não exclusivo (o consumo de um sujeito não exclui, em regra, consumos subsequentes de outros sujeitos relativamente ao mesmo bem), e de não emulatividade (os utilizadores não entram em concorrência para conseguir a sua utilização ou entram somente em circunstâncias muito próprias como, por exemplo, em situações de congestionamento)[236].

No caso da actividade de ordenamento territorial e urbanística, o conjunto de normas jurídicas destinadas a garantir o correcto ordenamento do território, a construção de infra-estruturas básicas de suporte à propriedade imobiliária e a melhoria do nível da vida nas cidades, na medida em que visam suprir incapacidades do mercado e salvaguardar o interesse geral, corresponde claramente a essa tipologia. Todavia, as pequenas (grandes) derivações ao nível da forma como os agentes satisfazem as suas necessidades e interesses, ou o modo como se aproveitam das utilidades geradas pela intervenção do agente público, poderão permitir construir um elemento de divisibilidade que lhes adiciona uma componente mista ou de fruição individual que nos poderão permitir um modelo de distribuição de custos eficiente e, consequentemente, um modelo de financiamento eficiente, justo e sustentável, que é, afinal, o problema derradeiro.

Todas estas situações obrigam a que as entidades públicas desenvolvam uma actividade territorial e urbanística, variando apenas a possibilidade da determinabilidade dos sujeitos beneficiários da mesma, bem como os termos da potencial divisibilidade das prestações públicas em causa.

Neste prisma, e adoptando uma perspectiva abrangente, poderemos incluir nessa função prestativa de infra-estruturas[237], o fornecimento de:

Peggy – *Public Finance in Theory and Practice.* 5th edition. McGraw-Hill, 1989; ATKINSON, Anthony B.; STIGLITZ, Joseph E. – *Lectures on Public Economics.* McGraw-Hill, 1987, pp. 482 e ss. e SANTOS, Jorge Costa Santos, ob. cit., pp. 61 e ss.), o funcionamento puro do mercado (sem interferências de qualquer ordem) não gera, por si só, eficiência na afectação dos recursos, nem no bem-estar e na justiça social.

236 *Cf.* FRANCO, António de Sousa – *Finanças Públicas e Direito Financeiro*, vol. I, Almedina, 2004, pp. 26 e 27.

237 Seguimos a classificação de Jorge Carvalho «Os custos do urbanismo». *In O Sistema Financeiro e Fiscal do Urbanismo*, Almedina, 2002, pp. 17–23.

- espaço público de circulação e de estar, pedonal e automóvel, incluindo vias, praças, estacionamento, espaços livres e verdes;
- infra-estruturas em rede: água, esgotos domésticos e pluviais, energia e iluminação pública, gás, telefone e recolha de lixo;
- equipamentos sociais de suporte: educação, desporto, saúde, cultura, segurança social, protecção civil e lazer.

Por sua vez, poderemos subdividir as infra-estruturas consoante a dimensão da sua área de implantação e as necessidades que prestam. Assim, existirão:

- infra-estruturas locais, ou de proximidade, que incluem os arruamentos, estacionamentos e pequenos espaços livres e verdes e as correspondentes redes básicas que se articulam directamente com um conjunto edificado ou a edificar;
- infra-estruturas gerais (municipais e intermunicipais), que serão da competência dos municípios, constituídas a jusante ou a montante das infra-estruturas locais, tais como a adução, tratamento e depósito de águas; os emissários principais e o tratamento de esgotos domésticos; as vias sem construção adjacente; as zonas verdes de maior dimensão; a generalidade dos equipamentos sociais;
- infra-estruturas supramunicipais (nacionais ou regionais), que incluem, entre outras, as estradas nacionais e regionais, aeroportos, os caminhos-de-ferro, zonas amplas de protecção da natureza, universidades, hospitais, tribunais, *etc.*

A actividade de realização pública deste tipo de infra-estruturas é, pois, totalmente justificada. A existência de falhas de mercado, a insuficiência dos mecanismos de decisão privada, a presença de significativas economias de escala e de externalidades de rede ou os efeitos distorcivos potencialmente gerados ao nível do princípio da igualdade obrigam ao exercício de uma actividade pública regulatória ou prestativa tendo em vista a manutenção de padrões satisfatórios de bem-estar social.

Neste âmbito, e de forma a obter a melhor solução possível, em sede de justiça e eficiência, importa analisar as estruturas de financiamento público aplicáveis, tomando em consideração o princípio da eficiência e os termos da sua repartição de acordo com o princípio da igualdade. Efectivamente, o financiamento da actividade pública urbanística constitui uma questão de extraordinária complexidade.

Conforme se referiu anteriormente, o legislador encontra-se constitucionalmente vinculado à opção de afectação de recursos financeiros à satisfação das necessidades colectivas (e o urbanismo é uma das mais intensas), bem como à adopção da solução mais justa em sede de perequação de encargos e mais eficiente na óptica dos resultados atingidos: efectivamente, não pode a solução de financiamento contribuir para uma maior distorção das condições do mercado urbanístico; tal opção padeceria de inconstitucionalidade.

Ora, neste ponto haverá que efectuar duas considerações essenciais. Em primeiro lugar é necessário proceder a uma construção eficiente das redes em causa. Como vimos, a utilização do imóvel e grande parte do seu valor intrínseco dependem da rede de infra-estruturas de suporte. Porém, as entidades públicas devem efectuar uma gestão criteriosa dos recursos públicos, aplicando de forma eficiente e justa o dinheiro dos impostos.

Não é eficiente a extensão de uma rede eléctrica e de abastecimento de água para uma habitação isolada. De facto, se uma empresa de *utilities* efectuar uma extensão de rede em 10 quilómetros para fornecer um único utilizador, o seu custo nunca será recuperado pelos resultados da operação. Dado que o resultado financeiro deverá ser no mínimo nulo, essa extensão teria de ser financiada pelos restantes utilizadores, ou, em última instância, pelas entidades públicas, o que configura uma situação de relativa injustiça.

Por outro lado, também se configura como injusta uma situação em que os custos de instalação e de operação se repercutam directa e integralmente sobre os seus utilizadores directos. De facto, o custo *per capita* de um metro linear de rede de abastecimento de água é bastante menor em Lisboa do que em Paços de Ferreira. Assim, não será legítimo que o habitante da Paços de Ferreira suporte, em custo de fornecimento de água, um montante duas vezes superior ao pago pelo habitante de Lisboa ou do Porto, mas, com a legislação actual, e sem a criação – essencial – de um fundo de compensação tarifário, é isso que obrigatoriamente acontece.

Assim, e em prol da eficiência na construção das redes, é essencial que se proceda a uma configuração óptima na construção e operação das redes infra-estruturais de suporte à propriedade imobiliária.

Note-se que, nos últimos anos, os fundos comunitários permitiram uma construção desregrada de infra-estruturas, porquanto estas eram financiadas até 85% por subsídios comunitários a fundo perdido. Essa subsidiação permitiu uma expansão urbana desregrada, já que os custos efectivos de expansão das redes não eram suportados pelos seus beneficiários, com as inevitáveis consequências urbanísticas, como o abandono dos centros históricos e a expansão desregrada para as periferias.

Esta configura uma situação preocupante, uma vez que a operação e manutenção destas infra-estruturas configuram custos cada vez mais significativos, sem que a subsidiação se mantenha.

Neste quadro, torna-se fundamental analisar o que seria uma configuração eficiente de um sistema tarifário, coordenado com o sistema fiscal actualmente existente.

3. Vinculações Constitucionais do Sistema Tributário Urbanístico: o Princípio Da Equivalência

A Constituição da República Portuguesa consagra o princípio da igualdade dos cidadãos perante a lei (nº 1 do artigo 13º da CRP), afirmando que «ninguém pode ser privilegiado, beneficiado, prejudicado, privado de qualquer direito ou isento de qualquer dever em razão de ascendência, sexo, raça, língua, território de origem, religião, convicções políticas ou ideológicas, instrução, situação económica ou condição social» (nº 2 do artigo 13º da CRP). A igualdade surge assim, e antes do mais, como uma manifestação do princípio da justiça enquanto postulado de tratamento igual do que é igual (justiça comutativa) e de tratamento desigual do que é desigual (justiça distributiva)[238].

Os corolários desta concepção de igualdade no plano tributário são evidentes: numa perspectiva horizontal, todos devem estar sujeitos às imposições públicas (igualdade formal); numa perspectiva vertical, cada um deve pagar na medida das suas possibilidades (igualdade material) – no limite, quem estiver no limiar de sobrevivência poderá nem pagar, mas quem tiver recursos financeiros avultados não poderá ser alvo de um «confisco» fiscal, ou de um nível de tributação tal que se constitua como um «fardo excessivo» (*excess burden*), causador de perdas absolutas de Bem-Estar.

No entanto, numa sociedade moderna, o plano da igualdade tributária não se pode limitar à enunciação de corolários reflexos assentes num prin-

[238] *Cf.* FRANCO, António de Sousa; CABO, Sérgio Gonçalves do – «O Financiamento da Regulação e Supervisão do Mercado de Valores Mobiliários». *In Estudos em Homenagem ao Professor Doutor Inocêncio Galvão Telles*, Vol. V, Almedina, 2003, pp. 425 e ss..

cípio da equivalência geral ou alargado válido unicamente para a fundamentação dos sistemas tributárias anteriores ao Estado Social de Direito.

O desenvolvimento de micromercados e a sofisticação do tráfego económico permitem hoje o desenvolvimento de sistemas de contabilidade analítica na óptica dos custos públicos, bem como a concreta identificação do beneficiário, fundamentando o estabelecimento de padrões de igualdade concretizados em relações de correspondência entre o que o Estado presta e o que o particular deve pagar. Relações de equivalência restrita ou casuística tornam-se, então, possíveis. A emergência do princípio utilizador/pagador não é mais do que uma mera manifestação desta realidade[239].

Adoptando uma perspectiva geral, a actuação financeira do Estado, quer do lado da despesa, quer do lado da receita imposta por acto de autoridade, encontra-se constitucionalmente conformada pela obrigação de «promover a justiça social, assegurar a igualdade de oportunidades e operar as necessárias correcções das desigualdades na distribuição da riqueza e do rendimento, nomeadamente através da política fiscal» (alínea *b)* do artigo 81º da CRP) sendo a «repartição justa do rendimento e da riqueza» um objectivo constitucionalmente atribuído ao sistema fiscal (nº 1 do artigo 103º da CRP) [240] e a promoção do «bem-estar e da qualidade de vida do povo e a igualdade real entre os portugueses, bem como a efectivação dos direitos económicos, sociais, culturais e ambientais, mediante a transformação e modernização das estruturas económicas e sociais» uma das tarefas fundamentais do Estado (artigo 9º, alínea *d)* da Constituição). Consequentemente, e como bem notam António de Sousa Franco e Sérgio Gonçalves do Cabo, a nossa Constituição não estabelece uma hierarquia ou um quadro de prioridades entre a função financeira e a função não financeira do sistema fiscal[241].

[239] *Cf.* LOBO, Carlos Baptista – «Contributo para uma Nova Teoria Geral das Taxas». *In Estudos de Homenagem ao Professor Doutor António de Sousa Franco*, Almedina, 2006.

[240] Note-se que a noção constitucional de sistema fiscal (contida no nº 1 do artigo 103º da Constituição) é uma noção funcional ou finalística, cuja razão de ser abrange todas as espécies tributárias na medida em que as mesmas possam ser objecto de uma consideração integrada perante os resultados constitucionalmente desejados: a «satisfação das necessidades financeiras do Estado e de outras entidades públicas e a repartição justa do rendimento e da riqueza. Atente-se aliás em que «a satisfação das necessidades financeiras do Estado e de outras entidades públicas» corresponde ao fim imediato de todas e quaisquer receitas coactivas (tributos). *Cf.* XAVIER, Alberto – *Manual de Direito Fiscal.* Lisboa, 1974, pp. 35–55.

[241] *Cf.* FRANCO, António de Sousa; CABO, Sérgio Gonçalves do – «O Financiamento da Regulação e Supervisão do Mercado de Valores Mobiliários». *In Estudos em Homenagem ao Professor Doutor Inocêncio Galvão Telles*, Vol. V, Almedina, 2003, pp. 425 e ss..

Noutros termos, poderá sustentar-se que a Constituição impõe ao legislador uma configuração infraconstitucional do sistema fiscal que tenha em conta o fim da obtenção de receitas para fazer face aos encargos públicos, mas também o fim genérico da promoção da justiça social, entendida como redução das desigualdades na distribuição do rendimento e da riqueza, e de promoção de eficiência, tendo em vista a optimização na satisfação das necessidades dos cidadãos.

Numa perspectiva mais específica, não podemos esquecer a inserção dogmático-ideológica do nosso tecido constitucional. O modelo europeu de Estado Social de Direito, que resulta tanto do nosso texto constitucional como do direito comunitário primário (*maxime* do Tratado que institui a Comunidade Europeia [TCE]) tem implicações directas na configuração do sistema de angariação de receita pública. Assim, numa perspectiva macrofinanceira, não é legítimo o Estado tributar (logo, causar desutilidade na esfera patrimonial privada) numa intensidade tal que supere as prestações públicas que fornece (fornecimento de utilidades públicas), já que daí decorreria uma perda absoluta de Bem-Estar Social, situação que é proibida pela alínea *d)* do artigo 9º e pela alínea *a)* do artigo 81º da Constituição[242].

Este é um corolário macrofinanceiro que nos acompanha permanentemente: a acção prestativa pública é subsidiária da acção prestativa privada, só se justificando a primeira quando da acção do Estado resulte a produção de um maior volume de utilidades[243] na satisfação das necessidades dos cidadãos do que decorreria de uma acção privada, ou quando o mercado seja geneticamente incapaz de satisfazer determinado tipo de necessidades públicas.

Só assim se justifica que ocorra uma canalização de recursos financeiros extraídos à iniciativa privada (por via da imposição de tributos) no sentido

[242] As preocupações de redistribuição não invalidam esta constatação básica, já que a utilidade marginal do consumo de uma prestação pública de assistência por parte de um cidadão mais desfavorecido é em muito superior ao custo marginal de tributação do montante equivalente a um cidadão mais favorecido. Pelo exposto, a redistribuição económica aumenta os níveis de bem-estar social. *Cf.* Cabral, Nazaré – *A Redistribuição Económica*. AAFDL, 2002.

[243] Quer na perspectiva quantitativa (maior quantidade de bens produzidos), quer na perspectiva qualitativa (melhor qualidade de bens produzidos). No entanto, na perspectiva qualitativa, o Estado tem optado por regular a actividade prestativa privada, estabelecendo obrigações de «interesse económico geral» ou de «serviço universal», visando a boa satisfação das necessidades dos seus cidadãos, de acordo com padrões de qualidade ou imperativos éticos. *Cf.* Ferreira, Eduardo – *Direito Económico*. AAFDL, 2003.

do financiamento da acção pública. Não faria sentido que, numa perspectiva agregada, se admitisse a ocorrência de perdas absolutas de bem-estar só para se justificar acções prestativas públicas ineficientes[244].

Em determinadas situações, como é o caso do sector urbanístico, a acção prestativa pública é sucessivamente mais justificável à medida da dimensão crescente do número de beneficiados. Assim, se o mercado for incapaz – em termos genéticos – de satisfazer determinado tipo de necessidades que o Estado considera relevantes, não resta outra opção de acção senão a que assenta na função prestativa pública e, para tal, torna-se necessária a correspondente receita. Neste campo, como em todos os outros nas finanças públicas, deve existir uma correlação directa entre despesa e receita. Essa é a chave para a eficiência da decisão pública e para a legitimação social da mesma.

Este juízo de eficiência ou de «proporcionalidade» deve igualmente ser efectuado numa perspectiva microfinanceira. Assim, se às entidades públicas se depararem diversas propostas de tributação num determinado mercado, elas deverão adoptar a solução mais eficiente no caso concreto. Essas preocupações de inserção de padrões de eficiência na decisão pública concreta encontram-se presentes no texto constitucional: por exemplo, a alínea *c)* do artigo 81º da CRP estabelece claramente que incumbe ao Estado, «assegurar a plena utilização das forças produtivas, designadamente zelando pela eficiência do sector público»; por sua vez, a alínea *e)* do mesmo preceito constitucional refere que lhe compete «assegurar o funcionamento eficiente dos mercados».

Note-se que a preocupação do Estado de assegurar a plena satisfação das necessidades dos cidadãos é inerente à sua própria definição. A acção pública não pode, em consequência, ser geradora de situações ineficientes do ponto de vista social[245].

À partida, o princípio que norteia o dever de contribuir fundamenta-se na capacidade contributiva. Este referencial, que toma em considera-

[244] É esta a justificação para o movimento de privatização económica, quer dos mercados quer das empresas. Efectivamente, se o mercado é eficiente na satisfação de um determinado tipo de necessidades dos cidadãos, não caberá ao Estado arrogar-se a essa função. No limite, se a iniciativa privada e a iniciativa pública forem capazes de satisfazer a necessidade com igual nível de eficiência, deverá deixar-se essa função à iniciativa privada, pois da canalização dos recursos financeiros para a unidade pública de prestação da utilidade resultariam encargos administrativos significativos (os custos administrativos de cobrança de tributos).

[245] *Cf.* Lobo, Carlos Baptista – «*Contributo para uma Nova Teoria Geral das Taxas*», cit.

ção o rendimento ou o património, visa a correcta repartição dos encargos públicos entre os diversos contribuintes.

Existem, no entanto, limites para esta liberdade de definição do montante quantitativo da prestação: o limite superior deverá ser necessariamente ponderado tomando em consideração o «princípio da proibição do excesso» (se o montante for manifestamente desproporcionado, não existirá qualquer fundamentação para a tributação, dado o desfasamento entre a prestação particular e a contraprestação pública, que consubstanciará um confisco), enquanto o limite inferior deverá atender ao conteúdo substancial da prestação pública que, no limite, poderá justificar o seu fornecimento de forma gratuita quando estejam em causa bens essenciais para a subsistência humana ou para a vida em sociedade – limiar de sobrevivência.

Esta liberdade (balizada) que é concedida à entidade que tem a competência para a criação do tributo na definição do montante a pagar quando não existam fins extrafinanceiros relevantes deverá respeitar integralmente o princípio da igualdade nesta vertente geral.

Todavia, quando esteja em causa a prestação de bens indivisíveis – bens públicos, recursos comuns e outros afins como acontece no mercado urbanístico – a beneficiários determinados ou a beneficiários indeterminados em concreto, mas determinados numa óptica de grupo, o critério de definição dos termos da proporcionalidade altera-se significativamente, ressurgindo em força o princípio da equivalência ou do benefício.

O mesmo já não acontece quando estiverem em causa prestações divisíveis[246]. Nestas circunstâncias, é possível definir com alguma segurança os padrões de referência do juízo de proporcionalidade que fundamentam a equivalência económica. Uma contabilização analítica dos custos da actividade prestacional pública ou a averiguação da utilidade económica concreta extraída pelo sujeito passivo no usufruto da prestação é suficiente para estabelecer esses padrões de referência.

Se estivermos na presença de um bem privado, deixemos o mercado satisfazer livremente a necessidade subjacente.

[246] Quando os bens fornecidos forem susceptíveis de divisão, referem António de Sousa Franco e Sérgio Gonçalves do Cabo tal poderá fundamentar um juízo de política tributária complexo, devendo o decisor ponderar a justeza de imposição de formas de tributação que onerem a generalidade dos contribuintes quando, perante utilidades divisíveis, se regista um benefício a favor de certos e determinados sujeitos. *Cf.* FRANCO, António de Sousa; CABO, Sérgio Gonçalves do, ob. cit., pp. 430–438.

4. Da Concretização da Equivalência Jurídica – Critérios de Definição dos Níveis de Equivalência Consoante a Tipologia do Bem em Presença

Por razões de necessidade, teremos de desenvolver profusamente a questão da equivalência e do benefício. Normalmente essa matéria não é suficientemente tratada em sede de direito fiscal e constitui uma necessidade básica nesta exposição.

A concretização da equivalência depende intrinsecamente da qualidade dos bens em presença. A sua natureza económica define o regime de imputação subjacente. Se assentarmos numa distinção conceptual entre equivalência jurídica e equivalência económica, dizendo a primeira respeito à qualidade de imputação qualitativa e a segunda à imputação quantitativa, poderemos separar conceptualmente o modelo tributário em dois momentos analíticos.

Num primeiro momento teremos de averiguar a intensidade da imputação pessoal do benefício (ou do prejuízo) em termos individuais, em grupo ou em moldes gerais: tal depende da natureza económica do bem em presença e das suas características intrínsecas em termos económicos, sobretudo quanto às suas características de rivalidade e de exclusão.

Nesse mesmo momento, e ante a tipologia do bem em presença, haverá que averiguar da sua divisibilidade e possibilidade de imputação pessoal. Esse é o primeiro passo para a concretização de uma relação de equivalência jurídica, ou seja, a possibilidade de imputação de um nexo de causal entre a função prestacional, a prestação em si mesma, e o individuo beneficiário.

Em segundo lugar, haverá que indagar da equivalência económica ou, em termos toscos, da proporcionalidade entre o que o sujeito recebe e o que terá de pagar. A perfeição dessa equivalência económica depende do equilíbrio conceptual entre a eficiência e a igualdade, tendo em vista a concretização de uma situação óptima em sede social.

Nestes termos, e em primeiro lugar, para a concretização do juízo de equivalência jurídica haverá que identificar correctamente a tipologia económica do bem em causa, efectuando juízos quanto:

i) à intensidade da exclusão/não exclusão – critério delimitativo;
ii) à intensidade da rivalidade/não rivalidade – critério distributivo.

		Intensidade da Rivalidade	
		Baixa ou Nula	Elevada ou Total
Possibilidade de Exclusão	Difícil ou Impossível	BENS PÚBLICOS	RECURSOS COMUNS
	Fácil ou Espontânea	BENS DE CLUBE	BENS PRIVADOS

Esta é a classificação clássica apresentada por diversos autores ao nível da classificação dos bens em presença. A classificação é transitiva. Como bem demonstra Fernando Araújo, «as estradas de acesso às grandes cidades, se não estiverem sujeitas a portagem, serão bens públicos fora das horas de ponta, e às horas de ponta serão recursos comuns; mas se estiverem sujeitas a portagem, então serão monopólios naturais a horas mortas, passando a apresentar as características de bens privados, nos momentos de congestionamento de trânsito»[247].

A equivalência jurídica é concretizada em termos muito distintos em todos estes casos. No caso do bem público *lato sensu*, será necessariamente difusa, e implicará uma análise mais aperfeiçoada (como demonstraremos já de seguida); no caso dos recursos comuns, e como já analisámos na parte relativa à questão ambiental, a rivalidade facilitará a concretização desse nexo de imputação, cabendo às autoridades públicas a «criação» pigouviana ou coaseana de um «mercado secundário»; no caso dos bens de clube «puros», o acordo colectivo chegará a um resultado contributivo eficiente (o que não acontecerá no caso dos bens de clube «de iniciativa pública, como veremos de seguida); finalmente, no caso dos bens privados, essa equivalência jurídica é inerente ao funcionamento do mercado.

A questão controversa está na própria definição do bem público. A sua qualificação enquanto bem não exclusivo e de consumo não rival é estrutural. Porém, como se pode perceber pelo exemplo das estradas, a fluidez

[247] As infra-estruturas em rede, que Fernando Araújo denomina como monopólios naturais, revestem claramente a natureza de bens de clube, que, pela sua importância social, nomeadamente quanto à essencialidade dos consumos subjacentes, e pelo seu modelo de organização industrial (tendência natural para o monopólio), merecem uma regulação autoritária. Porém, isso não os retira do âmbito do bem de clube, na óptica da rede, podendo inserir-se a utilidade fornecida, dado o seu aproveitamento individualizado e identificado na categoria de bem privado (regulado). O que importará, a este respeito, é a construção de um tecido financeiro sustentável eficiente e justo. *Cf.* ARAÚJO, Fernando – *Introdução à Economia*, cit., 2014, pp. 583-584.

conceptual e a evolução tecnológica têm colocado desafios qualificativos adicionais relativamente aos quais as posições dogmáticas tradicionais não respondem em termos minimamente operacionais.

E, neste momento, teremos de nos fazer valer de um critério operacional: a possibilidade de divisibilidade do bem e a potencialidade na identificação do beneficiário da prestação para que a equivalência jurídica (simplisticamente denominada «comutatividade») seja identificada em termos operacionais, ou seja, para uma causa jurídica na concretização do regime específico.

Simultaneamente, estaremos em condições de começar a concretizar a equivalência económica, ou seja, o valor eficiente que cada um deverá pagar em função daquilo que recebe. E tal decorre do cruzamento sistemático entre os dois princípios fundamentais em presença: a eficiência e a igualdade. Senão vejamos:

i) Quanto à divisibilidade da prestação/identificabilidade do beneficiário – critério de eficiência (equivalência)

ii) Quanto à intensidade da redistribuição – critério de redistribuição (igualdade)

		Intensidade da Redistribuição	
		Baixa ou Nula	Elevada ou Total
Possibilidade de Divisibilidade da Prestação/Identificação do Beneficiário	Impossibilidade de identificação do beneficiário/utilidade indivisível	Bens públicos	Bens públicos *stricto sensu*
	Possibilidade de identificação do grupo beneficiário/utilidade beneficiada em grupo	Bens de clube de iniciativa pública/actividades geradoras de exterioridades negativas	Bens de clube de génese pública/investimento público subsidiados, gerador de exterioridades positivas
	Possibilidade de identificação do beneficiário concreto/utilidade divisível	Bens fornecidos por monopólios naturais regulados/serviços públicos/utilização de bens do domínio público	Bens de mérito Bens semi-públicos

Efectivamente, a questão central depende da resolução das seguintes questões:

i) qual a quantidade de bens públicos a fornecer?
ii) quanto é que cada indivíduo está disposto a pagar pelo seu fornecimento?

Ora, estas questões não são mais do que a formulação central da decisão financeira pública, ou seja:

i) qual o nível de despesa pública?
ii) qual o nível de receita tributária necessária?

A resposta eficiente a estas questões depende do cruzamento entre elas, ou seja, as duas respostas estão intrinsecamente relacionadas e, na prática, correspondem a um único valor monetário que traduzirá um primeiro óptimo paretiano. O problema é a sua conceptualização objectiva e a verificação da escala de valores e de preferências em presença.

Se existisse um incentivo para os indivíduos revelarem as suas preferências, os decisores financeiros tinham o seu juízo de síntese facilitado. Se, ao invés, as preferências se remeterem a meras expressões privadas, não existirá uma base sólida de análise. Tradicionalmente, essas preferências só se manifestavam no dia das eleições, porém, hoje em dia, com as redes sociais e o aparecimento de instrumentos de orçamento participativo, existirá uma possibilidade um pouco mais acrescida de concretização de juízos mais fundamentados. Mas uma coisa é certa: a decisão eficiente só poderá ser tomada pelos agentes que agregarem em si mesmo ambas as competências: *i)* a decisão de despesa; e *ii)* a decisão de tributar. Qualquer desfasamento neste processo originará opacidade e ineficiência nos processos de gestão financeira.

Este é um ponto ideal. Contudo, sabe-se que essa agregação em moldes integrais é ainda utópica. No entanto, é um referencial de eficiência, nomeadamente quando está em causa o fornecimento de utilidades divisíveis a sujeitos determinados.

4.1. O Conceito de «Clube» e a Relevância da sua Dimensão

A questão encontra-se precisamente na ordem numérica dos intervenientes. Para Samuelson, o bem público «puro» consistia num «bem de clube» com um número infinito de participantes, enquanto um bem privado «puro» seria um «bem de clube» com um único participante[248]. Não poderíamos estar mais de acordo. Qualquer aproximação teórica a este tema deverá ser gradativa. E o elemento decisivo será a dimensão do grupo ou do clube. De facto, e em termos efectivos, todos nós fazemos parte do «clube terráqueo» e todos nós somos um «clube de um só»[249].

E aqui voltamos à discussão sobre a possibilidade de existência de acordos voluntários privados sobre o volume e a tipologia de fornecimento de bens públicos *versus* exercício potestativo e coercivo de natureza pública.

Em 1965, Buchanan demonstrou de forma simples, e pela primeira vez em finanças públicas, o problema do *free rider* propondo, na sequência de Lindahl, um modelo contratualista colectivo voluntário para a sua resolução. A solução passava pela ideia de *co-operative memberships*[250]. Neste modelo, Buchanan assumia que a exclusão seria praticável e que a dimensão da não rivalidade seria variável em função da utilidade individual que cada membro retirava do bem. Assim, no caso de uma piscina, cada indivíduo fruiria dela partilhando os seus custos numa óptica de grupo. Porém, à medida que mais parceiros participam no clube, a sua parcela de utilidade reduz-se, bem como a sua quota de participação. O ponto óptimo é claro: para uma dada quantidade fornecida de um bem, a dimensão óptima do grupo (clube) é determinada no ponto em que o benefício marginal de um outro utilizador é equivalente ao custo marginal. Buchanan é bastante claro a este propósito. Tal como referimos a propósito da decisão financeira pública, a quantidade do bem, o número de membros e a correspon-

[248] *Cf.*, SAMUELSON, Paul A. – «The Pure Theory of Public Expenditure». *In The Review of Economics and Statistics*, 36, 4, 1954, pp. 387–389; *Idem*, «Diagrammatic Exposition of a Theory of Public Expenditure». *In The Review of Economics and Statistics*, 37, 4, 1955, pp. 350–356; *Idem*, «Aspects of Public Expenditure Theories». *In The Review of Economics and Statistics*, 40, 4, 1958, pp. 332–338.

[249] Constitui tarefa exigente a correcta delimitação do perímetro efectivo do grupo. Conforme refere Sérgio Vasques, «[...] dizer efectivo causador ou beneficiário de uma prestação quando ela se mostre determinada e se lhe refira de modo individual, sendo de excluir que uma taxa se dirija à compensação de prestações indeterminadas ou que se refiram a um grupo amplo de pessoas, menos ainda ao todo da comunidade» (VASQUES, Sérgio – *O Princípio da Equivalência como Critério de Igualdade Tributária*. Coimbra, 2008, p. 159).

[250] BUCHANAN, James – «An Economic Theory of Clubs». *In Economica*, 32(125), 1965a, pp. 1–14.

dente distribuição de custo têm necessariamente de ser determinados de forma simultânea[251].

Todavia, existem dois problemas. O primeiro: a teoria dos clubes funciona num pressuposto binário de inclusão/exclusão. Se não for possível excluir membros, como é o caso da vida em sociedade, o problema do *free rider* manter-se-á insolúvel. O segundo está relacionado com a dimensão do «clube». Assim, a cooperação voluntária poderá ser racional e praticável em pequenos grupos, mas sucessivamente mais dificultada à medida que a sua dimensão aumenta, até ao ponto de se tornar impossível. Antecedendo o estudo de Ostrom, publica um estudo em que tenta demonstrar a relação entre a dimensão do grupo e a possibilidade de desenvolvimento de escolha por regras éticas[252]. A este propósito identifica duas regras éticas: «a lei moral» que determina um dever de cooperação em todos os caos e o *private maxim* ou «vantagem privada».

Numa configuração típica de teoria dos jogos, a escolha do indivíduo pelo desenvolvimento da escolha segundo a regra ética depende da sua expectativa relativamente ao comportamento dos restantes.

Num grupo de reduzida dimensão, é normal que exista uma expectativa de que o seu comportamento «ético» influencie os demais. Esta posição é coerente com os modernos ditames da economia comportamental que demonstram que os agentes actuam de forma ética quando beneficiam de um juízo de publicidade social. Não obstante, num grupo de elevada dimensão, em que o comportamento individual é obliterado pela turba geral, é impossível que ocorra uma qualquer pretensão de influência social decorrente das virtudes éticas individuais. E, nestes casos, será racional escolher a «vantagem privada». Assim, se todos os indivíduos seguirem esta racionalidade individual, qualquer acordo voluntário falhará devido ao denominado «dilema dos grandes números», que, segundo Buchanan, é análogo ao problema do *free rider*, e mais grave do que a questão do dilema do prisioneiro[253]. Contudo, tentando evitar ao máximo qualquer intervenção governamental a este respeito, Buchanan propõe o estabelecimento

[251] Ob. cit., p. 12.

[252] BUCHANAN, James – «Ethical rules, expected values, and large numbers». *In Ethics*, 76 (1), 1965b, pp. 1–13.

[253] Buchanan refere a este propósito: «*The difference between the prisoners' dilemma and the large-group ethical dilemma discussed here lies in the fact that, as ordinarily presented, the former remains a smallgroup phenomenon. The results emerge because of the absence of communication between the*

eficiente de direitos de apropriação, criando pequenos grupos em que a exclusão se tornasse possível. Se esse processo não fosse suficiente, e sendo necessária intervenção pública, deveria seguir-se a regra da unanimidade ou da quase-unanimidade, já que esse processo permitiria a criação de pequenos grupos de negociação tendo em vista a concretização da eleição num mecanismo de troca de votos[254].

Em sentido claramente contrário, Samuelson sempre considerou necessária a intervenção da iniciativa pública, uma vez que a coerção consistia num requisito essencial para a concretização da distribuição eficiente. O seu ponto de partida baseava-se nos efeitos da concorrência. Enquanto num bem privado o cada vez maior número de concorrentes potenciaria a concretização de situações sucessivamente mais eficientes, atribuindo-se o bem a quem está mais disposto a pagar por ele (e, portanto, que lhe dá mais valor), no caso do bem público a concorrência não teria esse feito, pois: *i)* existem mais pessoas a partilhar o custo, diluindo-se o efeito preço; e *ii)* a possibilidade de a decisão de um indivíduo influenciar a dos outros é reduzida. Ora, neste último caso, isso dificulta a contribuição individual privada para o custo comum, sendo que a possibilidade de fornecimento óptimo de um bem nestas condições se aproxima do 0 à medida que a dimensão do «clube» aumenta[255]. Efectivamente, neste modelo, é impossível determinar que valor cada um dos «membros» atribui ao fornecimento dos bens públicos em causa[256/257].

prisoners and because of their mutual distrust. The large-number dilemma is a more serious one because no additional communication or repetition of choices can effectively modify the results» (*ibidem*, p. 8).

254 BUCHANAN, James – *The Demand And Supply of Public Goods.* Indianapolis: Liberty Fund. 1999. The Collected Works of James M. Buchanan, Vol. 5. 1968; BUCHANAN, James; TULLOCK, Gordon – *The Calculus of Consent: Logical Foundations of Constitutional Democracy.* 1968, Liberty Fund, 1999, *in* The Collected Works of James M. Buchanan, Vol. 3.

255 *Cf.* MAILATH, G.; POSTLEWAITE, A. – «Assymetric Information Bargaining Procedures with Many Agents». *In Review of Economic Studies,* 57, 1990, pp. 351–367.

256 A discussão sobre as metodologias de revelação de preferências é enorme. Os modelos económicos que tentam demonstrar a possibilidade de concretização de situações óptimas naescolha colectiva voluntária de bens públicos não são muito sólidos. A dificuldade reside nos sistemas de crenças individuais que determinam as escolhas em ambiente de sociedade. Essas crenças determinam opções de escolha diferenciadas, adoptando informação assimétrica como um dogma e satisfazendo-se em condições de heterogeneidade Este modelo é denominado «Crenças Determinam Preferências» *(Beliefs Determine Preferences)* enunciado originalmente por Crémer and McLean (*Cf.* CRÉMER, J.; MCLEAN, R. – «Full Extraction of the Surplus in Bayesian and Dominant Strategy Auctions». *In Econometrica* 56, 1988, pp. 1247–1257.

Ora, o conceito de «clube de iniciativa pública» é adequado para a formulação de uma lógica de agregação de interesses de um grupo, numa dada localização, ou de um mesmo sector. Nem se diga que tal constitui uma distorção significativa do conceito de «clube» privado, assente em vinculações meramente voluntárias. Essa é, de facto, uma das formulações possíveis, mas não será a única. Aliás, a representação de um bem público será sempre similar ao que decorre do bem de clube clássico, já que o seu consumo será não exclusivo dentro das fronteiras do grupo, mas exclusivo para o grupo, o que significa que quem estiver do outro lado da vedação estará excluído. Ou seja, o bem de clube será um bem público agrupada-

Cf. e. g., NEEMAN, Z. – «The Relevance of Private Information in Mechanism Design». *In Journal of Economic Theory* 117, 2004, pp. 55-77; HEIFETZ, A.; NEEMAN, Z. – «On the Generic (Im-)Possibility of Full Surplus Extraction in Mechanism Design». *In Econometrica* 74, 2006, pp. 213–233.

[257] Relembramos, igualmente, que existe quem discorde. A escola libertária não desarma na defesa intransigente da perfeição dos mercados, negando sistematicamente as virtudes da acção pública. A base da sua contestação radica na seguinte afirmação de Wiliam Baumol, um dos pais da teoria do bem-estar social: «*In those cases where the welfare of the various members of the economy is partly dependent on each others'activity, it is possible that persons in pursuit of their own immediate interests will be led to act in a manner contrary to the interests of others. To the extent that such a situation is general, the members of the economy may find themselves busily engaged in the frustration of each others' desires. In these circumstances it may be to their mutual advantage to restrict their activity so as to prevent this happening... [W]here[voluntary] arrangements cannot he relied on, it becomes advantageous to the members of the economy to have their activities restricted by coercive measures*» (*Cf.* BAUMOL, William J. – *Welfare Economics and the Theory of the State*. Cambridge, Mass.: Harvard University Press, 1965, p. 180). Por exemplo, Karl Fielding defende que o argumento de *free riding* que sustenta a impossibilidade de um modelo de contribuição privada para a construção de bens públicos constitui uma visão distorcida, já que poderão existir outros incentivos para um comportamento diverso (tais como a caridade cristã, o dever kantiano ou o orgulho cívico – este último curiosamente, ou talvez não, desenvolvido profusamente pela escola da economia comportamental). Contestando o segundo argumento, ou seja, de que as situações de *free riding* inerentes aos contratos colectivos gerariam um fornecimento subóptimo dos bens públicos perante o que resultaria do seu fornecimento por entidade dotada de poderes de autoridade, a escola libertária devolve a crítica referindo que é impossível saber qual o nível óptimo de fornecimento em situação de mercado, já que nunca se testou esse facto e, por outro lado, também não se poderá nunca afirmar que o nível de fornecimento público será o nível óptimo, já que a actividade é subsidiada por impostos coercivos, sem relacionamento directo com as utilidades prestadas. Finalmente, o terceiro argumento baseia-se na ideia de que os sujeitos teriam um aumento de utilidade se fossem forçados a pagar coercivamente para a sustentação dos bens públicos, e aqui a teoria libertária contesta baseando-se no teor altamente especulativo. *Cf. e. g.*, FIELDING, Karl – «Nonexcludability and Government Financing of Public Goods». *In The Journal of Libertarian Studies*, 3, no. 3, 1979, pp. 293-298.

mente definido e vedado para os terceiros a esse mesmo grupo. Porém, no seio do grupo, ele terá as características de um bem público[258].

A dimensão e a densidade da aglomeração do grupo serão, portanto, os elementos decisivos para a concretização da intensidade da relação de equivalência.

4.2. A Relevância da Dimensão e a Intensidade da Relação Equivalência/Capacidade Contributiva ou Eficiência/Igualdade

Atentas as conclusões da teoria económica, a concretização de decisões óptimas ao nível do fornecimento de bens públicos segundo metodologias de decisão colectiva torna-se sucessivamente mais remota à medida do aumento da dimensão do grupo. Assim, no plano da eficiência, e num modelo operacional, a decisão pública é essencial para a realização desse juízo de oportunidade, numa óptica de intermediação da vontade média da sua população (sem privilegiar maiorias, nem prejudicar minorias). Na vertente da igualdade, a importância da decisão pública aumenta radicalmente. As distorções de crenças e a retracção individual à retirada de utilidade por via de impostos em favor de outrem ou para a construção de algo distante, no espaço, no tempo, ou das suas próprias preferências individuais isso justificam.

No entanto, existem alguns «portos seguros» que interessará aproveitar:

i) em primeiro lugar, o contribuinte tem maior disponibilidade para contribuir se beneficiar directamente de uma prestação, ou seja, se existir uma relação qualquer (directa ou indirecta) entre aquilo que pagou (o tributo público) e aquilo que recebe (a despesa pública);

ii) em segundo lugar, quanto melhor for a qualidade das finanças públicas menores serão os custos de transacção, i. e., os custos administrativos para a transferência de recursos do sector privado para o sector público, e maior será a possibilidade de conceder uma percepção correcta ao agente contribuidor do resultado da sua contribuição;

iii) em terceiro lugar, esse movimento contínuo de informação permitirá ao decisor aperfeiçoar continuamente o seu modelo decisório, prestando contas e verificando os *feedbacks* dos seus eleitores.

[258] A questão é sempre gradativa. A defesa nacional de um país é um bem público para os nacionais dessa nação, mas certamente não o será para os nacionais da nação adversária.

Ora, este modelo, no sistema fiscal, concretiza-se na dimensão do princípio da equivalência ou do benefício, que na sua formulação originária germânica denomina-se correctamente como equivalência de grupo, no sentido de fundamentar as contribuições especiais, enquanto tributo situado entre a dimensão dos impostos e as taxas.

Estamos num campo complexo. Tradicionalmente, a doutrina fiscal evoluía entre dois pólos: o imposto (unilateral) e a taxa (bilateral). No entanto, mesmo o pagamento de impostos pressupõe uma retribuição do Estado (embora numa dimensão muitíssimo reflexa, ou seja, cada vez mais difusa à medida que o grupo beneficiário da medida aumenta) e o pagamento das taxas também não implica uma contraprestação totalmente correspondente ao custo do serviço ou do bem público, já que outros valores, tais como preocupações de sustentabilidade, inclusão, coesão e solidariedade, ou seja, as intrinsecamente relacionadas com o princípio da igualdade, também deverão ser considerados. Por outras palavras, as taxas não podem ser totalmente agnósticas em sede de igualdade.

A ligação entre a dimensão do clube e a eficiência e justiça da tributação é primordial para a concretização de decisões financeiras óptimas. É por essa razão que, por vezes de forma inconsciente e muitas vezes de forma inconsequente, se enuncia o princípio utilizador-pagador como revestindo uma mera dimensão de equivalência. Nada mais errado: a lógica de clube implicará efectivamente o desenvolvimento de uma política tributária reguladora (ou seja, incrementadora da eficiência, quer por via da interiorização da exterioridade negativa, quer por via da socialização da exterioridade positiva), mas igualmente a ponderação dos mandamentos de sustentabilidade, inclusão, coesão e solidariedade, que para serem respeitados poderão fundamentar uma subsidiação sempre financiada por via dos impostos assentes na capacidade contributiva, ou, quando muito, numa lógica perequativa alargada a nível nacional de forma a evitar clivagens de custo à conta da diferente intensidade das economias de densidade.

Ora, a formulação das fronteiras do «clube» segue uma lógica totalmente coincidente com a formulação das orlas de uma cidade ou de uma região. As economias de agregação e de densidade que constituem as forças de atracção dos componentes do grupo serão as mesmas que fundamentam a definição básica dos elementos de identidade que consolidam a formação do grupo. Já Ostrom, Tiebout e Warren, em 1961, haviam mencionado que «*viewing the boundaries of a local unit of government as the 'package' in which its public goods are provided, so that those outside the boundaries are excluded from their use, we may say that where a public good is adequately packaged within appropriate boundaries, it has been successfully internalized.»*[259]

O juízo de eficiência global da decisão financeira é efectuado pelo decisor ao nível da dimensão social. Porém, o juízo de contribuição individual é feito à escala do contribuinte e é ele que é a origem e o destino do juízo global de eficiência. No final, é ele que vota. Assim, a chave para a concretização de uma relação virtuosa ao nível dos processos contributivos passa pela construção de um sistema tributário que se adeqúe perfeitamente a este jogo de equilíbrio entre a eficiência e a igualdade, ou seja, que se adeqúe, num modelo perfeito, à congregação de fontes de receita decorrentes de tributos baseadas no princípio da equivalência e no princípio da capacidade contributiva tendo em vista a concretização directa de funções prestativas, também elas sujeitas ao princípio da eficiência, mas conformadas pelo princípio da igualdade, atentas as preocupações de sustentabilidade, inclusão, coesão e solidariedade.

5. Da Concretização da Equivalência Económica – Critérios de Imputação de Custos Infra-Estruturais Urbanísticos por via da Identificabilidade do Beneficiário/ Divisibilidade das Prestações

Assentando a actividade urbanística pública no desenvolvimento de opções de planeamento fundamentados no princípio da eficiência, esse modelo de organização tem consequências directas na arquitectura das redes infra-estruturais e nos modelos de custeio do investimento e das respectivas operações.

Neste campo, haverá que ter em consideração um princípio fundamental e que é estruturante nas finanças públicas: para existir uma utilidade pública (fornecimento do bem ou serviço público), terá de ocorrer uma desutilidade privada (provocada pelo instrumento de financiamento que visa suportar esse custo, e que, mais tarde – se houver recurso ao crédito

[259] *Cf.* Ostrom, Vincent; Charles, M. Tiebout; Warren, Robert – *«The Organization of Government in Metropolitan Areas: A Theoretical Inquiry». In The American Political Science Review*, 55(4), 1961, pp. 831–842. Para estes autores, a dimensão do clube seria determinada por três factores: (i) a escala da organização formal que fornece o bem; (ii) os «clientes» desse bem (iii) a «comunidade política», ou seja, o grupo de indivíduos que são tomados em consideração na realização do juízo de fornecimento dos mesmos. *Cf.* Desmarais-Tremblay, Maxime – *On the Definition of Public Goods. Assessing Richard A. Musgrave's contribution.* CES Working Papers, 2014, p. 24.

público – ou mais cedo, se corporiza num tributo). O grande desafio que cabe ao decisor político é precisamente garantir que o impacto no Bem-Estar social decorrente da prestação do bem ou serviço em causa é superior aos prejuízos que foram causados aos particulares na angariação do financiamento necessário para a concretização do mesmo.

Identificadas e classificadas as diversas tipologias de infra-estruturas públicas, analisaremos, de seguida, quais as necessidades de financiamento das mesmas associadas ao seu ciclo de vida. Assim, deverão ser considerados, no âmbito da legislação actualmente em vigor, os custos de construção inicial, os custos de gestão e conservação, os custos de adaptação e melhoria e os custos de amortização compensatória tendo em vista a futura reconstrução.

O legislador está constitucionalmente vinculado, nas suas opções de afectação de meios financeiros, à satisfação de necessidades colectivas, quando as mesmas se traduzam no exercício de poderes de autoridade (*ius imperii*), pelos modos de legitimação consentâneos com as utilidades geradas pela despesa pública.

O financiamento da integralidade da actividade urbanística que beneficia alguém ou um pequeno grupo pela generalidade dos contribuintes acarretaria uma evidente injustiça na repartição dos encargos públicos, já que se faria recair sobre a generalidade dos cidadãos todo o encargo de financiamento de uma actividade cujos benefícios se concentram, em larga medida, num grupo certo e determinado de agentes: os proprietários fundiários e imobiliários, os promotores e construtores e os utilizadores directos. Por outro lado, o financiamento da integralidade da actividade urbanística através de taxas acarreta igualmente uma evidente injustiça, já que alguns (promotores e proprietários de uma determinada zona) sustentariam todos os encargos de utilidades públicas usufruídas por todos. Um equilíbrio é, portanto, necessário.

Deparamos, pois, com um sistema complexo, em que utilidades divisíveis e indivisíveis convivem conjuntamente, tendo por beneficiários sujeitos determinados e/ou indeterminados, sendo o seu financiamento efectuado através de taxas, impostos e contribuições especiais locais e, ainda, por transferências do Orçamento do Estado.

É obrigatório, nesta altura, efectuar um ponto de ordem, atendendo aos princípios constitucionais da eficiência, da justiça, da igualdade e da solidariedade.

Verificamos, assim, que o que permite a qualificação de bem público «puro» é a impossibilidade de identificação do beneficiário pelo facto de a utilidade em presença ser conceptualmente indivisível. Por outro lado, os bens de mérito e os bens semipúblicos, apesar de ambos terem um forte efeito redistributivo, operam de forma diversa: no caso dos bens de mérito, a subsidiação decorre do efeito externo social positivo do consumo em causa – por exemplo, da vacinação; no caso do bem semipúblico, por via de uma decisão pública de subsidiação do consumo desse bem – por exemplo, as subsidiações dos primeiros escalões de consumo de água para consumidores de reduzidos recursos económicos.

Estabilizando esta qualificação, tal permite-nos a construção do seguinte modelo tributário de suporte, tomando em consideração a intensidade do princípio da capacidade contributiva (preocupação redistributiva) ou do princípio da equivalência (funcionalizado à possibilidade de imputação do benefício/prejuízo em causa):

<table>
<tr><td colspan="2" rowspan="2"></td><td colspan="2">Intensidade da Redistribuição
INTENSIDADE DA CAPACIDADE CONTRIBUTIVA</td></tr>
<tr><td>Baixa ou Nula</td><td>Elevada</td></tr>
<tr><td rowspan="3">Possibilidade de Divisibilidade da Prestação/ Identificação do Beneficiário

INTENSIDADE DA EQUIVALÊNCIA</td><td>Impossibilidade de Identificação Concreta/ Utilidade Indivisível

EQUIVALÊNCIA INEXISTENTE, AMPLISSIMA OU REFLEXA</td><td>BENS PÚBLICOS *STRICTO SENSU* (NECESSIDADES PÚBLICAS DE ÂMBITO LOCAL SEM PREOCUPAÇÕES DE COESÃO TERRITORIAL)

IMPOSTOS LOCAIS</td><td>BENS PÚBLICOS *STRICTO SENSU* (NECESSIDADES PÚBLICAS DE ÂMBITO NACIONAL OU COM PREOCUPAÇÕES DE COESÃO TERRITORIAL)

IMPOSTOS NACIONAIS</td></tr>
<tr><td>Possibilidade de Identificação do Grupo Beneficiário/Utilidade beneficiada em Grupo

EQUIVALÊNCIA DE GRUPO</td><td>BENS DE CLUBE DE INICIATIVA PÚBLICA/INVESTIMENTO PÚBLICO/ACTIVIDADES GERADORAS DE EXTERIORIDADES NEGATIVAS

CONTRIBUIÇÕES ESPECIAIS (INTERIORIZAÇÃO DE EXTERIORIDADES NEGATIVAS/ SOCIALIZAÇÃO DE EXTERIORIDADES POSITIVAS)

CONTRIBUIÇÕES FINANCEIRAS (RISCOS ESPECIAIS)

(ambas assentam numa equivalência funcional ou agravada caso existam interesses extrafinanceiros)</td><td>BENS DE CLUBE DE INICIATIVA PÚBLICA INVESTIMENTO PÚBLICO SUBSIDIADOS POR VERBAS DE IMPOSTOS

CONTRIBUIÇÕES ESPECIAIS (SOMENTE SOCIALIZAÇÃO DE EXTERIORIDADES POSITIVAS)

CONTRIBUIÇÕES FINANCEIRAS

(ambas subsidiadas por verbas de impostos)</td></tr>
<tr><td>Possibilidade de Identificação do Beneficiário Concreto/Utilidade Divisível

EQUIVALÊNCIA ESTRITA</td><td>BENS FORNECIDOS POR REDES/MONOPÓLIOS NATURAIS REGULADOS/RECURSOS COMUNS

TARIFAS (equivalência eficiente)

SERVIÇOS PÚBLICOS/UTILIZAÇÃO DE BENS DO DOMÍNIO PÚBLICO

TAXAS (equivalência funcional, ou agravada mitigada caso existam interesses extrafinanceiros)</td><td>BENS SEMI-PÚBLICOS

TARIFAS (REDES) (equivalência eficiente subsidiada) Subsidiadas por sistemas perequativos nacionais ou verbas provenientes de impostos

TAXAS (SERVIÇOS E BENS) (equivalência funcional subsidiada) Subsidiadas por verbas provenientes de impostos

BENS DE MÉRITO
TAXAS (equivalência funcional subsidiada ou moderadora) Subsidiadas por verbas provenientes de impostos</td></tr>
</table>

Ao relacionarmos o tipo de bem em causa com a possibilidade da sua imputação, é possível construir um modelo eficiente e justo de financiamento das infra-estruturas territoriais e urbanas, bem como dos serviços prestados pelas mesmas.

Este edifício permite uma total transparência das fontes de financiamento e não preclude qualquer estratégia redistributiva. Ao invés, ao clarificar os modelos de consignação de verbas decorrentes dos impostos ao financiamento de determinadas utilidades, permite uma efectiva justificação do produto de aplicação da receita pública aumentando a legitimidade da acção pública.

Por outro lado, a qualificação jurídico-tributária do instrumento de financiamento fica clarificada, devendo aplicar-se o modelo de concretização da equivalência económica (simplisticamente denominado «proporcionalidade») mais adequado à finalidade que se prossegue.

Assim:

i) se o tributo tiver como único fundamento a angariação de receita pública, já que o beneficiário da prestação não é identificável em sede individual ou mesmo numa lógica de grupo, a entidade pública tiver uma ampla esfera de liberdade na definição da prestação exigida, unicamente condicionada pelos limites constitucionalmente admissíveis – princípio da proibição do excesso, causa constitucionalmente atendível, e não transformação do tributo numa receita de tipo sancionatório, estaremos, no campo da *equivalência amplíssima* e, *in limine*, no campo da capacidade contributiva, o que justifica um tratamento constitucional em sede de princípio da legalidade fiscal próprio dos impostos;

Os impostos têm uma função fundamental, uma vez que serão os principais «financiadores» das subsidiações de foro social. Distinguimos entre impostos nacionais e impostos locais, atenta a diversidade de alcance dos bens públicos em causa. Por exemplo, se estiver em causa a prestação de serviços de saúde, de educação ou de segurança – ou seja, de soberania – mesmo num âmbito regional ou local, estas utilidades deverão ser suportadas por transferência do orçamento do Estado financiadas pelos impostos nacionais; ao invés, se estiverem em causa bens públicos de âmbito local ou regional, tais como serviços ambientais locais, cadastro, animação cultural e artística e desportiva ou outros, poderão ser utilizados os impostos locais como a derrama municipal ou o IMT.

ii) se o tributo tiver como objectivo a angariação de receita a sujeitos potencialmente identificáveis numa lógica de grupo, sendo as utilidades divisíveis nessa sede, estaremos no campo da *equivalência de grupo*, que fundamenta as contribuições. Estas poderão revestir duas qualidades: *i)* as contribuições especiais, na sua dupla vertente – de especial prejuízo (interiorização de exterioridades negativas), como as taxas ambientais, ou de benefício (socialização de exterioridades positivas), como o IMI, as contribuições de melhoria, «taxas turísticas imperfeitas», e outras, ou seja, aquelas em que o perímetro de equivalência se encontra deficientemente delimitado em termos de imputação individual devido a falhas no processo de indivisibilidade (do custo) e de identificabilidade do beneficiário, mas que é praticável na perspectiva do grupo; *ii)* as contribuições financeiras, em resultado da prossecução de uma qualquer actividade de risco acrescido como por exemplo as «taxas de protecção civil imperfeitas», e todos os outros casos em que o juízo de imputação individual do custo ou do benefício não seja realizável, mas unicamente numa óptica de grupo (local, regional ou específico). Deverá ser adoptado um *princípio de equivalência funcional*, uma vez que se pretende incrementar os padrões de eficiência dos mercados em causa, garantindo-se que o custo (benefício) privado da actividade corresponde ao custo (beneficio) social, eliminando-se as exterioridades ou compensando-se as situações de risco acrescido.

Se estiver em causa a prossecução de um objectivo extrafinanceiro constitucionalmente tutelado, a fixação do montante das contribuições dependerá da intensidade dos objectivos que se visa prosseguir; por exemplo, a luta contra a degradação do edificado poderá fundamentar a exigência de uma prestação superior ao proprietário do prédio em ruínas. Neste caso, poderemos enunciar o princípio de *equivalência funcional agravada*[260]; por sua vez, os tributos poderão ser fixadas em valores muito inferiores aos custos administrativos

[260] *Cf.* a abundante jurisprudência recente do STA relativa às taxas por realização de operações fora de Bolsa, por exemplo, o acórdão do STA de 19 de Maio de 2004, referente ao processo 026384 (http://www.dgsi.pt/jsta.nsf/).

e, no limite, não serem cobradas, por exemplo, para a promoção de obras de reabilitação – estamos, pois, no campo da *equivalência funcional subsidiada*[261]. Em princípio, não poderá ocorrer uma subsidiação em caso de interiorização de exterioridades negativas, a não ser nos casos permitidos pelo enquadramento jurídico das subvenções ambientais.

Perante o facto de o modelo de utilidade ser baseado unicamente numa imputação ao nível de grupo, tal dificultará, ou até mesmo impossibilitará, o acesso de um sujeito individual aos meios de tutela jurisdicional numa óptica de aferição dos termos de contraprestação da utilidade pública prestada ante o seu contributo individual. Essa dificuldade justifica a submissão ao princípio da legalidade fiscal, pelo menos ao nível do regime geral das contribuições.

iii) finalmente, se o tributo tiver como objectivo a angariação de receita a sujeitos potencialmente identificáveis numa lógica individualizada, sendo as utilidades divisíveis nessa sede, estaremos no campo da *equivalência estrita*, que tem unicamente como fundamento a estrita repartição de custos de uma actividade prestacional pública, ou a correcção de incapacidade de mercado, nomeadamente por via da presença de monopólios naturais.

Estaremos no campo das tarifas quando os serviços prestados pelas infra-estruturas em rede forem alvo de uma regulação correctora na perspectiva do princípio da eficiência e da tutela do Estado bem-estar, previsto na alínea *d)* do artigo 9º e na alínea *e)* do 81º da Constituição. Estamos, pois, no campo da *equivalência eficiente*, numa área muito próxima do preço de mercado em concorrência perfeita, controlado por via regulatória. Por exemplo, uma taxa turística ou uma taxa de protecção civil, com o perímetro de eficiência correctamente delimitado, não traduzirá senão um modelo eficiente de *pricing* pela manutenção de redes e outras infra-estruturas turísticas ou pela rede de protecção civil.

Ao invés, se estivermos no campo das taxas por prestação de serviços públicos ou por utilização de um bem do domínio público, aplicar-se-á o princípio da *equivalência funcional* que determinará o quantitativo face ao

[261] Subsidiada através de transferências orçamentais.

custo do serviço ou da utilidade recebida, não podendo o montante a fixar se afastar de forma significativa dos custos dos serviços prestados pelas entidades públicas (*Kostendeckung*) ou na utilidade ou benefício gerado para o sujeito passivo (*Vorteilsausgleichs*). Não obstante, dado que estamos no campo de direito público, poderá existir uma margem de flutuação admitida pelas orientações de política pública (por exemplo, poderá ser desenvolvida uma política de incentivo/desincentivo a determinadas condutas), que no limite poderá corresponder à *equivalência funcional agravada* na presença de interesse extrafinanceiro relevante, nos termos descritos anteriormente (mas que deverá ser mais justificada e limitada – mitigada – atenta a identificabilidade concreta do sujeito passivo).

Essa limitação, determinada pelo princípio da proporcionalidade, constitui igualmente uma vinculação constitucional, pois as taxas não se encontram sujeitas ao princípio da legalidade fiscal, dado que os agentes, pela sua identificabilidade individual e divisibilidade da prestação, poderão utilizar os meios jurisdicionais para a tutela da sua posição jurídica, o que coloca uma importância acrescida ao nível da proporcionalidade da imposição.

Finalmente, se estivermos na presença de bens semipúblicos, ou seja, de bens ou serviços subvencionados, quer revistam a qualidade de serviços fornecidos em rede (remunerados por via tarifária) ou de serviços ou bens públicos (remunerados por via de taxas), as preocupações redistributivas poderão justificar a prática de uma subsidiação que poderá ser efectuada por via perequativa regulatória ou por via dos impostos (no caso das utilidades fornecidas em rede) numa óptica de *equivalência eficiente subsidiada*, ou por aplicação de produto de impostos (no caso das taxas), ou seja, nos termos de uma *equivalência funcional subsidiada*.

Se estivermos perante bens de mérito, a sua subvenção justifica-se pelos efeitos positivos que o seu consumo individual gera para a sociedade. Estaremos, portanto, no campo da *equivalência funcional subsidiada, ou moderadora*, se entendermos que o fornecimento do bem em causa constitui uma obrigação do Estado.

Só uma correcta distribuição dos encargos tributários sobre os contribuintes considerando as utilidades prestadas permitirá efectuar uma eficiente alocação de recursos, alcançando-se uma maior justiça. A transparência do sistema tributário aumentará substancialmente e, ao mesmo tempo, a sua legitimidade e legitimação.

Este edifício deverá ser, portanto, estruturado tomando em consideração uma efectiva conexão entre a decisão de despesa e a decisão de receita, salientando-se uma realidade inequívoca: a prestação de uma utilidade pressupõe necessariamente a geração de uma desutilidade.

É, portanto, essencial que o regime regulatório do solo determine as linhas de orientação social para a construção de uma nova infra-estrutura tributária, harmoniosa e sustentada, que elimine as contingências e sobreposições actualmente existentes tendo em vista a concretização de um mercado fundiário mais eficiente e justo.

Esta construção terá efeitos positivos num largo espectro: assentando numa lógica de equivalência, não será possível desenvolver políticas de captura maximalista de receita – eliminando-se a crítica actual –, já que o tributo exigido será necessariamente arbitrado pelo montante de despesa especificamente realizado ou a realizar[262]. No outro extremo, também não ocorrerão actuações públicas não sustentadas financeiramente. Tal não significa que as entidades públicas não possam desenvolver prestações públicas financeiramente deficitárias (pelo menos na margem da equivalência directa), porém, essa margem deficitária será claramente identificada, podendo ser compensada por via de transferências baseadas no princípio da redistribuição e da coesão nacional ou social.

Por outro lado, dada a fluidez dos termos da equivalência e a sua evolução gradativa perante a dinâmica e a dimensão dos grupos, é natural que existam dificuldades interpretativas na distinção de tributos com a configuração de «contribuição» e de «taxa». A razão dessa dificuldade resulta da diversidade em presença, quer em sede de beneficiários – grupo – quer em sede de matéria – prestação ou bem público. Note-se que a qualificação é meramente instrumental: se o regime aplicável fosse equivalente, seria irrelevante a denominação de «taxa» ou de «contribuição», tal como foi

[262] Evitando-se o denominado *flypaper effect*, que pretende demonstrar o facto de os decisores locais tenderem a cobrar mais receitas do que as que efectivamente aplicam em benefício dos administrados. *Cf.* Araújo, Fernando – *Introdução à Economia*, cit., 2014, p. 582. Duas notas a este respeito: *i)* o desempenho das finanças locais nacionais não permite verificar esta ocorrência. Pelo contrário, a tendência parece ser a de solicitar mais transferências do orçamento do Estado de forma a reduzir as responsabilidades na angariação local de receita; *ii)* a introdução dos novos sistemas de *Public Finance Management*, agregados aos novos *Social Media*, permite uma informação permanente dos administrados que não tolerarão entesouramentos abusivos na presença de necessidades públicas prementes.

historicamente entre «contribuição» e «imposto». A questão radica precisamente no princípio da legalidade fiscal, ou seja, na última defesa quanto à (potencial) arbitrariedade do Estado cobrador.

Teremos, então, três situações distintas:

i) Se a arquitectura de equivalência for bem definida, o beneficiário da utilidade estiver claramente identificado, a prestação minimamente divisível e o quantitativo eficientemente alinhado com a prestação pública correspondente, o efeito indutor de eficiência no mercado é suficiente para autolegitimar o tributo, sem que seja necessária a tutela reforçada da legalidade fiscal: estamos no campo das taxas.

ii) Se o beneficiário da utilidade não estiver suficientemente identificado na óptica individual, mas unicamente na lógica do grupo, a prestação for divisível a esse nível, e o quantitativo alinhado com a prestação pública em favor do grupo correspondente, então o efeito indutor de eficiência no mercado é mais difuso e não servirá para autolegitimar o tributo de uma forma natural, e, neste caso, é necessária uma tutela da legalidade fiscal ao nível da criação do quadro geral destas contribuições.

iii) Finalmente, se o beneficiário da utilidade não for minimamente identificável uma vez que a dimensão do grupo dilui a sua participação, não sendo, por conseguinte possível a divisibilidade potencial da utilidade, então estaremos no campo pleno da tutela da legalidade fiscal, ou seja, no campo dos impostos já que não existirá forma de concretizar um qualquer juízo de eficiência económica entre a contribuição e a utilidade pública prestada. Neste último caso, dada a falência de uma qualquer legitimação impositiva assente na equivalência, restará a capacidade contributiva. Mas, se em alguma circunstância, esse pretenso «imposto» não respeitar minimamente a capacidade contributiva, ou no caso das sociedades, o princípio da tributação do lucro real, então teremos, não um imposto, mas uma aberração jurídica à qual se deverá aplicar o regime do confisco.

Assim, o que se torna relevante para a qualificação jurídico-tributária de uma qualquer figura impositiva é a sua perfeição ao nível da causa, da matéria, da forma, da justificação económica e a sua adequação ao princípio da eficiência e da igualdade. Tal significa que a obrigação imposta ao legislador aumenta significativamente. O legislador tem a obrigação de criar o tributo mais eficiente e justo possível, e de o adequar em conformidade.

Não podem existir modelos imperfeitos de tributo: se forem ineficientes, serão inconstitucionais já que não prosseguem (antes atacam) o Estado bem-estar; se forem injustos, serão inconstitucionais já que não respeitam (antes violam) o princípio da igualdade. A justificação económica do tributo é, portanto, fundamental, devendo necessariamente incluir duas fundamentações essenciais: o seu efeito em sede de eficiência (a razão da sua existência); o seu efeito em sede de igualdade (o seu efeito em sede de sustentabilidade, inclusão, coesão e solidariedade. Sendo que ambos os juízos dependem da ligação intrínseca entre o acto de geração de despesa e o acto de angariação de receita.

A exigência de uma boa qualidade arquitectural do tributo aumenta à medida que se intensifica os termos da equivalência. Assim, uma taxa ou uma contribuição devem merecer uma justificação económico-financeira mais exigente do que um imposto já que, este último, necessitária sempre de ser aprovado por via do princípio da legalidade fiscal, ou seja, numa lógica de autotributação.

As contribuições merecem uma maior liberdade já que os seus elementos essenciais merecem também essa salvaguarda adicional decorrente do princípio da legalidade fiscal. Mas não as taxas. Essas necessitam de uma boa infra-estrutura de base de forma que a equivalência jurídica e a equivalência económica seja erigidas nos termos exigidos pelo princípio da eficiência e da igualdade.

O grande problema estrutural dos manuais de direito fiscal e de finanças públicas traduz-se no tratamento separado dos modelos de decisão orçamental, mormente de realização da despesa, relativamente à actividade de angariação de receitas. Essa separação conceptual, que por vezes se traduz na própria separação das unidades curriculares nas Faculdades de Direito, impede a transmissão da relevância da agregação num único acto, momento e decisor, de ambas as responsabilidades.

Por outro lado, a função de determinação do *pricing* das infra-estruturas, ou, no nosso caso, das contribuições pela utilização das infra-estruturas (regulada pelo princípio da equivalência ou do benefício) encontra-se igualmente separada da análise da tributação redistributiva (os impostos). Tal é coincidente com a integralidade da literatura fiscal. Por exemplo, o modelo *Ramsey-Boiteux* que determina a metodologia de definição dos preços em sede de monopólio natural regulado (as redes)[263], ou seja, a base quantitativa do princípio da equivalência, é tratado de forma totalmente afastada da teoria da tributação redistributiva[264], que foca unicamente a vertente da contribuição global. Também aqui a dimensão é eminentemente binária e situa-se nos extremos da equação, *in casu,* a tarifa (enquanto tributo mais próximo do preço) e o imposto *proprio sensu,* ou seja, o uno e o todo. Nada no meio... A única excepção radica nas múltiplas conclusões em como a tributação ambiental poderá ter efeitos regressivos[265].

As repercussões deste modelo binário são visíveis. A legislação ordinária (nomeadamente a Lei Geral Tributária) e a própria jurisprudência, no julgamento das contribuições, tendem a classificá-las de acordo com o regime das «taxas» ou dos «impostos», não efectuando qualquer julgamento ao nível da intensidade da equivalência ou dos critérios de imputação custo/benefício. Não estão sozinhos... Os próprios instrumentos regulamentares padecem de falhas ao nível da justificação económica do tributo e das metodologias que baseiam a sua repartição. Uma contribuição, especial ou financeira, implica um «plano de negócio» exigente em que se identifiquem as melhorias de eficiência que se pretende prosseguir. Se isso for efectuado, tornar-se-á clara para o contribuinte a razão da sua contribuição.

Porém, este modelo de agregação entre o mundo da equivalência e o mundo da capacidade contributiva deverá ser efectuado de forma cuidada. Modelos de perequação generalizada dentro da mesma rede (*taxation by regulation*) poderão não ser eficientes. No outro extremo, a subsidiação global de todos os utilizadores de uma prestação ou utilidade por via do produto dos impostos também poderá não ser justa. Cada caso deverá ser tratado de uma forma individualizada, sendo que, nestas situações, já existe

263 O modelo Ramsey-Boiteux determina o preço óptimo social a cobrar por um monopolista. Nesta formulação, o *mark-up* do preço deverá ser inversamente proporcional à elasticidade da procura: quanto mais elástica for a procura, menor o *mark-up* do preço. Simplificadamente, se não houver elasticidade, o lucro será 0. *Cf.*, e. g., Hoffler, Felix – *Monopoly Prices versus Ramsey-Boiteux Prices: Are they "similar", and: Does it matter?.* Max Planck Institute for Research on Collective Goods, Agosto, 2005: http://www.coll.mpg.de/download/Hoeffler/Ramsey%20Prices_050829.pdf

264 *Cf.* e. g., Ramsey, Frank – «A Contribution to the Theory of Taxation». *In Economic Journal,* 37, 1927, pp. 47–61; Mirrles, James – «An Exploration in the Theory of Optimal Income Taxation». *In Review of Economic Studies,* 38, 1971, pp. 175–208.

265 *Cf.*, e. g., Aigner, R. – *Environmental Taxation and Redistribution Concerns, Finanzarchiv/Public Finance Analysis.* 2014, (Preprint 2011/17).

uma possibilidade de divisibilidade da prestação e uma identificabilidade (ainda que de mero grupo) do agente. As subsidiações deverão ser casuisticamente definidas de acordo com os mandamentos de sustentabilidade, inclusão, coesão e solidariedade.

Para este efeito, torna-se essencial concretizar os termos do princípio da equivalência no mercado urbanístico bem como a «alocação» das finalidades da prestação pública aos diversos instrumentos de geração de receita. Vejamos:

5.1. Impostos e Contribuições Territoriais e Urbanísticas: o Mundo da Equivalência Ampla

O mundo da equivalência ampla tem como limite, actualmente, a própria dimensão planetária. Não é por acaso que um dos temas mais discutidos da actualidade é precisamente o do financiamento dos denominados bens públicos globais[266], como o ambiente. Tendo esta matéria sido analisada na primeira parte, vamos direcionar a nossa atenção para a sua vertente mais local.

No entanto, no mundo de hoje, a vertente local pode coincidir com o território nacional. De facto, enquanto os Estados europeus detêm (aparentemente) a sua soberania fiscal, poderá entender-se que a relação tributária subjacente tem inerente a consequente devolução dos montantes cobrados em utilidades públicas numa perspectiva reflexa e indissociável de um beneficiário em concreto. Esta relação de cidadania implica, igualmente, um grau de equivalência, mas num grau muito amplo e reflexo, insuficiente para sustentar qualquer juízo de propriedade individual ou de direito prestacional à prestação pública.

A tributação, a política de solos e o desenvolvimento económico-social constituem realidades indissociáveis. Revestindo infra-estruturas físicas, o conteúdo relacional torna-se mais tangível, concretizando-se os elementos instrumentais necessários para a divisibilidade da prestação e a identificação do beneficiário.

[266] *Cf.* Araújo, Fernando – *Introdução à Economia*, cit., 2014, p. 580; Ferroni, Marco [editor]; Mody, Ashoka [editor]; Morrissey, Oliver; Velde, Dirk Willem te; Hewitt, Adrian; Barrett, Scott; Sandler, Todd. – *International Public Goods: Incentives, Measurement, and Financing (English)*. Washington DC, World Bank, 2002 [disponível em http://documents.worldbank.org/curated/en/138101468327354525/International-public-goods-incentives-measurement-and-financing].

Constitui tarefa praticamente impossível a definição de uma política de gestão de solos sem a indagação concomitante da sua viabilidade económica e das suas consequências financeiras e fiscais. Por sua vez, atendendo ao relevo das receitas tributárias provenientes da tributação estática e dinâmica do património imobiliário nas suas diversas modalidades (impostos, contribuições especiais e taxas), estas tornam-se essenciais para uma qualquer análise do sistema fiscal nacional, ainda mais num momento em que as transferências decorrentes dos restantes impostos para as autarquias sofrem um significativo constrangimento.

Contudo, a vertente reditícia da actividade urbanística faz esquecer o essencial: o ordenamento urbanístico é, efectivamente, uma das funções essenciais de um crescimento que se pretende sustentável. O sistema fiscal nacional nunca tomou em devida consideração os impostos sobre a propriedade imobiliária e a sua importância para o ordenamento e regulação do mercado fundiário e urbanístico.

Um dos grandes problemas actuais do nosso sistema financeiro (e consequentemente do nosso sistema fiscal) radica precisamente na esquizofrenia conceptual que envolve a generalidade dos impostos e das contribuições relacionadas com a gestão territorial e urbanística.

É curioso que nenhum dos tributos actualmente existente se encontra minimamente conformado com um modelo causal eficiente e justo.

Sequencialmente, poderemos testar os ensinamentos introduzidos usando três tributos: o IMI; o IMT e a Derrama.

5.2. A Tragédia do IMI Urbano

Efectivamente, a Contribuição Autárquica, aprovada pelo Decreto-Lei nº 442-C/88, de 30 de Novembro, foi unanimemente considerada o «parente pobre» da Reforma Fiscal de 1988/89.

Nesse âmbito, a inovação essencial da Contribuição Autárquica residiu na definição da sua incidência objectiva que englobava o valor patrimonial dos prédios e já não o seu rendimento (artigo 1º do Código da Contribuição Autárquica)[267]. Todavia, o processo de gestação dos métodos de definição

[267] MORAIS, Rui – *A Tributação e a Avaliação Prediais: situação e perspectivas em Portugal*, CCRC/OCDE, 1987; Idem, – *Do Código da Contribuição Predial ao Código do Imposto Municipal sobre Imóveis*, in 15 anos da Reforma Fiscal de 1988/1898 – Jornadas de Homenagem ao Professor Doutor Pitta e Cunha, Coimbra, Almedina, 2006.

desse valor patrimonial, previstos no nº 1 do artigo 7º do Código, foi de tal forma atribulado que o ansiado Código das Avaliações nunca chegou a ver a luz do dia[268]. Tal documento, essencial para a aplicação efectiva da Contribuição Autárquica, nunca foi homologado, questionando-se mesmo se alguma vez foi efectivamente concebido[269]. Por essa razão, e durante todo o seu período de vigência, a Contribuição Autárquica teve de se socorrer das regras do Código da Contribuição Predial e do Imposto sobre a Industrial Agrícola, aprovado pelo Decreto-Lei nº 45104, de 1 de Julho de 1963 para a definição da sua matéria colectável. O valor patrimonial dos imóveis continuou a ser determinado ou por avaliação cadastral tendo como base o rendimento predial susceptível de ser apurado ou por avaliação directa realizada pelos serviços da Direcção-Geral dos Impostos. Assim, o valor da renda determinava o valor do capital, sendo este sucessivamente actualizado através de factores de correcção, obtendo-se um resultado final totalmente arbitrário e variável consoante o procedimento de avaliação adoptado (directa ou cadastral), a perfeição da matriz predial e o ano da sua realização.

Todas estas distorções ao nível da tributação estática da propriedade imobiliária decorreram da manutenção em vigor de um regime obsoleto e tiveram como efeito a instalação de um elevado nível de injustiça no sistema fiscal. A carga tributária encontrava-se distribuída em termos totalmente equívocos, não obedecendo a qualquer critério de racionalidade fiscal, urbanística ou, numa perspectiva mais ampla, de justiça social.

Perante este estado caótico ao nível da fundamentação do imposto, foram esquecidas algumas referências hodiernas e que orientavam este tipo tributário. Efectivamente, a concepção de tributação pela renda permitia alcançar um nível de tributação eficiente, já que o prédio era tributado de acordo com uma «exploração normal» fundiária. Neste quadro, o abandono do solo ou a sua subexploração era efectivamente onerada, alcançando-se um relativo propósito ordenador e incentivador do investimento.

[268] Chegou a existir uma autorização legislativa para a aprovação do Código das Avaliações na Lei nº 2/92, de 9 de Março (LOE/1992). Essa autorização foi, no entanto, julgada inconstitucional por no preceito em causa não se determinar o sentido da autorização (*Cf.* acórdão do Tribunal Constitucional publicado no Diário da República, 1ª Série A, de 26 de Janeiro de 2003).

[269] *Cf. Relatório da Comissão de Estudo para a Tributação da Terra e dos seus Rendimentos*, cit., p. 192.

Por sua vez, a tributação dinâmica, corporizada no Imposto Municipal de Sisa, manteve-se inalterada até 2003. Comparativamente à Contribuição Autárquica, as suas distorções eram ainda mais acentuadas, tendo-se estabelecido um costume assente num elevado nível de fraude e evasão, que decorria naturalmente da obsolescência do sistema de tributação. Existiam duas razões para essa situação de extrema iniquidade: em primeiro lugar, na ausência do Código das Avaliações, a matéria colectável era determinada por método autodeclarativo, havendo um interesse comum das partes envolvidas no negócio no sentido da minimização do preço da transacção; em segundo lugar, a administração fiscal nunca se preocupou verdadeiramente em fiscalizar as práticas dos contribuintes neste imposto – só o fazendo curiosamente a partir da data de entrada em vigor do IMT –, já que a receita era dos municípios, e estes, por sua vez, não dispondo de quaisquer instrumentos fiscalizadores, satisfaziam-se com a receita apurada.

Em finais de 2002 e no início de 2003, entraram em vigor o IMI e o IMT. Estes dois impostos, que substituíram, respectivamente, a Contribuição Autárquica e o Imposto Municipal de Sisa, tiveram como principal mérito o estabelecimento de critérios objectivos para a determinação do valor patrimonial dos imóveis. No entanto, as filosofias de tributação são exactamente idênticas às dos impostos que revogaram, tendo unicamente ultrapassado o ónus da existência do Código das Avaliações, que foi superado através do estabelecimento de indicadores objectivos de avaliação traduzido no Valor Patrimonial Tributário. Também no campo da tributação da propriedade imobiliária a tentação do legislador na utilização de indicadores de normalidade superou qualquer possibilidade de determinação real e efectiva do valor dos bens.

Todas as restantes alterações ao nível da estrutura dos dois impostos são meramente cosméticas, não influenciando significativamente o sistema de tributação.

Não tendo ocorrido qualquer alteração radical no sistema tributário relativo à propriedade imobiliária, mas unicamente uma redistribuição da carga tributária ao nível do IMI entre proprietários dos imóveis mais antigos e proprietários dos imóveis mais recentes, a verdade é que o sistema mantém os padrões genéticos de ineficiência e de injustiça. Aliás, e atendendo à evolução da receita anual deste imposto (crescimento médio de 12% ao ano) facilmente se poderá antever uma nova (mini) reforma tendo em vista a atenuação do agravamento exponencial da carga tributária a este efeito[270].

Especialmente grave é a filosofia única de tributação que actualmente conforma o IMI. A este respeito poder-se-ia optar por uma de três vias: *i)* a via do valor especulativo ou de mercado; *ii)* a via da equivalência ou do benefício; *iii)* a via do valor de base territorial.

O IMI e, consequentemente, o IMT optaram teoricamente pela primeira via e, nestas circunstâncias, cometem o mesmo erro que já havia sido cometido aquando da Contribuição Autárquica e do Imposto Municipal de Sisa, uma vez que, sendo tipicamente tributos que se deveriam legitimar no princípio da equivalência, fogem totalmente para a vertente da capacidade contributiva.

De facto, e nos termos previstos no seu regime legal, o valor patrimonial tributário dos prédios é determinado com base numa avaliação. Essa avaliação, de acordo com a filosofia de base, deverá aproximar-se do «valor de mercado». Porém, face às especiais características da propriedade imobiliária, a definição do método de avaliação não constitui uma tarefa fácil.

Não é por acaso que a doutrina tem discutido intensamente os termos que deverão definir o valor da propriedade imobiliária[271]. Conforme referimos noutro local: «desde Ricardo, com a introdução do conceito de renda diferencial para a definição do valor da propriedade agrícola[272], a Walras, com a indexação do preço da propriedade fundiária da renda que ela proporciona e do ritmo previsional do seu crescimento em comparação com o rendimento do capital financeiro[273], a Hotelling, segundo o qual o preço

[270] *Cf.* Ministério das Finanças, *Relatório do Grupo Para o Estudo da Política Fiscal – Competitividade, Eficiência e Justiça do Sistema Fiscal,* 2009, pp. 337 e ss. Aí se refere explicitamente que «a concepção de um modelo de tributação do património imobiliário tem implicações com os regimes do arrendamento urbano, agrícola e florestal, com a legislação relativa aos instrumentos de gestão territorial, que deve integrar a Lei dos Solos, com o sistema de financiamento dos Municípios e com outros diplomas legais cujos conteúdos reclamem uma articulação lógica com a configuração das prerrogativas da propriedade privada deste tipo de bens» [disponível em http://info.portaldasfinancas.gov.pt/NR/rdonlyres/8AFAA047-5AB4-4295--AA08-E0973lF29B0A/ 0/GPFRelatorioGlobal_VFinal.pdf].

[271] Para uma síntese, *Cf.* Carvalho, João Manuel – *Planeamento Urbano e Valor Imobiliário.* Principia, 2005, pp. 42–47.

[272] *Cf.* Ricardo, David – *On the Principles of Political Economy and Taxation.* Cambridge University Press, 1962 (1ª edição 1817).

[273] *Cf.* Walras, Léon – *Théorie Mathématique du Prix des Terres et de Leur Achat par L' État.* Mémoire à la Société Vaudoise des Sciences Naturelles, Lausanne, 1880.

dos recursos naturais não-renováveis tende a variar proporcionalmente à taxa de juro real, dado que o seu preço presente não é mais do que a representação presente do preço futuro esperado desses recursos em períodos subsequentes[274], a Marshall, para quem o valor do solo urbano incorporava um custo de oportunidade decorrente da sua utilização agrícola, sendo que o valor da localização, que se adiciona ao valor agrícola decorreria da disposição em pagar por parte dos utilizadores finais, expresso num leilão de potenciais compradores do qual emerge o preço do solo urbano[275], que múltiplos autores têm discutido, de forma alargada e séria esta questão, que como se vê, é de difícil solução»[276].

Por conseguinte, e por melhores metodologias de avaliação que se adoptem, o valor de mercado é aquele que for alcançado no mercado em concreto. Tudo o resto são meras projecções de valor, suficientes para a orientação do mercado, mas nunca para o substituir. Os gostos subjectivos, o conteúdo finito dos bens imobiliários, a definição jurídica dos direitos inerentes à propriedade concreta, as opções de base à realização do investimento (rendimento ou fruição própria), os critérios de microlocalização (e. g., custos de promoção imobiliária – características do solo e subsolo, a dimensão, a forma, a topografia, o declive, a inserção fundiária no tecido urbano local – características do produto final – conforto, vistas, exposição solar, tipologias, envolvente próxima – e o risco do investimento – estado de conservação, imagem, risco de reabilitação ou construção nova), os critérios de macrolocalização (características intrínsecas da zona envolvente – qualidade ambiental, qualidade e quantidade dos equipamentos urbanos envolventes de suporte à propriedade imobiliária, acessibilidades -, direitos de construção), a fertilidade dos solos e o tipo de clima sem esquecer o ambiente de evolução geral (*e. g.*, fluxos demográficos, ciclo económico, taxas de juro, eficiência administrativa) são alguns dos constrangimentos que dificultam a realização de uma ponderação de valor do bem imóvel, urbano ou rústico.

Ora, o conceito de Valor Patrimonial Tributário previsto no artigo 38º do CIMI parece esquecer toda esta problemática e vem determinar autorita-

[274] *Cf.* HOTELLING, Harold – «The Economics of Exhaustible Resources». *In Journal of Political Economy*, 39,2, 1931, pp.137–175.

[275] *Cf.* MARSHALL, Alfred – *Principles of Economics.* 8th edition. London: Macmillan, 1890.

[276] LOBO, Carlos Baptista – *Tributação e Política de Solo*, cit.

riamente o valor fiscal do imóvel. Essa determinação é efectuada tomando como base uma série de índices que, aparentemente, visam aproximar o VPT do valor de mercado.

Afastando qualquer pretensão de competência teórica, insusceptível de prossecução por via legislativa, o que o legislador pretendeu com a aprovação da fórmula de VPT constante do IMI foi a redistribuição dos encargos fiscais entre os prédios novos e os prédios antigos.

Quem paga actualmente IMI em Portugal não tem a mínima noção dos custos que as autarquias sustentam com o suporte urbanístico dos imóveis dos particulares. Neste quadro, não existe equivalência ou benefício que sustente a pretensão tributária dos sujeitos activos. É necessário, portanto, que o IMI seja integralmente revisto, tornando-o mais transparente e compreensível. Se os proprietários tiverem essa percepção, como os condóminos têm no seu condomínio, a discussão sobre os limites da tributação será bem mais simples e concreta: a contribuição de cada um dependerá da despesa que for realizada a esse propósito.

Um município com três piscinas terá necessariamente um IMI mais alto do que um outro em que essa infra-estrutura não exista. Esta é a base do princípio da equivalência que regula o postulado da igualdade num imposto como o IMI. E onde entra a redistribuição? Essa é uma questão sensível. Um imposto sobre o património fundamentado na capacidade contributiva e não na equivalência é necessariamente controverso. O que está em causa não é o rendimento do sujeito – que é tributado em sede própria – nem o seu património acumulado. Se cruzarmos capacidade contributiva com tributação do imobiliário, abrir-se-á uma caixa de Pandora. Os problemas irão suceder-se: o património imobiliário não é mais do que rendimento acumulado já tributado (problema da dupla tributação económica); o investimento em imobiliário será tratado de forma diferenciada do investimento mobiliário (discriminação injustificável); o limite da tributação será meramente o confisco e não o recebimento, ainda que meramente reflexo, de utilidades públicas (o que será uma questão quando o nosso Tribunal Constitucional considerou que uma tributação à taxa de 75% não era inconstitucional – o caso da sobretaxa das pensões); será exigido um montante discricionário assente na pretensa capacidade contributiva a quem, no momento concreto, não tiver liquidez disponível para sustentar o encargo (ao contrário dos impostos sobre o rendimento ou sobre a despesa, o que poderá levar, numa situação limite, à necessidade de alienação do imóvel para a sustentação do encargo do imposto, corporizando-se uma situação extrema de perda absoluta de bem-estar).

A tributação territorial, uma vez que tem essencialmente numa base de incidência fixa ou imóvel – a propriedade imobiliária –, padece de patologias potenciais ainda mais graves.

A discussão recente sobre a tributação do património imobiliário em Portugal é saudável e enriquecedora. O problema é que todos aparentam ter razão a este respeito: *i)* quem pretende alargar a base tributária; *ii)* quem pretende uma legitimação acrescida desta tributação; *iii)* quem pretende manter a atractividade do investimento imobiliário; *iv)* quem acha que já paga impostos a mais sobre os seus imóveis; *v)* quem pretende que os proprietários dos imóveis contribuam de alguma forma para um modelo de redistribuição económica.

Quando todos aparentam ter razão, a discussão sobre o modelo de tributação do imobiliário pode adquirir uma particular violência. Neste enquadramento, o melhor será dar um passo atrás e recordar o papel do Estado na ordenação do mercado imobiliário. E aqui temos um primeiro ponto de apoio. Sendo o mercado imobiliário imperfeito, caberá ao Estado a sua regulação de forma a suprir as suas falhas. E que falhas são essas? Entre muitas salientamos a necessidade de prestação de bens públicos de suporte urbanístico, tal como será analisado *infra*. O problema reside na evidente falta de legitimidade na tributação decorrente do enviesamento conceptual subjacente.

Ora, a única forma que temos de ultrapassar estas dificuldades passa pela adopção de um modelo de regulação correctiva do mercado imobiliário face às suas falhas sistémicas. Aqui, a tributação deverá ser uma muleta do mercado. E, neste enquadramento, essa tributação deverá ser mais agravada se a propriedade em causa estiver devoluta (ou não utilizada – função social da propriedade) ou, em caso extremo, em ruína. Nestas situações, a redistribuição poderá entrar em campo, fomentando a colocação de activos no mercado – fomentando a mobilidade de bens escassos e a inacção especulativa – ou interiorizando as exterioridades negativas da existência de prédios degradados nas áreas da sua vizinhança. Este é um modelo redistributivo regulador e fomentador da eficiência no mercado. Então quando é que se perde a razão nesta discussão? Precisamente no ponto em que esquecemos a função reguladora da tributação do património imobiliário e o consideramos referencial de riqueza. Se avançarmos por esse caminho, tudo o que baseia a correcta filosofia da tributação imobiliária cai por terra. Na óptica da eficiência, a lógica da tributação do rendimento acréscimo fica destruída. Na perspectiva da igualdade, é incompreensível um imposto que tribute património imobiliário e não tribute o mobiliário.

Mais uma vez nos colocamos no dilema que os pensadores liberais do século XIX problematizaram. Quando tudo foge, o Estado centrará o seu poder tributário naquilo que fica: trabalhadoresdependentes e imobiliário. Neste quadro, de subjugação inevitável, uma protecção constitucional adicional poderá ser considerada necessária.

Neste quadro, no sector fundiário, o princípio da equivalência enquanto concretizador do princípio da igualdade fiscal adquire uma relevância excepcional. Os critérios para a sua aferição serão necessariamente muito mais exigentes do que o que decorre de uma simples enunciação do princípio da capacidade contributiva (*ability to pay*). Perante o impacto que a actividade prestacional pública tem no valor da propriedade, a intensidade contributiva deve ser modulada tendo em consideração esta lógica relacional reflexa e não de acordo com a capacidade contributiva individual do sujeito. Assim, e a título de exemplo, se Bill Gates for proprietário de um T1 com 100 m^2 no centro de Lisboa e, ao lado, existir um palácio com 2000 m^2, propriedade de um marquês falido, a imposição do encargo devido pela detenção da propriedade deverá atender aos benefícios diferenciados que as duas propriedades obtêm da actividade prestativa pública e não da capacidade contributiva individual dos sujeitos passivos. E, neste caso, a propriedade do marquês deveria, obviamente, ser bastante mais onerada comparativamente com o T1 do homem com a maior capacidade contributiva do mundo.

Tal não significa que a capacidade contributiva deva ser totalmente ignorada neste juízo. De facto, já demonstrámos que os limites extremos são aplicáveis (proibição do excesso e salvaguarda do mínimo de existência). Por outro lado, existe ainda a possibilidade de tributação pelo valor de renda normal que uma utilização mediamente eficiente do solo permitiria obter. Esta tributação – do tipo valor de base fundiário – possibilitaria, numa perspectiva de eficiência, promover a utilização eficiente do solo, onerando comportamentos especulativos de expectativa ou, numa configuração agravada – por via da incorporação das externalidades negativas em presença –, tributar de forma agravada prédios em ruínas desocupados ou terrenos em abandono total[277].

[277] Esta tributação agravada ficaria integralmente legitimada na existência de mercados de arrendamento urbano e rural eficientes que retirariam qualquer justificação a este tipo de comportamentos.

5.3. A Comédia do IMI Urbano

Neste contexto, é essencial que o legislador ordinário respeite integralmente o comando orientador da política fiscal a este propósito que consta da Lei de Bases Gerais das Políticas Públicas de Solos, de Ordenamento do Território e do Urbanismo, que no nº 1 do seu artigo 63º refere explicitamente que: «a tributação do património imobiliário urbano respeita o princípio da equivalência ou do benefício, atendendo ao investimento realizado em habitação com fins sociais, infraestruturas territoriais, equipamentos de utilização colectiva, acções de regeneração e reabilitação urbana, preservação e qualificação ambientais [...]».

O mandamento desta lei de valor reforçado é claro. Não se pretendendo colocar em causa a legitimidade do IMI, esta norma obriga a uma ponderação futura dos propósitos essenciais de regulação urbanística na sua filosofia de base. Porém, vinculará já quaisquer dúvidas interpretativas a este propósito, nomeadamente em sede de definição de taxas de impostos e definições de matéria colectável.

O princípio da equivalência prevalece, assim, sobre o princípio da capacidade contributiva (na óptica patrimonial). Esta é a conclusão teórica, que coincide com o mandamento legal. É, portanto, essencial que se ampliem as capacidades dos municípios na definição do encargo tributário correspondente, numa perspectiva de equivalência funcional, permitindo a modulação do encargo contributivo ao do que efectivamente os seus munícipes (identificados numa óptica de grupo) beneficiam em sede de utilidades indivisíveis individualmente, mas divisíveis na perspectiva do grupo, prestadas pelo município. Assim, a lógica do benefício ou da equivalência, que se encontra parcialmente ignorada, deverá, a prazo, adquirir a preponderância.

Não se poderá esquecer, ainda, que existe toda uma multiplicidade de tributos susceptíveis de aplicação à actividade urbanística e que têm sido totalmente ignorados, quer pela doutrina, quer pelas instâncias políticas. É o caso das diversas taxas de urbanização e de contribuição para a construção de infra-estruturas urbanísticas e das diversas contribuições especiais *stricto sensu* vigentes.

Neste nível, encontramos relações tributárias subjacentes à prestação específica de utilidades urbanísticas e que, por essa via, valorizam a propriedade imobiliária. Neste caso, que se suporta na geração de mais-valias reflexas por parte dos organismos públicos, será credor do imposto (*in casu*, uma contribuição especial) a entidade que prestar utilidades urbanísticas de suporte à propriedade imobiliária privada. Assim, na lógica constitucional portuguesa, e nos termos do princípio da descentralização, detendo as autarquias locais, principalmente os municípios, as competências de construção, manutenção e amortização de equipamentos e da prestação de serviços de apoio urbanísticos, será uma consequência natural a sua qualificação enquanto sujeito tributário activo nos termos da Lei das Finanças Locais.

Por sua vez, o sujeito tributário passivo será o proprietário do bem imóvel beneficiário das prestações urbanísticas públicas. A intensidade da tributação deverá depender não da sua capacidade contributiva geral, mas sim do benefício que a sua propriedade obtém da actividade prestativa pública – óptica do benefício. Adoptando uma outra perspectiva – a óptica do custo – a contribuição do proprietário do imóvel dependerá da quota-parte de custos decorrentes da actividade urbanística que lhe competirão atendendo às características físicas da sua propriedade.

É nesta perspectiva abrangente e global que deverá ser entendido o sistema tributário urbanístico municipal. O IMI deverá assentar numa lógica de equivalência ampla, constituindo-se, além de imposto regulador geral na perspectiva do valor de base fundiário, como uma «Contribuição de Condomínio»[278], tendo em vista a repartição dos custos sustentados com utilidades fornecidas a proprietários imobiliários daquela zona (o «clube») a beneficiários individualmente indeterminados, mas identificáveis no seio desse «clube». Os proprietários dos imóveis constituem-se como sujeitos passivos, sustentando a este título todos os custos com a manutenção e amortização de infra-estruturas existentes ou com a criação de novas utilidades que beneficiam o clube com destinatário determinado ou determinável nesse seio[279]. O seu dever contributivo será definido pela sua «permilagem» determinada pelo VPT considerando o valor total da área de cálculo.

[278] Só assim se justificam os poderes de determinação das taxas do imposto pelas Assembleias Municipais. Um município que pretenda fornecer e manter infra-estruturas gerais de boa qualidade deverá aplicar uma taxa superior. Pelo contrário, um município que pretenda manter a taxa mais reduzida não poderá prestar o mesmo tipo de utilidades.

[279] Por sua vez, os Impostos sobre o Rendimento (IRS e IRC) tributarão as mais-valias imobiliárias realizadas e os rendimentos prediais, de acordo com o princípio da capacidade contributiva.

Um sistema com esta configuração colocaria, invariavelmente, o IMI no campo da equivalência, cumprindo os mandamentos teóricos, dogmáticos e, pasme-se, os legais constantes da Lei de Bases de Políticas Públicas de Solos, do Ordenamento do Território e do Urbanismo, aumentando exponencialmente a sua legitimidade e transparência (ainda mais quando nos encontramos no alvor da introdução do novo SNC-AP e da Reforma das Finanças Públicas), evitando-se discussões sobre a sua inserção como Imposto sobre o Património (que não é!), e decorrentes controvérsias: *i)* dupla tributação do rendimento (imóvel é rendimento aplicado); *ii)* desigualdade perante a não tributação de capitais móveis; *iii)* efeito distorcivo decorrente da inexistência de liquidez para o pagamento da prestação tributária, originando situações de «fardo excessivo».

A configuração do IMI enquanto «contribuição do condomínio alargado» correspondente ao clube municipal é totalmente coincidente com a sua natureza enquanto imposto local. Um imposto sobre o património, logo, baseado no princípio da capacidade contributiva, terá invariavelmente um âmbito nacional: esse é o local de exercício das decisões de redistribuição. E esse lugar foi curiosamente ocupado pelo denominado «adicional do IMI».

5.4. A Tragédia do IMI Rústico

O mesmo se diga relativamente à lógica, actualmente adormecida, do valor de base territorial. Esta lógica é essencial para a concretização de modelos de desenvolvimento económico, por via do fornecimento de incentivos à utilização eficiente dos recursos, premiando utilizações eficientes e penalizando o abandono e a subexploração fundiária no campo agrícola, florestal e urbano[280].

[280] Neste sentido, e ao contrário dos princípios que norteiam o conceito de Valor Patrimonial Tributário, é urgente a instituição do denominado Valor de Base Territorial. É essencial estabilizar a base de tributação patrimonial imobiliária. Tal só é possível se a tributação incidir sobre o valor intrínseco do solo, independentemente de qualquer transformação, melhoramentos ou benfeitorias. Este conceito é totalmente neutro, dependendo unicamente do terreno fundiário, considerando a sua dimensão, localização, usos, desenvolvimentos e utilizações autorizadas. Assim, não contempla no seu âmbito qualquer valor resultante dos desenvolvimentos promovidos pelo proprietário e cujos rendimentos serão abrangidos pelos impostos sobre o rendimento. O Valor de Base Territorial assenta, portanto, num princípio do benefício ou da equivalência alargado tomando em consideração um conceito social de propriedade.

O sistema actual do IMI rústico é totalmente avesso ao princípio da eficiência e da igualdade, resultando de uma paralisação legislativa ante uma economia em mudança. Por outras palavras, o actual IMI rústico constitui um instrumento tributário do século XIX em pleno século XXI.

Historicamente, Portugal é um país com fortes raízes agrícolas e, não há muito tempo, uma grande percentagem da população exercia actividades de exploração agrícola. Com o desenvolvimento dos sectores secundário e terciário e com a renovação de gerações que, naturalmente, têm interesses diferentes dos seus antecessores, a actividade agrícola tem vindo a ser vítima de um gradual desinteresse e desinvestimento. Uma política fiscal eficiente e justa é, portanto, essencial.

Conforme foi oportunamente referido, a reforma do IMI rústico consubstancia uma das medidas legislativas com maior potencial de impacto na aceleração das dinâmicas e das iniciativas de investimento e gestão florestal que se pretende promover. A necessidade de proceder à reforma do Código do IMI, no que se refere aos prédios rústicos, decorre do divórcio das actuais regras face ao determinado nas condicionantes dos instrumentos de ordenamento do território, bem como das disparidades que resultam na avaliação dos prédios perante os seus valores de rendimento e de mercado.

Torna-se essencial uma rápida reavaliação geral dos prédios rústicos, da qual resulte uma aplicação justa e equitativa do seu valor, com critérios simples e aplicáveis em todo o País. Uma revisão do IMI rústico neste sentido, com a inerente actualização cadastral e do registo predial, terá um efeito dinamizador muito relevante na agilização dos mercados fundiários e da disponibilização da terra para as ocupações e usos que os planos determinam como mais ajustados ao interesse público e dos seus proprietários em geral.

A agilização dos processos fundiários é, como alertamos atrás, um dos factores mais relevantes para a viabilização económica do investimento e da gestão florestal e a retoma do desejado crescimento da floresta e do uso ajustado dos demais espaços florestais. Para o que ora nos importa, é, assim, fundamental a noção de prédio rústico. Segundo o artigo 3º do Código do IMI, são prédios rústicos os terrenos situados fora de um aglomerado

A sua aplicação permitiria uma regulação efectiva do mercado imobiliário, desmotivando a detenção de propriedades devolutas, subexploradas ou em mau estado de conservação.

urbano que não sejam de classificar como terrenos para construção [*Cf.* Artigo 6º, nº 3], desde que:

- Estejam afectos ou, na falta de concreta afectação, tenham como destino normal uma utilização geradora de rendimentos agrícolas, tais como são considerados para efeitos do Imposto sobre o rendimento das pessoas singulares [*Cf.* artigo 4º, nº 4, do Código do IRS];
- Não tendo a afectação indicada imediatamente antes, não se encontrem construídos ou disponham apenas de edifícios ou construções de carácter acessório, sem autonomia económica e de reduzido valor [*Cf.* artigo 3º, nº 1];
- Por força de disposição legal aprovada, não possam ter utilização geradora de quaisquer rendimentos ou só possam ter utilização geradora de rendimentos agrícolas e estejam a ter, de facto, esta afectação, considerando-se como aglomerados urbanos, além dos situados dentro de perímetros legalmente fixados, os núcleos com um mínimo de 10 fogos servidos por arruamentos de utilização pública, sendo o seu perímetro delimitado por pontos distanciados 50 metros do eixo dos arruamentos, no sentido transversal, e 20 metros da última edificação, no sentido dos arruamentos [*Cf.* artigo 3º, nº 2 e nº 4];
- Os edifícios e construções directamente afectos à produção de rendimentos agrícolas, quando situados nos terrenos anteriormente referidos [*Cf.* artigo 3º, nº 3, alínea *a)*];
- As águas e plantações nas situações acima mencionadas [*Cf.* artigo 3º, nº 3, alínea *b)*]. [281]

No que respeita às regras relativas ao aspecto quantitativo e valorativo destes prédios rústicos para efeitos de tributação do IMI, as mesmas estão estabelecidas no artigo 17º, nº 1, do Código do IMI. Assim, «relativamente aos prédios rústicos, o valor patrimonial tributário corresponde, segundo o art. 17º do CIMI, ao produto do seu rendimento fundiário pelo factor 20, rendimento fundiário que, por seu lado, corresponde ao saldo de uma conta de cultura em que o crédito é representado pelo rendimento bruto e o débito pelos encargos da exploração»[282].

[281] *Cf.* PIRES, Manuel; PIRES, Rita Calçada – *Manual de Direito Fiscal.* Coimbra: Almedina, 2017, ob. cit., pp. 737–738.

[282] *Cf.* NABAIS, Casalta – «*Direito Fiscal*». 10ª ed. Coimbra: Almedina, 2017, ob. cit., p. 572.

No que concerne a reforma da tributação dos impostos sobre o Património recentemente proposta no contexto da actual Reforma do Sector Florestal, são introduzidas alterações ao regime do Imposto sobre as Transmissões Onerosas de Imóveis (IMT) e de Imposto do Selo (IS). Estranhamente, o IMI não seria considerado na estruturação da Reforma, não obstante se entender a significativa relevância do mesmo. A tributação em sede de IMI sobre os prédios rústicos assenta numa base de VPT destes prédios, que pode igualmente ser apurado com referência ao «rendimento real ou presumido do prédio».

Como tal, os prédios com melhor construção, mais bem conservados e com mais rendimento fundiário têm, à partida, uma carga de imposto superior. O método perfilhado pelo Código do IMI para o apuramento do VPT dos prédios rústicos baseia-se assim numa óptica de rendimento, cuja adopção remonta ao Código da Contribuição Predial e do Imposto sobre a Indústria Agrícola[283].

A tragédia é inevitável:

i) A inexistência de cadastro impede a correcta definição do sujeito passivo e a efectiva determinação da matéria colectável;
ii) O valor patrimonial tributário aumenta em função da utilização efectiva do solo, diminuindo à medida do seu abandono, o que desincentiva a produção e fomenta a expectância;
iii) Quem arrenda ou cede a exploração a outrem é penalizado fiscalmente tendo em consideração a metodologia de tributação da renda.
iv) Quem não explora tem um tratamento fiscal privilegiado.
v) A aplicação sintética do método do arrendamento gera uma inequívoca identidade com o Imposto sobre o Rendimento Pessoal. Efectivamente, o conceito de VPT rústico consiste precisamente numa metodologia simplificada de determinação do lucro real de exploração.
vi) Os conceitos utilizados são próprios do século XIX, esquecendo as novas possibilidades na definição dos valores agrícolas;
vii) O regime florestal, pelo seu ciclo produtivo, não é eficientemente acolhido pela actual lógica do IMI.

[283] Aprovados pelo Decreto-Lei nº 45104, de 1 de Julho de 1963.

O modelo de incentivo está totalmente invertido. O actual apuramento do VPT dos prédios rústicos constitui um desincentivo quanto à prossecução de actividades agrícolas e/ou florestais, uma vez que o respectivo apuramento leva a que os terrenos com maior margem operacional tenham um VPT superior, do qual resulta uma maior carga fiscal em sede de IMI.

Ora, tal contribui para uma desoneração (e até desresponsabilização), por parte dos titulares de prédios rústicos, facilitando situações de abandono e mau estado de conservação. Numa lógica de «custo de oportunidade», tal diminui a potencialidade de tais prédios rústicos poderem ser usados para obter rendimentos quer agrícolas, quer de outra natureza, uma vez que a sua não disponibilidade não é onerada.

Esta é a total negação do modelo de exploração eficiente de um recurso comum com a tipologia do solo.

5.5. A Comédia do IMI Rústico

É imprescindível uma total inversão de política fiscal a este respeito. O incentivo deve apoiar-se na exploração eficiente do solo. O desincentivo no seu abandono. A este respeito, salientamos os aspectos essenciais a ser assegurados com uma reforma do IMI rústico, enquanto modelo preferencial defendido pelas entidades representativas do sector:

- O valor patrimonial tributário dos prédios deverá ser calculado em função do valor de rendimento potencial do uso da terra (e não em função do seu uso atual e das culturas ainda aí instaladas como o atual Código do IMI prevê). A concretização dos factores a ter em conta assentará naturalmente na realização dos respectivos ensaios, pelos quais se permita uma avaliação quantitativa quanto ao impacto na receita fiscal e garantia de justiça fiscal no modelo.
- Previsão de isenção ou quase total redução do imposto para quem faça a gestão da terra ou quem a disponibilize para arrendamento, através das formas previstas na lei.
- Agravamento do IMI inerente aos prédios rústicos em estado de não uso e gestão, agro-florestal ou ambiental, de acordo com os instrumentos de ordenamento territorial, ficando estes sujeitos a uma colecta mínima (o que corresponde a estender a todos os solos rurais o que a Lei nº 21/2006, de 23 de Junho estipulou para os prédios rústicos em áreas florestais).

A aplicação conjunta destes princípios contribuirá para uma acelerada identificação cadastral dos prédios, bem como para «induzir uma dinâmica de disponibilização de terras subaproveitadas ou abandonadas, que as explorações em expansão, os produtores ou investidores florestais (ativos) poderão aproveitar, trazendo assim um conjunto de contributos estimuladores para a gestão rural e para a minimização de riscos»[284].

Com efeito, desde sempre foram utilizados «critérios de avaliação dos prédios rústicos em função dos seus graus de produtividade [...] e dos rendimentos por cada qualidade e classe referidos a um hectare de terreno ou a uma única árvore» [285], porquanto tal constitui um princípio regulatório de base.

Desta forma, «o conjunto de factores e de coeficientes considerados na avaliação fiscal clássica é equacionado na perspectiva da determinação do valor de rendimento do prédio e, em resultado deste critério, prédios idênticos ao nível da sua dimensão, localização e direitos de construção e de utilização podem ter valores fiscais significativamente diferentes caso um esteja em estado de degradação e de abandono (valor fiscal reduzido) e o outro esteja em bom estado de conservação e em normal fruição (valor fiscal mais elevado)»[286].

Ora, ao contrário do que acontece com outros bens, o solo não pode ser visto como uma «manifestação de riqueza», mas como um recurso comum que importa explorar de forma eficiente. Assim, e no que respeita às empresas agrícolas e florestais que investem na sua propriedade, ao nível da respectiva construção, conservação e posterior exploração, a tributação em sede de IMI deveria adoptar uma lógica de incremento da eficiência económica.

Simultaneamente, nos casos em que exista uma «clara situação de ruína ou abandono da propriedade»[287], a tributação em sede de IMI sofreria um agravamento. Entende-se que, em sentido convergente ao que atrás se referiu, deveria configurar-se uma nova lógica de apuramento do VPT

[284] *Cf.* BEIRES, Rodrigo Sarmento de – *O Cadastro e a Propriedade Rústica em Portugal,* Lisboa, Fundação Francisco Manuel dos Santos, 2013, cit., p. 219.

[285] *Cf. Revisão dos Impostos sobre o Património,* Coordenação de Sidónio Pardal, ob. cit., p. 94.

[286] *Cf. Tributação do Património, Relatório Final,* Grupo de Trabalho para o Estudo da Política Fiscal, Competitividade, Eficiência e Justiça do Sistema Fiscal, Setembro 2009, p. 7 [disponível em http://www.sidoniopardal.com/0_relatoriofinalsubgrupo3.pdf

[287] *Cf.* «*Revisão dos Impostos sobre o Património*», Coordenação de Sidónio Pardal, ob. cit., p. 134.

dos prédios rústicos, que deveria assentar num modelo que permitisse recompensar os produtores e/ou agricultores que melhor utilizassem os seus prédios rústicos, e «penalizar» aqueles titulares que procedem ao seu abandono e má conservação, não retirando proveitos dos terrenos.

Desta forma, entende-se que o legislador deveria beneficiar os produtores individuais ou as empresas florestais ou agrícolas, rejeitando-se o sentido do regime actual, uma vez que, quanto mais um determinado proprietário investir na sua propriedade, mais o valor do VPT sobe, o que se revela um contra-senso, e despromove o desenvolvimento e o incentivo a produzir.

Assim, a esquematização e ideologia do IMI rústico deveriam ser totalmente reconfiguradas e modeladas, beneficiando os produtores que obtêm um maior rendimento das suas terras em relação àqueles que não produzem ou têm as suas terras abandonadas. A reconfiguração do IMI apenas será possível caso sejam dados passos largos quanto à sistematização cadastral das terras.

Deste modo, seria mais fácil controlar quer os mecanismos de cobrança do imposto, quer a identificação dos respectivos proprietários. Em relação às terras que se encontram abandonadas, o aumento de IMI para as mesmas poderá ser favorável para os seus proprietários, na medida em que acabaria por promover a alteração de comportamentos.

Por outras palavras, um proprietário, mesmo que não produza nada nas suas terras, o que acarretará uma maior cobrança de imposto, poderá obter um benefício do mesmo, caso opte por arrendar os seus prédios a outros proprietários, de forma a rentabilizar ao máximo a propriedade.

A fórmula de cálculo passaria a ter a seguinte composição:

$$VT = RF * R_{r/m2} = (RB - EE) * R_{r/m2}$$

VT – Valor Tributável

RF – Rendimento fundiário

RB – Rendimento bruto

EE – Encargos com a exploração

$R_{r/m2}$ – Rácio rendimento por m²

Só assim o legislador ordinário cumpriria o mandamento que consta da Lei de Bases das Políticas Públicas de Solos, do Ordenamento do Território e do Urbanismo, que, no nº 2 do artigo 63º refere explicitamente que: «a tributação do património imobiliário rústico respeita o princípio da capacidade contributiva, tomando em consideração o rendimento fundiário decorrente de uma utilização eficiente do solo e promovendo o efectivo aproveitamento do mesmo». Assim, a referência ao princípio da capacidade contributiva legitima o acesso ao critério de avaliação com base no rendimento, no entanto, com a obrigação de um modelo de incentivo à utilização óptimo do recurso comum que, actualmente, não existe.

Dois outros pormenores:

i) Dedução dos montantes pagos a título de IMI em sede de IRS e IRC
A reformulação da proposta de tributação dos prédios rústicos em sede de IMI, fundamentada numa lógica de incentivo à exploração agro-florestal, obriga a uma compreensível articulação no que diz respeito ao IRS e IRC. Assentando o IMI rústico na lógica do rendimento, torna-se necessário conciliar estas orientações desde logo com o princípio da unicidade de Impostos sobre o Rendimento. De forma a evitar acusações de «dupla tributação económica», e a título de exemplo, poderá ser proposto um abatimento à matéria colectável em sede de IRS e de IRC, na esfera daqueles proprietários rurais, dos montantes pagos de IMI rústico. Neste quadro conceptual, quem produz e paga impostos sobre o rendimento não será penalizado no IMI. Ao invés, quem não produz (bens ou serviços comercializáveis ou ambientais, gerindo a terra), terá de pagar o IMI, não beneficiando da dedução em sede de impostos sobre o rendimento[288].

ii) Criação de isenções a quem disponibilizasse terras para Bolsa de Terras ou Arrendamento. No que em concreto diz respeito à possibilidade legal de disponibilização de terras por parte de proprietários que não tenham condições de explorar o seu terreno, salienta-se o disposto na Lei nº 63/2012, de 10 de Dezembro. Nos termos do referido diploma, encontra-se previsto um conjunto de benefícios fiscais aplicáveis à utilização das terras agrícolas, florestais e silvopastoris e à dinamização da «Bolsa de Terras».

[288] Ao nível dos produtores de menor dimensão, será habitual que a gestão da produção gere prejuízos durante vários anos consecutivos, para só mais tarde gerar lucro (ou, por vezes, nem gerar, devido à insuficiente diluição dos elevados custos da manutenção das terras). Nas referidas situações, propõe-se a possibilidade de concessão do direito de reporte da dedução à colecta durante um prazo mais ou menos extenso, a definir em função dos ciclos de produção.

Para o efeito, o nº 1 do artigo 2º prevê especificamente a redução obrigatória entre 50% e 100% da taxa de IMI aplicável a prédios rústicos (alínea *a)* do nº 1 do artigo 112º do Código do IMI) que estejam a ser utilizados para fins agrícolas, florestais ou silvopastoris. Acresce que o nº 1 do artigo 3º prevê a mesma redução da taxa de IMI para prédios rústicos que sejam disponibilizados na bolsa de terras nos termos da lei que cria a «Bolsa de Terras».
Nos termos do nº 2 do presente artigo, este benefício fiscal «é de carácter automático, operando mediante comunicação anual da disponibilização do prédio na bolsa de terras por referência a 31 de dezembro, a efetuar pela entidade gestora da bolsa de terras à Autoridade Tributária e Aduaneira até ao final do mês de fevereiro de cada ano». Sendo certa a intenção do legislador quanto à dinamização da «Bolsa de Terras», importa notar que a Proposta de Lei nº 66/XIII, pela qual se previa a criação do Banco de Terras [289], foi recentemente rejeitada em reunião plenária da Assembleia da República. No âmbito da referida proposta, previa-se a revogação da Lei nº 63/2012, de 10 de Dezembro.

Ora, não obstante a recente opção política quanto ao Banco de Terras, consideramos dever manter expresso o nosso entendimento no sentido de incentivar ao nível fiscal a disponibilização de terras. Assim, justifica-se a introdução de uma dedução do IMI, caso se disponibilizasse o prédio rústico para arrendamento ou para a inclusão em Bolsa de Terras, conforme já prevê a Lei nº 63/2012, de 10 de Dezembro[290].

Através do modelo proposto, apenas seriam penalizados terrenos com vocação produtiva, não explorados e não disponibilizados para arrendamento ou Bolsa de Terras, não se afectando solos pretensamente não produtivos (mas que o poderiam ser eventualmente usando uma qualquer nova tecnologia).

[289] *Cf.* Proposta de Lei rejeitada na votação realizada na Reunião Plenária nº 109 (Contra: *PSD, CDS-PP, PCP, PEV* a favor: *PS, BE, PAN*). Informação disponível em: https://www.parlamento.pt/ActividadeParlamentar/Paginas/DetalheIniciativa.aspx?BID=41250

[290] Disponível para consulta em: https://dre.pt/web/guest/pesquisa/-/search/190576/details/normal?q=Lei+n.%C2%BA%2063%2F2012%2C%20de+10+de+dezembro

5.6. A Tragédia do IMT

No respeitante ao IMT, sucessor inolvidável do Imposto Municipal de Sisa, deve referir-se que os elementos de irracionalidade então existentes mantêm-se actualmente em toda a sua plenitude. Efectivamente, a viscosidade do mercado imobiliário não permite a introdução de elementos de distorção adicionais no processo decisório. A mobilidade dos factores, essencial para uma concorrência que se pretende perfeita, ou aproximada, é liminarmente prejudicada por um encargo adicional criador de uma sobrecarga tributária excessiva (*excess burden*) e de perdas absolutas de bem-estar (*deadweigth losses*).

Esta falência deveu-se, claramente, à total ignorância dogmática sobre a causa e a finalidade do tributo que, infelizmente, ainda hoje se mantém. Assim, a expressão do actual Secretário-geral das Nações Unidas mantém a sua acuidade: «a Sisa (IMT) é o imposto mais estúpido do Mundo».

5.7. A Comédia do IMT

Neste prisma, um imposto sobre transacções imobiliárias deveria consistir num imposto de registo como é o Imposto do Selo, servindo para financiar aquilo para o qual foi criado e nunca concretizado: o cadastro territorial.

De facto, chega a ser irónico: o imposto que deveria servir para financiar o cadastro territorial foi criado num modelo de total sobrecarga tributária, que no limite ultrapassou em 500% (quando era aplicável a taxa de 10%) uma taxa eficiente de 2%. Apesar disso, nem assim se procedeu à concretização do cadastro, que é o grau 0 de uma regulação territorial.

Importa salientar a deficiente e incompleta base cadastral dos prédios rústicos, impondo o desconhecimento quer das autoridades nacionais, quer dos eventuais interessados na sua disponibilização ou arrendamento, dos proprietários dos prédios rústicos e das suas dimensões em concreto. Actualmente, somente cerca de dois milhões de prédios rústicos, totalizando 12% do total de prédios rústicos a nível nacional, estão identificados nas operações cadastrais realizadas[291]. Contudo, e conforme salientam as entidades representativas do sector, os prédios cadastrados concentram-se, na grande maioria, em zonas de latifúndio, situadas na metade sul do país, sendo escassos nas zonas de propriedade dispersa e pequena, ou

[291] *Cf.* Resolução do Conselho de Ministros nº 56/2012, de 5 de Julho.

seja, onde o cadastro é mais necessário. A falta de um sistema cadastral da estrutura fundiária impede o desenvolvimento de uma qualquer política regulatória.

Assim, o regime financeiro do ordenamento do território e do urbanismo deve garantir que as relações entre o sistema tributário e a actividade urbanística excedem a dimensão puramente reditícia. Uma política urbanística equilibrada e justa depende de uma infra-estrutura financeira eficiente e equitativa. Sem recursos financeiros públicos não se torna possível o desenvolvimento urbanístico das colectividades; sem uma tributação do património imobiliário equitativa acentuar-se-ão as desigualdades sociais; sem a redistribuição equitativa dos custos e dos benefícios dos instrumentos de planeamento entre os particulares afectados, uma política urbanística será inevitavelmente injusta e propiciadora de actividades especulativas; sem uma redistribuição perequativa dos encargos resultantes da existência de áreas de reserva ou de protecção situadas em determinadas áreas territoriais entre todos os municípios acentuar-se-ão as assimetrias regionais, colocando-se em causa a coesão socioeconómica no território nacional. O urbanismo tem, pois, uma vertente financeira importante, que não pode ser ignorada nem analisada parcial ou sectorialmente.

A aprovação do IMI e do IMT deverá ser tomada como uma simples parcela (inacabada) de um edifício em construção. E, note-se, o legislador fiscal não é livre nas opções a tomar. O mercado urbanístico é fértil em incapacidades genéticas, nomeadamente ao nível das exterioridades, competindo ao decisor financeiro a sua correcção. Por outro lado, as limitações administrativas podem ser fonte de entorses ao mercado que, no caso de não serem devidamente compensadas, poderão gerar injustiças redistributivas, sobrecarga urbanística e propensão para o desenvolvimento de actividades especulativas. Compete ao regime financeiro do solo construir um enquadramento de princípios que obstem a esta situação e auxiliem o legislador fiscal ordinário na construção futura dos impostos. Efectivamente, não se pode exigir à Administração Fiscal que tome consciência por si dos problemas de ordenamento fundiário. Um enquadramento mais vasto, transversal e compreensivo é fundamental para a concretização de um ordenamento fundiário e urbanístico eficiente.

Aliás, mesmo impostos que assentam tradicionalmente na óptica estrita da capacidade contributiva têm vindo a sofrer evoluções recentes que os aproximam cada vez mais da perspectiva da equivalência. Referimo-nos expressamente ao IRS, e à participação variável a favor dos municípios e, numa intensidade superior, à derrama municipal.

6. Um Caso Especial: a Tragédia da Derrama Municipal

Quanto a este último tributo, poderá referir-se que é um dos tributos mais antigos do ordenamento tributário português, constituindo sempre um elemento importante no financiamento das entidades locais. Na sua configuração tradicional, e durante vários séculos, constitui sempre a forma de um imposto adicional – hoje adicionamento – lançado pelos municípios para o financiamento de obras públicas de carácter extraordinário[292].

Analisemos, então, a derrama, na perspectiva do Tribunal Constitucional. No quadro de definição das receitas municipais, pelas quais se permite o incremento da concorrência fiscal intermunicipal, a derrama assume-se atualmente como um imposto municipal, expressão, portanto, da autonomia financeira de que gozam as autarquias locais e concretamente os municípios, nos termos dos artigos 238º, nº 4[293], e 254º[294] da CRP. Como é sobejamente reconhecido, a autonomia financeira das autarquias locais é uma faculdade concretizadora do princípio da autonomia local (cfr. artigo 6º, nº 1, da CRP), de acordo com a qual aquelas devem possuir «receitas suficientes para a realização das tarefas correspondentes à prossecução das suas atribuições e competências»[295]. Pelo que «[...] essas receitas podem ser, entre outras, receitas fiscais, concretizando-se os poderes tributários reconhecidos pelo legislador constituinte às autarquias locais quer num verdadeiro poder tributário – leia-se, no poder de criar ou conformar impostos – quer num direito à receita dos impostos»[296].

[292] Cf. Morais, Rui – «Passado, Presente e Futuro da Derrama», *Fiscalidade*, 38, 2009

[293] «As autarquias locais podem dispor de poderes tributários, nos casos e nos termos previstos na lei».

[294] «1. Os municípios participam, por direito próprio e nos termos definidos pela lei, nas receitas provenientes dos impostos diretos. 2. Os municípios dispõem de receitas tributárias próprias, nos termos da lei».

[295] *Cf.* Acórdão do Tribunal Constitucional, Processo nº 602/12, disponível em: http://www.pgdlisboa.pt/jurel/cst_busca_palavras.php?buscajur=ac%F3rd%E3o&ficha=639&pagina=24&exacta=&nid=11103.

[296] *Cf.* Acórdão do Tribunal Constitucional, Processo nº 602/12, disponível em: http://www.pgdlisboa.pt/jurel/cst_busca_palavras.php?buscajur=ac%F3rd%E3o&ficha=639&pagina=24&exacta=&nid=11103.

Neste sentido, «[...] a derrama surge como uma manifestação da primeira modalidade de poder tributário referida, porquanto o município, para além de se afirmar como o sujeito ativo da relação tributária – isto é, como o titular do crédito de imposto – tem um domínio praticamente absoluto sobre os seus elementos essenciais, circunstância que reforça a natureza municipal da derrama»[297].

Contrariamente ao regime preexistente, a derrama corresponde actualmente a um mecanismo de financiamento dos municípios, através do qual se promove a atractividade de empresas para uma determinada circunscrição municipal. Neste contexto, «(...) a derrama perdeu o caráter extraordinário de que se revestia à luz do artigo 18º, nº 2, da Lei nº 42/98, de 6 de agosto[298], nos termos do qual apenas poderia ser lançada para reforçar a capacidade financeira ou no âmbito da celebração de contratos de reequilíbrio financeiro"»[299].

Assim, «não há dúvida que a [então] nova LFL[300] [Lei 2/2007, de 15 de Janeiro][301] veio alterar substancialmente este quadro. À luz dos novos dados normativos, a derrama assume-se como um imposto autónomo, no sentido de dependente – leia-se, não acessório –, fundando a doutrina tal convicção na circunstância de que todos os seus elementos essenciais constam da lei ou dependem da vontade dos municípios, cujo interesse é determinante na decisão quanto ao respetivo lançamento. A sua relação com o IRC cinge-se, portanto, para efeitos do seu cálculo e por razões de simplicidade, a uma base tributável comum, que não prejudica nem obsta à existência de relações jurídico-tributárias autónomas entre os dois impostos»[302].

[297] *Cf.* Acórdão do Tribunal Constitucional, Processo nº 602/12, disponível em: http://www.pgdlisboa.pt/jurel/cst_busca_palavras.php?buscajur=ac%F3rd%E3o&ficha=639&pagina=24&exacta=&nid=11103.

[298] Lei das finanças locais (revogada) que estabelecia o regime financeiro dos municípios e das freguesias.

[299] *Cf.* Acórdão do Tribunal Constitucional, Processo nº 602/12, disponível em: http://www.pgdlisboa.pt/jurel/cst_busca_palavras.php?buscajur=ac%F3rd%E3o&ficha=639&pagina=24&exacta=&nid=11103.

[300] *Cf.* Lei das Finanças Locais, que revogou a Lei nº 42/98, de 6 de Agosto.

[301] Por sua vez, revogada pela Lei nº 73/2013, de 3 de Setembro, que estabelece o Regime financeiro das autarquias locais e das entidades intermunicipais.

[302] Acórdão do Tribunal Constitucional, Processo nº 602/12, 2013, disponível em: http://www.pgdlisboa.pt/jurel/cst_busca_palavras.php?buscajur=ac%F3rd%E3o&ficha=639&pagina=24&exacta=&nid=11103.

Há que ter em conta que «[...] a particularidade da derrama face aos demais impostos municipais reside essencialmente no facto de a determinação da sua base tributável não ser distinta de todos os demais, mas antes assentar precisamente na base tributável de um outro imposto – o Imposto sobre o Rendimento das Pessoas Colectivas (IRC)»[303]. Deste modo, «(...) trata-se claramente de um imposto autónomo em relação ao IRC pois todos os seus elementos estruturantes ora resultam apenas da lei (sujeito passivo, margem de taxas), ou obedecem à intervenção da Autarquia Local (tributação ou não, taxas concretas)»[304].

Qual a questão? A derrama é, actualmente, um imposto (verdadeiro) que incide sobre o lucro das empresas. É, portanto, um tributo estruturalmente baseado no princípio da capacidade contributiva com finalidades gerais de redução das desigualdades. O problema é a desadequação fundamental que existe a este propósito. De facto, é essencial que existam mais tributos que permitam às entidades locais e regionais o recebimento de receita de forma a compensar as utilidades prestadas. Essa será sempre uma lógica de equivalência de grupo que a derrama, pela sua configuração de imposto, não consegue honrar com eficiência e justiça. E isto é demonstrado pela própria delimitação do beneficiário da receita, que, nos termos da regra geral, não seria nem mais nem menos do que o município da sede da sociedade ou da direcção efectiva. Isto era claramente reconhecido por Saldanha Sanches quando expunha: «[...] a derrama assentava, até 1993, no critério do local da sede estatutária, embora em termos não expressos. Ou seja, ao município onde se situasse a sede da empresa atribuir-se-ia o poder tributário, uma vez que se entendia ser aí que ocorria a "colecta liquidada na respectiva área"»[305]. E continuava, «[...] dado a críticas, em especial por se revelar injusto [...] Por um lado, a sede estatutária podia ser facilmente "deslocalizada" por interesse do sujeito passivo, em vista da utilização das zonas de menor tributação, i.e, dos municípios onde não se lançara derrama ou se lançara por valores inferiores a 10% da colecta; por outro, este critério não reflectia a realidade substantiva da empresa, uma vez que a (localização da) sede podia não corresponder qualquer efectiva

[303] *Cf.* SANCHES, Saldanha – «A Derrama, os Recursos Naturais e o Problema da distribuição da receita entre os municípios». *In Fiscalidade* 38, 2010, p. 136.

[304] *Cf.* SANCHES, Saldanha «A Derrama, os Recursos Naturais (...), ob. cit., p. 138.

[305] *Cf.* SANCHES, Saldanha «A Derrama, os Recursos Naturais e o Problema da distribuição da receita entre os municípios». *In Fiscalidade* 38, 2010, ob. cit., p. 141.

geração de riqueza e as sedes tinham tendência concentrar-se nos grandes centros urbanos, por razões de política societária». Sendo que «o prejuízo que daqui decorria para certos municípios era evidente. Ao invés de ser um factor de alargamento da capacidade financeira, a derrama revelava-se um instrumento de aprofundamento das diferenças de desenvolvimento entre os municípios»[306].

Ora, tal não faz o menor sentido. Se a entidade local (ou regional) desenvolve uma actividade de atracção económica para a jurisdição (o território do «grupo») realizando despesa, é essencial que lhe seja permitida a correspondente angariação de receita tendo em vista a socialização das exterioridades positivas decorrentes dos investimentos públicos. Neste contexto, a derrama deve ser «descentralizada» de acordo com um modelo mais apropriado com a equivalência de grupo.

6.1. A Falha de Regime: Exterioridade e o Tributo. O Regime Jurídico-Tributário da Derrama Municipal

Aproveitamos a oportunidade para construir em conjunto uma hipótese de solução. Muitas vezes, na Faculdade de Direito da Universidade de Lisboa, considera-se a lei como um elemento fatalisticamente determinado. Porém, Direito também é a proposta de novas soluções e de novos regimes. O que melhor que a derrama para desenvolver uma nova proposta?

A derrama é um dos tributos mais antigos do ordenamento tributário português, constituindo sempre um elemento importante no financiamento das entidades locais. Na sua configuração tradicional, e durante vários séculos, constituiu sempre a forma de um imposto adicional lançado pelos municípios para o financiamento de obras públicas de carácter extraordinário[307]. Nesta perspectiva, assumiu sempre uma orientação assente no princípio da igualdade vertical, tolerando o Estado central a possibilidade de lançamento de um tributo adicional com um âmbito de incidência semelhante ao imposto nacional, mas com uma taxa reduzida

[306] *Cf.* SANCHES, Saldanha «A Derrama, os Recursos Naturais e o Problema da distribuição da receita entre os municípios». *In Fiscalidade* 38, 2010, Ob. cit., p. 141.

[307] Esta vocação extraordinária só foi eliminada com as mais recentes versões da Lei das Finanças Locais. Efectivamente, nos termos da LFL de 1987 (na redacção do Decreto-Lei nº 470-B/88, de 19 de Dezembro, as derramas deviam ser lançadas ano a ano, só podendo ter como fundamento o financiamento de investimentos ou no quadro de contratos de reequilíbrio financeiro – (artigo 5º nº 2).

incidente sobre a colecta do imposto principal. Assim, a derrama tem uma raiz histórica bastante sedimentada, estando a sua designação consolidada no tecido tributário nacional. De facto, o seu *nomen iuris* não varia independentemente das alterações de designação do imposto principal (décima, contribuição industrial, imposto sobre o rendimento das pessoas colectivas), bem como da tipologia desse imposto (imposto sobre o rendimento, imposto sobre o património, imposto de trânsito, *etc.*)[308].

Sobre o termo derrama, é sugestiva a explicação de Joaquim de Santa Rosa de Viterbo: lançamento de tributo ou contributo repartido ou «derramado» por todos[309]. A este respeito, citemos António de Sousa Franco: «nesta definição recorre-se à ideia de a derrama ser repartida, isto é, um imposto de repartição assente num processo pelo qual, a partir do rendimento total previsto para o imposto, ele era atribuído, dividido ou repartido pelas divisões territoriais e, dentro destas, por cada contribuinte. Mas, em boa verdade, se este foi um dos processos de "lançamento" das derramas, não foi o único [...]. Figura tradicional, aparecem as derramas consagradas, em termos muito variáveis, na legislação mais recente, a qual, por comodidade da Administração e dos contribuintes, de algum modo assenta numa busca do ajustamento da derrama ao princípio da justiça das capacidades contributivas (que pressupõe o aparecimento de uma matéria colectável de base e não a mera determinação das necessidades financeiras), e tende a fazê-la incidir sobre o rendimento dos contribuintes apurado segundo as regras e o fim do lançamento e cobrança de certos impostos; por outras palavras, aproxima a tradicional derrama, imposto extraordinário, da técnica financeira dos adicionais»[310].

[308] Por exemplo, no Brasil, em 7 de Dezembro de 1713 foi estabelecida em junta (ratificada por outra de 6 de Janeiro de 1714) a cobrança dos quintos por bateias (o que na prática representava uma capitação) à razão de 12 oitavas por cabeça de escravo por ano, bem como a finta (ou contribuição fixa) de 30 arrobas anuais. Às câmaras ficaram pertencendo os rendimentos do tributo aduaneiro sobre a importação de escravos, gados, fazendas-secas e molhados. Esse sistema inaugurava na prática a «derrama por capitação», isto é, a distribuição da carga tributária correspondente aos quintos por todos os proprietários de escravos. *Cf.* CARRARA, Ângelo – *A Real Fazenda das Minas Gerais*. Vol. II, Universidade de Ouro Preto, 2005, p. 12

[309] VITERBO, Joaquim de Santa Rosa de – *Elucidário das palavras, termos e frases que em Portugal antigamente se usaram e que hoje regularmente se ignoram*. 2 vols. Lisboa, 1798-1799, reimp. Porto, 1965, s.v. «Derrama».

[310] *Cf.* FRANCO, António de Sousa – *Os Poderes Financeiros do Estado e do Município: sobre o caso das Derramas Municipais*. Lisboa: Cadernos CTF, 171, 1995, pp. 50-51.

Assim, e tomando em consideração a vertente histórica, poderemos concluir o seguinte:

i) a derrama é uma figura tradicional do direito português, remontando a sua existência a tempos anteriores à própria nacionalidade;
ii) a derrama é sempre um imposto local, constituindo uma receita fundamental para os municípios;
iii) a derrama, por razões de justiça e de simplicidade administrativa, assume a figura de adicional, aproveitando o processo de cálculo do imposto principal, não se confundindo, porém, com os adicionais comuns;
iv) a derrama sempre se declarou tributo autónomo, assumindo uma natureza distinta dos restantes tributos;
v) a derrama sempre foi distribuída pelos municípios do local da fonte de geração do rendimento tributado.

6.2. O Regime Financeiro da Derrama na Lei das Finanças Locais

O regime jurídico-tributário actual consta essencialmente do artigo 18º da Lei das Finanças Locais[311]. Assim, nos termos do nº 1 do artigo 18º, os municípios podem deliberar lançar anualmente uma derrama. Este poder traduz-se na realização de um acto geral de lançamento, e não na concretização casuística da incidência. Assim, a Assembleia Municipal concretiza, mediante deliberação, o âmbito de disponibilidade que consta do quadro normativo aprovado pela Assembleia da República, concretizando, de forma discricionária, o elemento intermédio essencial para despoletar a tributação. Esta decisão intermédia é essencial para relacionar a norma de incidência geral e abstracta com o facto gerador concreto, consubstanciando, *in casu*, a própria decisão de lançar o tributo e a definição da taxa até ao limite máximo de 1,5% sobre o lucro tributável sujeito e não isento de imposto sobre o rendimento das pessoas colectivas (IRC).

Este quadro de disponibilidade torna a derrama o imposto em que os municípios detêm mais competências dado que, além de fixarem a taxa (como acontece por exemplo no IMI), poderão decidir nem sequer o aplicar ou, nos termos do nº 12, optar por fixar taxas diferenciadas para os sujeitos passivos com um volume de negócios no ano anterior que não ultrapasse

[311] Lei nº 73/2013, de 3 de Setembro.

150.000,00 €, ou qualquer outra, já que as suas competências a este respeito são ilimitadas na óptica da sua conformidade.

Esta possibilidade de disponibilização acrescida é totalmente coerente com a tradição marcadamente municipalista da derrama.

6.2.1. Derrama: Qualificação Jurídica

A derrama é normalmente considerada imposto municipal autónomo, apesar da sua dependência no tocante à definição da incidência subjectiva do sujeito passivo e da incidência objectiva e matéria tributável – o lucro tributável de IRC – bem como aos actos procedimentais – liquidação e cobrança – conexos. Assim, constitui-se, actualmente, como adicionamento (incide sobre matéria colectável), consignado e ordinário.

A sua caracterização enquanto imposto autónomo tem especial relevância jurídica. Apesar de se assumir como um imposto-filho do IRC (*Tochtersteuern*), da derrama decorre uma relação jurídico-tributária autónoma da do IRC. Esta autonomia foi reforçada na LFL 2007, já que a alteração da incidência da colecta para a matéria colectável não isenta de IRC permitiu a expurgação do âmbito de pessoalidade e de especificidade inerente a este imposto. Assim, e no modelo actual, a derrama incide unicamente sobre o âmbito real do IRC, ignorando as componentes subjectivas e extrafiscais (intrínseco à outorga de benefícios fiscais) inerentes ao imposto nacional assumindo, por conseguinte as vestes de imposto subordinado, mas não acessório[312] [313].

Esta qualificação jurídica da derrama é essencial para compreendermos correctamente os modelos de imputação espacial bem como a divisão de competências entre os municípios e a Administração Fiscal em termos de gestão do imposto.

[312] Diversos autores (António de Sousa Franco, Alexandre do Amaral, Alberto Xavier, Nuno Sá Gomes) distinguem os impostos acessórios dos impostos subordinados. Os impostos acessórios são aqueles em que não existindo dívida de imposto em sede de imposto principal não poderá existir dívida no imposto secundário. Por sua vez, nos impostos subordinados, poderá existir dívida subordinada sem que exista dívida principal. Ora, na versão da LFL 2007, e uma vez que a incidência decorre na matéria colectável, não se aplicando as isenções, será bastante usual a possibilidade de existência de colecta de derrama sem que exista colecta de IRC.

[313] O modelo actual não é inovador. Tal como é referido nos Pareceres da Procuradoria-Geral da República de 13 de Outubro de 1983 e de 23 de Novembro de 1984, a licença de estabelecimento comercial e industrial (inequivocamente um imposto apesar da sua designação) poderia ser liquidada independentemente da existência de colecta de imposto principal (*Cf.* artigos 710º e 712º nº 2 do Código Administrativo).

Assumindo as vestes de tributo autónomo, é desenvolvida uma relação jurídica tributário própria e distinta entre o sujeito passivo e o município, enquanto titular do lado activo da relação jurídica tributária. Por outro lado, revestindo a característica de imposto subordinado, a derrama subsiste por si só juridicamente, não dependendo em absoluto do imposto principal, *in casu*, o IRC.

Ora, esta conclusão pela autonomia da derrama face ao IRC que radica no seu cunho essencialmente municipal tem consequências relevantes quer ao nível interpretativo quer ao nível aplicativo. De facto, não se podem negar os corolários desta conclusão estruturante sobre a qualificação legal do imposto ao nível do regime de incidência e de liquidação e cobrança. Por outras palavras, no regime actual, a derrama autonomizou-se ainda mais do IRC, consubstanciando um verdadeiro imposto próprio que só episodicamente utiliza referências do seu imposto-pai. A autodeterminação jurídica da derrama é portanto evidente, tendo o intérprete de extrair os corolários inerentes. É por essa razão que se encontram estabelecidos elementos de conexão territorial diferenciados de derrama face ao IRC. É também por essa razão que a Administração Fiscal se encontra estritamente condicionada nas apreciações de legalidade relativas à derrama. Vejamos estes corolários de seguida:

6.3. A Descentralização: o Princípio do Benefício – Corolários quanto aos Elementos de Incidência Objectiva da Derrama

O princípio da descentralização – corolário do princípio da subsidiariedade enquanto mandamento de eficiência económica – sofreu uma evolução significativa nas recentes evoluções do regime das finanças locais conforme se demonstrou *supra*.

Relembrando, duas das principais preocupações das recentes evoluções do regime das finanças locais consistiram precisamente no incremento do padrão de eficiência na produção de bens públicos – por via da aproximação da decisão financeira relativamente às necessidades dos administrados – e em sede de redistribuição – princípio da igualdade vertical e horizontal nas alocações financeiras entre o Estado e os Municípios e entre os Municípios.

Na perspectiva fiscal, a concretização deste modelo financeiro descentralizado implica uma reformatação do referencial de igualdade do imposto em causa. Assim, impostos que tenham como referência a capacidade contributiva do sujeito passivo como critério de definição da carga tributária tendem, na perspectiva da aproximação referida, a aproximar-se da óptica da equivalência ou benefício[314].

De facto, sendo a capacidade contributiva e a equivalência ou benefício possíveis concretizações ordinárias do princípio da igualdade fiscal constitucional (artigo 104º da Constituição), a verdade é que o segundo modelo se aproxima de forma mais acentuada de um modelo óptimo de tributação a este respeito.

Assim, e tomando em consideração os efeitos no Bem-Estar, o legislador quando utiliza o princípio da capacidade contributiva como referencial de igualdade na redistribuição da carga tributária entre os contribuintes terá de se preocupar com a minimização da desutilidade privada causada, evitando sobrecargas excessivas (*excess burden*) possivelmente geradoras de perdas absolutas de bem-estar (*deadweight losses*), ou seja, terá de modelar de forma muito cuidadosa o imposto tentando garantir que a ineficiência causada pela intromissão no património do sujeito passivo seja mais do que compensada pela utilidade dos bens públicos fornecidos. Por sua vez, quando toma como referência o princípio da equivalência ou do benefício, o legislador só terá de calcular o nível de externalidades existentes – falhas de mercado – e utilizar os instrumentos tributários para as corrigir.

Desta forma, o referencial de equivalência, num modelo mais imediato de Bem-Estar, constituiu-se como mais eficiente do que o referencial da capacidade contributiva, já que, ao contrário deste, se traduz num instrumento de inserção de eficiência nos mercados.

314 O princípio da equivalência ou do benefício em sentido estrito suporta o princípio da igualdade na relação jurídica tributária na vertente de correcção de ineficiências no mercado, por via da internalização de externalidades negativas (e. g., impostos ambientais) ou de externalidades positivas (e .g., o IMI e outras contribuições especiais). Já no caso dos impostos sobre o rendimento e sobre consumo geral, o referencial de igualdade será suportado pelo princípio da capacidade contributiva – directo no primeiro caso, indirecto no segundo –, já que não está em causa a internalização de externalidades (positivas ou negativas), mas unicamente o estabelecimento de um dever contributivo tendo em vista a realização de prestações públicas indiferenciadas e sem destinatários identificados – actividade típica de prestação de bens públicos. Por sua vez, na presença de externalidades (positivas ou negativas), o referencial de igualdade tributário passará a ser, outra vez, o princípio da equivalência, mas numa óptica meramente reflexa, já que os beneficiários da externalidade positiva ou os causadores da externalidade negativa não serão identificados de forma concreta (se o fossem, ser-lhes-iam aplicadas taxas), mas unicamente numa lógica de grupo.

Ora, sendo o princípio da equivalência mais eficiente em termos de Bem-Estar Social, a verdade é que a sua modelação no caso concreto é bem mais exigente. Nestes termos, só se torna possível em consumos específicos (o caso dos Impostos Especiais sobre o Consumo) ou em decisões financeiras de proximidade (o caso do Imposto Municipal sobre o Património Imobiliário).

Porém, dada a inerente vocação descentralizada de derrama, o legislador, desde a Lei das Finanças Locais (adiante LFL) de 1998, optou por construir um modelo tributário sucessivamente mais próximo do princípio da equivalência, culminando esse esforço no modelo da LFL 2007 (Lei nº 2/2007, de 15 de Janeiro), ao nível da determinação das normas de conexão territorial.

António de Sousa Franco é claro na justificação desta opção para efeitos de fundamentação da derrama. Assim, expõe: «os argumentos que justificam esta opção são facilmente compreensíveis. Em primeiro lugar, a tributação justifica-se em ambos os casos à luz do princípio do benefício. Na verdade, quer os proprietários de prédios rústicos ou urbanos, quer as empresas, beneficiam das infra-estruturas e serviços postos à sua disposição pelas autarquias. Além disso e no caso particular das empresas, o princípio do benefício impõe formas especiais de comparticipação destas entidades nos encargos acrescidos que podem causar à colectividade, quer devido a externalidades (v.g., poluição), quer devido a especiais investimentos em infra-estruturas colectivas que obrigam a fazer.»[315]

A imputação territorial da tributação da nova derrama apoia-se numa visão analítica do rendimento, na perspectiva de um modelo de tributação mais eficiente e mais justo, tanto na perspectiva económica quanto na perspectiva da coesão territorial, tendo em vista uma legitimação acrescida do imposto.

Essa visão analítica implica uma especialização do rendimento na óptica da fonte, num exercício quase similar ao que se realiza internacionalmente. A razão para realização de uma especialização espacial da tributação (quer a nível nacional ou a nível internacional) radica essencialmente num princípio: o princípio da justiça da imputação do produto do imposto.

Assenta este princípio precisamente na perspectiva causal do imposto, sendo essencial para a legitimação da tributação. De facto, a justiça na tri-

[315] *Cf.* FRANCO, António de Sousa – *Finanças do Sector Público – Introdução aos Subsectores Institucionais*. Lisboa: AAFDL, reimpressão, 2003, p. 354.

butação depende da relação reflexa que ocorre entre a desutilidade privada resultante da tributação e a utilidade pública que resulta da acção do Estado na aplicação da receita que decorre da mesma tributação.

Essa aferição causal, meramente reflexa atenta a unilateralidade do imposto, mantém a obrigatoriedade de uma necessária autorização parlamentar na sua criação (princípio da autotributação), mas origina uma eficiência acrescida de Bem-Estar Social na aplicação da receita da tributação atento o princípio da descentralização.

Assim, o grau de precisão relativamente à atribuição da receita da derrama ao local preciso em que a fonte de rendimento se gerou é crucial. Efectivamente, como reconhece Saldanha Sanches, tal constitui «uma correcta aplicação do princípio do benefício, uma vez que a actividade económica situada num certo concelho pode acarretar para estes custos consideráveis, que a derrama visa compensar»[316].

6.4. Os Critérios de Imputação Espacial da Derrama: Evolução para Modelo Descentralizado

A derrama é, historicamente, um tributo descentralizado. Conforme foi demonstrado *supra*, a sua função inicial, enquanto adicional, traduzia-se na redistribuição local de uma fonte de receita fiscal cujo imposto principal teria um âmbito nacional. Contudo, essa sua característica genética foi bastante afectada, em primeiro lugar, pela centralização do poder político que, para se afirmar, esvaziou o âmbito dos poderes locais descentralizados (sendo a exaustão das fontes de financiamento o método mais adequado para esse fim) e, em segundo lugar, pela emergência do modelo moderno de empresa, com sede, direcção e contabilidade centralizadas, o que permitia um elemento de conexão seguro e simplificado para a angariação da receita fiscal por parte da administração fiscal.

Estas razões levaram a que a derrama perdesse o cunho municipalista anterior, transformando-se num adicional relativamente indesejado (de carácter extraordinário e sem regime legal próprio) totalmente tributário do imposto nacional principal. De facto, nem mesmo quando se previa a eventualidade de uma plurilocalização das fontes de rendimento em sede de adicionais às colectas de Contribuição Industrial dos grupos A e B e do imposto sobre a indústria agrícola se manteve um cunho local minima-

[316] *Cf.* parecer, p. 22.

mente satisfatório[317]. Efectivamente, mesmo com a existência dessa possibilidade legal, a Administração Fiscal sempre resistiu a esse procedimento redistributivo, que, na sua perspectiva, só vinha aumentar a complexidade do procedimento de liquidação sem qualquer ganho de receita[318].

O advento da Constituição de 1976 alterou significativamente este estado de coisas, acentuando, num largo espectro, as valências do poder local e do princípio da igualdade horizontal.

Este novo modelo jurídico-político teve consequências quase imediatas ao nível da derrama, nomeadamente no respeitante aos elementos de conexão espacial. Assim, António de Sousa Franco referia que já na vigência da Lei 1/87 se poderia falar de um critério de repartição da derrama que superava o âmago centralizador da sede social. Assim, e quanto ao artigo 5º, na redacção dada pelo Decreto-Lei nº 470-B/88, de 19 de Dezembro, apontava que «a derrama incidia sobre a colecta do IRC relativa ao rendimento gerado na sua área geográfica»[319]. Esta metodologia introduzia um critério de atribuição da receita mais justo[320] e, simultaneamente, dificultava actos de deslocalização da sede societária para simples efeito de planeamento fiscal.

Os regimes posteriores desenvolveram de forma sucessivamente mais aprofundada esta *ratio* normativa. Assim, o legislador tentou aproximar, de forma indiciária, a fonte do rendimento a um critério indiciário objectivo que constituísse um critério objectivo de redistribuição. Efectivamente, a divisão da colecta da derrama, em situações plurilocalizadas, envolve pelo

[317] Nestas situações, as Câmaras poderiam, relativamente a contribuintes com instalações em mais do que um concelho, requerer a sua repartição, na proporção dos rendimentos atribuídos à actividade exercida em cada um dos respectivos concelhos. O pedido era feito à Direcção-Geral da Administração Pública e Civil do Ministério do Interior e as percentagens de distribuição dos rendimentos serão fixadas por uma comissão constituída pelo director-geral da Administração Política e Civil, um representante da DGCI, um funcionário nomeado pelo director-geral da Administração Política e Civil, podendo assistir às reuniões, com voto consultivo, um representante de cada uma das câmaras municipais interessadas (Código Administrativo, artigo 706º). *Cf.* XAVIER, Alberto – *Manual de Direito Fiscal*. Lisboa, 1974, pp. 349-350.

[318] Postura que se mantém actualmente, conforme demonstraremos.

[319] *Cf.* FRANCO, António de Sousa – *Finanças do Sector Público – Introdução aos Subsectores Institucionais*. Lisboa: AAFDL, reimpressão, 2003, p. 354.

[320] Em vez de aprofundar as desigualdades entre os municípios, concentrando a receita nos mais desenvolvidos, esta nova metodologia permitia a concretização de uma verdadeira coesão económico-social por via do aprofundamento do princípio do benefício.

menos 3 sujeitos com interesses distintos. O município do local da fonte de rendimento tem todo o interesse na alocação do produto do imposto em seu benefício. Pelo contrário, o município da sede ou do local onde, por tradição centralizadora, o imposto era cobrado tem interesse na manutenção do *statu quo ante*. Finalmente, a Administração Fiscal tenta ter o menor custo possível na administração do imposto que, revestindo uma natureza local, nunca se assumiu como uma prioridade administrativa.

Neste enquadramento, é fácil antever a solução final: a não alocação da receita da derrama ao município interessado na sua descentralização dado que: *i)* tradicionalmente é o município menos poderoso; *ii)* nunca consegue o auxílio da administração fiscal para a realização dos seus intentos por implicar uma alteração de procedimentos, facto a que uma administração burocrática tradicional é extremamente adversa.

Para ultrapassar esta falha administrativa – que recorde-se já advinha do tempo do Código Administrativo – o legislador alterou o nº 1 do artigo 5º da LFL 1987, através do Decreto-Lei nº 37/93, de 13 de Fevereiro, no seguinte sentido: «[...] sempre que os sujeitos passivos tenham estabelecimentos estáveis em mais de um município e matéria colectável superior a 10 000 contos, a colecta do IRC relativa ao rendimento gerado na circunscrição de cada município é determinada pela proporção entre a massa salarial correspondente aos estabelecimentos que o sujeito passivo nele possua e a correspondente à totalidade dos seus estabelecimentos situados em território nacional».

Ora, o critério encontrado para esta divisão foi, portanto, o da massa salarial. Este critério é indiscutivelmente objectivo; porém, decorre de uma concepção distorcida da realidade económica pressupondo que a criação de riqueza assenta essencialmente na prestação laboral.

Apesar desta disfunção original, que poderia ser facilmente corrigida através da adopção de um conceito amplo de trabalho, o que seria totalmente fundamentado considerando o enquadramento e a evolução do regime legal, dado que o que releva é o local da produção de riqueza constituindo a massa salarial um mero índice para a sua fiel determinação, a Administração Fiscal tem interpretado de forma extraordinariamente literal – senão mesmo restritiva[321] – a aplicação deste critério de divisão,

[321] Interpretação essa que teve de ser legitimada por via da nova redacção do nº 6 do artigo 14º da LFL 2007: «entende-se por massa salarial o valor das despesas efectuadas com o pessoal e escrituradas no exercício a título de remunerações, ordenados ou salários».

não considerando as especialidades das actividades económicas de capital-intensivo, que dispensam mão-de-obra assalariada na produção de riqueza (parques eólicos, centrais hidroeléctricas, etc.), dado que se baseiam num modelo totalmente automatizado, controlado centralmente e cuja assistência é efectuada por empresas prestadoras de serviços. Assim, e mais uma vez, o legislador teve de intervir para clarificar de forma ainda mais intensa o pendor descentralizador inerente ao regime da derrama.

A LFL 2007 introduziu no nosso ordenamento jurídico um novo critério que visa aproximar, ainda mais, a afectação da derrama ao local efectivo da fonte geradora do rendimento, reconhecendo a insuficiência do critério referente à massa salarial. Assim, nos termos do nº 3 do artigo 14º «quando o volume de negócios de um sujeito passivo resulte em mais de 50% da exploração de recursos naturais que tornem inadequados os critérios estabelecidos nos números anteriores, podem os municípios interessados, a título excepcional, propor, fundamentadamente, a fixação de um critério específico de repartição da derrama».

Da adopção deste critério poderão retirar-se as seguintes conclusões:

i) o legislador, na LFL 2007, veio mais uma vez acentuar o pendor descentralizador da derrama, tentando aproximar o município beneficiário da receita do local efectivo da fonte geradora do rendimento;

ii) na presença de actividades utilizadoras de recursos naturais, os corolários do princípio do benefício far-se-ão sentir com mais intensidade;

iii) no caso de dúvidas interpretativas nos termos de distribuição de receita, esta nova norma – de índole indiciária – poderá fornecer critérios indirectos razoáveis para a composição de eventuais querelas;

iv) os municípios têm o poder-dever de solicitar a aplicação de um critério de distribuição de receita que seja mais adequado do que o da massa salarial (numa óptica bruta) quando a actividade económica em causa assentar na utilização de recursos naturais.

O princípio da descentralização é, portanto, essencial em todo o edifício legislativo: em primeiro lugar, a aplicação do proveito do imposto é efectuada pelo ente político que mais próximo se encontra do contribuinte, o que permite uma mais correcta percepção das suas necessidades, originando uma eficiência acrescida na tributação – quanto mais próximo tal ocorrer, melhor a eficiência na sua aplicação; em segundo lugar, permite a percepção por parte do contribuinte da concreta aplicação do produto dos seus impostos, legitimando de forma acrescida os termos da sua imposição – o que reveste uma extraordinária importância quando está em causa a utilização de recursos naturais que, normalmente, o cidadão local toma como seus.

Nesta perspectiva, o novo sistema da derrama corrige naturalmente algumas das distorções «naturais» decorrentes da existência de um sistema fiscal de base unilateral, melhorando a sua eficiência e promovendo uma justiça distributiva acrescida, numa lógica totalmente coerente com os corolários doutrinários do federalismo financeiro, claro está, na óptica interna e que baseia o actual modelo de finanças locais.

6.5. O Direito Comparado

Verificamos, pelo exposto, que as tensões existentes entre a vocação centralista do sistema fiscal nacional e a autonomia própria de um imposto descentralizado originariamente local como a derrama ainda não se encontram totalmente resolvidas. E essa indefinição é acentuada pelos sucessivos recuos administrativos que, não se sentindo confortáveis pela gestão descentralizada dos tributos, tentam, quase intuitivamente, manter o regime centralizado ao nível da imputação da receita. E esta tendência mantém-se em 2010, apesar das sucessivas alterações legais que, visando o aprofundamento do modelo descentralizado da derrama na sequência dos mandamentos constitucionais de 1976, não recebem um acolhimento de exequibilidade na operacionalização concreta dos métodos perfilhados.

Esta situação é tanto mais preocupante quando a própria derrama se autonomizou do imposto principal – o IRC. Efectivamente, após a reforma de 2007, poderá existir colecta de derrama sem que exista sequer dívida de imposto principal. Por outro lado, como veremos de seguida, as próprias normas que definem os elementos de conexão territorial detêm especialidades face às do imposto principal, tentando, mais uma vez, garantir a descentralização eficiente da receita na perspectiva do princípio do benefício.

No entanto, o nosso país não é o único onde se faz sentir esta tensão permanente entre o intuito descentralizador inerente ao princípio da subsidiariedade e ao federalismo financeiro e a tendência para a centralização conservadora ao nível dos impostos. De facto, o mesmo se sente nos locais onde se tentou descentralizar (regionalizar ou municipalizar) impostos sobre o rendimento tomando em consideração o valor acrescentado local de empresas plurilocalizadas. São precisamente estas empresas que levantam os principais problemas ao nível da distribuição da receita do imposto.

Existem alguns exemplos que merecem alguma atenção. Nos Estados Unidos, foram criados os *Single Business Tax* (SBT)[322] no Estado do Michigan e o *Business Enterprise Tax* (BET) no Estado do New Hampshire. No Japão deverá salientar-se o imposto empresarial (*hojin-jigyo-zei*). Na Europa, merecem referência a *Taxe Profissionnele* francesa e a *Gewerbesteuer* alemã.

O SBT (um tipo de imposto especial sobre o valor acrescentado) foi introduzido pelo *Public Act* 228 de 1975 e assenta na criação de um modelo especial de deduções (*investment tax credit*[323]) relativamente à actividade realizada no território por um sujeito com instalações permanentes (não é necessário estabelecimento estável). Assim, as regras especiais para a determinação da *Michigan Tax Base* em confronto com a *Total Tax Base* federal baseiam-se no fraccionamento do volume de negócios realizado no Estado e no valor global de vendas (*sale factor*) de bens materiais afectos (*property factor*) e de retribuições (*payroll factor*). Especialmente relevante para a nossa consulta foi a justificação da constitucionalidade deste imposto por parte do *Michigan Supreme Court*[324] e do *United States Supreme Court*[325] e que se bascou na necessidade de assegurar «*an equitable allocation and apportionment of the taxpayer's tax base*», numa óptica totalmente coerente com o princípio do benefício[326].

O BET do Estado do New Hampshire foi introduzido no dia 1 de Julho de 1993, constituindo-se, como a derrama, num verdadeiro imposto sobre o rendimento da actividade empresarial (*business profit tax*). Neste caso, toma como base de incidência a *business enterprise value tax base*, que se reconduz a um conceito de valor acrescentado local do tipo rendimento líquido distribuído e que abrange os salários e os juros pagos e os dividendos distri-

322 *Cf.* JEN, K. – *Background and History: Michigan's Single Business Tax*. House Fiscal Agency Governing Committee, 2003

323 Que em 2000 substitui o *capital acquisition deduction*.

324 *Cf.* 440 Mich 400 (1992).

325 *Cf.* acórdão de 19 de Fevereiro de 1991, *Trinova Corp. v. Michigan Department of Treasury*, nº 89-1106, 489 US 358 (1991).

326 *Cf.* OAKLAND, W.; TESTA, W. – «The Benefit Principle as a Preferred Approach to Taxing Business in the Midwest». *In Economic Development Quartely*, Maio, 2000, p. 508.

buídos tomando como referência o valor acrescentado, para estes efeitos, no espaço local. De salientar, igualmente, a justificação para a legitimação deste imposto (essencial num Estado tradicionalmente adverso a tributos), e que se traduz na definição de uma contribuição proporcional e justa tendo em vista a compensação (*compensation*[327]) pela contribuição do Estado para a produção total (*fair and equitable proportion*[328]) numa perspectiva global de distribuição justa de receita fiscal (*equitable apportionment*[329]).

O imposto empresarial japonês (*hojin-jigyo-zei*) é um imposto local que, até Abril de 2004, incidia unicamente sobre o rendimento. Porém, e tendo em consideração a necessidade de proceder a uma afinação da incidência, passou, após essa data, a ter uma base tripartida: os proveitos (sujeitos a uma taxa progressiva que varia entre 3,8% e 7,2%), o património (sujeito a uma taxa proporcional de 0,2%) e o valor acrescentado local (determinado com base na soma das retribuições, juros e lucros à qual se aplica a taxa de 0,48%)[330].

A *Taxe Professionelle*[331] é o principal imposto local francês e incide sobre o valor do activo imobilizado utilizado na actividade económica por pessoas individuais ou colectivas, utilizando-se por esta via um critério de conexão espacial bastante amplo – o local do activo imobilizado. Não obstante, recentemente, têm sido sugeridas alterações de forma a introduzir-se parâmetros de valor acrescentado tendo em vista o aperfeiçoamento da distribuição da receita[332].

Por sua vez, a *Gewerbesteuer* alemã, de existência bicentenária[333], e após a reforma de 1999, é um imposto local sobre as empresas, tomando como base de incidência o aumento de património (*Ertrag* – proveito em sentido amplo), determinado através do cálculo de uma série de correcções legais ao imposto sobre o rendimento. Esta base ampla de incidência superou as anteriores críticas já que, na versão anterior a 1999, a *Gewerbesteuer* incidia basicamente sobre o custo salarial. Essencial para o nosso estudo

[327] *Cf.* sec. 77-E; 4, I, *a)* nº 2 do *Revised Statutes Annotates* de New Hampshire.

[328] *Cf.* sec. 77-E; 4, do *Revised Statutes Annotates* de New Hampshire.

[329] *Cf.* sec. 77-E; 2 do *Revised Statutes Annotates* de New Hampshire.

[330] *Cf.* Ministry of Finance – *An outline of japanese taxes*, 2004, pp. 234 e ss..

[331] *Cf.* Lei nº 75-678, de 29 de Julho de 1975.

[332] *Cf. Commission de Reforme de la Taxe Professionnele*, Rapport au Premier Ministre, 21 de Dezembro de 2004.

[333] Foi introduzida por diploma prussiano de 2 de Novembro de 1810.

é a justificação para o lançamento deste tributo: o princípio do benefício (*Äquivalenzprinzip*), que visa compensar os municípios pela despesa pública provocada pela empresa[334].

A análise de direito comparado revela-nos que em todos os países que introduziram um tributo local sobre o rendimento existiram dificuldades na definição da base de rendimento tributável e no modelo de distribuição de receita. Porém, todas essas dificuldades foram ultrapassadas por via da aplicação permanente – por parte da administração, da jurisprudência e do legislador – do princípio da justiça na redistribuição da receita pública na óptica da descentralização financeira e do princípio do benefício.

Por outro lado, verifica-se, de forma generalizada, a separação conceptual e instrumental do imposto local sobre o rendimento empresarial relativamente ao imposto nacional. Tal revela-se não só no âmbito material de incidência, como também nos elementos de conexão territorial.

De facto, os princípios estruturantes enunciados, de vigência supra-ordinária, legitimam um afastamento sucessivo das regras deste tipo de impostos relativamente aos mandamentos dos impostos nacionais que se submetem unicamente à lógica da capacidade contributiva.

Finalmente, os critérios objectivos para a definição da incidência têm sido sucessivamente alargados, abandonando-se os referenciais mais estáticos e limitados (como a massa salarial estritamente considerada) a favor de critérios mais adaptados aos modelos modernos de criação de riqueza.

6.6. A Descentralização: o Princípio do Benefício – Corolários quanto ao Elemento de Conexão Territorial da Derrama

A conexão territorial da derrama está intimamente relacionada tanto com o princípio da descentralização quanto com o princípio do benefício. São precisamente estes fundamentos que justificam a autonomização deste imposto face ao imposto principal.

Mantendo-se a mecânica centralizadora inerente ao IRC enquanto imposto nacional sobre o rendimento e a óptica pura da capacidade contributiva, a derrama continuaria a ser um simples adicional dependente do imposto principal. Pelo contrário, a Constituição, de forma originária, e o legislador originário, num momento posterior, optaram por autonomizar definitivamente a derrama, tendo como objectivo a descentralização defi-

[334] *Cf.* TIPKE, K.; LANG, J. – *Steuerrecht*. Koln: Otto Schimdt, 2002, p. 476.

nitiva deste tributo. Nestas condições, no regime da LFL 2007 alcançou-se um modelo de extrema autonomia, pois nem a taxa nacional de IRC nem os benefícios fiscais concedidos pelo Estado terão qualquer relevância na colecta da derrama, já que esta é calculada tendo em consideração a matéria colectável do IRC.

Esta autonomização extrema da derrama tem consequências ao nível da conexão territorial. De facto, considerando os imperativos de descentralização e de justiça horizontal entre os municípios, o regime moderno da derrama (LFL 1998, LFL 2007 e LFL 2013) a este respeito é muito menos exigente do que o do IRC dada a necessidade de garantir o equilíbrio da receita em empresas plurilocalizadas.

Esta conclusão é comum no direito comparado: sendo uma questão puramente interna (ou seja, não afectando a base tributária do Estado nacional face a outros países), o que se pretende é alcançar um padrão de justiça redistributiva entre as circunscrições territoriais. Ora, tal permite um *downgrade* técnico relativamente aos critérios comummente utilizados nos impostos nacionais para efeitos de distribuição do poder de tributar.

De facto, e conforme foi demonstrado *supra*, o direito comparado satisfaz-se, na distribuição interna do produto de empresas plurilocalizadas, pela utilização de critérios muito mais leves do que o conceito tradicional – de direito fiscal internacional – do estabelecimento estável para efeitos de atribuição do poder de tributar (ou, numa formulação mais leve, para efeitos de atribuição do crédito decorrente da receita).

Assim, vejamos:

i) *O Single Business Tax* (SBT)[335] no Estado do Michigan baseia-se no fraccionamento do volume de negócios realizado no Estado e no valor global de vendas (*sale factor*) de bens materiais afectos (*property factor*) e de retribuições (*payroll factor*);

ii) O BET do Estado do New Hampshire abrange os salários e os juros pagos e os dividendos distribuídos tomando como referência o valor acrescentado, para estes efeitos, no espaço local;

iii) O imposto empresarial japonês (*hojin-jigyo-zei*) tem uma base tripartida: os proveitos locais, o património local e o valor acrescentado local (determinado com base na soma das retribuições, juros e lucros);

[335] *Cf.* JEN, K. – *Background and History: Michigan's Single Business Tax*. House Fiscal Agency Governing Committee, 2003

iv) A *Taxe Professionelle*[336] francesa incide sobre o valor do activo imobilizado local utilizado na actividade económica por pessoas individuais ou colectivas;

v) A *Gewerbesteuer* alemã tem como base de incidência o aumento de património líquido a nível local.

Factor comum a todos estes impostos é precisamente a metodologia «leve» adoptada para a determinação da conexão territorial da receita fiscal. Efectivamente, se o que se pretende é uma distribuição justa da receita ao local da produção da riqueza, então deverão centrar-se todos os esforços na criação de elementos de conexão intrinsecamente relacionados com a fonte produtora da riqueza e torna-se totalmente desnecessário o recurso a instrumentos formais pesados decorrentes de ficções jurídicas (a sede social) e as suas decorrências tradicionais para efeitos de direito fiscal internacional.

6.7. Conclusão Preliminar: a Derrama como Tributo de Charneira para a Imputação Espacial do Poder de Tributar num Grupo Regional ou Local

O que está em causa para efeitos da aplicação da derrama é unicamente a determinação do local (o município) onde o facto jurídico (a geração do rendimento) ocorreu. Ora, esta realidade jurídica (que se traduz na definição de *sourcing rules* de natureza técnica) é extraordinariamente mais simples e menos exigente – em termos de fundamentação – do que a determinação da ordem jurídica competente para a sua disciplina (normas de limitação do poder político de tributar entre Estados: soberania fiscal). Ora, é precisamente esta última a função por excelência do «conceito pesado» de estabelecimento estável no direito fiscal internacional. Assim, é necessário alguma cautela quando se efectuam transposições acríticas de conceitos próprios de um ramo de direito (*in casu* o direito fiscal internacional) para resolver questões de foro meramente interno.

É por esta razão que na LFL 1998 e na LFL 2007 se operou uma ligeira, mas significativa, alteração no elemento de conexão subjacente ao sistema de repartição. Afirma-se, agora, no nº 2 do artigo 18º da LFL 2013 que «[...] sempre que os sujeitos passivos tenham estabelecimentos estáveis ou

[336] *Cf.* Lei francesa nº 75-678, de 29 de Julho de 1975.

representações locais em mais de um município e matéria colectável superior a (euro) 50000, o lucro tributável imputável à circunscrição de cada município é determinado pela proporção entre a massa salarial correspondente aos estabelecimentos que o sujeito passivo nele possua e a correspondente à totalidade dos seus estabelecimentos situados em território nacional».

O legislador continuou a referir o conceito tradicional de estabelecimento estável, mas alargou a possibilidade de conexão igualmente às «representações locais». Ora, esta alteração não vem senão confirmar o que acabámos de referir. Não faz qualquer sentido a utilização do conceito tradicional de estabelecimento estável enquanto critério exclusivo de imputação da derrama: ao alargar-se essa possibilidade às «representações locais» não se está senão a cumprir integralmente o intuito redistributivo do tributo, «derramando-o» pelos locais efectivos de produção de rendimentos tributados.

Este alargamento, ao permitir a imputação de rendimentos a representações desformalizadas, vem demonstrar a especificidade do próprio conceito de estabelecimento estável presente no artigo 18º da LFL 2013. É por esta razão que defendemos que o conceito de estabelecimento estável para efeitos de derrama não é idêntico ao conceito de estabelecimento estável para efeitos de IRC ou para efeitos de direito fiscal internacional.

A demonstração inequívoca da diferença conceptual passa pelo próprio facto de o legislador da LFL 1998 e LFL 2007 ter utilizado o conceito de estabelecimento estável relativamente a sociedades que têm sede e direcção efectiva em Portugal. Se o conceito de estabelecimento estável fosse idêntico ao conceito tradicional, tal traduziria uma contradição ao nível dos elementos de conexão: de facto, em sentido clássico, não pode haver estabelecimento estável na circunscrição em que se encontra presente a sede ou direcção efectiva. Porém, e como é óbvio, não é esse conceito de estabelecimento estável que se encontra presente na LFL. Se o fosse, então nunca haveria imputação de derrama ao município relativamente a sociedades residentes em Portugal, dado que estas seriam unicamente tributadas no local da sede. Só haveria relativamente a estabelecimentos estáveis de sociedades não residentes... Esta conclusão, como é óbvio, não faz qualquer sentido, já que consistiria numa interpretação totalmente ab-rogante do tecido legal e uma negação de todos os princípios constitucionais que regem a derrama.

Em termos de derrama, o conceito de estabelecimento estável deverá ser interpretado tendo em vista os princípios subjacentes a este tributo, tomando em consideração o seu intuito descentralizador em sede de competência para tributar, a sua autonomia enquanto imposto não dependente do IRC e o propósito redistributivo que visa alcançar.

O legislador, até 1998, utilizou o conceito de estabelecimento estável porque não tinha possibilidades técnicas e informáticas para proceder a operações de liquidação descentralizadas. A partir de 1998, com a evolução que se deu no sistema de liquidações dos impostos sobre o rendimento, tornou-se possível a dissociação da liquidação da derrama da liquidação do IRC, embora só em 2007 se tenha dado o passo definitivo a esse respeito.

No entanto, independentemente da terminologia que se utilize, o que o legislador sempre pretendeu foi a efectiva aproximação da tributação em derrama ao efectivo local de produção do rendimento gerado, na óptica do princípio, já descrito, do benefício. Assim, não tendo ainda dado o passo definitivo que se traduziria na realização de uma tributação deslocalizada consoante o tipo de rendimento (à semelhança das soluções referidas de direito comparado ou do regime nacional relativo às finanças regionais) por via de uma retenção proporcional atribuível ao município da fonte, basta-se unicamente com uma representação local que não é nem mais nem menos do que o grau mais difuso de representação física.

Nestes termos, o conceito de estabelecimento estável para efeitos de Lei das Finanças Locais é um conceito próprio à derrama que, inspirado no conceito presente no Código do IRC e no direito fiscal internacional, mormente da Convenção-Modelo da OCDE, visa atribuir ao município onde exista um estabelecimento ou uma representação local (elemento estático), onde seja exercida uma actividade económica geradora de matéria colectável calculada nos termos do IRC (elemento dinâmico) e relativamente ao qual seja possível atribuir um determinado volume de massa salarial (elemento redistributivo) o poder de lançar a derrama.

6.8. A Comédia da Derrama Municipal

Neste quadro, a derrama deverá deixar de ser um mero adicional (ou adicionamento) ao IRC, para passar a ser uma verdadeira contribuição local (ou regional) permitindo a ligação entre a função de despesa/angariação de receita na área em causa.

Nos termos das possibilidades do nº 2 do artigo 18º da Lei das Finanças Locais, no caso da existência de «estabelecimentos estáveis, ou representações locais em mais de um município e matéria coletável superior a (euro) 50 000 o lucro tributável imputável à circunscrição de cada município é determinado pela proporção entre os gastos com a massa salarial correspondente aos estabelecimentos que o sujeito passivo nele possua e a correspondente à totalidade dos seus estabelecimentos situados em território nacional».

Este foi um primeiro passo, mas de difícil concretização prática. O critério é limitado (massa salarial), o centro de imputação dúbio (o estabelecimento estável ou a representação local não tem suficiente substrato relacional) e a informação disponível para o sujeito tributário activo limitada.

O passo seguinte dado no bom caminho tem como base a tributação de recursos comuns. Neste sentido, estabeleceu o referido diploma que, «[...] quando o volume de negócios resultar, em mais de 50 por cento, da exploração de recursos naturais que torne inadequado esta fórmula [critério da massa salarial], podem os municípios interessados propor, com fundamentação, a fixação de um critério específico de repartição da derrama, o qual, após audição do sujeito passivo e dos restantes municípios interessados, é fixado por despacho conjunto do ministro das Finanças e do ministro que tutela as autarquias locais».[337]

Face à sua novidade, a aplicação da referida norma sofreu então com a indefinição de alguns pressupostos de aplicação. Tendo como base a geração energética, desde logo, no que respeita ao conceito de «produção de energia gerada» (montante de proveitos inerente ou valores contabilísticos), mas fundamentalmente pela imposição de um acordo entre os municípios interessados (conceito este igualmente sem densificação), cabendo a estes a proposta de um critério melhor para cálculo da derrama. Ora, a natural menor preparação para a especificidade técnica em questão e o necessário acordo quanto a uma repartição de receita fiscal entre municípios conduziriam a uma necessária alteração legal.

Com a publicação da Lei nº 82-D/2014, de 31 de Dezembro, que aprova a Reforma da Fiscalidade Verde, foram assim introduzidas «normas fiscais ambientais nos setores da energia e emissões, dos transportes, da água, dos

[337] *Cf.* https://www.occ.pt/pt/noticias/novo-calculo-da-derrama/.

resíduos, do ordenamento do território, das florestas e da biodiversidade»[338]. Pelo que, «[...] no âmbito do ordenamento do território, florestas e da biodiversidade são propostas medidas tendentes a promover uma repartição equitativa da receita proveniente da derrama municipal, quando estiverem em causa projetos de exploração de recursos naturais e tratamento de resíduos que abranjam diversos municípios»[339].

Neste sentido, a Reforma da Fiscalidade Verde, operacionalizou o critério de repartição da derrama da «[...] margem bruta correspondente à exploração de recursos naturais ou do tratamento de resíduos [...] que assegura um método mais justo de atribuição da receita da derrama das empresas atendendo ao seu impacto no território»[340]. Assim, «O que a alteração legislativa no âmbito da reforma pretende densificar é precisamente os critérios de alocação da receita aos municípios no sentido de serem os municípios onde se verifica a exploração de recursos naturais ou o tratamento de resíduos a beneficiarem da derrama, independentemente da localização da respectiva sede social»[341].

A Lei nº 73/2013, de 3 de Setembro viria aprovar o novo regime financeiro das autarquias e entidades intermunicipais, revogando a Lei nº 2/2007, de 15 de Janeiro. Nos termos do novo diploma, seriam parcialmente alterados os termos em que assenta a repartição de derrama na situação em que o volume de negócios resulte em mais de 50% da exploração de recursos naturais. Nos termos do nº 1 do artigo 18º da Lei nº 73/2013, de 3 de Setembro pelo qual «os municípios podem deliberar lançar anualmente uma derrama, até ao limite máximo de 1,5/prct., sobre o lucro tributável sujeito e não isento de imposto sobre o rendimento das pessoas colectivas (IRC), que corresponda à proporção do rendimento gerado na sua área geográfica por sujeitos passivos residentes em território português que exerçam, a título principal, uma actividade de natureza comercial, industrial ou agrícola e não residentes com estabelecimento estável nesse território».

[338] *Cf.* Exposição de Motivos, da Proposta de Lei nº 257/XII, p. 1.

[339] *Cf.* Exposição de Motivos, da Proposta de Lei nº 257/XII, p. 3.

[340] *Cf.* Reforma Fiscalidade Verde, p. 4, em: http://www.crescimentoverde.gov.pt/wp.content/uploads/2014/10/ReformaFiscalidadeVerde_GreenTaxReform_emagazine.pdf

[341] *Cf.* Artigo *Municípios com empresas de tratamento de resíduos vão receber parte dos lucros,* Ana Santiago, 2014, em: http://www.ambienteonline.pt/canal/detalhe/municipios-com-empresas-de-tratamento-de-residuos-vao-receber-parte-dos-lucros.

Para efeitos da aplicação do referido normativo continua a considera-se que «[...] sempre que os sujeitos passivos tenham estabelecimentos estáveis ou representações locais em mais de um município e matéria coletável superior a (euro) 50 000 o lucro tributável imputável à circunscrição de cada município é determinado pela proporção entre os gastos com a massa salarial correspondente aos estabelecimentos que o sujeito passivo nele possua e a correspondente à totalidade dos seus estabelecimentos situados em território nacional» [nº 2 do artigo 18º da Lei nº 73/2013, de 3 de Setembro].

Contudo, e para o que aqui importa, «quando o volume de negócios de um sujeito passivo resulte em mais de 50/prct. da exploração de recursos naturais ou do tratamento de resíduos, podem os municípios interessados propor fundamentadamente à AT a fixação de uma fórmula de repartição de derrama» [nº 3 do artigo 18º da Lei nº 73/2013, de 3 de Setembro].

O princípio básico deve ser desenvolvido. A chave de repartição bidimensional (acomodando de forma perfeita o critério da área e da produção de riqueza) deverá ser totalmente adequada e, consecutivamente, aperfeiçoada, ante os mandamentos do princípio da descentralização constitucional – aproximação da tributação em derrama ao local efectivo de produção de riqueza – e do princípio da equivalência numa perspectiva de compensação por especial prejuízo, internalizando-se, desta forma, eventuais externalidades negativas a este propósito, ou de socialização de benefício, no caso de investimentos locais e regionais relevantes.

Vejamos como:

7. O Caso Especial das Contribuições Especiais e Financeiras Territoriais e Urbanas

As contribuições especiais são um tributo comum no nosso sistema jurídico tributário. A generalidade dos Impostos Especiais sobre o Consumo (com a sua função pigouviana), o IMI e as contribuições que tributam os promotores pelas mais-valias latentes resultantes de acções específicas dos organismos públicos deveriam assumir de forma clara esta configuração. Estes benefícios reflexos decorrentes de exterioridades positivas seriam, desta forma, socializados. Exemplos destas práticas residem na socialização de exterioridades positivas decorrentes de grandes investimentos públicos (e. g., Expo 98, Ponte Vasco da Gama, CRIL, CREL, CRIP, CREP). Estas contribuições especiais, denominadas 2ª Geração[342], incidem sobre a valorização imobiliária sofrida por obras em concreto[343]. Por sua vez, este tipo de tributo serve igualmente para a interiorização de exterioridades negativas, como acontece no Imposto Único de Circulação e no ISV.

É evidente a necessidade de um normativo legitimador para a aplicação de novas contribuições especiais eficientes, com um papel regulador específico na utilização de recursos fundiários específicos.

Ao invés, as contribuições financeiras estão hoje ainda na sua alvorada, e muitas vezes aparecem numa aparência formal de «taxa». A sua fundamentação e legitimidade decorrem do próprio princípio da equivalência ampla podendo revestir diversas formas: contribuição para a protecção civil[344],

[342] *Cf.* Nabais, Casalta – «Fiscalidade do Urbanismo: Impostos e Taxas». *In O Sistema Financeiro e Fiscal do Urbanismo*, Almedina, 2002, pp. 50–52.

[343] No limite, poderiam ser concebidas eventuais contribuições especiais por mais-valias resultantes de alterações do plano urbanístico, tendo como incidência a diferença entre edificação média e edificação concreta numa óptica estritamente perequativa (intra e interplano).

[344] Perante a actual indeterminação da tipificação, o Tribunal Constitucional iniciou uma corrente jurisprudencial exigente para as taxas. Assim, no acórdão nº 418/2017 (DRE nº 190/2017, Série II de 2 de Outubro de 2017), referente à «taxa de protecção civil» de Vila Nova de Gaia, veio referir o seguinte: «porquanto as atividades do município na área da proteção civil, a que se refere a TMPC, não permitem estabelecer uma relação – efetiva ou presumida – com específicas pessoas ou grupo que delas sejam causadores ou beneficiários. Pelo contrário, pode dizer-se, genericamente, que todos os sujeitos que residam, estejam estabelecidos ou se desloquem na área daquele município, e ainda que de um modo muito difuso, "dão causa" às atividades de proteção civil – porque a sua simples presença pode condicioná-las ou determinar o seu conteúdo – ou delas "beneficiam", pelo menos potencialmente. Mas, se assim é, perde-se a conexão característica dos tributos comutativos, num duplo sentido: perde-se do lado dos beneficiários, que não são suscetíveis de delimitação, porquanto a "causa" da atividade e o "benefício" dela decorrente se diluem na generalidade da população; e perde-se do lado da prestação, por não ser individualizável, reconduzindo-se a uma atividade abstrata». Ora, tal é verdade, se tivermos na presença de uma taxa, mas não será tão evidente se estivermos na presença de uma contribuição. E prossegue: «[...] decorre do exposto que a determinação dos sujeitos passivos em tais condições não pode deixar de ser arbitrária. Impor a taxa aos proprietários ou (mais central para o presente recurso) às entidades que gerem infraestruturas é tão desprovido de sentido e justificação como escolher os arrendatários, alguns ou todos os empresários ou qualquer outra categoria de sujeitos, uma vez que nenhum deles tem maior ou menor proximidade com a atividade a que se refere a taxa. Por outro lado, a agregação de toda a atividade municipal de proteção civil a título de prestação não pode esconder que, desse modo, se ficciona uma prestação concreta com base num conjunto indiferenciado de atos sem destinatários individualizados que se reconduzem uma atividade abstrata. Tal exercício – <u>que passa, no fundo, por separar uma determinada</u>

contribuição turística, contribuição ambiental, entre outras. O seu objectivo, repete-se, não será a angariação cega de receita pública, mas a compensação dos custos que as entidades públicas suportam por prestações indivisíveis, mas que beneficiam sujeitos indeterminados, mas identificáveis numa lógica de grupo (respectivamente, e somente a título de exemplo, os proprietários florestais e urbanos, os proprietários de instalações hoteleiras, ou os agentes que desenvolvam actividades ambientalmente agressivas). Por conseguinte, a sua arquitectura é extraordinariamente exigente.

O mesmo se diga no que diz respeito a contribuições de benefício. É clara a lacuna no nosso sistema jurídico tributário. Sendo a competitividade regional um elemento crucial para o desenvolvimento económico do país, é essencial que essa dimensão territorial substitua a simples agregação local de preferências. Os princípios de federalismo financeiro isso demonstram.

Esta falha é claramente demonstrável e decorre da rigidez legislativa perante a dimensão e natureza dos diferentes «clubes» em presença.

A título de mero exemplo:

i) poderão existir «grupos de aldeia» que se organizam de forma a defender a sua povoação dos incêndios e que se organizam comunalmente para a exploração agrícola e florestal. Porque não permitir a criação de uma contribuição condominial a este respeito que supere a falha do *free rider*?

ii) poderão existir grupos de bairro ou de desenvolvimento urbanístico especial (do tipo Parque das Nações). Porque não permitir uma contribuição condominial para a manutenção do nível de serviços urbanísticos acrescidos que tal exige?

área de atividade de uma pessoa coletiva pública, calcular os seus custos (ainda que, no caso, o município ainda não tenha "implementada a contabilidade de custos que permita identificar com rigor os custos de funcionamento das diversas unidades orgânicas") e fazê-los refletir sobre um conjunto maior ou menor de sujeitos – pode fazer-se para qualquer outro serviço público local ou estadual (educação, justiça, saúde, defesa, negócios estrangeiros, por exemplo), mas não traduz, manifestamente, um recorte suficientemente definido de prestações concretas da entidade pública e dos sujeitos que a elas dão causa ou delas beneficiam, nem existem elementos que suportem, neste âmbito, uma presunção suficientemente forte de uma relação de troca». Ora, o Tribunal Constitucional parece orientar-se, mais uma vez, entre os dois extremos da equivalência: a taxa (concreta) e o imposto (amplíssima), ignorando o campo potencial das contribuições. A concretização definitiva de uma dogmática assente na equivalência de grupo e a consolidação definitiva de um quadro geral para o lançamento de contribuições constituem hoje necessidades irrefutáveis.

iii) poderão existir investimentos especiais de um qualquer organismo que resultam em vantagens para os «vizinhos» e que devem ser recapturadas. Por exemplo, se a Universidade de Lisboa investisse na regeneração do Jardim Botânico, porque não permitir uma contribuição aos proprietários em redor pela valorização do espaço que contribui para uma valorização do seu activo?

iv) poderão as áreas metropolitanas desenvolver investimentos especiais ao nível das infra-estruturas cujos benefícios deverão ser socializados a esse nível. Se continuarem a aguardar financiamento central a este respeito, tal nunca será suficiente dada a desadequação da escala. Porque não permitir uma contribuição metropolitana de forma a financiar a rede de transportes públicos?

v) as comunidades intermunicipais constituem hoje o modelo de excelência para o aproveitamento do financiamento público comunitário a nível local. Porque não permitir a capacidade de criação de contribuições regionais e sectoriais a esse nível?

vi) os parques naturais e as áreas protegidas estão insuficientemente dotados de recursos financeiros. Porque não permitir a criação de uma contribuição ambiental geral que proceda a esse financiamento em termos sustentados?

vii) as unidades de intervenção florestal estão reféns de um modelo colaborativo voluntário. Porque não permitir uma contribuição florestal que financie as operações de limpeza e de combate a incêndios?

Os exemplos são inúmeros e dependem unicamente da formação conceptual do «clube». A dimensão da competitividade regional obriga ao estabelecimento de um concomitante sistema tributário de forma que ocorra uma harmonia entre a política de desenvolvimento de redes (acto de despesa) com os respectivos actos de receita (os impostos). A eficiência deste modelo de descentralização é evidente. Conforme refere Fernando Araújo, «o problema económico da descentralização e do «federalismo orçamental», nos termos do qual a sobreposição de bens públicos em diversos planos e âmbitos permitiria incrementos de eficiência económica através de opções de localização que seriam optimizadoras, de acordo com o "modelo Tiebout", cada um escolhendo o seu "menu" de bens públicos para explorar, ou sobre o qual externalizar»[345], isto, claro está, numa óptica em que

[345] *Cf.* Araújo, Fernando – *Introdução à Economia*, cit., 2014, p. 582.

existe disparidade nos grupos, nas localizações e, consequentemente, nas opções dos cidadãos. Se houver identidade, a decisão deverá ser tomada no nível superior, nos termos dos ditames do princípio da subsidiariedade.

A ligação entre a dimensão dos grupos e a intensidade da equivalência é inerente. Tiebout foi o primeiro autor a focar esta questão: «*the core problem with which both Musgrave and Samuelson deal concerns the mechanism by which consumer-voters register their preferences for public goods.*»[346] Esta lógica de «votação com os pés» tem como pressuposto um modelo de «clube» composto pelas duas variáveis de decisão: mais despesa, menos impostos. Assim, partindo de um princípio de segmentação entre comunidades, cada cidadão escolhe o grupo que lhe fornece o melhor pacote financeiro perante as suas preferências individuais. Se existir uma enorme diversidade de pacotes disponíveis, o cidadão revelará as suas preferências (o Santo Graal da decisão financeira), votando com os seus pés. Cada comunidade oferecerá um pacote de serviços diferenciado, a um custo marginal determinado. Se existirem efeitos externos entre comunidades, a decisão financeira correspondente deverá ser arbitrada por um nível político superior.

Assim, Tiebout desenvolve um modelo de federalismo financeiro assente no princípio da eficiência, em contraste com o modelo de Musgrave que se fundamenta no princípio da coesão ou da igualdade[347]. A razão para esta distinção assenta na percepção de Tiebout de que o fornecimento de bens público numa determinada região pode não beneficiar todos os participantes desse grupo, pelo que as preocupações de eficiência superariam as referentes à igualdade.

Estas preocupações são cruciais para a modelação das finanças públicas em regiões e áreas metropolitanas. Nesta dimensão policêntrica, os níveis de governação podem sobrepor-se, o que coloca dificuldades adicionais. Ostrom, Tiebout e Warren referem a este propósito: «*a function of government, then is to internalize the externalities – positive and negative – for*

[346] TIEBOUT, Charles M. – «A pure theory of local expenditures.» *In The Journal of Political Economy*», 64(5), 1956, p. 417.

[347] E isso é demonstrado nas obras dos dois autores do mesmo ano (1961) e apresentados na mesma conferência. *Cf.* TIEBOUT, Charles M. – *An Economic Theory of Fiscal Decentralization. In* James M. Buchanan and Universities-NBER (eds.), Public Finances: *Needs, Sources, and Utilization.* Princeton University Press, 1961, pp. 79–96; MUSGRAVE, Richard A. – *Approaches to A Fiscal Theory of Political Federalism. In* James M. Buchanan and Universities-NBER (eds.), *Public Finances: Needs, Sources, and Utilization.* Princeton University Press. 1961, pp. 97–134.

those goods which the producers and consumers are unable or unwilling to internalize for themselves, and this process of internalization is identified with the "public goods". Not all public goods are of the same scale. Scale implies both the geographic domain and the intensity or weight of the eternality. A playground creates externalities which are neighborhoodwide in scope, while national defense activities benefit a whole nation – and affect many outside it. Thus, for each public good there corresponds some "public" (...) in designing the appropriate "package" for the production and provision of public goods several criteria should be considered. Among these are control, efficiency, political representation and self-determination.»[348]

Perante esta dificuldade, propõem um conceito de «pacote» que contenha uma descrição sobre a apetência do bem ou do serviço para a satisfação das necessidades do grupo de cidadãos daquela área (ou seja, o «clube»).

Ora, no caso da estratégia de incentivo ao desenvolvimento local e regional, assente num modelo de constituição de parcerias alargadas entre as entidades públicas locais e regionais e os privados, é essencial que se torne possível a essas entidades a imposição de uma contribuição que proceda à socialização das exterioridades positivas causadas pelas suas políticas de infra-estruturação territorial e urbanística. E tal só poderá ser efectuado nos termos de uma nova derrama formulada segundo um modelo de contribuição de benefício. Ou seja, uma derrama simétrica à que actualmente já existe no que diz respeito ao aproveitamento de recurso naturais e que importará desenvolver.

A derrama do futuro será um tributo local ou regional directamente relacionado com: *i)* a interiorização de exterioridades negativas no plano local ou regional (a dimensão hoje parcialmente existente no respeitante aos recursos naturais): *ii)* a socialização de exterioridades positivas decorrentes originadas por políticas públicas activas de desenvolvimento territorial, permitindo a sincronização entre a dimensão da despesa e da receita nesse nível de decisão financeira.

O modelo será, como não poderia deixar de ser, o da equivalência de grupo, mas num âmbito mais geral e direccionado com a actividade económica dos agentes privados. Este modelo é mais eficiente do que uma eventual desfragmentação do IVA. Conforme sabemos, a criação de «fronteiras

[348] *Cf.* Ostrom, Vincent; Tiebout, Charles M.; Warren Robert – «The Organization of Government in Metropolitan Areas: A Theoretical Inquiry». *In The American Political Science Review*, 55(4), 1961, pp. 832–835.

internas» para a atribuição da receita de IVA a determinadas circunscrições menores, tais como os municípios, é impraticável. Além da impossibilidade legal, o mecanismo de dedução sucessiva coloca obstáculos intransponíveis para a determinação concreta do quinhão referente ao valor acrescentado criado efectivamente naquela circunscrição territorial.

Um tributo local, tendo em consideração a proximidade potencial da relação jurídica tributária, deverá assentar num modelo de proximidade com a geração de riqueza originada na localização. O lucro de uma sociedade, caso se encontre estabelecida em diversas localizações, resultará de um processo integrado de contabilização em que o estabelecimento artificial de fronteiras se torna difícil de sustentar sem uma arquitectura de equivalência sólida e bem fundada.

O desafio passará, portanto, por estabelecer um princípio de imputação de receita tendo como referência a capacidade económica de geração de proveitos económicos na área em causa. Esse critério permite a ligação entre a actividade concreta de geração de riqueza económica e a pretensão tributária. Só assim se pode efectuar uma absorção perfeita da exterioridade em presença. O lucro abrangente, pelo contrário, tem uma dimensão muito mais complexa atenta a sua preocupação de corresponder à capacidade contributiva efectiva da sociedade: *in casu*, a dimensão do lucro real.

O modelo já existe. Se verificarmos a proposta da Directiva relativa à Matéria Colectável Comum Consolidada do Imposto sobre as Sociedades (MCCCIS) (*Common Consolidated Corporation Tax Base* [CCCTB])[349], concluímos que a metodologia de imputação do rendimento se encontra circunscrita à circunscrição territorial em causa. Refere a exposição de motivos: «uma vez que a prioridade atual da Europa é promover o crescimento sustentável e o investimento no seio de um mercado justo e mais bem integrado, é necessário um novo quadro para uma tributação justa e eficaz dos lucros das sociedades. Neste contexto, a MCCCIS afigura-se como um instrumento eficaz para a afetação do rendimento ao local em que o valor é gerado, através de uma fórmula baseada em três fatores de igual ponderação (ou seja, <u>ativos, mão de obra e vendas</u>)» (sublinhado nosso).

Estes três critérios permitem a concretização eficiente da relação de equivalência inerente à captação de tributação societária numa base local ou regional. A causa dessa tributação não será a mera fragmentação da

[349] COM(2016) 685 final.

capacidade contributiva geral (como acontece na derrama actual), mas a articulação da fonte económica geradora de riqueza e a necessária recomposição da situação de bem-estar social, corrigindo-se as exterioridades em presença através do recurso aos melhores instrumentos de equivalência disponível. E esses são claramente o local da presença de activos, a mão-de-obra (em sentido amplo, ou seja, envolvendo a assalariada e a prestação de serviços e, claro está, o volume de vendas e não o valor acrescentado).

Neste enquadramento, a nova derrama deveria assumir as vestes de uma contribuição especial de melhoria que procedesse à socialização das exterioridades positivas decorrentes das políticas públicas de desenvolvimento regional e local, liquidada nos termos dos três factores de imputação territorial referidos.

8. As Taxas e as Tarifas Urbanísticas: o Mundo da Equivalência Estrita

As taxas e tarifas são os tributos que melhor concretizam o mandamento inerente ao princípio da equivalência. Porém, esse mérito não decorre da sua natureza intrínseca, mas das possibilidades genéticas das utilidades subjacentes – a sua divisibilidade – e da correspondente identificabilidade concreta dos beneficiários.

Devido à sua importância para o ordenamento territorial e o urbanismo, trataremos especialmente das Taxas Municipais de Urbanização e Edificação enquanto instrumentos financeiros essenciais.

As «Taxas Municipais de Urbanização e Edificação» deverão, neste quadro consolidado, ser entendidas como taxas devidas pela construção e manutenção de infra-estruturas urbanísticas, ou seja, pelos custos e investimentos incorridos na prestação de utilidades urbanísticas gerais a sujeitos determinados e relativamente aos quais é permitido efectuar uma «quotização» dos custos correspondentes dada a sua efectiva divisibilidade, numa óptica de equivalência estrita (mas que ainda assim poderá fomentar agravamentos ou subsidiações na existência de fundamentos extrafinanceiros relevantes).

O seu objecto é portanto claro: a construção de novas infra-estruturas locais ou o reforço das existentes (a jusante ou a montante do empreendimento), neste último caso, na percentagem que beneficie o novo loteamento ou habitação. Se existir benefício dos proprietários instalados, esse custo deverá ser repartido e cobrado através do IMI; uma imposição repercutida unicamente ao promotor pela construção de uma infra-estrutura que beneficie a totalidade dos munícipes constituirá uma verdadeira «barreira à entrada» no mercado – já que se exigirá um montante desproporcionadamente elevado ao promotor do qual resultará um benefício para toda a colectividade – em clara violação quer do princípio da repartição justa dos encargos públicos, quer do princípio da eficiência.

Conforme se pode facilmente antever, e atendendo ao objecto típico das «Taxas Municipais de Urbanização e da Edificação», só se incluirão no seu âmbito a construção e reforço das infra-estruturas que suportam especificamente o investimento realizado pelo sujeito passivo. Efectivamente, as infra-estruturas gerais municipais dirigidas à generalidade dos munícipes deverão ser financiadas com o produto da cobrança do IMI[350].

A legislação ordinária é clara quanto à configuração das taxas por construção, manutenção e reforço das infra-estruturas urbanísticas. Nesse sentido, o artigo 32º do Decreto-Lei nº 448/91, de 29 de Novembro, que aprovou o regime jurídico dos loteamentos urbanos, veio estabelecer que «a realização de infra-estruturas urbanísticas e a concessão do licenciamento da operação de loteamento estão sujeitas ao pagamento das taxas a que se referem as alíneas *a)* e *b)* do artigo 11º da Lei nº 1/87, de 06 de Janeiro, não havendo lugar ao pagamento de quaisquer mais-valias ou compensações, com excepção das previstas no artigo 16º». Este diploma efectuava uma distinção entre as taxas devidas pela construção das infra-estruturas e as devidas pela prestação de serviços urbanísticos, o que limitava, à partida, o âmbito das primeiras.

Por sua vez, a Lei nº 90/95, de 1 de Setembro, veio autorizar o Governo a alterar o regime jurídico do Decreto-Lei nº 448/91 de 29 de Novembro, «esclarecendo que as taxas municipais por realização de infra-estruturas urbanísticas só são devidas quando resultem de efectiva prestação de serviço pelo município» [artigo 2º, nº 2 alínea *e)*], tentando garantir a ocorrência de uma estrita correlação entre a actividade de fornecimento de bens urbanísticos e o montante da taxa a cobrar.

[350] Jorge Carvalho e Fernanda Paula Oliveira referem que a taxa pela realização de infra-estruturas urbanísticas «corresponde à contrapartida dos investimentos municipais com a construção, reforço e manutenção das infra-estruturas existentes e equipamentos urbanos em que se incluem não só os arruamentos como ainda os espaços verdes e demais equipamento social e cultural da responsabilidade do município» *in* CARVALHO, Jorge; OLIVEIRA, Fernanda – *Perequação Taxas e Cedências. Administração Urbanística em Portugal.* Coimbra: Almedina, 2003. *Cf.*, igualmente, ALMEIDA, Aníbal – *Estudos de Direito Tributário.* Almedina, 1996, p. 53.

Finalmente, a Lei nº 60/2007, de 4 de Setembro, que aprovou a Sexta Alteração ao Regime Jurídico do Urbanismo e Edificação, no seu artigo 116º, vem reforçar essa correlação estreita necessária, afirmando que «os projectos de regulamento municipal da taxa pela realização, manutenção e reforço de infra-estruturas urbanísticas devem ser acompanhados da fundamentação do cálculo das taxas previstas, tendo em conta, designadamente, os seguintes elementos: *a)* Programa plurianual de investimentos municipais na execução, manutenção e reforço das infra-estruturas gerais, que pode ser definido por áreas geográficas diferenciadas; *b)* Diferenciação das taxas aplicáveis em função dos usos e tipologias das edificações e, eventualmente, da respectiva localização e correspondentes infra-estruturas locais».

Na perspectiva das Finanças Locais, a Assembleia da República, que autorizou na Lei das Finanças Locais a cobrança de tais taxas na vigência da anterior lei (artigo 1º da Lei nº 1/87, de 6 de Janeiro), estabeleceu expressamente na dita lei de autorização que esta só pode ser cobrada desde que o município preste qualquer serviço efectivo.

E, na sequência dessa autorização legislativa, foi publicado o Decreto-Lei nº 334/95, de 28 de Dezembro, no qual se estabeleceu no artigo 32º n.os 1 alínea *a)* e 2 o seguinte: «1. Salvaguardado o disposto no artigo 16º, a emissão dc alvarás de licenças de loteamento ou de obras de urbanização está sujeita ao pagamento das taxas a seguir referidas, não havendo lugar ao pagamento de quaisquer mais-valias ou compensações: *a)* A taxa prevista na *a)* do artigo 11º da Lei nº 1/87, de 6 de Janeiro, quando, por força da operação de loteamento, o município tenha de realizar ou reforçar obras de urbanização. 2. A taxa pela realização de infra-estruturas urbanísticas prevista na *a)* do artigo 11º da Lei nº 1/87, de 6 de Janeiro, só pode ser exigida nos casos expressamente previstos na *a)* do nº 1, não podendo ser consideradas como passíveis de incidência da taxa quaisquer outras situações, designadamente no âmbito de execução de obras de construção, reconstrução ou alteração de edifícios, ainda que tais obras tenham determinado ou venham a determinar, directa ou indirectamente, a realização pelo município de novas infra-estruturas urbanísticas ou o reforço das já existentes.

O regime legal, composto pela Lei nº 2/2007, de 15 de Janeiro e pela Lei nº 53-E/2006, de 29 de Dezembro reforçou, de forma significativa, este pressuposto de correlação quantitativa. Assim, este último diploma legal, no seu artigo 4º, vem densificar o que entende por «equivalência jurídica», reconhecendo, de forma explícita, a dimensão quantitativa do sinalagma subjacente à relação jurídico-tribuária inerente à taxa. Refere, então, que «o valor das taxas das autarquias locais é fixado de acordo com o princípio da proporcionalidade e não deve ultrapassar o custo da actividade pública local ou o benefício auferido pelo particular». E, reconhecendo igualmente a função ordenadora ou reguladora dos mercados, estabelece, no seu nº 2 que «o valor das taxas, respeitando a necessária proporcionalidade, pode ser fixado com base em critérios de desincentivo à prática de certos actos ou operações».

E, claro está, é de aplicação imediata, já que o seu alcance é meramente interpretativo. De facto, quando a Lei nº 53-E/2006, de 29 de Dezembro, atribuiu um prazo para a adaptação dos regulamentos de taxas ao novo ordenamento legal, refere-se unicamente ao disposto no seu artigo 8º. ou seja, aos novos requisitos formais que devem fundamentar os novos regulamentos. Assim, e no que diz respeito à formulação jurídico-material das taxas urbanísticas, a Lei nº 53-E/2006 não faz mais do que transpor para a lei a boa dogmática jurídico-económica relativa ao estabelecimento da necessária sinalagmaticidade inerente ao conceito de taxa.

Porém, a necessária correspectividade entre a prestação pública específica e a contribuição privada a título de taxa não poderá ser correctamente efectuada na inexistência de um edifício financeiro totalmente coerente e assente na estrita lógica de contabilidade analítica.

Parece-nos clara a intenção do legislador: as taxas urbanísticas visam suportar os encargos dos municípios decorrentes da construção de infra-estruturas de proximidade, constituindo-se como sujeitos passivos os promotores dos loteamentos ou das edificações.

Dos diversos instrumentos legais parece exteriorizar-se uma vontade do legislador no sentido do estabelecimento de uma relação causal entre a construção das infra-estruturas por parte da entidade pública e a exigência do pagamento dos encargos correspondentes por parte do promotor. Tal ideia – que assenta na pressuposição de existência de um «sinalagma necessário» – é reforçada se integrarmos as taxas urbanísticas no âmbito sistemático do sistema tributário urbanístico. Este é o primeiro conteúdo da equivalência jurídica. E quanto à equivalência económica? Perante o papel do Estado no mercado urbanístico parece-nos, do ponto de vista da equivalência económica, que não nos poderemos afastar da perspectiva da equivalência económica restrita ou eficiente.

Ao Estado, no mercado urbanístico, não competirá introduzir maior ineficiência do que a que já existe originariamente. Conforme demonstrámos, no caso das taxas urbanísticas, a justificação não poderá ser outra senão a repartição dos custos de realização das infra-estruturas entre os agentes beneficiados. É por isso que a diversa legislação aplicável aponta, de forma conclusiva, para a existência de uma estrita equivalência económica. A exigência aos promotores de montantes desproporcionados inseriria inevitavelmente custos adicionais não justificados que, inevitavelmente, distorceriam ainda mais este mercado.

Pelo exposto, na perspectiva urbanística, as entidades públicas têm a obrigação de aumentar os níveis de eficiência dos mercados. É por isso que as actividades de planeamento, loteamento e criação de infra-estruturas urbanísticas se justificam.

As taxas urbanísticas visam, no sistema actual, o ressarcimento da entidade pública pela construção, manutenção e reforço das infra-estruturas urbanísticas e deverão assentar numa visão de equivalência estrita. Essa equivalência económica estrita não necessita, contudo, de se verificar no momento imediato, já que a realização dessas obras poderá ser futura. Não obstante, esse evento futuro deverá ser certo e não meramente eventual.

O sistema alemão, relativamente a esta matéria, adopta uma posição extrema, baseando-se unicamente num princípio de repartição dos custos sociais, visando apenas a reparação de uma parte do custo da obra.

São devidas contribuições para a construção das infra-estruturas por parte dos proprietários, o chamado *Erschliessungsbeitrag*, previstas nos artigos 127º e seguintes do Baugesetzbuch (BauGB).

Como acima referido, este *Erschliessungsbeitrag* destina-se à contribuição, por parte dos proprietários, para a construção de novas infra-estruturas locais e baseia-se no princípio fiscal da repartição, entre os proprietários das propriedades beneficiadas, dos gastos públicos realizados com a respectiva obra pública.

As referidas contribuições são apenas devidas pelos proprietários de terrenos urbanos nos quais já existem construções ou que, segundo o plano municipal de ordenamento do território, são considerados urbanizáveis. Os proprietários contribuem apenas para 90% das despesas de construção, sendo que os restantes 10% são suportados pelo governo local.

A base de cálculo da contribuição reside no custo da obra, devendo o resultado do mesmo ser incluído nos regulamentos locais. Trata-se, assim, de um contribuição destinada a recuperar *a posteriori* o investimento efectuado pelo governo local, ou seja, o custo da obra, já que, neste caso, a iniciativa de urbanização é pública.

Trata-se de um sistema há muito implementado, baseado, como acima referido, desde o início num princípio de repartição dos custos sociais e geralmente aceite. Contudo, este sistema pode gerar alguma injustiça, na medida em que todos os proprietários têm de contribuir (variando a contribuição apenas conforme o tamanho do terreno), não sendo feita nenhuma distinção entre os terrenos que sofrem uma grande valorização com a construção da nova infra-estrutura e os que já tinham bons acessos, cuja urbanização já se encontra completa e que praticamente não se valorizam.

O Plano Oficial de Contabilidade das Autarquias Locais (POCAL)[351] obriga à realização de uma verdadeira contabilidade de custos por funções. Este instrumento de gestão financeira obriga a tomar em consideração os custos administrativos subjacentes à fixação de taxas (ponto 1.5.). O futuro SNC-AP, baseado nas IPSAS, vai levar essa obrigação de contabilização ao nível analítico.

Finalmente, e a título de reforço final, o novo Regime Jurídico das Taxas Locais vem dirimir qualquer eventual dúvida que restasse reafirmando de forma inequívoca a lógica da necessária equivalência ao nível das taxas.

Assim, e em síntese, era necessário que o regime tributário aplicável contivesse a definição de um princípio ordenador a este propósito, garantindo os seguintes elementos:

i) Um tributo com a configuração da taxa urbanística deverá respeitar o princípio da equivalência jurídica, correspondendo a uma prestação particular visando o pagamento dos encargos sustentados pelo município na realização das infra-estruturas urbanísticas locais ou de proximidade (a contraprestação pública). Essa contraprestação pública poderá não ser presente, mas unicamente futura[352]; no entanto, não poderá ser impossível, ou seja, o tributo não será devido se todas as infra-estruturas houverem sido realizadas pelo

[351] Aprovado pelo Decreto-Lei nº 54-A/99, de 22 de Fevereiro.

[352] Desde que os seus custos já estejam programados e assumidos. *Cf.* Rodrigues, Benjamim – *Para uma reforma do sistema financeiro e fiscal do urbanismo em Portugal*, cit., p. 205.

particular, situação em que a contraprestação pública é de objecto impossível[353].

ii) Do ponto de vista quantitativo, a taxa urbanística deverá, à partida, respeitar o princípio da equivalência restrita ou eficiente, correspondendo à «quotização» ou «repartição», enfim, à perequação dos encargos que o município suporta tendo em vista a realização de infra-estruturas locais ou de proximidade (utilidades públicas divisíveis) que beneficiam múltiplos sujeitos determinados.

iii) Da cobrança da taxa urbanística não poderá resultar qualquer efeito negativo no Bem-Estar Social, pois a acção pública de realização das infra-estruturas locais só é explicável tendo em consideração as eventuais falhas da acção privada (*free riders* ou *hold out*), ou seja, no respeito do princípio da eficiência. Todavia, por preocupações de redistribuição (contribuição dos promotores das novas construções para a construção das infra-estruturas em áreas deficitárias já edificadas), admitiu-se historicamente a possibilidade de uma equivalência agravada. Contudo, esta implica sempre um mínimo de correspondência da prestação privada com a contraprestação pública.

iv) A taxa urbanística deverá respeitar o princípio da conformidade ou adequação de meios (*Geeignetheit*), que exige eficácia ou a susceptibilidade dos meios para atingir os fins; a taxa de urbanização deverá constituir um meio adequado, em abstracto, para atingir a indiferença, em termos de custos, independentemente de estas serem desenvolvidas pelos investidores ou pelas entidades municipais;

v) A taxa urbanística deverá respeitar o princípio da exigibilidade ou necessidade (*Erforderlichkeit*), que implica a limitação, em concreto, dos sacrifícios ou desvantagens; a taxa de urbanização deverá cor-

[353] E, neste caso, a doutrina é unânime na qualificação do tributo como revestindo uma natureza unilateral. *Cf.* FRANCO, António de Sousa – *Manual de Finanças Públicas e Direito Financeiro*, II vol. Coimbra: Almedina, 2015, cit., pp. 63–73; MARTINEZ, Pedro Soares – *Direito Fiscal*. 10ª ed. Almedina, 2003, pp. 27–35. Segundo Jorge Carvalho e Fernanda Paula Oliveira, «é possível que a contraprestação pública da taxa, bem como a satisfação proporcionada pelo respectivo serviço público sejam futuras, desde que [...] se configure como uma real possibilidade de acontecer» (*in* ob. cit., p. 80). *Cf.* FERREIRA, Eduardo Paz– "*Ainda a propósito da distinção entre Impostos e Taxas: o Caso da Taxa Municipal devida pela realização de infra-estruturas urbanísticas*", Ciência e Técnica Fiscal, nº 380, 1995.

responder, em concreto, à «menor ingerência possível» para atingir a «neutralidade nas opções de construção», tendo em vista a realização de infra-estruturas urbanísticas de qualidade.

vi) A taxa urbanística deverá respeitar o princípio da proporcionalidade em sentido restrito (*Verhältnismaßigkeit*), que importa uma ponderação dos custos e utilidade em função do objectivo constitucional ou legalmente legitimado que se pretende atingir, configurando uma solução eficiente e não introduzir custos desproporcionados para o investidor relativamente aos quais não retira qualquer benefício possível.

Com a concretização destes mandamentos, não mais será possível acusar os municípios de estarem submetidos a uma lógica de maximização urbanística relativamente ao produto das taxas urbanísticas. Porém, ressalve-se que, também aqui, deverá existir uma lógica perequativa ao nível nacional atendendo ao princípio da coesão territorial. De facto, também neste campo, as economias de densidade e as externalidades de rede adquirem uma relevância primordial.

No caso das tarifas pela prestação de utilidades urbanísticas específicas, o juízo de equivalência deverá ser idêntico ou, eventualmente, mais intenso. Tal decorre precisamente da especificidade das utilidades em causa – *e. g.*, distribuição de água, tratamento de águas residuais e resíduos sólidos, distribuição de energia.

A importância que este tipo de redes reveste no suporte à propriedade imobiliária fundamenta um tratamento da componente tarifária de eficiência regulatória. Efectivamente, uma das matrizes essenciais de um modelo económico eficiente é precisamente a determinação eficiente do preço a pagar pela construção e utilização destas infra-estruturas. Num ambiente concorrencial, esses preços seriam fixados num valor próximo do custo marginal (i. e., o preço em mercados de concorrência perfeita)[354].

Porém, conforme demonstrámos, o modelo concorrencial do sector das infra-estruturas urbanísticas em muito se afasta deste paradigma concorrencial. Neste enquadramento complexo, deparam-se ao decisor económico dois desafios.

Em primeiro lugar, e de forma a alcançar modelos eficientes de organização urbana, torna-se necessário imitar os resultados que decorreriam

[354] Isto, claro está, num modelo concorrencial neoclássico.

do livre exercício de uma concorrência perfeita em situações de mercado que bastante se afastam desse paradigma. Neste sentido, e uma vez que os mecanismos de mercado são necessariamente falíveis nas circunstâncias concretas das infra-estruturas urbanísticas, torna-se necessário formular modelos de regulação que superem as incapacidades genéticas desses mercados, tendo em vista a optimização dos níveis de bem-estar social.

Esse modelo de regulação é, no entanto, insusceptível de alargamento à generalidade dos sectores. Em tese, esse modelo só será operacionalmente aplicável quando estivermos na presença de segmentos naturalmente monopolistas. Na sua ausência, a construção de um modelo regulatório será totalmente desadequada, podendo resvalar para um modelo autoritário de fixação de preços que, tendencialmente, cairá no modelo de subsidiação não sustentável.

Nesta perspectiva, os modelos de regulação de preços devem ser entendidos como subsidiários de todos os outros.

Desta forma, e mais uma vez, deverá atender-se ao mandamento de eficiência: a regulação de preços só se justificará quando os benefícios que daí decorram superarem os custos do seu exercício; ora, nas situações em que os segmentos se organizam segundo o modelo de monopólio natural, como é o caso das infra-estruturas energéticas, rodoviárias e de abastecimento e tratamento de águas e de resíduos sólidos, esta opção será sempre aconselhável.

Contudo, e neste pressuposto de subsidiariedade, depara-se ao regulador um verdadeiro desafio uma vez que terá de desenvolver opções de *pricing* que não afectem a apetência do incumbente em investir no desenvolvimento do seu segmento e que simultaneamente:

i) previnam o exercício exorbitante de poder de mercado, emulando situações eficientes em mercados em que a concorrência perfeita é, por definição, impossível;
ii) interiorizem exterioridades negativas (*e. g.*, congestionamentos, poluição);
iii) socializem exterioridades positivas (*maxime* as exterioridades de rede, garantindo o exercício de um direito de propriedade sobre o segmento);
iv) aumentem os níveis de eficiência produtiva («eficiência técnica»), garantindo que os segmentos da rede e os serviços e produtos aí

fornecidos sejam comercializados ao menor preço possível, asseverando a utilização eficiente dos recursos escassos;

v) concretizem padrões de eficiência distributiva elevados, de forma que os bens sejam produzidos e comercializados nas melhores condições possíveis;

vi) respeitem os paradigmas da concorrência dinâmica, fomentando o aparecimento de novos mercados e de novos produtos;

vii) assegurem uma elevada qualidade dos bens produzidos e dos serviços;

viii) garantam uma universalidade redistributiva no fornecimento dos bens[355].

O objectivo fundamental consiste na preservação e melhoria dos padrões de Bem-Estar social, estando o regulador obrigado, nos termos do princípio da eficiência constitucional, a emular a situação mais eficiente possível. Note-se que os equilíbrios são extremamente precários a este respeito: se um preço de acesso a um segmento for fixado abaixo do nível óptimo, ocorrerá um incentivo ao desinvestimento e o segmento em causa – essencial – degradar-se-á naturalmente; ao invés, se o preço de acesso for fixado acima do nível óptimo, a renda monopolista, teoricamente susceptível de contestação em sede concorrencial, será definitivamente legitimada[356], o que, na perspectiva das infra-estruturas, gerará uma situação

[355] Este juízo de eficiência ou de «proporcionalidade» deve ser efectuado numa óptica microfinanceira. Assim, se às entidades públicas se depararem diversas propostas de tributação num determinado mercado, deverão adoptar a solução mais eficiente no caso concreto. Note-se que a preocupação do Estado de assegurar a plena satisfação das necessidades dos cidadãos é inerente à sua própria definição. A acção pública não pode, em consequência, ser geradora de situações ineficientes do ponto de vista social. Não se advoga, porém, que o sistema tributário se encontra submetido a um princípio geral de neutralidade. O sistema tributário, entendido aqui no seu sentido mais amplo como o conjunto de receitas coactivas desprovidas de carácter sancionatório, e por isso abrangendo quer os impostos quer outras figuras tributárias que se lhes assemelhem, como é o caso das taxas, pode comportar a assunção de finalidades extrafinanceiras, podendo, assim, enunciar-se um princípio da eficiência funcional do sistema tributário. *Cf.* Lobo, Carlos Baptista – «Reflexões sobre a (necessária) equivalência económica das taxas». *In Estudos Jurídicos e Económicos em Homenagem ao Prof. Doutor António de Sousa Franco*, Vol. 1, 2006, pp. 409 e ss..

[356] Situação esta que é relativamente comum, uma vez que o regulador depende da informação disponibilizada pelo incumbente para a fixação da remuneração. Este é, aliás, o modelo mais usual de «captura do regulador».

ineficiente. Neste âmbito, e pois que os dados que decorrem do mercado não se afiguram fiáveis, torna-se fundamental para o decisor económico a adopção de referenciais sólidos e credíveis que possibilitem essa emulação do preço socialmente eficiente por via de modelos tarifários justos e equitativos.

E, neste enquadramento, torna-se essencial distinguir duas situações: *i)* a situação em que a construção e amortização do segmento pressupõe a geração de custos, como é o caso típico das redes físicas materiais, permitindo a utilização de um referencial de custos; *ii)* a situação em que a utilização do segmento *per se* não implica a geração de custos, mas de onde se retiram benefícios económicos para o seu utilizador, como acontece no caso de segmentos de sectores em rede físicos imateriais, sobretudo na ocupação do espaço público e na utilização do subsolo, o que obriga à utilização de um referencial de utilidade ou benefício.

Assim, a determinação do preço eficiente de acesso a um determinado segmento tendencialmente monopolista é uma das questões mais controversas do moderno direito económico. A questão coloca-se claramente nas infra-estruturas urbanas.

Ora, não havendo possibilidade de o livre jogo do mercado determinar um preço eficiente, torna-se necessário adoptar um método indirecto que vise essa finalidade. E, a este propósito, nenhum outro critério se mostra mais adequado do que o dos custos de produção. E é aqui que as dificuldades começam, uma vez que uma função óptima que é determinada pelo encontro da livre oferta e da livre procura não pode ser descortinada unicamente por uma apreciação simples das componentes do lado da oferta, ainda mais quando esta assume formulações tendencialmente monopolistas. Um aprofundamento analítico é, neste âmbito, essencial.

Assim, e num primeiro nível, haverá que distinguir os custos variáveis, os custos fixos e os custos totais[357]. Os «custos variáveis», como a sua própria denominação indica, flutuam em função da produção (*e. g.*, aquisição de água); ao invés, os «custos fixos» mantêm-se estáveis independentemente do volume produzido (*e. g.*, custos de pessoal), podendo ser «específicos» de uma unidade produzida, «partilhados» diferencialmente por diversas

[357] A base de cálculo contabilística para a remuneração de investimento traduz-se no referencial de resultados operacionais («*EBITDA – Earnings Before Interest Taxes, Depreciation and Amortisation*»).

unidades diversificadas produzidas, ou «comuns» a todas as unidades produzidas. Os «custos totais» são constituídos pela soma dos custos fixos e dos custos variáveis. Nesta configuração torna-se ainda possível descortinar o «custo médio unitário», e que se configura como a média de custos variáveis e de custos fixos por unidade produzida bem como o «custo médio total», que se constitui pela soma dos custos médios variáveis com os custos médios fixos.

Num segundo nível conceptual, encontramos os «custos marginais» e os «custos incrementais». Os custos marginais aproximam-se conceptualmente dos custos variáveis, uma vez que traduzem o custo da produção de uma unidade adicional[358]. Porém, o conceito que mais se integra no âmbito conceptual dos sectores em rede é o dos custos incrementais. De facto, embora muitas vezes se confundam com os custos marginais, os custos incrementais adquirem uma relevância especial, porquanto se referem ao custo, não de uma unidade adicional, mas de múltiplas unidades adicionais. Efectivamente, para o operador de uma infra-estrutura urbana que se caracteriza por níveis de produção em massa, o que interessa é saber o custo de milhares de unidades adicionais e não de uma só. Desta forma, se a produção adicional for reduzida, os custos marginais tenderão a equivaler aos custos incrementais; porém, se a produção adicional for massiva, tal já não será verdadeiro.

Tomando em consideração esta panóplia de possibilidades, e iniciando a análise da questão na situação mais simplificada do acesso unidireccional – como acontece na rede de águas e saneamento – o decisor estará obrigado a adoptar o modelo que seja mais eficiente para o sector em causa.

De facto, só uma determinação de um modelo tarifário eficiente é que poderá garantir que o consumidor paga o verdadeiro valor do produto que adquire, que a cadeia de distribuição não é distorcida, e que a sociedade utiliza os recursos escassos da melhor maneira possível. A questão é extremamente difícil, pois só um mercado não distorcido poderia fornecer o referencial perfeito a este respeito. Não obstante, tal não ocorre na generalidade dos sectores em rede, *maxime* nos segmentos que se organizam segundo modelos de monopólio natural, em que assistimos a múltiplas economias do lado da oferta e da procura e em que as unidades económicas produzem múltiplos e variados produtos e serviços.

[358] Embora não se confundam.

Ora, o problema de determinação do preço de acesso às infra-estruturas urbanas é semelhante ao da usual regulação de preços em monopólios naturais. E a este respeito é permitido efectuar um juízo de presunção assente em dois princípios fundamentais. Em primeiro lugar, o preço eficiente de uma unidade adicional de serviços ou de bens será o preço que recupera o valor exacto dos custos económicos incorridos para a prestação dessa unidade adicional. Em segundo lugar, num mercado concorrencial perfeito, o preço de uma unidade adicional de bens ou serviços coincidirá com o custo económico integral desse incremento de produção.

É por esta razão que a doutrina tem discutido qual o melhor referencial para a determinação do modelo de custo que emule o preço economicamente eficiente. Assim, o primeiro referencial que se nos depara é o do custo marginal. Efectivamente, este será o preço eficiente num mercado de concorrência perfeita. Porém, nas infra-estruturas urbanas, o modelo de eficiência poderá afastar-se desse paradigma, quer nos fundamentos quer nos próprios resultados ao nível do aumento dos níveis de Bem-Estar social.

No entanto, este referencial pode não ser o melhor indicador para a generalidade dos casos. Assim, em algumas situações, assistimos à oferta de um único produto ou de um único serviço (fornecimento de água, recolha de lixo, *etc.*). Nestas circunstâncias, a tarefa de definição de custos fixos e variáveis é extremamente facilitada. *In limine*, nas situações de segmentos susceptíveis de qualificação enquanto engarrafamento monopolístico (*e. g.*, nos segmentos de transporte de larga capacidade), o decisor poderá mesmo antever e fixar, de forma concreta e extensiva, o preço «tarifa» a cobrar, homologando os investimentos considerados relevantes[359].

Porém, existem situações em que essa simplicidade analítica não pode ser atingida atendendo ao facto de os produtores oferecerem, em algumas situações, uma multiplicidade de produtos – principalmente nas redes de telecomunicações – e considerando a dificuldade de diferenciação dos custos fixos e variáveis relativamente a uma panóplia de unidades diferenciadas produzidas, torna-se tarefa extremamente difícil a sua verificação casuística. Além disso, dada a sua rigidez conceptual, este referencial permitirá o desenvolvimento de estratégias de «planeamento económico» por parte da entidade incumbente que, de forma a contornar o modelo de eficiência,

[359] Sobre este assunto, *Cf.* LOBO, Carlos Baptista – *Sectores em Rede – Regulação para a Concorrência*. Almedina, 2010.

poderá sobreinvestir em capitais fixos, gerando uma enorme capacidade excedentária, manipulando integralmente os propósitos pretensamente objectivos de um referencial economicamente válido[360].

Neste âmbito, torna-se imperativo o estabelecimento de uma neutralidade económica ao nível da rede de infra-estruturas, revelando-se a denominada *ECPR – Efficient Component Pricing Rule* que, como refere Fernando Araújo, «admite preços fixados pelo "operador histórico", preços incorporando não apenas os custos marginais de admissão de novos concorrentes mas ainda os custos de oportunidade advenientes da perda de volume de tráfego em favor desses concorrentes, tudo acrescido das "margens" (*mark-ups*) que asseguram uma captura mínima de bem-estar pelos operadores»[361/362].

E, neste enquadramento, existem mesmo propostas para o estabelecimento de modelos tarifários tomando como base a capacidade de produção, em que a parcela fixa incluiria um montante proporcional à capacidade disponível que integraria o sistema de cabazes de preços na formulação de tectos máximos (*price caps*) traduzida nas tradicionais tarifas de acesso e de utilização, que contendo um referencial de eficiência («o factor X») potenciam uma discriminação de preços ainda mais eficiente.

Assim, entendemos que a relevância das redes para a criação do valor fundiário justifica a inserção no regime legal de princípios gerais de tarifação, englobando a lógica da eficiência, mas igualmente a lógica da

[360] O referencial de remuneração depende da base de activos relevantes. A OCDE refere a este propósito o seguinte: «*the "asset base" can be viewed as an amount that the owners of the regulated firm have "in the bank". Each period this amount increases by the interest paid by the bank and by any additional "deposits" in the form of any new capital investment (whether in the form of creation or purchase of new assets, renovation, rebuilding or refurbishment of existing assets, or maintenance) and decreases by any "withdrawals" in the form of a payout (in the form of earnings) to investors. The asset base can therefore be seen as the amount "owed" to the regulated firm by the regulator. At any point in time if the regulated firm were shutdown and its owners given a payment equal to the asset base (i.e., if there was a "withdrawal" of all the remaining funds in the "bank"), they would be fully compensated for the costs of investment they had incurred up to that point in time*» (*in* OCDE – *Access Pricing in Telecommunications*, 2004, cit., p. 264.

[361] *Cf.* ARAÚJO, Fernando – *Introdução à Economia*, cit., p. 354. Porém, é necessário que se garanta que o monopolista não é ineficiente ao nível da oferta no segmento retalhista.

[362] Estas margens não podem ser fixadas a um nível que incentivem duplicações de rede não eficientes por parte de novos concorrentes. Por outro lado, se os preços finais resultarem a um nível elevado, fará sentido aprovar medidas de serviço universal a favor dos consumidores mais carenciados ou de promoção de extensão das redes em áreas de menor densidade.

redistribuição – criação de fundos de compensação tarifária – tendo em vista a garantia da coesão nacional, bem como a possibilidade de oneração de sujeitos ausentes que, usufruindo das redes instaladas durante um curto prazo de tempo, obrigam a um dimensionamento mais acentuado das mesmas, que inevitavelmente sobrecarrega os consumidores permanentes.

Existem, no entanto, casos em que o modelo tarifário eficiente não pode assentar numa perspectiva estrita de custo.

Em determinadas situações, dada a sua imaterialidade, não existem custos de construção nem existe depreciação ou amortização de investimentos. Assim, os critérios descritos no ponto anterior são insusceptíveis de aplicação a estes segmentos, não fazendo, por conseguinte, qualquer sentido posições que defendam a aplicação de um princípio de remuneração baseado na estrita «cobertura de custos».

Estas são as situações da utilização privativa de segmentos de rede genericamente qualificados enquanto bens do domínio público, nomeadamente a utilização do subsolo.

Interessa, pois, qualificar as infra-estruturas em causa. Ora, tendo em consideração as características avançadas, parecem não restar muitas dúvidas de que os segmentos em análise, apesar de pertencentes ao domínio público (e portanto serem públicos atendendo à sua titularidade) revestem uma natureza essencialmente privada, pois, sendo escassos, são necessariamente de satisfação activa, divisíveis, de consumo exclusivo e emulativos (jardins, caminhos públicos, estradas, área de subsolo). De facto, todos os segmentos enunciados são finitos, limitados e susceptíveis de congestionamentos. *In fine*, constituem-se inequivocamente enquanto bens privados – na lógica dos recursos comuns – relativamente aos quais se aplicam as regras do mercado no sentido da determinação da remuneração da sua utilização. Contudo, a solução não é tão simples como parece, devido à natureza própria dos bens em causa.

Atendendo às características próprias dos segmentos em presença, e não sendo possível recorrer a referenciais de custos, diversas aproximações são possíveis: *i)* o *pricing* Administrativo – que considera o valor económico do bem, determinado administrativamente; *ii)* a utilização de mecanismos baseados no mercado – titularização, direitos negociáveis em sistema de leilão ou outros sistemas de negociação multilateral; *iii)* ou o *pricing* determinado em função da utilização do bem.

A primeira aproximação, baseada numa determinação administrativa do valor económico do bem, tem a vantagem de ser a mais simplificada. No entanto, tendo em consideração a dinâmica própria do mercado em causa, padece de uma insuficiência genética dado o seu aspecto essencialmente estático, logo, não adaptável a rápidas oscilações no nível de utilização do bem.

Por seu lado, os mecanismos baseados no mercado não padecem das insuficiências genéticas até agora apontadas relativamente aos métodos administrativos de determinação do valor económico dos bens. Todavia, algumas questões relevantes não deverão ser desprezadas. Assim, existirão sempre custos económicos avultados na criação dos mercados de negociação, a liquidez necessária é dificilmente assegurada tendo em consideração o mercado em causa, e questões como a do método inicial de atribuição dos direitos e o seu correcto preço serão de muito difícil resolução, podendo uma solução errada distorcer toda uma estrutura de mercado, gerando ainda mais ineficiências, nomeadamente ao nível do acesso de novos operadores ao mercado em causa.

Nestes termos, parece restar a última aproximação baseada no valor de utilização do bem em causa que, como veremos, não é isenta de dificuldades.

Neste enquadramento, e na ausência de métodos alternativos (e. g., a titularização de direitos e a sua transacção eficiente em modelos coaseanos), compete às entidades públicas a aplicação de tarifas que, não tendo qualquer relação com a óptica de cobertura de custos administrativos, deverão incidir sobre um referencial de utilidade, tendo em vista o fomento de uma utilização óptima de recursos.

Deverá ser imposto ao utilizador o mesmo encargo que resultaria de uma utilização normal de um bem privado. Tal significa que, para que as exterioridades positivas de rede possam ser interiorizadas, se deverá garantir o exercício de um direito de propriedade de forma racional, fomentando-se a sua utilização em moldes totalmente adequados ao bem-estar social. Tal facto obtém-se por via da emissão do título habilitativo de utilização – a licença ou autorização.

Assim, este tributo não é nem mais nem menos do que uma normal taxa de utilização de bens do domínio público que visa um propósito de incremento de eficiência no mercado. Assim, e adoptando o modelo simplificado do custo marginal como referencial óptimo de determinação de preços em mercados plenamente concorrenciais, torna-se essencial, para efeitos de introdução de eficiência na utilização destes segmentos, a determinação de um valor que corresponda a uma materialização financeira de um elemento físico imaterial, *in casu*, uma unidade de mercado relevante.

Existirá, assim, uma dupla vinculação na opção do decisor de fixação do valor da unidade de mercado: (1) a relação efectiva do referencial do valor do bem com a Unidade de Mercado propriamente dita (assente no princípio da sinalagmaticidade qualitativa – contraprestação específica); e (2) a fixação eficiente do valor desse bem (assente no princípio da sinalagmaticidade quantitativa – na perspectiva da equivalência estrita).

Será, assim, essencial que o valor a fixar assegure a utilização óptima dos recursos disponíveis, não devendo promover qualquer distorção do mercado, quer em sede de criação de eventuais barreiras à entrada ou à saída, quer no exercício da actividade por parte dos sujeitos económicos em concorrência (submissão a um princípio de igualdade não formal mas material).

Dada a inexistência de um referencial de custo, a forma de se proceder a uma fixação eficiente do valor da unidade de mercado deverá, então, ter em consideração a utilidade que, da fruição da mesma, resulta para o agente que a utiliza.

São irrefutáveis os ganhos económicos que resultam para um sujeito da utilização dos segmentos imateriais descritos. Por outro lado, estes são susceptíveis de medição tendo em consideração a análise do balanço de exploração dos utilizadores da unidade de mercado (por exemplo, e no caso da ocupação do subsolo, o metro cúbico de ocupação, fomentando-se a utilização de calhas técnicas partilhadas pelos gestores da infra-estrutura em rede).

Assim, e uma vez que não existem custos a remunerar pela disponibilização do segmento (a gestão é remunerada a título de taxa administrativa), torna-se necessário adoptar a perspectiva da utilidade e, neste âmbito, importa instituir um modelo que se adapte aos elementos da infra-estrutura em causa (e. g., frequência, exclusividade, largura de faixa, área de exclusão).

Neste quadro, o regime tributário referente à construção e utilização de redes deverá visar a concretização de modelos óptimos de ocupação espacial, tendo sempre subjacente um princípio de solidariedade e de coesão nacional.

A – Questões para o Futuro

i. Qual o nível óptimo de produção de bens públicos de base territorial e urbanística de suporte à propriedade privada imobiliária?

ii. Quais as metodologias de redistribuição de custos pelos sujeitos beneficiados num modelo de incapacidade de atribuição individualizada de vantagens?

iii. Como inverter o ciclo de dependência municipal relativamente às receitas urbanísticas construindo um modelo virtuoso a esse respeito?

iv. Como garantir que as economias de densidade não concretizam o abandono das zonas de baixa densidade? Qual a política de garantia de coesão territorial?

v. Ainda existirão «bens públicos» em sentido clássico?

vi. Como garantir que cada um paga aquilo que deve, conjugando-se o princípio da eficiência com o princípio da igualdade em sede territorial?

vii. Qual a formulação eficiente e justa do princípio utilizador pagador?

viii. Qual a dimensão e a intensidade óptimas das infra-estruturas em rede de suporte territorial e urbanístico?

ix. Qual o modelo eficiente e justo para o financiamento das infra-estruturas territoriais e urbanísticas?

x. Qual o modelo eficiente e justo para a realização de uma perequação nacional a nível tarifário?

xi. Qual o modelo de descentralização que propicie um equilíbrio eficiente entre as necessidades nacionais, regionais e municipais? Quais as consequências ao nível financeiro?

xii. Como conciliar à escala nacional a decisão financeira relativa ao acto de realização de despesa com o acto de angariação da receita no respeito do princípio da igualdade e da coesão nacional?

xiii. Como manter a intensidade de infra-estruturação básica na ausência de fundos estruturais comunitários?

xiv. Como garantir a amortização e a manutenção das infra-estruturas existentes na ausência de financiamento comunitário?

xv. Qual a relevância do princípio da equivalência ou do benefício para a sustentabilidade territorial e urbanística? E qual o campo do princípio da capacidade contributiva?

xvi. Será possível adequar os juízos de divisibilidade da prestação e de identificabilidade do beneficiário para a formulação de um juízo de equivalência jurídica legitimador de uma pretensão tributária?

xvii. Será possível adequar os juízos de eficiência e de igualdade para a formulação de um juízo de equivalência económica legitimador de uma pretensão tributária?
xviii. Será a dimensão e a intensidade de agregação do «clube» a fronteira final para a definição eficiente de uma política tributária óptima?
xix. Qual a relevância da dimensão e a intensidade da relação Equivalência/ Capacidade Contributiva ou Eficiência/Igualdade na formulação concreta dos instrumentos tributários ambientais, territoriais e urbanísticos?
xx. Qual a ponderação óptima eficiência/igualdade na formulação de impostos?
xxi. Qual a ponderação óptima eficiência/igualdade na formulação de contribuições?
xxii. Qual a ponderação óptima eficiência/igualdade na formulação de taxas?
xxiii. Qual a ponderação óptima eficiência/igualdade na construção do sistema fiscal?
xxiv. Em concreto, qual o modelo ideal de IMI urbano?
xxv. Em concreto, qual o modelo ideal de IMI rústico?
xxvi. Em concreto, qual o modelo ideal de IMT?
xxvii. Em concreto, qual o modelo ideal de Derrama Municipal?
xxviii. Como desenvolver uma política fiscal territorial e urbanística eficiente e justa sem a pré-existência de um cadastro territorial?
xxix. Existirá espaço para a instituição de novas contribuições de melhoria e de especial prejuízo a nível regional e municipal?
xxx. Qual a melhor metodologia para congeminar custo e utilidade na definição do «preço público» óptimo a aplicar ao contribuinte beneficiário?

B – Bibliografia Nacional

CABRAL, Nazaré – *A Redistribuição Económica*. AAFDL, 2002.

CARVALHO, Jorge e Fernanda Oliveira – *Perequação Taxas e Cedências. Administração Urbanística em Portugal*. Coimbra, Almedina, 2003

FERREIRA, Eduardo Paz – *Direito da Economia*, AAFDL, Lisboa, 2001

FERREIRA, Eduardo Paz – "*Ainda a propósito da distinção entre Impostos e Taxas: o Caso da Taxa Municipal devida pela realização de infra-estruturas urbanísticas*", Ciência e Técnica Fiscal, nº 380, 1995

FRANCO, António de Sousa – *Finanças Públicas e Direito Financeiro*. Vol. I, 4ª edição, Almedina, 2004, p. 74 e ss.

FRANCO, António de Sousa – *Finanças do Sector Público – Introdução aos Subsectores Institucionais*. Lisboa: AAFDL, reimpressão, 2003

FRANCO, António de Sousa; CABO, Sérgio Gonçalves do – «O Financiamento da Regulação e Supervisão do Mercado de Valores Mobiliários». *In Estudos em Homenagem ao Professor Doutor Inocêncio Galvão Telles*, Vol. V, Almedina, 2003

LOBO, Carlos Baptista – «Contributo para uma Nova Teoria Geral das Taxas». *In Estudos de Homenagem ao Professor Doutor António de Sousa Franco*, Almedina, 2006

NABAIS, Casalta – «*Direito Fiscal*». 10ª ed. Coimbra: Almedina, 2017

NABAIS, Casalta – «Fiscalidade do Urbanismo: Impostos e Taxas». *In O Sistema Financeiro e Fiscal do Urbanismo*, Almedina, 2002

MORAIS, Rui – *A Tributação e a Avaliação Prediais: situação e perspectivas em Portugal*, CCRC/OCDE, 1987

MORAIS, Rui – «Passado, Presente e Futuro da Derrama», *Fiscalidade*, 38, 2009

MORAIS, Rui – *Do Código da Contribuição Predial ao Código do Imposto Municipal sobre Imóveis*, in 15 anos da Reforma Fiscal de 1988/1898 – Jornadas de Homenagem ao Professor Doutor Pitta e Cunha, Coimbra, Almedina, 2006

VASQUES, Sérgio – *O Princípio da Equivalência como Critério de Igualdade Tributária*. Coimbra, 2008, p. 159

XAVIER, Alberto – *Manual de Direito Fiscal*. Lisboa, 1974

C – Bibliografia Estrangeira

BUCHANAN, James – *The Demand And Supply of Public Goods*. Indianapolis: Liberty Fund. 1999

INGRAM, Gregory e Karin Brandt – *Infrastructure and Land Policies*, Lincoln Institute of Land Policy, Cambridge, 2013

INGRAM, Gregory e Yu-Hung Hong (eds.) – *Value Capture and Land Policies*, Lincoln Institute of Land Policy, Cambridge, 2012

INGRAM, Gregory e Yu-Hung Hong (eds.) – *Municipal Revenues and Land Policies*, Lincoln Institute of Land Policy, Cambridge, 2010

LINDBERG, Erik – *The Market and the Lighthouse, Public Goods in Historical Perspective*. *In* Economic History Society Annual Conference, April, University of Warwick, 2009.

MUSGRAVE, Richard; MUSGRAVE, Peggy – *Public Finance in Theory and Practice*. 5th edition. McGraw-Hill, 1989

MUSGRAVE, Richard A. – *Approaches to A Fiscal Theory of Political Federalism*. *In* James M. Buchanan and Universities-NBER (eds.), *Public Finances: Needs, Sources, and Utilization*. Princeton University Press. 1961

TIEBOUT, Charles M. – «A pure theory of local expenditures.» *In The Journal of Political Economy*», 64(5), 1956

TULLOCK, Gordon – *The Calculus of Consent: Logical Foundations of Constitutional Democracy*. 1968, Liberty Fund, 199

Capítulo III
O Novo Modelo de Regulação Económica do Solo, do Ordenamento do Território e do Urbanismo

1. Lei de Bases das Políticas Públicas de Solos, Ordenamento do Território e Urbanismo e Regime Jurídico dos Instrumentos de Gestão Territorial

É o momento de introduzir a legislação actual referente à Lei de Bases Gerais da Política Pública de Solos, de Ordenamento do Território e de Urbanismo (Lei nº 31/2014, de 30 de Maio, adiante «Lei do Solo»), e que constitui um ponto de viragem no enquadramento jurídico-económico da regulação do solo e das políticas de ordenamento do território.

Nesta senda, o artigo 172º do Regime Jurídico dos Instrumentos de Gestão Territorial (Decreto-Lei 80/2015 de 14 de Maio, adiante RJIGT) descreve os princípios gerais de regulação fundiária, estabelecendo a sua indispensabilidade «ao ordenamento do território, com vista ao aproveitamento pleno dos recursos naturais, do património arquitetónico, arqueológico e paisagístico, à organização eficiente do mercado imobiliário, ao desenvolvimento económico sustentável e à redistribuição justa de benefícios e encargos».

Com este regime jurídico, o Estado assume de forma clara e inequívoca a dimensão económica das políticas públicas, passando a exercer, de forma estruturada, funções reguladoras no sector. Assim, e em termos de políticas económicas, à função de desenvolvimento[363] e de coesão[364] veio

[363] *Cf. e. g.*, alínea *a)* do artigo 2º, em que se refere que constituem fins da política pública de solos, de ordenamento do território e de urbanismo: «valorizar as potencialidades do solo, salvaguardando a sua qualidade e a realização das suas funções ambientais, económicas e culturais [...]».
[364] *Cf. e. g.*, alínea *c)* do artigo 2º em que se refere que constituem fins da política pública de solos, de ordenamento do território e de urbanismo: «reforçar a coesão nacional [...]».

juntar-se uma dimensão que, em termos de funções públicas, é prévia, e que era quase ausente no antigo tecido legislativo, que é a função reguladora de mercado.

Essa nova dimensão é omnipresente no novo regime jurídico. Na alínea *b)* do artigo 2º da Lei do Solo, refere-se explicitamente que constitui fim da política pública «a organização eficiente do mercado fundiário, tendo em vista evitar a especulação imobiliária e as práticas lesivas do interesse geral». No mesmo sentido refira-se a alínea *c)* do nº 1 do artigo 3º, onde se assume que um dos princípios gerais da nova lei é o princípio da «economia e da eficiência, assegurando a utilização racional e eficiente dos recursos naturais e culturais, bem como a sustentabilidade ambiental e financeira das opções adotadas pelos programas e planos territoriais».

Neste quadro de regulação económica explícita, que parte de um pressuposto de aceitação unânime na doutrina económica que é o da existência de falhas de mercado significativas no mercado fundiário[365], foram adoptadas algumas posições de princípio relevantes e que traduzem uma alteração radical da filosofia subjacente.

1.1. Eliminação da Renda Monopolista por via Autoritária através da Erradicação do Conceito de Solo Urbanizável

Um dos problemas estruturais do anterior regime consistia na limitação excessiva dos modelos de desenvolvimento urbano por via da nomeação autoritária de uma área de desenvolvimento urbano que concentrava no seu âmbito toda a capacidade edificatória disponível. Essa definição era muitas vezes de forma reactiva, limitando-se a acomodar as pretensões edificatórias existentes no momento anterior à elaboração do PDM o que se traduzia numa concentração excessiva de benefícios edificatórios, em prejuízo dos restantes proprietários que se viam limitados nas suas pretensões urbanísticas. Por vezes, para reagir a esta excessiva limitação, os municípios aprovavam áreas de expansão de maior dimensão para eliminar esta excessiva concentração de benefícios urbanísticos. Porém, também essa opção era ineficiente, uma vez que legitimava pretensões de desenvolvimento excessivamente dispersas, o que se revela financeiramente desastroso devido à insustentabilidade do custo das infra-estruturas.

[365] *Cf.* LOBO, Carlos Baptista – «Lei do Solo, Enquadramento Jurídico-Financeiro». *In* DGOTDU, 2011.

A Lei do Solo vem adoptar um puro conceito dicotómico, distinguindo o solo rústico do solo urbano[366]. Este último será unicamente aquele que está «total ou parcialmente urbanizado ou edificado e, como tal, afeto em plano territorial à urbanização ou edificação». Tal significa que todo o solo que não seja urbano será rústico até que seja viabilizada a sua edificação ou urbanização. Essa decisão caberá aos decisores municipais, salvaguardadas devidas condições, *maxime* a inexistência de restrições de interesse público e a respectiva sustentabilidade financeira e justificação económica.

Essa reclassificação dependerá da aprovação de plano de pormenor ou de urbanização, condicionada ao desenvolvimento de um programa estrito de execução.

Poderá dizer-se que o novo regime é mais permissivo e, simultaneamente, mais exigente. É mais permissivo pois não existirá uma limitação definida previamente à urbanização e que era traduzida no conceito de área urbanizável, pelo que se poderá dizer que toda a área de solo rústico não sujeita a restrição de utilidade pública é passível de reclassificação. É mais restritivo, pois essa reclassificação dependerá de opção municipal tendo em consideração a sua política urbanística, da demonstração de viabilidade económica (com apresentação de garantias para o desenvolvimento e demonstração de inexistência de alternativas de desenvolvimento mais económicas, nomeadamente opções de reabilitação), da demonstração da viabilidade financeira com interiorização da integralidade dos encargos com as infra-estruturas de suporte e da apresentação de plano de pormenor ou plano de urbanização com programa de desenvolvimento exigente e cronologicamente definido.

Porém, o principal mérito deste modelo traduz-se na não concessão prévia de uma renda monopolista traduzida na outorga exclusiva de direito potencial de edificação ou urbanização a um proprietário que nada investiu para o obter. No novo regime, será necessário desenvolver todo um processo produtivo complexo para obter o direito urbanístico pretendido.

Para o futuro verificamos uma «devolução» do poder de definição da política urbanística para o município, que a deverá exercer plenamente numa óptica de avaliação do interesse municipal. O modelo futuro é simultaneamente mais exigente, uma vez que novas urbanizações deverão ser bem fundamentadas em toda a gama de variáveis relevantes, e mais flexível,

[366] *Cf.* nº 2 do artigo 10º.

porquanto com a redução das condicionantes, nomeadamente a reestruturação da REN, existirá uma maior disponibilidade para a transformação fundiária.

Espera-se que, desta forma, e simultaneamente com uma política de aumento de transparência na divulgação do preço do solo, ocorra uma redução do preço dos terrenos para urbanização, dado que a renda monopolista é tendencialmente eliminada por deixar de haver base para uma qualquer expectativa fundada de «mais-valia caída do céu» (*windfall gain*) resultante da simples classificação do solo como área urbanizável.

1.2. Eliminação do Incentivo ao Ócio por via do Mecanismo da Aquisição Gradual das Faculdades Urbanísticas e da Programação Urbanística

Reforçando-se o que se disse no parágrafo anterior, também o mecanismo de aquisição gradual das faculdades urbanísticas[367] reveste uma enorme importância na regulação económica do mercado fundiário. Relembre-se que o que se pretende eliminar, ou pelo menos atenuar, é a formação de mais-valias fundiárias sem a realização de investimento produtivo (a denominada «especulação imobiliária»). Esse ganho infundado é minimizado pelo desaparecimento do «campeão nacional» solo urbanizável e pela redução das condicionantes. Porém, para que o modelo fique completo, é essencial que a autorização de urbanização não revista um carácter *ad aeternum* após a sua concessão. Ao invés, o seu estatuto dependerá da realização atempada de um investimento que permita a sua urbanização. Se esse investimento não se realizar, não existirá fundamento público para a manutenção dessa autorização.

A autorização para a urbanização depende da realização de uma acção positiva de investimento e de criação de benfeitorias de suporte que fundamente a transição efectiva de qualificação de um solo rústico para um solo urbano. Se isso não acontecer, não existirá razão para a manutenção desse título habilitativo, do qual não se poderá retirar qualquer valor em si próprio. Assim, além do incentivo ao desenvolvimento que este meca-

[367] *Cf.* Artigo 15º: «a aquisição das faculdades urbanísticas que integram o conteúdo do aproveitamento do solo urbano é efetuada de forma sucessiva e gradual e está sujeita ao cumprimento dos ónus e deveres urbanísticos estabelecidos na lei e nos planos territoriais de âmbito intermunicipal ou municipais aplicáveis».

nismo corporiza, também se pretende alcançar com esta formulação uma efectiva redução de formação de valor fundiário por via do estabelecimento de simples expectativas jurídicas.

É por todas estas razões que a programação urbanística adquire uma importância fundamental. O mecanismo de criação de valor de base fundiária deve aproximar-se dos modelos normais de criação de valor em todas as actividades produtivas. Sendo uma actividade complexa, é essencial que todas as etapas estejam precisamente calculadas e formuladas. O respeito por uma programação eficiente e eficaz constituirá, nos termos da nova legislação, a única forma de garantir a manutenção dos direitos obtidos. Se tal não se verificar, ocorrerá uma degradação do estatuto jurídico do solo e um respectivo reposicionamento da sua qualificação.

2. Estabelecimento de um Princípio de Auto-sustentabilidade Financeira do Desenvolvimento Urbanístico

Esses princípios estão directamente relacionados com a sustentabilidade financeira das operações e com a redistribuição. Refere-se no nº 2 do artigo 172º do RJIGT que «os programas e planos territoriais são financeiramente sustentáveis, justificando os fundamentos das opções de planeamento e garantindo a sua infraestruturação, identificando as mais-valias fundiárias, bem como a definição dos critérios para a sua parametrização e redistribuição». Temos, portanto, o reconhecimento expresso da essencialidade da vertente da sustentabilidade (eficiência na produção) e da redistribuição (igualdade). As duas exigências andam de mãos dadas. Programas e planos não sustentáveis são ilegais. Programas e planos que não contenham mecanismos expressos de perequação também.

A relação entre eficiência e igualdade está claramente estabelecida no nº 3, onde se prevê que: «a execução de infraestruturas urbanísticas e de equipamentos de utilização coletiva obedece a critérios de eficiência e sustentabilidade financeira, sem prejuízo da coesão territorial».

Num quadro de restrição financeira significativa, o paradigma de financiamento à infra-estruturação urbana tinha de ser alterado. No passado, os fundos comunitários permitiram uma convergência real no campo da infra-estruturação urbana. Poderá mesmo discutir-se se, em alguns casos, esse financiamento não foi excessivo uma vez que permitiu uma expansão desmesurada dos perímetros urbanos, dado que os promotores, por via do financiamento público das infra-estruturas, não repercutiram o seu custo no preço de venda final dos imóveis. Ora, este financiamento «encapotado» conjugado com as falhas administrativas que se verificavam no mercado do arrendamento e a excessiva burocracia na aprovação dos projectos de reabilitação urbana originaram uma verdadeira «fuga do centro», com o abandono dos centros históricos e a criação de um verdadeiro risco de implosão das nossas cidades.

Por estas e outras razões, sobretudo de eficiência económica e de alteração dos paradigmas do financiamento comunitário, a nova lei veio estabelecer um princípio de auto-sustentabilidade do desenvolvimento urbano.

O artigo 62º da Lei do Solo é inovador a este respeito. Estabelecendo claramente no seu nº 1 que «a execução de infraestruturas urbanísticas e de equipamentos de utilização coletiva pelo Estado, pelas regiões autónomas e pelas autarquias locais obedecem a critérios de eficiência e sustentabilidade financeira, sem prejuízo da coesão territorial».

A referência à coesão territorial é fundamental, uma vez que com a eficiência produtiva deveremos sempre conjugar o mecanismo da redistribuição e, nesse quadro, seria injusto exigir aos municípios do interior, de mais reduzida dimensão, ou mais dispersos, os mesmos critérios que são exigidos aos centros urbanos de maior dimensão. De facto, se tal não fosse efectuado, dentro de algumas décadas, toda a população nacional estaria concentrada em dois ou três pólos urbanos de enorme dimensão perante a estrutura de custos de manutenção e amortização das infra-estruturas existentes. Porém, tal não significa que se devam manter infra-estruturas ineficientes sem mais. Esta ineficiência deve ser analisada, justificada e quantificada de forma que se possam realizar decisões financeiras de redistribuição fundamentadas e legítimas.

Tal traduz-se na realização de transferências financeiras de coesão, por via das estruturas de finanças locais e não na realização de endividamento por via de défices anuais sistemáticos (o que, aliás, está limitado nos termos da legislação financeira em vigor). Assim, ao juízo de eficiência, eficácia e economicidade deverá ser adicionada uma ponderação redistributiva que, aplicando-se, deverá ser justificada e localizada.

Significa isto que a decisão de investimento na criação de infra-estruturas urbanísticas deve ser precedida da demonstração do seu interesse económico e da sustentabilidade financeira da respectiva operação e que se deverá analisar todos os impactos positivos da sua criação, nomeadamente ao nível da qualidade de serviço – na maioria dos casos estaremos a falar de serviços de interesse geral – mas igualmente de dimensão óptima. E, neste enquadramento, haverá que se analisar qual o espaço eficiente para a localização espacial dessa infra-estrutura ou serviço (espaço municipal, multimunicipal, regional, nacional ou mesmo transfronteiriço?), bem como a lógica de inserção das actuais infra-estruturas municipais em redes regionais ou nacionais de maior dimensão.

Não nos poderemos esquecer que a quase totalidade das infra-estruturas urbanas se enquadra no conceito de sectores em rede[368], pelo que terá de ser analisada toda uma série de realidades económicas tendo em consideração a sua lógica própria, quer do lado da oferta (e. g., economias de escala, de gama, etc.), quer do lado da procura (mormente as externalidades de rede). Só assim se conseguirão formular juízos ponderados de eficiência e eficácia das mesmas. E, note-se, não existe opção quanto a esta realidade. O financiamento público no futuro será muito mais exigente e rigoroso. Actividades de subsidiação generalizada serão insustentáveis, só sendo toleradas subvenções localizadas, socialmente justificadas e concretamente quantificadas.

Este modelo mais complexo de arquitectura tributária tem igualmente manifestações ao nível da modulação dos instrumentos tributários, pois que, nos termos do nº 5 do artigo 62º da Lei do Solo, «os instrumentos tributários podem ter taxas de tributação diferenciadas em função dos custos das infraestruturas territoriais disponibilizadas, da respetiva utilização e de opções de incentivo ou desincentivo justificadas por objetivos de ambiente e ordenamento do território»[369].

Este modelo obriga a uma maior complexidade nos modelos de juízo financeiro, destacando-se a necessidade de uma decisão «fina» em termos territoriais, tomando em consideração as prioridades políticas definidas pelos órgãos municipais.

[368] *Cf.* Lobo, Carlos Baptista – *Sectores em Rede, Regulação para a Concorrência*. Almedina, 2010.

[369] O artigo 173º do RJIGT enuncia os critérios de extrafiscalidade mais relevantes: «Os planos intermunicipais e municipais devem prever mecanismos de incentivo visando prosseguir as seguintes finalidades: *a)* Conservação da natureza e da biodiversidade; *b)* Salvaguarda do património natural, cultural ou paisagístico; *c)* Minimização de riscos coletivos inerentes a acidentes graves ou a catástrofes e de riscos ambientais; *d)* Reabilitação ou regeneração urbanas; *e)* Dotação adequada em infraestruturas, transportes, equipamentos, espaços verdes ou outros espaços de utilização coletiva; *f)* Habitação social; *g)* Eficiência na utilização dos recursos e eficiência energética.»

E, neste quadro, estabelece o artigo 174º do RJIGT que os municípios elaboram «um programa de financiamento urbanístico que integra o programa plurianual de investimentos municipais na execução, na conservação, na exploração e no reforço das infraestruturas gerais assim como a previsão de custos gerais de gestão urbanística», devendo identificar, de forma explícita, as fontes de financiamento para cada um dos compromissos previstos.

Embora o nº 3 desse artigo remeta o conteúdo desse programa para portaria a aprovar, entende-se que, considerando os princípios e as regras estabelecidas no regime legal, os municípios deverão já atender a um modelo previsional a este propósito. Caso contrário, todo o modelo tributário estará ferido de legalidade tendo em conta a não fundamentação dos mecanismos de equivalência. Assim, o programa de financiamento urbanístico poderá ter uma vigência longa (por exemplo, 10 anos), devendo, porém, ser actualizado anualmente. A razão é simples: para que as obrigações de equivalência tributária estejam cumpridas, torna-se essencial identificar as fontes de custo decorrentes da actividade de gestão urbanística, nos termos e nas condições constantes do POCAL (e, a partir de 2019, do SNC-AP, o que facilitará a geração de modelos de contabilidade analítica), relacionando-as com as respectivas fontes de financiamento.

Esta obrigação não é senão o culminar do princípio de boa gestão financeira pública decorrente do princípio da eficiência que se traduz na conciliação da decisão de geração de receita com a decisão de realização de despesa. Só assim o decisor conseguirá efectuar o juízo correcto. Para que tal seja efectuado, este programa deverá incluir, no mínimo, os seguintes instrumentos:

- *i)* Plano Estratégico de Infra-estruturas Urbanísticas, tendo em conta os fluxos financeiros previstos a título de receitas e de despesas;
- *ii)* Identificação específica das fontes de receita pública para a sustentabilidade dos encargos;
- *iii)* Previsão de custos de manutenção de infra-estruturas urbanísticas;
- *iv)* Previsão de custos de substituição e amortização de infra-estruturas urbanísticas;
- *v)* Programa de Reabilitação Urbana;

Esta formulação programática é essencial, uma vez que os fundos comunitários para o financiamento da construção de infra-estruturas urbanas se encontram em fase terminal, não havendo novos programas no futuro para a substituição das mesmas. Neste quadro exigente, a que se juntam as limitações de endividamento, é crucial um dimensionamento eficiente dos equipamentos, clarificando-se os custos efectivos com a sua manutenção e garantindo-se as reservas suficientes para a sua amortização.

Estes serão os referenciais essenciais para a determinação da relação de equivalência e benefício, descrita seguidamente.

3. Definição do Princípio da Equivalência ou do Benefício Enquanto Elemento Estruturante da Tributação do Património Imobiliário Urbano

O nº 1 do artigo 63º da Lei do Solo vem esclarecer, finalmente, uma questão essencial no ordenamento tributário, clarificando que «a tributação do património imobiliário urbano respeita o princípio da equivalência ou do benefício». Esta opção vem clarificar a natureza do IMI urbano, atribuindo-lhe, por esta via, a natureza de contribuição especial. Neste quadro, a tributação em IMI urbano dependerá intrinsecamente de contraprestações reflexas de utilidades urbanísticas prestadas pelos municípios em benefício dos proprietários, o que o afasta do paradigma do imposto sobre o património de âmbito essencialmente redistributivo. Assim, e pela primeira vez, os modelos de definição de taxas por acto municipal passam a fazer sentido numa óptica de acto financeiro, porquanto visam precisamente modular o encargo do imposto ao nível prestacional atribuído.

Esta concepção é mais exigente do que a anterior, uma vez que a legitimidade do imposto passa a depender da actividade prestacional pública da qual o «grupo» beneficia. É por essa razão que a segunda parte do nº 1 do artigo 63º refere que se deve atender «ao investimento realizado em habitação com fins sociais, infraestruturas territoriais, equipamentos de utilização coletiva, ações de regeneração e reabilitação urbana, preservação e qualificação ambientais, que beneficiem o desenvolvimento socioeconómico das populações»[370].

[370] Por sua vez, e nos termos do nº 2 do artigo 63º da Lei do Solo, «a tributação do património imobiliário rústico respeita o princípio da capacidade contributiva, tomando em consideração o rendimento fundiário decorrente de uma utilização eficiente do solo e promovendo o efectivo aproveitamento do mesmo"». De facto, o proprietário fundiário deve ser tributado numa intrínseca lógica patrimonial e não segundo eventuais contraprestações reflexas de que beneficie. Assim, o modelo de tributação do IMI rústico deverá assentar no sistema de

Como já referimos por diversas vezes, o Imposto Municipal sobre Imóveis na sua vertente urbana deverá, portanto, assentar numa lógica de equivalência ampla, constituindo-se como um «Imposto de Condomínio»[371], tendo em vista a repartição dos custos sustentados com utilidades indivisíveis a beneficiários indeterminados, mas determináveis na perspectiva do grupo, *in casu*, o município. De facto, e nestas situações, o benefício da actividade prestacional pública incide sobre a «benfeitoria» que assenta no solo. Deve, assim, efectuar-se uma distinção entre a base fundiária e a construção. Nestes termos, a base fundiária deverá ser tributada nos termos que definiremos *infra* relativamente à tributação da propriedade rústica. Porém, a vertente da edificação, ou seja, a benfeitoria urbana depende intrinsecamente, no que respeita ao seu valor intrínseco, da acção urbanizadora da entidade pública, sobretudo da existência de infra-estruturas urbanas de sustentação. Neste quadro, os proprietários dos imóveis constituem-se como sujeitos passivos, sustentando a este título todos os custos com a manutenção e amortização de infra-estruturas existentes ou com a criação de novas utilidades indivisíveis, mas com destinatário na lógica de benefício reflexo grupal[372]. Esta estrutura é fundamental para a eficiência e legitimidade do tributo.

capitalização de um rendimento fundiário, já que o valor do solo depende do que se produz sobre este. Este é, aliás, o modelo que está no modelo actual do IMI quando refere que no artigo 24º do CIMI que a Tarifa é o resultado do Rendimento Bruto deduzido dos Encargos de Exploração. Neste quadro, o IMI rústico deverá ser configurado num modelo assente no Valor de Base Territorial. Esse valor de base territorial deverá ser definido em função da localização, da apetência produtiva. Num modelo perfeito, quem pagar este IMI rústico poderá deduzi-lo no imposto sobre o rendimento relativo à produção, eliminando-se a dupla tributação económica. Tendo em vista a promoção de solo para exploração, o agente que é proprietário mas não explora a terra também deverá ficar isento de pagamento se disponibilizar o solo respectivo para arrendamento ou para Bolsa de Terras. Isso servirá de prova de que o sujeito passivo tomou as medidas necessárias para uma exploração eficiente do seu terreno.

371 Só assim se justificam os poderes de determinação das taxas do imposto pelas Assembleias Municipais. Um município que pretenda fornecer e manter infra-estruturas gerais de boa qualidade deverá aplicar uma taxa superior. Pelo contrário, um município que pretenda manter a taxa mais reduzida não poderá prestar o mesmo tipo de utilidades. Esta é a prova de que o actual sistema do IMI engloba no seu âmbito a aceitação do princípio da equivalência ou do benefício.

372 Por sua vez, os Impostos sobre o Rendimento (IRS e IRC) tributarão as mais-valias imobiliárias realizadas e os rendimentos prediais, de acordo com o princípio da capacidade contributiva.

Assim, e em termos de estrutura tributária, a nova lei obriga a uma reestruturação integral das práticas actuais, devendo identificar-se precisamente quais os custos que deverão beneficiar de concretas fontes de financiamento. Assim, se a infra-estrutura em causa tiver um alcance geral (escola ou hospital), deverá ser financiada por via dos impostos redistributivos, *maxime* por via das transferências do OE. Por sua vez, as infra-estruturas que beneficiarem essencialmente o «grupo de munícipes», tais como estradas municipais, equipamentos culturais e desportivos, jardins, em que os beneficiários não são individualmente identificados, mas identificáveis na óptica do grupo, deverão ser financiadas pelo IMI. Finalmente, se estivermos na presença de utilidades prestadas a sujeitos individualmente identificáveis, o tipo de instrumento a utilizar deverá ser bilateral, ou seja, uma taxa ou uma tarifa.

Neste âmbito, haverá que efectuar duas considerações diferenciadas: uma análise positiva, corporizada no regime da taxa pela realização, manutenção e reforço de infra-estruturas; uma outra negativa, pela sua ausência, assente na inexistência de um regime local de contribuições.

4. A Taxa pela Realização, Manutenção e Reforço de Infra-estruturas (TRMRI)

Estamos no campo de aplicação da equivalência estrita. Assim, a determinação do valor unitário para efeitos de cálculo de TRMRI tomará em consideração unicamente os custos de nova infra-estruturação relacionada com o aumento da área de construção e edificação, repartidos pela área prevista de expansão de urbanização e edificação.

No caso de construção de novas infra-estruturas da qual resulte, igualmente, benefício para os outros prédios já edificados, somente deverá ser considerada para a determinação do valor unitário referido no número anterior a parcela proporcional imputável à nova construção.

A manutenção e amortização de infra-estruturas existentes, a parcela excedente prevista no número anterior e a construção de infra-estruturas urbanas de alcance municipal são financiadas pelo produto do Imposto Municipal sobre Imóveis.

Esta é a concretização dos princípios essenciais que enformam este tributo: a definição da TRMRI assenta nos princípios da equivalência, da proporcionalidade e da justa repartição dos encargos públicos, devendo o seu valor e estrutura reflectir o benefício proporcionado ao sujeito passivo decorrente dos serviços e utilidades públicos decorrentes de construção e reforço de infra-estruturas gerais e de equipamentos colectivos públicos, respeitando um princípio de cobertura universal dos custos, directos e indirectos, de infra-estruturação geral[373].

A TRMRI constituirá, assim, a contrapartida devida ao Município ou à entidade gestora do território em concreto (concessionária, empresa municipal, etc.) pelos serviços e utilidades prestados ou a prestar aos particulares decorrente de actividades urbanísticas e operações conexas, tendo em conta a construção e reforço de infra-estruturas urbanísticas primárias e secundárias.

Nestes termos, a TRMRI incide sobre as infra-estruturas gerais cuja realização, remodelação ou reforço seja consequência de operações de urbanização, de loteamento, de obras de construção, reconstrução ou ampliação de edifícios ou respectivas fracções ou de alterações na utilização destes, que provoquem sobrecargas urbanísticas.

A lógica é simples: assenta o modelo de equivalência numa relação com os custos infra-estruturais provocados, a TRMRI actua numa perspectiva de «progressividade cumulativa de carga provocada», variando positivamente em função dos reforços nas infra-estruturas decorrentes da expansão urbanística ou da alteração da tipologia de uso.

Para que este modelo de equivalência se possa operar, a TRMRI deverá ter em conta o aumento da área bruta de construção tomando em consideração o índice de utilização resultante das operações urbanísticas que decorrem de:

i) Plano de Pormenor e Plano de Urbanização;
ii) Projecto de Loteamento urbano e Projecto Urbano;

[373] Constituem infra-estruturas urbanísticas gerais designadamente: *a)* Arruamentos e estruturas viárias; *b)* Sistemas de abastecimento público de água, incluindo captações, adutoras, reservatórios, estações de tratamento e redes de distribuição de água; *c)* Sistemas de drenagem pública de águas residuais domésticas, industriais e pluviais, contemplando redes de colectores e instalações de tratamento de efluentes; *d)* Sistemas de iluminação pública; *e)* Sistemas de estacionamento público, contemplando estacionamento de superfície e parques subterrâneos e terminais multimodais de transportes; *f)* Equipamentos de proximidade e espaços verdes. Note-se que as infra-estruturas gerais e os equipamentos urbanos da competência do Município não se confundem com as infra-estruturas locais ou de proximidade das operações de urbanização, de loteamento ou das obras de edificação que constituem um encargo dos promotores e cuja realização se confina com as parcelas de terreno destinadas a integrar o domínio público municipal.

iii) Construção, reconstrução e ampliação de edifícios ou respectivas fracções, ou alteração da utilização destes.

Estarão, naturalmente, excluídos do campo de incidência da TRMRI as áreas de construção e respectivos usos licenciados ou autorizados relativos a edificações existentes, ainda que as operações urbanísticas impliquem a sua prévia demolição, desde que a área bruta de construção e a referida tipologia não acrescentem carga às infra-estruturas existentes.[374][375]

Assim, nas operações urbanísticas que impliquem alteração da área bruta de construção, o valor da TRMRI é determinado tomando em consideração pelo menos:

i) a área total de construção em m^2 acrescida da operação de loteamento, projecto urbano, urbanização, e edificação, por categoria de uso solo e por tipo de utilização;
ii) o coeficiente que diferencia as intervenções de acordo com a localização, estabelecida na qualificação do espaço urbano estabelecida no Plano territorial;
iii) o valor unitário determinado no programa de financiamento urbanístico e actualizado anualmente referente à redistribuição dos valores das receitas das taxas de urbanização que se espera cobrar em cada ano, cujo cálculo considera as expectativas quanto às operações urbanísticas a realizar e os valores dos investimentos na realização, manutenção e reforço de infra-estruturas suportadas pelo município nesse ano.

A liquidação da TRMRI é efectuada no momento da aprovação do plano de pormenor ou de urbanização quando decorrente da execução de con-

[374] Tendo em consideração os efeitos positivos sociais, poderão ser isentas de TRMRI: *i)* as obras de reabilitação de edifícios em áreas de reabilitação urbana, destinadas a resolver as anomalias construtivas, funcionais, de salubridade e de segurança, que melhorem o seu desempenho; *ii)* as obras de restauro em edifícios classificados, bem como em imóveis ou conjuntos edificados constantes de inventário municipal, destinadas à conservação, reforço estrutural e consolidação da construção, assim como à preservação ou reposição da totalidade ou de parte da sua concepção original ou correspondente aos valores dos momentos mais significativos da sua história.

[375] No âmbito das obras de edificação haverá lugar para a liquidação adicional da taxa municipal de urbanização e edificação quando existam áreas de construção ou usos não previstos no alvará de licença ou autorização de loteamento.

trato de urbanização, ou com o deferimento do pedido de licenciamento ou autorização da operação de loteamento, projecto urbano ou das obras de edificação nos restantes casos, devendo a sua cobrança efectuar-se antes da emissão dos respectivos alvarás de licença ou autorização.

Sem prejuízo do referido, a liquidação da TRMRI pode ser efectuada no acto de aprovação dos projectos de arquitectura. Em caso de deferimento tácito no âmbito de procedimento de autorização, a liquidação e cobrança da taxa ocorrem na sequência de requerimento do interessado.

Considerando a sua essencialidade para a construção sustentável das infra-estruturas, o pagamento da taxa liquidada no âmbito das operações de loteamento ou de projectos urbanos não pode ser diferido para a data da emissão dos alvarás de licença ou de autorização das obras de edificação dos respectivos lotes.

5. A Contribuição Grupal Local Inexistente

Ao longo do presente trabalho, temos alertado para a existência de uma lacuna no sistema tributário português que se traduz na inexistência de um regime de contribuições que englobe as jurisdições locais. Essa falha mostra-se em várias circunstâncias: *i)* inexistência de uma estrutura de receitas próprias ao nível dos municípios e das comunidades intermunicipais que os impede de arrecadar receitas pelos investimentos públicos realizados; *ii)* a manutenção de uma derrama «irracional», com um modelo assente no lucro, o que é totalmente desajustado em sede de equivalência de grupo (por exemplo, uma empresa poluente deverá ser onerada, independentemente de ser lucrativa ou não; uma empresa que beneficia de um investimento deverá socializar parte desse beneficio reflexo, independentemente de ser lucrativa ou não); *iii)* emergência de uma tendência «forçada» de descentralização do IVA, o que é totalmente desajustado ante a sua estrutura jurídico-tributária.

Nestes termos, e num cenário de reforma da derrama, poderia ser desenvolvido o seguinte cenário, sempre dependente, claro está, da necessária autorização parlamentar em sede de regime geral: *i)* os municípios poderiam lançar um Contribuição Municipal de Melhoria incidente sobre as vantagens ou benefícios económicos proporcionados pela realização de investimentos especiais, designadamente no sector turístico, cultural e ambiental; de igual modo, os municípios poderiam ainda lançar uma Contribuição Municipal por Especial Prejuízo relativa à interiorização de exterioridades ou efeitos negativos igualmente decorrentes da utilização de recursos naturais, designadamente os respeitantes à actividade de unidades industriais extractivas ou outras actividades ambientalmente prejudiciais.

A Contribuição Municipal de Melhoria incidiria sobre os sujeitos que beneficiem do aumento de valor dos imóveis, resultante das vantagens ou benefícios económicos proporcionados pela realização de investimentos especiais ou sobre o aumento de valor dos terrenos para construção e das áreas resultantes da demolição de prédios urbanos já existentes, a liquidar no momento da venda ou da outorga do acto administrativo que corporize a autorização para a edificação.

Poderia incidir ainda sobre os sujeitos que beneficiem da realização de investimentos especiais em objectos ou bens públicos, tendo por referência a manutenção dessas fontes de benefícios, não podendo ser cobrada mais do que uma vez sobre cada prédio nem sobre o mesmo benefício directamente atribuível a uma vantagem ou benefício económico propiciado pela realização de investimentos especiais em objectos ou bens públicos.

Por sua vez, a Contribuição Municipal por Especial Prejuízo incidiria sobre o especial impacto negativo resultante da realização de actividades industriais ou outras actividades ambientalmente prejudiciais que envolvam a utilização de recursos naturais, renováveis ou não renováveis, numa lógica idêntica à da derrama municipal alinhada no modelo de exploração de recursos naturais.

Neste quadro, o sujeito activo da relação jurídico-tributária geradora da obrigação de pagamento da Contribuição Municipal por Especial Prejuízo seria o município onde, respectivamente: *i)* se localizasse o imóvel que beneficiasse de valorização patrimonial ou de benefícios inerentes à especial proximidade a um objecto ou bem público alvo de especial investimento; ou, *ii)* se situasse a área onde é exercida a actividade da qual resultasse impacto ambiental negativo decorrente da exploração dos recursos naturais,

5.1. A Contribuição Municipal por Especial Prejuízo

A Contribuição Municipal por Especial Prejuízo incidiria sobre as entidades sujeitas e não isentas de imposto sobre o rendimento das pessoas colectivas que, sendo residentes em território português, aí exercessem, a título principal, uma actividade de natureza comercial, industrial ou agrícola, bem como as entidades não residentes com estabelecimento estável nesse território e ao qual esteja associado o exercício de actividades com especial impacto negativo resultante da utilização de recursos naturais renováveis ou não renováveis, designadamente, indústrias extractivas ou outras actividades ambientalmente prejudiciais, que requeiram medidas de minimização e de compensação ambiental.

Para efeitos de lançamento da Contribuição Municipal por Especial Prejuízo, o Município deveria considerar, designadamente, os seguintes elementos: *a)* determinação do impacto ambiental inerente à utilização de Recursos Naturais; *b)* índices de sustentabilidade de Recursos Renováveis utilizados; *c)* índices de sustentabilidade de Recursos Não Renováveis utilizados; *d)* intensidade de emissões poluentes; *e)* impacto paisagístico.

Se a actividade da qual resultasse impacto ambiental negativo decorrente da exploração de recursos naturais fosse exercida numa circunscrição territorial respeitante a mais do que um município, o sujeito activo seria, respectivamente: *i)* o município onde se situasse uma maior área de exercício da actividade referida; ou *ii)* o município em que se verificasse uma maior intensidade de exploração de recursos naturais;

Neste quadro, as receitas provenientes da Contribuição Municipal por Especial Prejuízo seriam proporcionalmente distribuídas entre os Municípios.

Este modelo tributário intensificaria a relação entre o sujeito activo e o sujeito passivo, devendo este colaborar com o município numa base regular e periódica a definir pelo órgão deliberativo municipal, no cumprimento dos normais deveres de prestação de informações a que se refere o nº 2 do artigo 31º da Lei Geral Tributária.

Se o município em que se situasse a maior área de exercício de actividade ou uma maior intensidade de exploração de recursos naturais não optasse por criar a referida Contribuição Municipal por Especial Prejuízo, o sujeito activo seria o município onde se situasse a maior das áreas de exercício restantes ou a maior das intensidades de exploração de recursos naturais.

A taxa da Contribuição Municipal por Especial Prejuízo poderia variar entre 0% e o limite máximo de 100% sobre o valor da externalidade negativa causada e que estivesse associada ao exercício de actividades com especial impacto negativo resultante da utilização de recursos naturais ou emissão de poluentes.

5.2. Contribuição Municipal de Melhoria

A Contribuição Municipal de Melhoria, por sua vez, incidiria sobre o aumento de valor dos imóveis, resultante das vantagens ou benefício económico proporcionado pela realização de investimentos especiais, sendo devida pelo proprietário do imóvel beneficiado, ou pelo titular do direito de construir em cujo nome seja emitido o alvará de licença de construção ou de obra ou a autorização para a mesma.

Para efeitos de lançamento da Contribuição Especial de Melhoria, o Município deverá considerar, designadamente, os seguintes elementos: *a)* cálculo da edificabilidade média na unidade de execução ou na área da intervenção urbanística, dada pelo quociente entre as áreas brutas propostas de acordo com o tipo de usos ponderadas pelos respectivos índices de edificabilidade e a área da unidade de execução ou de intervenção urbanística; *b)* definição de uma área de influência do empreendimento por parte do Município, aquando da aprovação dos pedidos de licenciamento das operações urbanísticas; *c)* cálculo da edificabilidade média em toda a área delimitada, dada pelo quociente entre as áreas brutas propostas de acordo com o tipo de usos ponderadas pelos respectivos índices de construção edificabilidade, face àquela área total; *d)* comparação da edificabilidade média da operação urbanística com a edificabilidade média na área total; *e)* cálculo do valor do impacto (externalidade) da operação urbanística nesta área alargada.

A taxa da Contribuição Ambiental de Melhoria poderá variar entre 0% e o limite máximo de 30% do montante definido como vantagem ou benefício económico proporcionado pela realização de investimentos especiais, a definir anualmente pelo órgão deliberativo municipal respectivo. Consideramos que uma taxa superior a 30% poderá implicar uma não-anestesia fiscal que, num limite, poderá impedir a própria decisão económica. Note-se que, enquanto o acto gerador de exterioridade negativa é tendencialmente voluntário e decorre de uma actividade do agente causador, no caso da exterioridade positiva, o investimento será de decisão pública, sendo o agente um mero receptor passivo dos benefícios.

Este modelo tributário tem como condição a revogação da derrama tal como a conhecemos. Os efeitos externos positivos ou negativos não têm qualquer correspondência com a existência de lucros ao nível do agente causador. Tal como demonstrámos, quando se lida com modelos de equivalência grupal, torna-se obrigatória a utilização da lógica da equivalência. A razão assenta no princípio da eficiência, com vigência constitucional:

os tributos assentes no princípio da equivalência melhoram os padrões de bem-estar social logo no primeiro momento, uma vez que corrigem a falha de mercado existente. Por sua vez, os tributos assentes no princípio da capacidade contributiva são inicialmente causadores de ineficiência – a desutilidade causada na cobrança do tributo em sede de bem-estar privado – redimindo-se, num segundo momento, por via da aplicação da sua receita na satisfação das necessidades públicas dos cidadãos.

Porém, a lógica de equivalência obriga a uma mais musculada justificação económico-financeira dos termos de aplicação do tributo. Sendo o seu objectivo a elevação dos padrões de eficiência, tal vincula toda a sua estrutura impositiva, ao nível tanto da incidência e da taxa, como do destino da sua receita. Quanto a este último aspecto, haverá que ultrapassar o dogma do apelidado «princípio da não consignação orçamental». Esta regra, existente ao nível do orçamento do Estado e dos orçamentos locais, assenta igualmente num pressuposto de eficiência. A sua razão histórica era simples: se existisse uma rede intrincada de consignações, a gestão orçamental estaria submetida a uma «camisa-de-forças», impedindo a livre decisão financeira. Tal poderia ser verdadeiro num momento histórico anterior, mas não o será actualmente. Ao invés, ao estipularem-se modelos de equivalência grupal, a relação entre a causa da tributação e a aplicação da receita, o mandamento da eficiência condiciona a legitimidade da tributação à aplicação da mesma no contexto da lógica grupal subjacente.

Assim, sendo o prejuízo social resultado da exterioridade negativa, a sua interiorização pressuporá a aplicação desse rendimento adicional em proveito do grupo afectado, caso contrário, se esse produto adicional for desviado para o financiamento de um outro grupo, ou da colectividade em geral, gerar-se-á um duplo prejuízo – o custo privado individual de um dos membros resultante da tributação acrescida e que se traduz numa desutilidade privada individual que afecta o bem-estar agregado do grupo e a perda do retorno pela colectividade em causa que irá subsidiar uma outra com o seu sacrifício social – o que é intolerável em sede de princípio da eficiência.

O mesmo raciocínio de consignação necessária deverá ser realizado em sede de socialização de exterioridades positivas. Se o benefício decorreu de um investimento financiado com os recursos do grupo, deverá ser este mesmo grupo a beneficiar da receita resultante dessa socialização. Ora, como é fácil de ver, este raciocínio não se adequa ao princípio dogmático da «não consignação», o qual terá, necessariamente, de ser revisto.

Uma ressalva final quanto à geometria grupal que define os modelos de equivalência. Assentámos a nossa exposição na dimensão municipal. Porém, nada impedirá que a dimensão em causa seja regional (NUT2 ou mesmo NUT3). O que definirá a área geográfica será a área do grupo afectado ou beneficiado. A eficiência dos modelos de equivalência dependerá intrinsecamente do âmbito grupal subjacente, ou seja, aquele em que a falha de mercado se faz sentir.

A – Questões para o Futuro

i. Quais os elementos estruturantes de definição da política territorial e urbanística decorrente da nova Lei do Solo?
ii. Qual o pressuposto dogmático da opção de eliminação da qualificação de «solo urbanizável»?
iii. Qual o modelo económico que se encontra subjacente ao princípio da aquisição gradual das faculdades edificatórias?
iv. Qual o modelo de auto-sustentabilidade financeira urbanística e territorial?
v. Qual a relevância da articulação da despesa com a receita urbanística em sede de sustentabilidade, legitimidade e transparência?
vi. Qual a relevância do estabelecimento do princípio da equivalência ou do beneficio enquanto principio regulador da tributação do património imobiliário? Qual o espaço restante para a tributação do património de acordo com o princípio da capacidade contributiva?
vii. Qual o modelo ideal de Taxa pela Realização, Manutenção e Reforço de Infra-estruturas Urbanísticas?
viii. Qual a relevância das contribuições especiais em sede de tributação regional e municipal?

B – Bibliografia Nacional

LOBO, Carlos Baptista – *Sectores em Rede, Regulação para a Concorrência*, Almedina, 2010.

LOBO, Carlos Baptista – «Contributo para uma Nova Teoria Geral das Taxas». *In Estudos de Homenagem ao Professor Doutor António de Sousa Franco*, Almedina, 2006

NABAIS, Casalta – «*Direito Fiscal*». 10ª ed. Coimbra: Almedina, 2017

NABAIS, Casalta – «Fiscalidade do Urbanismo: Impostos e Taxas». *In O Sistema Financeiro e Fiscal do Urbanismo*, Almedina, 2002

PARTE III
VERTENTE REDISTRIBUTIVA

Capítulo I
Perequação Territorial e Urbanística

1. O Zonamento na Gestão do Território e do Urbanismo

A questão da igualdade – central no direito económico – deve assumir um papel crítico na elaboração das opções de planeamento. Ora, a determinação dos modelos de opção em sede de gestão territorial e de urbanismo assenta em modelos de zonamento. Essa é a dimensão original da política urbana. A concentração, a densidade, a implantação de infra-estruturas na cidade e, no final, a decisão de expansão implicam uma decisão política de escolha de localizações e de concentração de actividades ou funções em determinadas localizações geográficas. O zonamento (*zoning*) consiste precisamente na determinação pela entidade gestora pública do modelo regulatória de ocupação do solo em termos de funções, intensidade construtiva, modelos construtivos, número de habitantes, entre outros aspectos relevantes.

Esta é uma função que deve ser desenvolvida num quadro de regulação económica pura. Uma decisão de expansão de uma orla urbana depende intrinsecamente da dinâmica económica subjacente. Nestes termos, poderá ser justificada se os preços do solo disponível na área urbana estiverem numa trajectória ascendente inflacionária, ou se o congestionamento de usos numa determinada área estiver a causar custos externos incomportáveis.

Porém, ainda hoje a doutrina discute se esta decisão de determinação de fins deve assentar num modelo de decisão colectiva (num sistema coaseano) ou num modelo de monopólio público[376]. O elemento decisivo será sempre o da garantia de uma estabilidade económica ao nível do preço do

[376] *Cf.* QUINGLEY, John, *Regulation and Property Values in the United States: the High Cost of Monopoly in Land Policies and Their Outcomes*, Gregory Ingram e Yu Hong, eds, 2007, pp. 46–65.

solo e do imobiliário e a garantia de uma implantação eficiente de infra-estruturas que sejam sustentáveis e valorizem de forma conveniente a propriedade imobiliária. Assim, as decisões de aumento da oferta de solo dependerão sempre dos efeitos que se pretendam obter ao nível dos preços no mercado. O mesmo se diga quanto à configuração da propriedade e da intensidade dos usos, sobretudo da construção em altura. No limite, se os preços estiverem a baixar e os investidores em imobiliário começarem a ter receio quanto à rentabilidade dos seus investimentos, não fará qualquer sentido uma decisão que alargue a área de expansão. Por outro lado, haverá que ter em consideração que existe uma distinção entre proprietário e promotor. O modelo de atribuição do rendimento é primordial para um desenvolvimento urbano equilibrado. Se a restrição ao nível da oferta de solo for desproporcionada, os proprietários poderão obter uma renda monopolista igualmente desproporcionada ante o seu esforço efectivo e condicionar a viabilidade económica de um empreendimento de qualidade por parte do promotor.

Por outro lado, teremos de tomar em consideração os efeitos em termos redistributivos entre os premiados pela reclassificação do solo e os que se vêem limitados por restrições decorrentes de superiores interesses de ordem pública.

2. A Redistribuição na Formação de Valor da Propriedade Fundiária

O plano da redistribuição deve ser entendido, para os efeitos de regulação fundiária, como um verdadeiro imperativo de eficiência e justiça. Neste quadro, e conforme demonstrámos no capítulo anterior, as limitações em sede de oferta fundiária e os efeitos das economias de densidade e das externalidades de rede nas infra-estruturas urbanas obrigam a uma permanente preocupação de redistribuição justa dos encargos contributivos por parte dos beneficiários das mesmas. Estamos, nesse caso, no plano da perequação de encargos.

Porém, e neste momento, iremos tratar igualmente de um outro plano redistributivo: o plano perequativo de benefícios, decorrente das opções de reclassificação do uso do solo. E, neste campo, importa analisar o impacto que uma simples decisão administrativa de transformação do uso do solo terá no processo de formação de valor da propriedade fundiária.

Efectivamente, quando se fala em processos patológicos especulativos ao nível do uso do solo, não se poderá englobar no seu âmbito os resultados económicos decorrentes de investimentos produtivos, privados ou públicos, e que têm impacto significativo na valorização do mesmo. E, neste âmbito, o modelo tributário em vigor poderá, com as adaptações já referidas nos capítulos anteriores, abarcar de forma eficiente os ganhos valorativos em causa. Porém, existe um factor que ainda não se encontrava suficientemente regulado pela legislação actualmente em vigor e que deve constituir uma prioridade de uma Lei do Solo com pretensões de regulação de mercado: precisamente a vantagem valorativa que decorre pura e simplesmente da alteração do uso do solo, sem que daí haja decorrido qualquer esforço de investimento produtivo.

Formação de Valor da Propriedade Fundiária

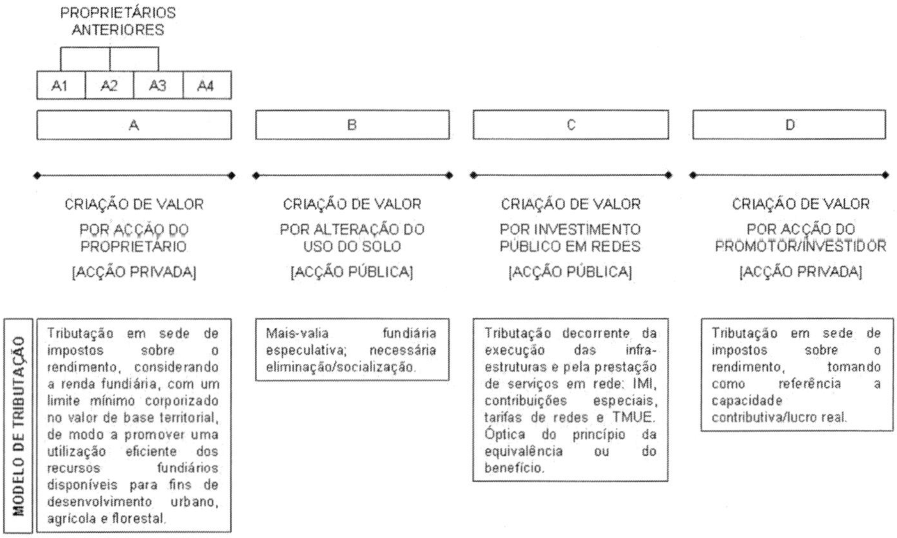

Esta valorização – identificada pelo factor B – corresponde à denominada fracção «especulativa» na criação do valor fundiário que resulta de uma simples decisão administrativa de reclassificação e é a grande responsável pela situação actual, quer ao nível da qualidade do desenvolvimento fundiário, quer ao nível da justiça na atribuição dos ganhos decorrentes de processos de investimento.

Note-se, no entanto, que esta é uma questão universal. Em todos os ordenamentos jurídicos desenvolvidos, a neutralização desta margem «especulativa» é considerada uma preocupação fundamental. Tal fundamenta-se na intrínseca injustiça em que radica o problema e que se baseia no próprio processo de formação desta mais-valia. De facto, a mais-valia decorre directamente de um especial privilégio que o decisor urbanístico concede a um determinado proprietário fundiário de desenvolver um determinado empreendimento, proibindo os demais concorrentes potenciais de o fazer. Assim, um factor escasso – o solo – torna-se ainda mais escasso, dada a sua nova qualidade – solo urbanizável – capitalizando o proprietário beneficiado toda a renda monopolista. Mas mais grave do que o beneficio privado de um só será o prejuízo dos demais – e esta é a mais intensa injustiça –, já esse benefício depende da imposição de limitações aos restantes em urbanizar, ou seja, em fornecer outras possibilidades de oferta de solo disponível para o desenvolvimento urbanístico.

Nestes termos, e de uma perspectiva plurissubjectiva, poderá dizer-se que a mais-valia especulativa de um beneficiário por via de alteração do uso do solo para urbanização corresponde à soma das menos-valias geradas a todos os outros potenciais fornecedores que viram o seu acesso ao mercado de oferta de solo urbanizável restringido por decisão administrativa.

Não se entenda por estas linhas que se coloca em causa as competências administrativas de urbanização. Pelo contrário, e conforme demonstrámos nos capítulos anteriores, compete às entidades públicas, pela própria configuração tipológica do mercado em causa, a definição dos modelos de organização espacial da cidade[377]. Porém, dessa definição não pode decorrer uma desigualdade ou um privilégio de poucos perante os demais.

Não será por acaso que o aforismo «terra para quem a reclassifica» tem vigorado em intenso fulgor nas últimas décadas.

Este problema é agravado no nosso país a partir do momento em que o valor da indemnização de expropriação é determinado em função da potencialidade de desenvolvimento e não do estado actual da propriedade fundiária. Neste quadro, não só é atribuída uma renda monopolista ao proprietário, como se premeia a expectativa imobilista e o não desenvolvimento de uma actividade económica que tem necessariamente uma margem de risco. E, numa perspectiva intergeracional ou de sucessão de proprietários, só o último proprietário seria premiado pela valorização

[377] Mesmo nos países mais liberais como, por exemplo, nos Estados Unidos, esta competência nunca foi colocada em causa (à excepção de Houston, mas aí refere-se a sua própria especialidade *Houston is Houston*).

excepcional concedida pelo decisor público. As inconsistências e incongruências deste modelo são por demais evidentes.

Existem, portanto, três modelos susceptíveis de desenvolvimento a este respeito, dependendo a sua operacionalização das condições concretas do mercado. Porém, os seus efeitos ao nível do preço do solo para investimento não são neutros. Se eliminarmos a mais-valia, o preço do solo para desenvolvimento será mais barato, havendo uma maior apetência para a construção de qualidade a um menor custo de aquisição; se a mitigarmos, reduziremos o preço. Porém, se a socializarmos ou a tributarmos, ela manter-se-á incorporada no valor do solo para desenvolvimento.

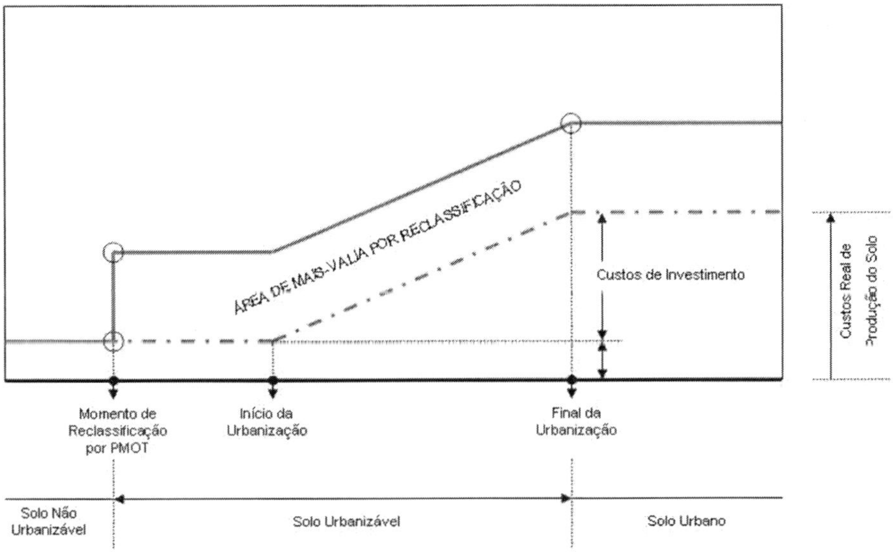

A opção pela socialização da mais-valia não a eliminará, sendo unicamente recuperada – socializada – para o sector público, *in casu*, o sector público municipal. A redução do preço do solo[378] só ocorrerá por via da oferta pública de imóveis a preços regulados provenientes das Bolsas Fundiárias a constituir, por via da aquisição directa pelos municípios ou por via das compensações em espécie.

[378] Para uma análise dos efeitos da nova Ley de Suelo, *cf.* FERNANDÉZ, Gerardo – «El régimen de valoraciones en la nueva Ley de Suelo». *In Ciudad y Territorio*, 268, 2004, p. 401 e ss..

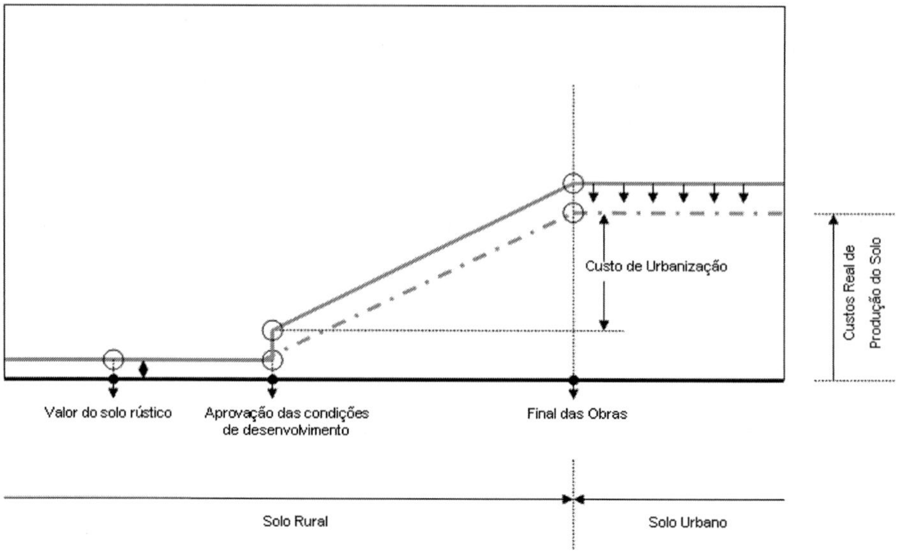

Por sua vez, os modelos de mitigação das mais-valias de reclassificação operam imediatamente por via do aumento da oferta de solo potencialmente urbanizável, o que possibilita uma redução significativa da renda monopolista susceptível de apropriação pelos proprietários.

Finalmente, os modelos de desenvolvimento público eliminam naturalmente as mais-valias de reclassificação no caso de a aquisição ser efectuada tomando em consideração o valor actual do solo.

Consideramos que o regime regulatório deverá conter, no seu âmbito, todas estas possibilidades de «perequação» de benefícios, que os organismos gestores – os municípios – poderão utilizar de acordo com as circunstâncias concretas do mercado em causa. Essencial é que ocorra uma procedimentalização de todo o processo, tendo em vista a eliminação de informação assimétrica propiciadora de apropriação de rendas monopolistas totalmente desadequadas e injustas.

O novo regime da Lei do Solo, ao distinguir unicamente o solo urbano do solo rústico, veio minimizar significativamente esta ocorrência. No entanto, não se poderá cair na tentação de delimitar uma reserva de «solo urbanizável» pela negativa, ou seja, por via da criação de restrições ou limitações artificiais ao desenvolvimento em áreas em que os interesses nacionais ou sectoriais não se fazem sentir (logo, não se encontram restringidas nas suas capacidades de desenvolvimento). Estas práticas podem degenerar em situações semelhantes à que ocorria relativamente ao «solo urbanizável» concretizando a outorga de rendas monopolistas aos premiados de difícil justificação social e económica.

3. Modelos de Gestão da Mais-Valia por Reclassificação do Uso do Solo

As preocupações redistributivas foram focadas no capítulo anterior dedicado à produção de utilidades já que, numa perspectiva de justiça, nunca se poderá entender uma função prestativa pública sem uma necessária preocupação redistributiva. Pelo exposto, e num quadro dogmático, eficiência pressupõe justiça e justiça pressupõe eficiência. O desafio para as autoridades públicas passa precisamente pela concretização simultânea dos dois mandamentos fundamentais. O mandamento é claro e expresso.

A anterior Lei nº 48/98, de 11 de Agosto (Lei de Bases da Política de Ordenamento do Território e de Urbanismo) era taxativa a este respeito quando no nº 1 do seu artigo 18º referia que «os instrumentos de gestão territorial vinculativos dos particulares devem prever mecanismos equitativos de perequação compensatória, destinados a assegurar a redistribuição entre os interessados dos encargos e benefícios deles resultantes, nos termos a estabelecer na lei». Por sua vez, no seu nº 2, estabelecia que «existe dever de indemnizar sempre que os instrumentos de gestão territorial vinculativos os particulares determinem restrições significativas de efeitos equivalentes a expropriação, a direitos de uso do solo preexistentes e juridicamente consolidados que não possam ser compensados nos termos do número anterior».

O actual artigo 64º da Lei do Solo é lapidar a este respeito:

«Artigo 64º
Redistribuição de benefícios e encargos

1. Todas as operações urbanísticas sistemáticas e não sistemáticas estão sujeitas ao regime económico-financeiro regulado nos termos da lei e dos artigos seguintes.

2. Os planos territoriais de âmbito intermunicipal ou municipal contêm instrumentos de redistribuição equitativa de benefícios e encargos deles resultantes.

3. A redistribuição de benefícios e encargos a efetivar no âmbito dos planos territoriais de âmbito intermunicipal ou municipal toma por referência unidades operativas de planeamento e gestão, bem como unidades de execução, considerando a globalidade de território por eles abrangida.

4. A redistribuição de benefícios e encargos a efetivar nos termos do número anterior aplica-se a todas as operações urbanísticas sistemáticas e não sistemáticas que ocorram no território em causa, concretizando a afetação das mais-valias decorrentes do plano ou de ato administrativo.

5. A redistribuição de benefícios e encargos a efetivar no âmbito de unidades de execução ou de outros instrumentos de programação determina a distribuição dos benefícios e encargos pelo conjunto dos respetivos intervenientes.

6. Para efeitos do disposto nos números anteriores, os planos territoriais de âmbito intermunicipal ou municipal fundamentam o processo de formação das mais-valias fundiárias e definem os critérios para a sua parametrização e redistribuição.

7. A lei pode ainda estabelecer mecanismos de distribuição de encargos e benefícios destinados a compensar os custos decorrentes da proteção de interesses gerais, nomeadamente, a salvaguarda do património cultural, a valorização da biodiversidade ou da proteção de ecossistemas».

Vejamos como este mandamento se concretiza:

3.1. Modelo Perequativo Baseado na Actuação Económica

Numa vertente redistributiva, a lei deverá conter as metodologias necessárias, ao nível do regime de solos, para a realização das necessárias composições de restrições e benefícios, sendo que as limitações ao *jus aedificandi* particular – inerente ao seu direito de propriedade – fundamentadas em razões de relevante interesse público, necessariamente proporcionais e dependentes da salvaguarda do princípio da igualdade, propiciam naturais ganhos excedentários a quem não é alvo dessa limitação: uma compensação – directa ou indirecta – a cargo do beneficiário é, portanto, necessária.

Estas questões de compensação intersubjectiva seriam evidentemente ultrapassadas se a actividade de urbanização assentasse integralmente na iniciativa pública.

Em muitos ordenamentos jurídicos, a função de urbanização é cometida tradicionalmente às entidades públicas. É assim na Holanda, na Alemanha e nos Estados Unidos. Também era assim em Portugal até 1965, quando a legislação abriu a possibilidade de desenvolvimento da actividade privada de loteamento[379].

[379] *Cf.* MONTEIRO, Claudio – *O Domínio da Cidade. A propriedade à prova do Direito do Urbanismo.* Lisboa, AAFDL, 2013, p. 445 e ss.

Foi neste modelo que foram desenvolvidas as Avenidas Novas, o Bairro de Alvalade, entre outros. Neste sistema, as entidades públicas adquirem o solo em qualidade rústica (em leilões, por aquisição directa, ou por expropriação), efectuam os investimentos em infra-estruturas e alienam-nos, por hasta pública, a promotores interessados.

Por exemplo, na Holanda, o desenvolvimento da acção de urbanização é essencialmente público. São as entidades municipais que, por via de uma agência especial para o desenvolvimento urbano (*Grondbedrijf*), se responsabilizam pelo desenvolvimento integral da área. Assim, adquirem o solo (no limite por via de uma expropriação ao valor actual de utilização) e preparam a edificação que é deixada à iniciativa privada.

O mesmo acontece, por diversas formas, na Alemanha, no Reino Unido e nos Estados Unidos. Por exemplo, o desenvolvimento de Berlim assenta neste pressuposto de acção.

A vantagem deste modelo prende-se com a possibilidade de desenvolvimento da iniciativa pública directa e a eliminação da renda monopolista por acção directa. Embora seja um modelo que um regime regulatório do solo poderá – e deverá – propiciar, tem os riscos naturais decorrentes do estabelecimento de uma acção pública autoritária, semelhantes aos que existem no caso de detenção directa de infra-estruturas por parte do Estado[380].

Porém, nada impede que os municípios prossigam este tipo de política de gestão urbanística.

3.2. Modelo Perequativo Baseado na Regulação Económica

O regime regulatório do solo deverá limitar o poder de monopólio decorrente da outorga do direito de urbanizar por via da constituição de reservas para urbanização.

Estando o problema de base situado ao nível da geração de uma renda monopolista por acção da entidade pública, torna-se importante minorar essa vantagem excepcional, aumentando-se a oferta disponível. E, neste enquadramento era importante que a legislação urbanística que baseia os planos alterasse a sua metodologia de disponibilização de solo para urbanizar. Assim, e em vez de determinar categoricamente os espaços de urbanização (o solo urbanizável), poderão criar-se bolsas susceptíveis de urbanização – sem direitos constituídos – que os promotores poderão

[380] *Cf.* LOBO, Carlos Baptista – *Sectores em Rede...*, cit..

adquirir para o desenvolvimento de empreendimentos. Num quadro mais ampliado, e que foi acolhido na actual Lei do Solo, o espaço de urbanização não se encontra delimitado, dependendo unicamente de três condições: *i)* inexistência de constrangimentos ou restrições de ordem pública (ou seja, inexistência de interesses relevantes que justifiquem uma limitação edificatória na área em causa); *ii)* decisão autárquica no sentido de acolhimento da pretensão (a decisão política municipal de gestão territorial recupera a sua importância: o presidente da câmara municipal é o gestor máximo do seu território); *iii)* sustentabilidade financeira da operação (a pretensão só terá vencimento ao demonstrar a lógica financeira da intervenção uma vez que a extensão da infra-estruturas será efectuada à sua custa, devendo o IMI futuro ser suficiente para a manutenção das mesmas).

Neste quadro, poderá não existir um só proprietário beneficiado, mas diversos, que, não tendo direitos efectivamente constituídos, só poderão ver a sua pretensão de urbanizar constituída no caso do desenvolvimento efectivo da acção de investimento. Neste caso, a função urbanística não funciona de modo determinístico estrito, mas opera pela criação de uma oferta múltipla e variada a que os promotores e investidores poderiam recorrer. Os direitos de urbanização não estão minimamente consolidados, só se tornando efectivos no momento da decisão de realização efectiva do desenvolvimento. Neste quadro, a mais-valia por reclassificação do solo será mitigada dado o aumento da oferta de solo disponível para urbanização. Em tese, os diversos proprietários podem licitar o preço do seu solo face à intenção de um promotor que não se encontra limitado em termos de oferta. E, numa lógica de justiça, todos os proprietários terão a possibilidade de alcançar um prelo justo num jogo claro e transparente de licitação com o promotor.

3.3. Modelo Regulatório com Socialização da Mais-valia de Reclassificação

Entendemos que a faculdade de construir e de edificar é inerente ao direito de propriedade privada. O plano administrativo condiciona, no entanto, essa esfera de liberdade privada, tendo em vista um eficiente ordenamento do território. Assim, a maioria dos ordenamentos jurídicos avançados contempla o direito a indemnização por privação formal ou material do direito a construir, bem como por imposição de limitações irrazoáveis.

Ora, este é o primeiro campo de acção para uma acção regulatória. Esta indemnização não pode assentar nas capacidades potenciais do solo em causa, antes devendo incorporar o valor da utilização presente do mesmo solo. Ao estabelecer-se o referencial na vocação potencial do solo, está-se a promover o imobilismo e a especulação por antecipação, encarecendo-se artificialmente o solo para desenvolvimento[381].

As opções públicas de ordenamento territorial, que se traduzem no poder de urbanizar, devem, no entanto, ser justificadas e proporcionadas, salvaguardando-se as posições relativas entre proprietários, o que implica o necessário desencadeamento de mecanismos perequativos de compensação.

Esta é uma lógica comutativa que decorre directamente da Constituição da República Portuguesa e que terá de ser transposta necessariamente para todos os níveis da decisão urbanística.

A perequação de benefícios em planos urbanísticos constitui um mandamento fundamental decorrente do princípio constitucional da igualdade.

Na nossa legislação, encontramos historicamente algumas técnicas perequativas de benefícios:

- as transferências no seio das associações de proprietários (compensações em espécie previstas nos artigos 119º a 124º do Decreto-Lei nº 380/99) – método cooperativo;
- as cedências de terreno para construção por parte do município (compensações em espécie previstas nos nº 5 e 6 do artigo 138º do Decreto-Lei nº 380/99) – método impositivo em espécie;
- as transferências de índices entre proprietários (compensações em numerário previstas no artigo 140º do Decreto-Lei nº 380/99) – método negocial;
- os descontos em taxas municipais ou as compensações pecuniárias directas atribuídas pelo município; compensações em numerário.

Assim, a perequação de benefícios não deverá assumir qualquer veste de privilégio ou benesse, antes se constituindo como um direito funda-

[381] A Ley de Suelo espanhola de 2007 aponta claramente para o valor actual e não para o valor potencial. *Cf.* CLADERA, Josep – «Ser o devenir? La valoración del suelo en la Ley 8/2007». *In Ciudad y Território*, XXIX (152-153), 2007, p. 419. Assim, na exposição de motivos da Ley, refere-se explicitamente: «*Debe valorarse lo que hay, no lo que el plan dice que puede llegar a haber en un futuro incierto.*»

mental dos cidadãos directamente baseado no princípio constitucional da igualdade económica.

Salienta-se, em primeiro lugar, o seu alcance: a redistribuição de benefícios e encargos, vulgo, perequação, aplica-se a todos os planos territoriais, devendo efectivar-se em todas as operações urbanísticas sistemáticas e não sistemáticas.

Nesta perspectiva, os proprietários que, nos termos do Plano, foram premiados com um direito edificatório superior à média prevista no plano deveriam compensar os proprietários que suportam um direito edificatório inferior à média, na medida da diferença.

O município deverá aparecer, nestas operações, como um mero mediador, já que a operação de compensação poderia ser efectuada nos termos de uma negociação estritamente particular.

Não existe qualquer dúvida a este respeito. Os sujeitos com capacidades edificatórias inferiores à média devem ser compensados por esse facto; os sujeitos com capacidades edificatórias superiores à média devem compensar os relativamente prejudicados. Estes mecanismos devem ser exercidos numa óptica intraplano, no modelo que for mais adequado para o caso concreto.

3.3.1. Mecanismos de Socialização da Mais-valia de Reclassificação por via da Criação de Mercados Secundários

Um outro modelo potencial traduz-se na negociação coaseana de direitos titulados. Por exemplo, o sistema norte-americano assenta nos denominados *tradable development rights* (TDR)[382]. Conforme refere Timothy J. Lawrence[383] «*transfer of development rights refers to a method for protecting land by transferring the "rights to develop" from one area and giving them to another. What is actually occurring is a consensus to place conservation easements on*

[382] *Cf.* CRISS, Jeremy V. – *Farmland Preservation Programs in Montgomery County.* Maryland, Department of Economic Development: Rockville, MD, 1997; DANIELS, Tom; BOWERS, Deborah – *Holding Our Ground: Protecting American Farms and Farmland.* Washington, D.C.: Island Press, 1997; JAMES, Franklin J.; GALE, Dennis E. – *Zoning For Sale: A Critical Analysis of Transfer Development Rights Programs.* Washington, D.C., Urban Institute, Land Use Series, 1997; PLATT, Rutherford H. – *Land Use and Society: Geography, Law, and Public Policy.* Washington, D.C.: Island Press, 1996; STINSON, Joseph D. – «Transferring Development Rights: Purpose, Problems, and Prospects in New York», *In Pace Law Review*, 17, 1996.

[383] LAWRENCE, Timothy J. – *Transfer of Development Rights.* CDFS-1264-98, *Land Use Series*, Ohio University, 2003.

property in agricultural areas while allowing for an increase in development densities or "bonuses" in other areas that are being developed. The costs of purchasing the easements are recovered from the developers who receive the building bonus».

Segundo o mesmo autor, «*the concept of TDRs provides for financial compensation to property owners while society imposes land-use regulations to control growth and development. This approach involves severing the right to develop an area that the public wishes to preserve in low density or open space and transferring those rights to another site where higher than normal density would be tolerated and desirable. The development right is independent of land ownership. The development right becomes a separate article of private property and can be shifted from one area to another and can have economic value*».

A experiência francesa não é muito distinta da norte-americana, assentando no conceito de «coeficiente de ocupação do solo» – C.O.S.[384].

Quer os TDR quer os C.O.S visam a prossecução de finalidades perequativas, essenciais para a manutenção dos padrões de igualdade intrassubjectiva numa óptica intraplano.

[384] Nos termos do *Code de l'Urbanismo*, o C.O.S, pode ser transferido quando o plano de ordenamento (P.O.S) o previr (artº 15 *du règlement de zone*). Assim, a transferência de C.O.S, no direito francês é possível em duas hipóteses. A primeira aplica-se em certas zonas naturais do P.O.S, designadamente nas zonas ND: «*dans les zones à protéger en raison de la qualité des paysages... les POS peuvent déterminer les conditions dans lesquelles les possibilités de construction résultant du COS fixé pour l'ensemble de la zone pourront être transférés en vue de favoriser un regroupement des constructions sur d'autres terrains situés dans un ou plusieurs secteurs de la même zone*» (*C. Urb L.* 123-2). O P.O.S pode, de facto, fixar um C.O.S aplicável ao conjunto da zona, mas só autorizar a realização de construções em algum ou alguns sectores previamente delimitados. Os proprietários cujos terrenos sejam insusceptíveis de construção podem ceder as possibilidades potenciais de construir oferecidas pelo C.O.S aos proprietários dos terrenos que são edificáveis. Quando for aplicado este mecanismo, o terreno cujo C.O.S tiver sido totalmente transferido fica onerado com uma «servidão *non edificandi*». Como refere Fernando Alves Correia, «uma condição importante para a aplicação prática deste sistema é que o C.O.S fixado para o conjunto da zona seja tão baixo que os proprietários dos terrenos situados em sectores edificáveis sejam estimulados a adquirir o potencial de construção inutilizável pertencente a outros proprietários da zona» (*Cf. O Plano...*, cit., pp. 613 e 614). A segunda hipótese tem o seu âmbito de aplicação nas zonas urbanas (zones U). Assim, nos termos do artigo L-332.1 do *Code de l' Urbanisme*, «*lorsque le dépassement de COS est autorisé en raison de prescription d'urbanisme et d'architecture, le constructeur est exonéré de la participation pour dépassement si les propriétaires voisins acceptent de lui transferer des possibilités de construire au moins équivalentes*». Nestas condições, quando a ultrapassagem do C.O.S for autorizada em razão das prescrições de urbanismo e arquitectura, o construtor fica isento do pagamento da contrapartida financeira habitual – a «*participation pour dépassement de C.O.S.*» ou «*participation pour surdensité*».

Estes modelos perequativos podem ser admitidos na Lei do Solo quando estejam em causa áreas com uma elevada dimensão e com diversos vínculos situacionais. Efectivamente, estes modelos de transacção alargada permitem a compensação mútua de todos os proprietários abrangidos pelo plano, obrigando o "beneficiado" pela opção de desenvolvimento a adquirir os direitos aos não beneficiados, que, pela sua venda, seriam compensados.

As dificuldades deste modelo são as usuais nos sistemas com esta configuração, nomeadamente a criação de liquidez suficiente para que o mercado efectivamente funcione.

3.3.2. Mecanismos de Socialização da Mais-valia de Reclassificação por via Compensatória

Numa primeira configuração, o imperativo da compensação encontra-se previsto no artigo 16º do Decreto-Lei nº 448/91.

O nº 1 desse preceito refere que «o proprietário e os demais titulares de direitos reais sobre o prédio a lotear cedem gratuitamente à câmara municipal parcelas de terreno para espaços verdes públicos e de utilização colectiva, infra-estruturas, designadamente arruamentos viários e pedonais, e equipamentos públicos, que, de acordo com a operação de loteamento, devam integrar o domínio público».

Estas cedências territoriais são, no entanto, condicionadas à prossecução do interesse público, tendo o cedente direito de reversão sobre as parcelas cedidas sempre que haja desvio de utilização, e medidas numa óptica estritamente objectiva: o índice médio de utilização ou de edificação, que, em geral, é determinado pela Portaria nº 1182/92, de 22 de Dezembro.

Este quadro é bastante limitado e carece de desenvolvimento. Assim, poderá antever-se na Lei do Solo um modelo de cedência padrão de capacidade edificatória para a entidade municipal tendo em vista a realização de uma regulação de preços ao nível da oferta, na óptica da socialização de mais-valias fundiárias. Neste quadro, seria permitido ao município a constituição de uma Bolsa Fundiária, constituída pelos lotes cedidos pelo promotor, direccionada para o arrendamento a preços regulados, o que permitirá, de forma indirecta, a regulação dos preços no mercado.

Este modelo de arrendamento público é bastante comum nos países desenvolvidos (Reino Unido, Estados Unidos, França e Alemanha) sendo essencial para a correcção dos preços nos mercados imobiliários.

3.3.3. Mecanismos de Socialização da Mais-valia de Reclassificação por via de Intermediação Pública

No nº 5 do artigo 16º do Decreto-Lei nº 448/91 estabelece-se que: «se o prédio a lotear já estiver servido pelas infra-estruturas (necessárias), ou não se justificar a localização de qualquer equipamento público no dito prédio, não há lugar a cedências para esses fins, ficando, no entanto, o proprietário obrigado a pagar à câmara municipal uma compensação em numerário ou em espécie, nos termos definidos em regulamento aprovado pela assembleia municipal.» Este preceito tem uma natureza distinta. Não tem como finalidade o exercício de uma «expropriação» tendo em vista a construção de infra-estruturas de interesse público, mas sim obter do proprietário um determinado montante pecuniário devido ao facto de a sua capacidade edificatória (*jus aedificandi*) ser superior à média determinada no Plano.

Este modelo de tributação foi adoptado pela legislação nacional posterior a 1965, e depois abandonado, dando-se origem a um verdadeiro paraíso fiscal a este propósito. Ora, este modelo tem necessariamente de ser aperfeiçoado. Perante o actual enquadramento legal e constitucional regulador da actividade urbanística vigente no nosso País, a «Compensação Urbanística»[385] prevista no Decreto-Lei nº 448/91, de 29 de Novembro, e calculada através dos parâmetros fixados na Portaria nº 1182/92, de

[385] A doutrina já se pronunciou sobre a natureza jurídica da «Taxa de Compensação». Para Casalta Nabais, estas compensações têm a mesma natureza das taxas por realização de infra-estruturas urbanísticas, visando exigir contrapartidas pelas despesas urbanísticas realizadas pelo município (NABAIS, Casalta – «Fiscalidade do Urbanismo: Impostos e Taxas». *In O Sistema Financeiro e Fiscal do Urbanismo*, Almedina, 2002, p. 55) e, em consequência, a sua verdadeira natureza terá de ser encontrada caso a caso, através da realização de testes de proporcionalidade. Por sua vez, Benjamim Rodrigues afirma que, quer a obrigação de urbanizar nos loteamentos, quer a obrigação de realização de cedências não são susceptíveis de qualificação tributária, sendo antes condicionantes administrativas estabelecidas no processo de urbanização (RODRIGUES, Benjamim – «Para uma Reforma do Sistema Financeiro e Fiscal do Urbanismo em Portugal». *In O Sistema Financeiro e Fiscal do Urbanismo*, cit., p. 195). Quanto a nós, e ao contrário do que outros autores entendem, consideramos que as posições adoptadas não são antagónicas. Diferenciam-se, unicamente, no ponto de partida. Enquanto Benjamim Rodrigues adopta uma perspectiva que parte do fundamento perequativo da compensação, Casalta Nabais ultrapassa imediatamente essa concepção, uma vez que não existe qualquer consignação prevista na lei, qualificando a figura da «compensação urbanística» enquanto receita tributária *tout court*. Ora, inexistindo qualquer mecanismo de transferência perequativa previsto na legislação aplicável, a «Taxa de Compensação» deverá ser qualificada necessariamente como uma receita pública coactiva de natureza eminentemente tributária.

22 de Dezembro, deverá ser reparametrizada, configurando-se como um instrumento perequativo de mediação municipal, que se corporiza pela exigência de um montante pecuniário ao proprietário que detenha uma capacidade edificatória superior ao índice médio de construção, montante esse que deverá necessariamente ser canalizado para finalidades urbanísticas relevantes: o investimento em reabilitação urbana ou a constituição de Bolsas Fundiárias ou, em caso diverso, para a construção de infra-estruturas que beneficiem todos os proprietários e que não possam ser cobradas por outra via (e. g., vias estruturantes). Porém, esta cedência nunca poderá ser considerada como revestindo uma natureza estritamente tributária, pois que assenta em razões perequativas, decorrendo a sua legitimidade da aplicação directa do princípio da igualdade constitucional.

Actualmente, o sistema jurídico encontra-se, portanto, numa encruzilhada quando as compensações urbanísticas são transformadas em compensações monetárias. A compensação pecuniária suportada deveria ter, como demonstrámos, uma finalidade perequativa. Todavia, a lei não prevê os modelos de aplicação dos montantes revertidos.

Se não existir qualquer previsão de compensação, o montante suportado, supostamente a título de «compensação», é canalizado para a satisfação das necessidades gerais de financiamento do município, sem que exista qualquer contraprestação que possibilite o estabelecimento de uma relação jurídica de equivalência. A sua configuração seria, pois, estritamente unilateral, não sendo exigível qualquer contraprestação (presente, futura, sincrónica ou diacrónica) susceptível de ser desenvolvida por parte da entidade pública. Note-se que nem sequer se pode afirmar que tal montante é exigido a título de levantamento de uma proibição (a detenção de um direito de edificação superior à média), pois essa restrição à edificação não pode ser concebida nem em termos legais nem em termos constitucionais, uma vez que não existe qualquer motivo de relevante interesse público para tal (a necessidade de construção da infra-estrutura pública).

De facto, a única razão que o ordenamento jurídico suporta para exigir o pagamento da referida compensação é a compensação dos mais desfavorecidos pelas opções urbanísticas ou a sua aplicação em institutos correctores das incapacidades do mercado fundiário. Essa compensação tem de ser directa, imediata e efectiva. Caso contrário, o fundamento perequativo que justifica esta exigência fica irremediavelmente afectado.

No ordenamento jurídico nacional, as compensações urbanísticas devem, assim, ser reconfiguradas como métodos perequativos visando a manutenção dos padrões de igualdade entre os sujeitos abrangidos por um mesmo plano urbanístico. Neste âmbito, não deverão ser consideradas como revestindo a natureza jurídica de tributo, já que não está em causa qualquer fruição de utilidades públicas susceptíveis de justificar a ocorrência de uma qualquer relação de sinalagmaticidade qualitativa (equivalência jurídica) ou quantitativa (equivalência económica)[386]. Nesse âmbito, as importâncias exigidas aos particulares a este título deverão revestir a natureza jurídica de meras «compensações» visando colmatar os benefícios de uma edificabilidade concreta superior ao índice de edificabilidade média previsto num determinado plano urbanístico.

Em conclusão, de acordo com o princípio da igualdade intraplanos (estabelecido quer na legislação ordinária, quer na Constituição), os montantes exigidos aos particulares (que pretendam desenvolver uma operação de loteamento) a título de compensação urbanística deverão respeitar dois requisitos essenciais:

- Quanto ao cálculo do montante a compensar, tal deverá ser fixado especificamente no plano aplicável, devendo o «sujeito passivo» compensar unicamente num montante equivalente ao valor pecuniário da mais-valia decorrente do seu direito de construir ser superior ao índice médio de construção na área espacial do plano urbanístico;

[386] Mesmo no Reino Unido existe um embrião indirecto deste modelo de compensação. Neste país, encontra-se em discussão a implementação de uma contribuição denominada *Planning-Gain Supplement*, que se destina a captar uma pequena parcela da valorização do terreno que ocorre quando é concedida uma licença de construção, a fim de financiar novas infra-estruturas. Trata-se, portanto, de um contributo gerado pela valorização operada através da concessão de uma licença de construção destinado ao financiamento de novas infra-estruturas em benefício de todos. Contudo, ao contrário do que se verifica no sistema português, a construção das referidas infra-estruturas não terá de ser certa. O *betterment tax*, por sua vez, dá enfoque à valorização imobiliária originada pela realização de uma obra pública, baseando-se, assim, num princípio da equidade, com vista a evitar o enriquecimento ilícito dos proprietários. Este sistema rege-se por um ideal de justiça segundo o qual devem ser os directamente beneficiados pela valorização imobiliária, decorrente de uma obra pública financiada pela colectividade (por todos os contribuintes) a pagar pela mais-valia que se incrementou nos seus imóveis, de forma a compensar os menos beneficiados. Apesar de se confundir, no Reino Unido, os custos de produção com os ganhos por reclassificação, a verdade é que o gérmen da redistribuição encontra-se presente nestes modelos de compensação.

- O montante sustentado pelo particular a título de «compensação» deverá ser necessariamente canalizado para finalidades de correcção do mercado fundiário: investimento em reabilitação urbana, constituição de bolsa fundiária ou construção de utilidades que beneficiem a integralidade dos munícipes.
- A «taxa» da compensação deverá ser fixada perante o caso concreto, atento o juízo de prognose que a entidade pública desenvolva sobre o valor da mais-valia de reclassificação a realizar. Este modelo de liquidação deverá ser procedimentalizado pela Lei do Solo considerando-se o primado da simplicidade e da transparência.

Veremos a forma como estes princípios foram concretizados quando analisarmos o regime actual.

Capítulo II
Perequação em Acção

1. A Perequação no Novo Regime Jurídico

Um traço inovador importante do novo regime é o estabelecimento de um princípio geral de perequação urbanística, estendendo-se o seu alcance para o âmbito municipal ou mesmo intermunicipal. Assim, ao contrário do regime anterior, que só contemplava a perequação em plano de pormenor ou plano de urbanização, limitada ao conjunto dos promotores/proprietários envolvidos, o novo sistema adopta uma terceira formulação, mais ampla, estabelecendo que essa perequação deverá igualmente ser efectuada tomando em consideração os sujeitos não integrantes desses planos, mas que estejam estabelecidos na circunscrição municipal. Esta matéria é essencial já que, até hoje, nenhum PDM respeitou o ordenamento legal aplicável. Neste quadro, é essencial transmitir aos alunos a possibilidade prática da criação de modelos perequativos, desmistificando as dificuldades usualmente levantadas.

O nº 2 do artigo 64º da Lei do Solo é clara a esse respeito: «os planos territoriais de âmbito intermunicipal ou municipal contêm instrumentos de redistribuição equitativa de benefícios e encargos deles resultantes». Esta referência não é mais do que uma concretização do princípio constitucional da igualdade. De forma a tornar esta perequação global operacional, prevê-se, no nº 3 desse artigo, que «a redistribuição de benefícios e encargos a efetivar no âmbito dos planos territoriais de âmbito intermunicipal ou municipal toma por referência unidades operativas de planeamento e gestão, bem como unidades de execução, considerando a globalidade de território por eles abrangida».

Passam, portanto, a existir três níveis de perequação:

- A Afectação Social de Mais-Valias, de âmbito municipal (inovadora); *cf.* alínea *a)* do artigo 66º «afetação social de mais-valias gerais atribuídas pelo plano territorial de âmbito intermunicipal ou municipal»;
- A Perequação Intraplano (semelhante ao anterior sistema); *cf.* alínea *b)* do artigo 66º «Distribuição dos benefícios e encargos decorrentes do plano territorial de âmbito intermunicipal ou municipal entre os proprietários fundiários»;
- O Mecanismos das Cedências Urbanísticas (semelhante ao anterior sistema, mas clarificado); *cf.* alínea *c)* do artigo 66º: «contribuição com áreas para a implementação, instalação e renovação de infraestruturas, equipamentos, espaços verdes e outros espaços de utilização colectiva».

O artigo 176º do RJIGT estabelece os mecanismos gerais de perequação, referindo no nº 1 que os planos territoriais garantem a justa repartição dos benefícios e encargos e a redistribuição das mais-valias fundiárias entre os diversos proprietários, a concretizar nas unidades de execução, devendo prever mecanismos directos ou indirectos de perequação.

As finalidades são as seguintes: *a)* A garantia da igualdade de tratamento relativamente a benefícios e encargos decorrentes de plano territorial de âmbito intermunicipal ou municipal; *b)* A obtenção pelos municípios de meios financeiros adicionais para o financiamento da reabilitação urbana, da sustentabilidade dos ecossistemas e para garantia da prestação de serviços ambientais; *c)* A disponibilização de terrenos e de edifícios ao município para a construção ou ampliação de infra-estruturas, de equipamentos colectivos e de espaços verdes e outros espaços de utilização colectiva; *d)* A supressão de terrenos expectantes e da especulação imobiliária; *e)* A correcção dos desequilíbrios do mercado urbanístico; *f)* A promoção do mercado de arrendamento por via da criação de uma bolsa de oferta de base municipal; *g)* A realização das infra-estruturas urbanísticas e de equipamentos colectivos em zonas carenciadas.

Num modelo não totalmente coerente com a Lei do Solo em termos de denominação, mas coincidente nos objectivos, refere-se no artigo 177º do RJIGT que os municípios podem utilizar, designadamente, os seguintes mecanismos de perequação: *a)* Estabelecimento da edificabilidade média do plano; *b)* Estabelecimento de uma área de cedência média; *c)* Repartição dos custos de urbanização.

O artigo 178º do RJIGT estabelece alguns conceitos básicos. Refere que a métrica dos benefícios atribuídos a cada proprietário traduz-se no resultado da diferença entre a edificabilidade abstracta e o direito concreto de construção que lhe é atribuído. Assim, a edificabilidade abstracta a atribuir a cada proprietário é expressa em metros quadrados de área de construção e corresponde ao produto da edificabilidade média prevista no plano pela área total de terreno detida inicialmente por cada proprietário. Por sua vez, a edificabilidade média do plano é determinada pelo quociente entre a área total de construção e a área de intervenção do plano e o direito concreto de construção corresponde à edificabilidade específica de cada parcela ou lote, expressa em metros quadrados e resultante da licença ou apresentação de comunicação prévia de controlo adiantado de operações urbanísticas, em conformidade com os índices e parâmetros urbanísticos estabelecidos no plano. Assim, o modelo perequativo de benefícios actua em torno deste triângulo conceptual.

Nos termos do nº 5 do artigo 178º, «quando o direito concreto de construção do proprietário for inferior à sua edificabilidade abstrata, o proprietário deve receber uma compensação, nos termos a prever em regulamento municipal, designadamente, através das seguintes medidas alternativas ou complementares: *a)* Desconto nas taxas que tenha de suportar; *b)* Aquisição pelo município, por permuta ou compra, da parte do terreno menos edificável; *c)* Transmissão de uma área correspondente à edificabilidade em defeito». Por sua vez, nos termos do nº 6 «quando o direito concreto de construção do proprietário for superior à sua edificabilidade abstrata, o proprietário deve compensar a área de construção correspondente a essa diferença, em numerário ou em espécie, designadamente através da transmissão para o domínio privado do município de uma área correspondente à área de construção em excesso».

Por sua vez, o artigo 183º do RJIGT trata da perequação de encargos. Refere que «os encargos de urbanização para efeitos de perequação intraplano correspondem a todos os custos previstos nos planos com infraestruturas urbanísticas, equipamentos, espaços verdes e outros espaços de utilização coletiva. A comparticipação nos custos de urbanização é determinada pelos seguintes critérios: *a)* O tipo de aproveitamento urbanístico determinado pelas disposições dos planos; *b)* A capacidade edificatória atribuída; *c)* A extensão excecional de infraestruturas para serviço de uma parcela».

Este regime jurídico é uma transcrição do modelo anterior, devendo, por conseguinte, ser interpretado sistematicamente, tomando em consideração o disposto na Lei do Solo. Vejamos como.

1.1. Perequação de Primeiro Nível: a Afectação Social de Mais-Valias

A afectação social de mais-valias concretiza a perequação à escala municipal, é devida pela reclassificação do solo como urbano e pela outorga de direitos de edificação e é destinada à compensação ambiental da transformação do solo e do aumento da carga edificatória. No caso de preexistências edificadas ou de edificabilidade concreta já atribuída por plano territorial anterior, a afectação social de mais-valias só incide sobre a edificabilidade adicional outorgada pelo novo instrumento ou acto. Nesta perspectiva, opta-se por cumprir o mandato constitucional do princípio da igualdade nas decisões urbanísticas numa escala municipal (a outra opção seria a escala nacional, como fizeram em tempo os franceses, porém, ainda não existe informação disponível para a afinação desse modelo).

Esta perequação geral é inovadora e visa a captura de mais-valias fundiárias resultantes de simples actos administrativos. É, assim, uma perequação de benefícios, colmatando uma falha no nosso ordenamento jurídico que, desde a década de 60 do século passado, é omisso (ou inconclusivo) a este respeito (veja-se o caso dos encargos de mais-valias).

Estão previstos dois eventos distintos potencialmente geradores de vantagens patrimoniais: a reclassificação do solo por plano urbanístico (mais-valia fundiária típica) e o aumento de carga edificatória que ocorra mesmo sem reclassificação do uso do solo (outorga de direitos de edificação por acção administrativa).

Esta quantificação diferencial da vantagem patrimonial visa unicamente a compensação pelo ganho extraordinário, que corresponde à diferença entre a situação normal (a média municipal traduzida no índice médio municipal) e o ganho concreto (o índice concreto atribuído ao sujeito). Sendo uma compensação perequativa, só incidirá sobre a diferença entre os dois referenciais.

Num modelo de descentralização, competirá à Assembleia Municipal a determinação da percentagem de afectação social de mais-valia a aplicar justificada pela orientação de política urbanística adoptada, podendo ser definidas taxas diferenciadas em função das áreas territoriais de incidência, abrangidas pelo plano director municipal.

É neste enquadramento que devem ser interpretados os n.ºs 6 e 7 do artigo 64º, onde se refere que «os planos territoriais de âmbito intermunicipal ou municipal fundamentam o processo de formação das mais-valias fundiárias e definem os critérios para a sua parametrização e redistribuição; a lei pode ainda estabelecer mecanismos de distribuição de encargos e benefícios destinados a compensar os custos decorrentes da proteção de interesses gerais, nomeadamente, a salvaguarda do património cultural, a valorização da biodiversidade ou da proteção de ecossistemas».

O nº 4 do artigo 62º prevê o mecanismo que opera a compensação geral: «os municípios devem constituir um fundo municipal de sustentabilidade ambiental e urbanística, ao qual são afetas receitas resultantes da redistribuição de mais-valias, com vista a promover a reabilitação urbana, a sustentabilidade dos ecossistemas e a prestação de serviços ambientais, sem prejuízo do município poder afetar outras receitas urbanísticas a este fundo, com vista a promover a criação, manutenção e reforço de infraestruturas, equipamentos ou áreas de uso público». Porém, esta afectação social de mais-valias não tem uma natureza fiscal.

Em primeiro lugar, o seu fundamento assenta unicamente na lógica de uma compensação alargada resultante de uma decisão administrativa que concede uma vantagem económica ao agente decorrente da outorga de uma possibilidade edificatória superior à média daquela colectividade. No limite, a autonomia privada resolveria esta situação de forma eficiente. No entanto, tendo em conta a dimensão da colectividade, a arbitragem pública tornar-se-á mais eficiente.

Em segundo lugar, a afectação social de mais-valias opera segundo o princípio da igualdade na sua versão mais simplificada: ninguém pode ser beneficiado ou prejudicado por uma decisão administrativa. Não estamos, portanto, no campo do princípio da igualdade fiscal.

Em terceiro lugar, não existe nenhuma motivação causal que possa reconduzir-nos ao campo tributário. O princípio da capacidade contributiva não constitui o fundamento para esta compensação alargada. Ao invés, se realizar um lucro ou proveito decorrente da valorização fundiária excepcional, este estará sujeito aos impostos sobre o rendimento (IRS ou IRC, consoante o caso). Neste caso, não está em causa qualquer incremento patrimonial directo ou um qualquer rendimento, mas sim unicamente uma compensação devida por uma vantagem face ao valor médio da colectividade. Em tese, nem sequer ocorre aqui uma qualquer mais-valia. A existir essa mais-valia, ocorrerá unicamente no momento da alienação do imóvel (sendo tributada em sede própria) e não no momento da corporização do direito a edificar. Neste último momento, o que ocorre é a corporização de uma vantagem que, se existente, implicará uma natural compensação relativamente aos mais prejudicados. Sendo inoperacional uma compensação genérica e personalizada dos agentes não beneficiados, ou seja, daqueles que detêm uma possibilidade edificatória inferior à média, o legislador optou pela consignação das verbas no exercício de políticas públicas a favor de actividades que, na sua essência, assentam na imposição de cargas edificatórias limitadas (a reabilitação urbana) ou inexistentes (a garantia da sustentabilidade dos ecossistemas e a prestação de serviços ambientais).

Também o princípio da equivalência não terá qualquer aplicabilidade neste contexto. Não existe nenhuma falha de mercado que se torne necessário eliminar. A compensação é directa e decorre da outorga de uma vantagem oriunda de uma decisão administrativa discricionária, mas justificada pela lógica urbanística e de gestão do território.

Não existem, portanto, quaisquer mais-valias em sentido próprio, mas unicamente um nivelamento operacional de benefícios de âmbito estritamente compensatório, sendo que a intermediação pública ocorre por razões de eficiência acrescida.

No limite, este instrumento poderá basear-se em prestações em espécie que permitam ao município prosseguir fins de política pública reguladora, tais como: *a)* disponibilização de terrenos e edifícios ao município para a implementação, instalação ou renovação de infra-estruturas, equipamentos e espaços urbanos de utilização colectiva, designadamente zonas verdes, bem como para compensação de particulares nas situações em que tal se revele necessário; *b)* estímulo da oferta de terrenos para urbanização e construção, evitando-se a retenção dos solos com fins especulativos; *c)* correcção dos desequilíbrios do mercado urbanístico, nomeadamente a regularização do preço do solo; *d)* promoção do mercado de arrendamento por via da criação de uma bolsa de oferta de base municipal; *e)* realização das infra-estruturas urbanísticas em zonas carenciadas;

Uma metodologia alternativa poderá passar pela criação de um modelo de mercado secundário do tipo coaseano, em que os agentes que fossem premiados com uma capacidade edificatória superior ao valor médio teriam de adquirir o correspondente direito a um agente que tivesse constrangido nessa capacidade.

O sistema transaccional funcionaria num modelo compensatório tendo em vista a equalização das posições jurídicas dos «beneficiados» e dos «prejudicados». Trataremos desta matéria quando analisarmos a temática da transferência dos direitos de edificação.

1.2. Metodologias para a Afectação Social das Mais-Valias

Os conceitos básicos são os seguintes: *i)* o plano fixa um direito abstracto de construir correspondente a uma edificabilidade média que é determinada pela construção admitida para cada propriedade ou conjunto de propriedades, por aplicação dos índices e orientações urbanísticos estabelecidos no plano; *ii)* o direito concreto de construir resultará dos actos de licenciamento de operações urbanísticas e de autorização de edificações, os quais deverão ser conformes aos índices e parâmetros urbanísticos estabelecidos no plano; *iii)* a edificabilidade média será determinada pelo quociente entre a soma das áreas totais de construção de todos os pisos acima e abaixo do solo destinados a edificação, independentemente dos usos existentes e admitidos pelo plano e a totalidade da área ou sector abrangido por aquele[387].

Tomando estes referenciais, a afectação social das mais-valias será potencialmente realizada de diversas formas. Assim, poderemos adoptar: *i)* um método simplificado; *ii)* um método perequativo médio; ou *iii)* um método analítico.

A definição concreta do método de afectação social de mais-valias gerais a aplicar no plano de pormenor ou no plano de urbanização competirá à Assembleia Municipal no momento da sua aprovação.

A base da opção consiste na ponderação custo/benefício relativamente às vantagens do desenvolvimento de metodologias mais finas perante a informação existente. Assim, se a atribuição de edificabilidade decorrer directamente do Plano Director Municipal, deverá aplicar-se o método

[387] O Plano Director Municipal deverá definir o nível de edificabilidade média municipal, prevendo os mecanismos de afectação social das mais-valias gerais atribuídas pelo plano de pormenor ou de urbanização, loteamento ou por licença ou autorização de edificação. Deverá, ainda, conter uma carta de valores fundiários definindo os referenciais relativos aos preços normais do solo não edificável e aos preços normais do solo edificável para finalidades habitacionais, comerciais, industriais, turísticas e de serviços.

simplificado para efeitos de edificação habitacional ou o método analítico se a atribuição de edificabilidade tiver como objecto a construção de edifícios para o desenvolvimento de actividades comerciais, industriais, turísticas ou de serviços.

Ao invés, se a atribuição de edificabilidade decorrer de Plano de Pormenor ou Plano de Urbanização poderá aplicar-se o método simplificado, se a edificabilidade concreta[388] atribuída for inferior ao dobro da edificabilidade média, fixada em sede de edificabilidade abstracta[389] (disparidade não relevante), ou o método perequativo médio, se a edificabilidade concreta atribuída for igual ou superior ao dobro da edificabilidade média ou, claro está, o método analítico, se a edificabilidade for atribuída para finalidades não habitacionais.

Relembre-se que a edificabilidade constante no novo instrumento será sempre cumulativa. No caso de preexistências ou de edificabilidade concreta já atribuída por plano anterior, a afectação social das mais-valias só deverá incidir sobre a edificabilidade adicional outorgada pelo novo instrumento.

i) Método Simplificado

O método simplificado traduz-se na potencial afectação social de uma percentagem (eventualmente 20% a 40%) de compensação incidente sobre o valor correspondente à edificabilidade concreta atribuída, competindo à Assembleia Municipal a determinação da percentagem de cedência a aplicar.

Considerando os diversos condicionalismos urbanísticos, a Assembleia Municipal poderá efectuar uma diferenciação de percentagens de compensação a aplicar nas diversas áreas abrangidas pelo Plano Director Municipal.

A compensação será exigível no momento do licenciamento ou da autorização para o desenvolvimento da edificação, sendo entregue no momento do pagamento da TRMRI.

[388] A edificabilidade concreta corresponde ao direito concreto de construção em cada prédio, parcela ou lote, expressa em metros quadrados de área total de construção (ΣAc), resultante da licença ou apresentação de comunicação prévia de operações urbanísticas, em conformidade com os índices e parâmetros urbanísticos estabelecidos no Plano para cada categoria de ocupação do solo.

[389] A edificabilidade abstracta é equivalente em toda a área do plano e corresponde a um índice médio igual quer para o solo rústico, quer para o solo urbano. Tem, assim, uma função niveladora de benefícios e encargos, constituindo a concretização do princípio da igualdade.

ii) Método Perequativo Médio

O método perequativo médio traduz-se na afectação social de uma percentagem (eventualmente de 10% a 20%) de compensação incidente sobre a vantagem patrimonial resultante da atribuição de um direito concreto de construção superior ao índice médio municipal, competindo, igualmente, à Assembleia Municipal a determinação concreta da percentagem de cedência a aplicar, atentas as diversas áreas abrangidas pelo Plano Director Municipal.

A compensação seria exigível no momento da atribuição de um direito concreto de construção, sendo entregue no momento de liquidação da TRMRI, podendo ser efectuada em dinheiro ou em espécie, designadamente mediante a cedência de solo com direitos de construção. Esta compensação poderia ser faseada no tempo na presença de unidades de execução, devendo, neste caso, ser prestada garantia correspondente ao montante integral no momento da aprovação do instrumento de gestão territorial, que poderá revestir qualquer uma das formas legalmente admissíveis, nomeadamente a hipoteca de prédios ou de direitos de construção.

O cálculo do valor perequativo médio baseia-se na diferença entre a edificabilidade concreta permitida e a edificabilidade média do município, valorada pelo valor médio do solo para os diferentes tipos de uso constante do valor por m² construído constante da carta de valores fundiários do Município, seguindo as fórmulas abaixo indicadas:

$$\text{Valor da edificabilidade média do Município} = \frac{\sum \text{(área bruta por tipo de uso x índice de edificação x valor da carta de valores fundiários)}}{\text{Área urbana total do município}}$$

$$\text{Valor da edificabilidade média da un. de execução} = \frac{\sum \text{(área bruta por tipo de uso x índice de edificação x valor da carta de valores fundiários)}}{\text{Área total da unidade de execução}}$$

Enquanto o valor por metro quadrado construído constante da carta de valores fundiários do Município não for determinado, poderá utilizar-se o valor do metro quadrado do terreno de implantação constante do artigo 39º do Código do IMI, correspondente a 25% do valor de base dos prédios edificados, deduzido do montante do valor por metro quadrado tomando como referência para o valor de solo rústico (por exemplo, 3 euros).

Uma vez que o modelo assenta em meras compensações não tributárias, existirá uma enorme liberdade para a definição dos termos concretos da perequação. Fundamental será a concretização de situações justas e equitativas para um equilíbrio de benefícios e encargos.

iii) Método analítico

Para efeitos do cálculo do valor correspondente à edificabilidade concreta no caso de operações urbanísticas que visem o desenvolvimento de actividades industriais, comerciais ou turísticas, poderá aplicar-se o método analítico.

O método analítico traduz-se na afectação social de uma percentagem de cedência (por exemplo, 20% e 40%) sobre o valor correspondente à edificabilidade concreta aprovada para cada área e para cada tipo de uso previsto numa determinada intervenção urbanística, sendo o cálculo do valor patrimonial tributário potencial da actividade a desenvolver definido nos termos do plano de negócio ou da carta de valores fundiários aplicável àquela actividade concreta, deduzido do valor correspondente à aquisição do solo rústico[390], respectivos custos de infra-estruturação e a taxa municipal de urbanização e edificação. A razão para a aplicação desta metodologia diferenciada reside no próprio mecanismo de determinação do valor do solo quando está em causa uma actividade produtiva com as características referidas. Como não poderia deixar de ser, competirá à Assembleia Municipal a determinação concreta da percentagem de cedência a aplicar no momento de aprovação do plano de pormenor, do plano de urbanização ou da autorização para a edificação de edifícios para o desenvolvimento de actividades comerciais, industriais ou turísticas.

Para efeitos das metodologias referidas, a compensação poderá ser efectuada em dinheiro, se a atribuição de edificabilidade decorrer directamente do Plano Director Municipal, ou solo com direitos de construção ou em dinheiro, se a atribuição de edificabilidade decorrer de Plano de Pormenor ou Plano de Urbanização.

[390] De igual forma, enquanto o valor por metro quadrado construído constante da carta de valores fundiários do Município não for determinado, poderá utilizar-se o valor do metro quadrado do terreno de implantação constante do artigo 39º do Código do IMI, correspondente a 25% do valor de base dos prédios edificados, deduzido do montante do valor por metro quadrado tomando como referência para o valor de solo rústico (por exemplo, 3 euros).

A outorga de direitos de edificação ao município em sede de compensação teria o efeito benéfico de permitir o desenvolvimento de uma oferta pública de habitações que, arrendadas a preços regulados, teriam uma função decisiva na estabilização dos preços fundiários.

Esta vertente perequativa visa, portanto, alcançar um padrão de igualdade ao nível municipal. Por essas razões, a sua metodologia não pode ser tão fina ou precisa como aquela que se conseguirá alcançar a um nível intraplano.

2. Perequação de Segundo Nível: Distribuição dos Benefícios e Encargos Intraplano

Quando nos referimos a modelo perequativo intraplano, estamos a referir-nos obviamente aos modelos mais ligeiros de planeamento, tais como os planos de pormenor e de urbanização. Actualmente, os instrumentos de gestão do território prevêem os métodos de repartição entre os proprietários dos encargos e benefícios decorrentes de instrumento de ordenamento do território por via da distribuição dos índices concretos de construção tomando em consideração o índice médio de construção;

Os instrumentos de repartição de benefícios e encargos poderão ser operados por via de intermediação pública ou num modelo puramente contratual, designadamente por via da compra e venda de direitos de construção, com ou sem intermediação de entidades públicas.

No caso de existência de uma intermediação de entidade pública, a compensação recebida é necessariamente canalizada para uma rubrica orçamental própria e empregada na compensação dos sujeitos aos quais o plano de pormenor ou plano de urbanização atribui direito concreto de construir inferior ao índice médio de construção, bem como no financiamento do exercício das funções que lhe estão cometidas. Caso contrário, essa compensação revestiria uma natureza tributária, o que não é claramente o caso.

Na definição dos mecanismos de perequação intraplano, o instrumento de planeamento ou programação deverá identificar os seguintes conceitos básicos: *a)* o benefício-padrão para cada uma das zonas decorrentes das propostas do plano tomando em consideração o índice de construção médio; *b)* o encargo-padrão para cada uma dessas zonas decorrentes das propostas do plano visando a repartição dos encargos de urbanização; *c)* a compensação a atribuir nas situações em que do plano decorram desvios relativamente aos padrões fixados tomando em consideração os referenciais relativos aos preços normais do solo não edificável e aos preços normais do solo edificável para finalidades habitacionais, comerciais, industriais, turísticas e de serviços.

De forma que não ocorram distorções, a compensação deverá ser calculada tomando como referência as diferenças entre os benefícios-padrão decorrentes do Plano após a aplicação dos métodos para a afectação social das mais-valias gerais. Será, portanto, uma perequação de segundo nível. Num primeiro momento, os beneficiados pelo instrumento de planeamento ou programação compensam a colectividade pela sua vantagem relativamente aos índices de edificabilidade médios do município. No segundo momento, os integrantes do instrumento de planeamento ou de programação nivelam, entre si, as posições relativas de encargo/benefício, de modo que todos obtenham uma posição equitativa.

As compensações entre os proprietários poderão ser efectuadas em dinheiro, solo ou direitos de edificação.

Porém, no caso de existência de intermediação de entidade pública: *a)* quando a edificabilidade do terreno for superior à média, o proprietário beneficiado deverá, aquando da concretização do direito a edificar, ceder para o património público do solo uma área correspondente à edificabilidade construtiva em excesso; *b)* quando a edificabilidade do terreno for inferior à média, o proprietário prejudicado deverá, aquando da concretização do direito a edificar, receber do património público do solo uma área correspondente à edificabilidade construtiva em defeito.

2.1. Cálculo da Distribuição Perequativa Intraplano

O valor dos benefícios atribuídos a cada proprietário é dado pela diferença entre o valor abstracto que lhe é devido e a edificabilidade concreta que lhe é atribuída.

Os montantes gerados para todos os proprietários da área objecto da operação urbanística deverão compensar-se de forma que o valor correspondente aos pagamentos a efectuar equilibre o valor dos recebimentos a que haja lugar.

A determinação do valor total da área sujeita a plano de urbanização ou plano de pormenor é calculada através da soma dos valores das áreas de edificação, de acordo com o tipo de uso em cada lote, multiplicado pelos respectivos valores fundiários constantes da carta de valores fundiários, dentro da unidade de execução ou área de intervenção sujeita a regime de perequação intraplano. Neste contexto, é essencial garantir que existem áreas homogéneas de benefícios e encargos. Por exemplo, se um plano tiver uma área de enorme dimensão, não será justo obrigar um proprietário de uma área remota a contribuir para a construção de uma infra-estrutura lúdica (por exemplo, um parque urbano) nos mesmos termos que os proprietários vizinhos ao mesmo parque.

A edificabilidade média abstracta obtém-se a partir da divisão do valor a que se refere o número anterior pela área total do plano.

Os direitos de construção a atribuir a cada proprietário (expressos em metros quadrados) correspondem ao produto da edificabilidade média abstracta pela percentagem da área total detida inicialmente por cada proprietário. Para cada lote ou parcela resultante da execução do plano, de acordo com a tipologia proposta no plano, calcula-se o valor da edificabilidade concreta atribuída a cada proprietário, a qual se obtém através do produto entre as áreas brutas permitidas para os diferentes tipos de usos e o respectivo índice de construção, e os valores do solo para os respectivos usos previstos na carta de valores fundiários).

Por sua vez, o cálculo dos encargos totais de urbanização baseia-se nos custos previstos nos planos para efeitos de construção de infra-estruturas, espaços públicos, espaços verdes, instalações de proximidade, bem como compensações por eventuais demolições (este valor deve basear-se nos valores de registo de propriedade).

A comparticipação nos custos de urbanização pode ser determinada pelos seguintes critérios: *a)* o tipo ou a intensidade de aproveitamento urbanístico determinado(a) pelas disposições dos planos; *b)* a capacidade edificatória atribuída; *c)* a extensão excepcional de infra-estruturas para serviço de uma parcela. Assim, são considerados custos de urbanização todos os custos relacionados com as infra-estruturas locais e de proximidade. Por sua vez, os custos relacionados com a construção ou o reforço de infra-estruturas gerais serão pagos por via da TRMRI.

Assim, cada proprietário suportará a compensação perequativa na percentagem do seu benefício concreto em sede de capacidade edificatória concreta atribuída. O balanço final entre o que cada proprietário tem a receber e a pagar é expresso em valores monetários, sendo dado pela diferença entre os benefícios e encargos, acrescido da compensação correspondente a eventuais demolições impostas pelo plano.

Este modelo é especialmente adequado a planos de pormenor e de urbanização, em que não existirão grandes obstáculos à concretização imediata de ponderações de equilíbrio com base em transferências directas.

3. Perequação de Terceiro Nível: Cedências para a Implementação, Instalação e Renovação de Infra-estruturas, Equipamentos e Espaços Urbanos de Utilização Colectiva

Estabelece o artigo 182º do RJIGT que o plano director municipal ou intermunicipal fixa uma área de cedência média para a instalação de infra-estruturas, equipamentos e espaços urbanos de utilização colectiva, aplicável à perequação intraplano a realizar a nível municipal. Se tal valor não for fixado a esse nível, deverá o plano de pormenor fixar a área de cedência média em valores consentâneos com a prática municipal.

No nº 3 do artigo 183º, refere-se que «para efeitos da cedência média são considerados os parâmetros de dimensionamento das áreas destinadas à implantação de espaços verdes, de equipamentos e de infraestruturas de utilização coletiva». Estamos, portanto, no âmbito da disponibilidade de solo para a instalação de infra-estruturas de suporte à comunidade urbana. Este é, portanto, o âmago da gestão urbana no seu sentido mais essencial. Ao titular de propriedade privada, de forma a conformar-se ao ambiente urbano, cede parte da sua área disponível para a instalação de redes e utilidades de interesse público.

Também aqui é essencial a concretização de uma situação de equilíbrio: *i)* quando a área de cedência efectiva for superior à cedência média, o proprietário deve, quando pretenda realizar operações urbanísticas, ser compensado, nos termos previstos no plano ou em regulamento municipal; ao invés, *ii)* quando a área de cedência efectiva for inferior à cedência média, o proprietário tem de compensar os demais proprietários ou pagar a respectiva compensação urbanística nos termos definidos em regulamento municipal.

Este modelo de cedência reveste uma perequação de terceiro nível. Já não estamos a falar de uma redistribuição de benefícios e encargos a nível do município (a afectação social de mais-valias), nem de uma perequação intraplano (ou seja, de uma redistribuição de benefícios e encargos entre proprietários no seio de um plano), mas sim de um modelo geral de cedência de solo para a implantação de redes ou utilidades de interesse público, no interior ou no exterior de um plano, que, por razões de equilíbrio nacional, regional ou local, deverá ser nivelado em termos gerais.

É por essa razão que, independentemente da possibilidade da fixação de um valor de cedência em sede de PDM, torna-se conveniente uma uniformização geral. Essa uniformização é, por exemplo, concretizada na Portaria nº 216-B/2008, de 3 de Março, em que se estabelecem as áreas de cedência em sede de áreas destinadas à implantação de espaços verdes e de utilização colectiva, infra-estruturas viárias e equipamentos.

Assim, é devida a cedência de áreas de solo ao município nas seguintes situações: *a)* em Planos de Pormenor e nas operações de loteamento e respectivas alterações de que resulte aumento da superfície de pavimento ou alteração dos usos previamente licenciados; *b)* nas operações urbanísticas com impacto relevante ou semelhante a operações de loteamento; *c)* em obras referidas no Regime Jurídico da Urbanização e Edificação, quando a operação contemple a criação de áreas de circulação viária e pedonal, espaços verdes e equipamentos de uso privativo.

4. Transmissão de Direitos de Edificação

A compra e venda de direitos de edificação encontra-se prevista no nosso ordenamento jurídico. Nos termos do artigo 179º do RJIGT, a compensação entre proprietários pode ser objecto de contratos de compra e venda de edificabilidade entre os proprietários ou entre estes e a câmara municipal.

Este modelo assenta no pressuposto coaseano, corporizado na transacção de um direito secundário enquanto elemento de nivelação das pretensões edificatórias. Refere-se, no nº 2 do artigo 179º, que a compra e venda de edificabilidade pode assumir a forma de créditos de edificabilidade. De forma a obterem uma visibilidade sobre terceiros, as transacções devem ser obrigatoriamente comunicadas à câmara municipal e estão sujeitas a inscrição no registo predial.

Esta transacção pode ser efectuada não só no seio do mesmo plano de pormenor ou de urbanização, como acontecia no regime anterior, mas igualmente no seio do PDM, atenta a previsão inovadora relativa à afectação social de mais-valias. Assim, o plano poderá permitir que os proprietários que, de acordo com as disposições do mesmo, possam construir acima da edificabilidade média adquiram o excesso a essa potencialidade àqueles que, igualmente nos termos do plano, disponham de um direito concreto de construção inferior à mesma.

Este modelo perequativo parte do modelo de concretização de situações óptimas por via da criação de direitos secundários. Essa criação jurídica tem a sua origem na complexidade inerente ao direito de propriedade imobiliária. A separação entre o direito abstracto e o direito concreto de construir é, na verdade, o resultado de uma estratégia de optimização económica. Concordamos, portanto, com Cláudio Monteiro quando refere que não existem dois direitos de construir autónomos entre si, mas apenas duas posições jurídicas distintas dentro da estrutura do mesmo direito, que se reúnem para constituir a plenitude dos seus poderes na esfera jurídica do comprador. A separação entre o direito abstracto e o direito concreto de construir é, na verdade, o resultado de uma titularização jurídica que, tal como no caso das quotas de pesca ou dos direitos de emissão negociáveis, visa a concretização de um situação económica óptima por via da criação de um bem fluido, homogéneo e, portanto, transaccionável em sede de mercado. Citando Cláudio Monteiro, «apesar de a edificabilidade não ser, em si mesma, uma coisa corpórea, mas apenas uma realidade jurídica criada pelo plano, pode dizer-se que ao vincular a sua materialização a uma determinada parcela do território – independentemente de se tratar do terreno de onde ela emerge ou de outro para o qual ela possa ser transferida – o plano procede à sua coisificação. Embora o plano confira ao proprietário o direito subjetivo público de realizar o aproveitamento urbanístico do seu terreno, nos termos e com as condições nele estabelecidas, a patrimonialização das respetivas faculdades urbanísticas não é um mero efeito da sua aprovação, estando dependente, entre outros, do cumprimento dos deveres urbanísticos estabelecidos na lei e da obtenção dos títulos necessários à sua materialização».[391]

Efectivamente, a titularização dos direitos de edificabilidade é instrumental a um objectivo, a redistribuição de benefícios e encargos no seio do plano, e tem um alcance abrangente. No limite, e se aplicarmos este modelo em termos gerais, tal permitirá uma justa redistribuição entre os proprietários de solo urbano e de solo rústico em toda a circunscrição municipal. Em termos internacionais, tal já existe. Quer os TDR norte-americanos, quer o P.O.S. francês visam esta mesma finalidade. No entanto, e perante o alargamento da sua área de aplicação – espacial, ao nível municipal ou mesmo intermunicipal, funcional – ante os objectivos de política pública subjacente, este instrumento coaseano é igualmente útil para o desenvolvimento de opções de redistribuição de espectro alargado. Por exem-

[391] MONTEIRO, Cláudio – *O Domínio da Cidade. A Propriedade à Prova no Direito do Urbanismo.* AAFDL, 2013, p. 614.

plo, nos Estados Unidos da América, os TDR são usados para efeitos de protecção do património cultural ou, mais recentemente, como modo de remuneração do capital natural. Na Lei do Solo francesa, os planos locais de urbanismo podem determinar opções de política de concentração ou reagrupamento das construções em determinadas zonas, em virtude, por exemplo, na manutenção da qualidade da paisagem[392].

O regime nacional é mais alargado pois que, baseando-se num pressuposto perequativo geral, incentiva à transferência voluntária de direitos de edificação de áreas onde a construção é restringida – áreas emissoras – para áreas onde a construção pode ser desenvolvida de forma menos limitada – áreas receptoras.

A – Questões para o Futuro

i. Qual a relevância do zonamento da definição da política territorial e urbanística?

ii. Deverá o zonamento ser desenvolvido no âmbito de uma política cooperativa ou autoritária?

iii. Qual o mecanismo de nivelamento da eficiência e da igualdade em sede de decisão de zonamento?

iv. É a decisão urbanística fatalmente originadora de situações de desigualdade?

v. Como proceder a uma redistribuição de benefícios e encargos em sede urbanística?

vi. Como eliminar as inelutáveis tendências para o ócio e para a especulação em sede urbanística?

vii. Será a especulação fatal em sede de decisão urbanística? Ou será um resultado da ineficiência da decisão pública?

viii. Como proceder à compensação dos agentes que sofrem menos-valias urbanísticas?

ix. Como proceder à eliminação das mais-valias urbanísticas?

x. Qual a melhor metodologia para proceder à denominada perequação urbanística? A actuação económica? A regulação económica?

xi. Quais os melhores instrumentos para realizar a perequação urbanística? Os instrumentos pigouvianos? Os instrumentos coaseanos?

[392] *Loi d'Orientation Fonciere,* disponível em: https://www.legifrance.gouv.fr/affichTexte.do?cidTexte=JORFTEXT000000501076&categorieLien=id

xii. Qual o papel da «afectação social de mais-valias»?
xiii. Qual o papel da perequação intraplano?
xiv. Qual o papel das compensações urbanísticas?
xv. Como prevenir «compensações perequativas» a sujeitos ociosos?
xvi. Revestirá a perequação uma natureza tributária?

B – Bibliografia Nacional

CARVALHO, Jorge e Fernanda Oliveira – *Perequação Taxas e Cedências. Administração Urbanística em Portugal.* Coimbra, Almedina, 2003

LOBO, Carlos Baptista – *Lei do Solo, Vertente Financeira e Fiscal.* Documento Técnico DGOTDU 4/2011

NABAIS, Casalta – «Fiscalidade do Urbanismo: Impostos e Taxas». *In O Sistema Financeiro e Fiscal do Urbanismo,* Almedina, 2002

OLIVEIRA, Fernanda Paula – *Regime Jurídico do Instrumentos de Gestão Territorial Comentado,* Almedina, 2016

OLIVEIRA, Fernanda Paula – *Escritos Práticos de Direito do Urbanismo,* Almedina, 2017

OLIVEIRA, Fernanda Paula – *Regime Jurídico do Instrumentos de Gestão Territorial Comentado,* Almedina, 2016

OLIVEIRA, Fernanda Paula, Jorge Carvalho – *A Classificação do Solo no Novo Quadro Legal,* Almedina, 2016

VIANA, Cláudia – *A Actividade Administrativa de Formação dos Planos Directores Municipais,* Braga, Coimbra, 2002

C – Bibliografia Estrangeira

BABCOCK, Richard, Charles Siemon – *The Zoning Game Revisited,* Lincoln Institute of Land Policy, Cambridge, 1985

BERKE, Philip, *et.al* – *Urban Land Use Planning,* Chicago. University of Illinois Press, 2006

DEGROVE, Jonh – *Planning Policy and Politics. Smart Growth and the States,* Lincoln Institute of Land Policy, Cambridge, 2005

FALUDI, Andreas (ed.) – *European Spatial Planning,* Lincoln Institute of Land Policy, Cambridge, 2002

FISCHEL, William – *Zoning Rules! The Economics of Land Use Regulation,* Lincoln Institute of Land Policy, Cambridge, 2015

GREENSTEIN, Rosalind, Yesim Sungu-Eryilmaz (ed.s) – *Recycling the City. The Use and Reuse of Urban Land,* Lincoln Institute of Land Policy, Cambridge, 2004

BIBLIOGRAFIA

Obras

Abreu, D. – «External Equilibra of Oligopolistis Supergames». *In Journal of Economic Theory*, 39, 1986, pp. 191–225

Abreu, Jorge Manuel Coutinho – *Curso de Direito Comercial*. Volume II, 5ª Edição (Reimpressão). Almedina, 2016

Aigner, R. – *Environmental Taxation and Redistribution Concerns, Finanzarchiv/Public Finance Analysis*. 2014, (Preprint 2011/17)

Alchian, Armen A.; Demsetz, Harold – «The Property Right Paradigm». *In The Journal of Economic History*, Vol. 33, No. 1, The Tasks of Economic History, 1973, p. 17

Aligica, Paul – «Julian Simon and the "Limits to Growth" Neo-Malthusianism». *In The Electronic Journal of Sustainable Development*, I, 3, 2009, pp. 74–86

Almeida, Aníbal – *Estudos de Direito Tributário*. Almedina, 1996

Almeida, V. – «O Terceiro Setor na Economia do Conhecimento». *In* Revista Interacções, v. 11, Instituto Superior Miguel Torga, outubro de 2006, pp. 53-83 [disponível em: <http://interacoes-ismt.com/index.php/revista/article/viewFile/195/2022010>, acedido em 15 de janeiro de 2018]

Alonso, W. – *Location and Land Use*. Cambridge: Harvard University Press, 1964

Amaral, Diogo Freitas do – «Apreciação da Dissertação de Doutoramento do Licenciado Fernando Alves Correia». *In Revista da Faculdade de Direito da Universidade de Lisboa* Vol. XXXII, 1991

Amaral, Diogo Freitas do – *A Utilização do Domínio Público pelos Particulares*. Lisboa: Coimbra Editora, 1965

Anastácio, Gonçalo; Pacheco, Joana – *As Taxas de Regulação Económica no Sector do Gás Natural in* Vasques, Sérgio (Coord.) – *As Taxas de Regulação Económica em Portugal*. Coimbra: Almedina

Andersen, Torben; Maibom, Jonas – *The big tradeoff between efficiency and equity – is it there?*. CEPR Discussion Paper 11189, 2016

Andrade, José Robin de – *A Revogação dos Actos Administrativos*. 2ª edição. Coimbra: Coimbra Editora, 1985

Angel, Shlomo – *Planet of Cities*, Lincoln Institute of Land Policy, Cambridge, 2012

Aragão, Alexandra – *O Princípio do Poluidor Pagador. Pedra Angular da Política Comunitária do Ambiente*. Série Direito Ambiental para o Século XXI, vol. I, coordenadores [da série] Antonio Herman Benjamin, José Rubens Morato Leite. – São Paulo: Inst. O Direito por um Planeta Verde, 2014

ARAÚJO, Fernando – *A Tragédia dos Baldios e dos Anti-Baldios. O Problema Económico do Nível Óptimo de Apropriação*. Almedina, 2008

ARAÚJO, Fernando – *Adam Smith. O Conceito Mecanicista de Liberdade*. Coimbra: Almedina, 2001

ARAÚJO, Fernando – *Introdução à Economia*. 3ª edição. Almedina, 2014

ARAÚJO, Fernando – *Teoria Económica do Contrato*. Almedina, 2007

AREEDA, P.; TURNER, D. – «Predatory Pricing and Related Practices under Section 2 of the Sherman Act». *In Harvard Law Review*, 88, 1975, pp. 697–733

ARISTÓTELES – *Política*. Nova Vega, 2016

ARROW, Kenneth – *Social Choice and Individual Values*. New York: John Wiley & Sons, 1951

ARTHUR, B. – «Silicon Valley locational clusters: when do increasing returns imply monopoly». *In Mathematical Social Sciences*

ASCENSÃO, José de Oliveira – «O Urbanismo e o Direito de Propriedade». *In Direito do Urbanismo*, INA, 1989

ASCENSÃO, José de Oliveira – «Subarrendamento e Direitos de Preferência no Novo Regime de Arrendamento Urbano». *In Revista da Ordem dos Advogados*, ano 51º, I, 1991

ASWAL, N.; CHATTERJI, S; SEN, A. – «Dictatorial domains». *In Economic Theory* 22 (1), 2003, pp. 45–62

ATALIBA, Geraldo – «Regime Constitucional da Parafiscalidade». *In Revista de Direito Administrativo*, Volume 86, 1966, p. 25

ATKINSON, Anthony B.; STIGLITZ, Joseph E. – *Lectures on Public Economics*. McGraw-Hill, 1987

ATTARI, S. [*et al.*] – «Preferences do Change: Do Individuals Prefer Voluntary Actions, Soft Regulations, or Hard Regulations to Decrease Fossil Fuel Consumption?». *In Ecological Economy*, 68, 2009, pp. 1701–1710

AUMANN, R.; SHAPELY L. – *Long Term Competition: A Game Theoretic Analysis*. Mimeo, 1976

AVINASH, K.; STIGLITZ, Joseph E. – «Monopolistic competition and optimum product diversity». *In The American Economic Review*, American Economic Association, 1977, via JSTOR. 67 (3): 297–308. JSTOR 1831401

AYRES, U. – «The Second Law, The Fourth Law, Recycling and Limits to Growth». *In Ecological Economics*, 29, 1999, pp. 473–484

BABCOCK, Richard, Charles Siemon – *The Zoning Game Revisited*, Lincoln Institute of Land Policy, Cambridge, 1985

BARLOWE, R. – *Land Resource Economics: The Economics of Real Property*. Eaglewood Cliffs, New Jersey: Prentice Hall, Inc. (1958) 1986

BARNETT, William; Walter Block – «Coase and Van Zandt on Lightouses». *In Public Finance Review*, 35, 2007

BARNETT, Jonathan, Brian Blaesser – *Reinventing Development Regulations*, Lincoln Institute of Land Policy, Cambridge, 2017

BARRY, Brian – *Circumstances of justice and future generations*. *In* SIKORA, R; BARRY, B. (eds.) – *Obligations to Future Generations*, Philadelphia: Temple University Press, 1978

BATOR, Francis – The Anatomy of Market Failure. *The Quartely Journal of Economics*, vol. 72, no. 3, August 1958, pp. 351–379 [disponível em <http://opim.wharton.upenn.edu/~sok/papers/b/Bator-market-failure.pdf>, acedido em 15 de janeiro de 2018]

Baumol, William J. – *Welfare Economics and the Theory of the State.* Cambridge, Mass.: Harvard University Press, 1965

Beck, Ülrich – *Risk society: towards a new modernity*. Londres: Sage, 1992

Beckenbach, F. – *Innovative Behavioral Approaches to Analyze the Incentives of Environmental Instruments. In* Beckenbach, F.; Kahlenborn, W. – *New Perspectives for Environmental Policies Through Behavioral Economics.* Springer, 2016

Becker, G. – *Pressure Groups and political behaviour. In* Coe, Richard; Wilber, Charles (eds.) – *Capitalism and Democracy: Schumpeter Revisited.* Notre Dame UP, 1985

Beires, Rodrigo Sarmento de – *O Cadastro e a Propriedade Rústica em Portugal.* Lisboa, Fundação Francisco Manuel dos Santos, 2013

Berke, Philip, *et.al* – *Urban Land Use Planning*, Chicago. University of Illinois Press, 2006

Berliri, Antonio – *Corso Instituzionale di Diritto Tributario*, I. Milão: Giuffré, 1965

Berliri, Antonio – *Principi di Diritto Tributario* I. Milão: Giuffré, 1952

Berliri, Antonio – *Principi di Diritto Tributario* II. Milão: Giuffré, 1972

Bertrand, Elodie – «The Coasean Analysis of Lighthouse Financing: Myths and Realities». *In Cambridge Journal of Economics*, 30, 2005

Bharadwaj, Krishna – «Marshall on Pigou's Wealth and Welfare». *In Economica*, Fevereiro 1972, pp. 32–46

Black, Duncan – *The Theory of Committees and Elections.* 1958

Blau, Julian – «Liberal Values and Independence». *In The Review of Economic Studies*, 42, 1975, pp. 395–401

Blaug, M. – *Economic Theory in Retrospect.* Cambridge: Cambridge University Press, 1997

Bleeker, Arne – «Does the Polluter Pay? The Polluters-Pays Principle in the Case Law of the European Court of Justice». *In European Energy and Environmental Law Review*, December, 2009, pp. 289 e ss.

Borts, G. H.; Stein, J. L. – *Economic Growth in a Free Market.* New York: Columbia University Press, 1964

Bouchard, C. – *Contribution à une politique de l'immatériel. Recherche en sciences humaines et sociales et innovations sociales.* Conseil Québécois de la Recherche Sociale. Groupe de Travail sur l'Innovation Sociale, Quebec, 1999

Boulding, Kenneth – *The Economics of the Coming Spaceship Earth.* 1966 [disponível em <http://dieoff.org/page160.htm>, acedido em 15 de janeiro de 2018]

Bowers, Deborah – *Holding Our Ground: Protecting American Farms and Farmland.* Washington, D.C.: Island Press, 1997

Braess, Diethrich Von – *Uber ein Paradoxon aus der Verkehsplanung.* Unternehmensforschung, 12, 1968

Brakman, Steven; Heijdra, Ben – *The Monopolistic Competition Revolution in Retrospect.* Cambridge University Press, 2004

Brandt, F.; Geist, C. – «Finding Strategyproof Social Choice Functions via SAT Solving». *In Journal of Artificial Intelligence Research*, 55, 2016, pp. 565–602

Brock, W. A.; Scheikman, J. A. – «Price-setting Supergames with Capacity Constraints». *In Review of Economic Studies*, 52, 1985, pp. 146–152

Brown, H. James – «Henry George's Contributions to Contemporary Studies of Land Use and Taxation». *In Land Use and Taxation*, Lincoln Institute of Land Policy, 1997, pp. 1 a 5

Buchanan, James – «An Economic Theory of Clubs». *In Economica*, 32(125), 1965a

BUCHANAN, James – «Ethical rules, expected values, and large numbers». *In Ethics*, 76 (1), 1965b

BUCHANAN, James – *The Demand And Supply of Public Goods*. Indianapolis: Liberty Fund. 1999. The Collected Works of James M. Buchanan, Vol. 5. 1968

BUCHANAN, James; TULLOCK, Gordon – *The Calculus of Consent: Logical Foundations of Constitutional Democracy*. 1968, Liberty Fund, 1999, *in* The Collected Works of James M. Buchanan, Vol. 3

BUTLER, Eamon – *Public Choice, a Primer*. Institute of Economic Affairs, 2012

CABRAL, Ana Inês – *Tributação da Electricidade num contexto ambiental*. UCP, 2012 [disponível em <https://repositorio.ucp.pt/bitstream/10400.14/11977/1/Tributa%C3%A7%C3%A3o%20da%20Electricidade%20-%20Num%20Contexto%20Ambiental.pdf>, acedido em 15 de janeiro de 2018]

CABRAL, L. – «Conjectural variations as a reduced form». *Economic Letters*, 49, 1995, pp. 397–402

CABRAL, Nazaré – *A Redistribuição Económica*. AAFDL, 2002

CAETANO, Marcello – *Manual de Direito Administrativo*. Tomo II

CALABRESI, Guido; MELAMED, A. Douglas – «Property Rules, Liability Rules, and Inalienability: One View of the Cathedral». *In Harvard Law Review*, Vol. 85, No. 6, 1972, p. 1105

CALABRESI, Guido; MELAMED, A. Douglas – *Property Rules, Liability Rules, and Inalienability: One View of the Cathedral*. Faculty Scholarship Series, Paper 1983, (1972) [disponível em <http://digitalcommons.law.yale.edu/fss_papers/1983>, acedido em 15 de janeiro de 2018]

CANOTILHO, Gomes – *A Responsabilidade por Danos Ambientais – Aproximação Juspublicística*. Direito do Ambiente, Instituto Nacional da Administração, 1994

CANOTILHO, Gomes – *Direito Constitucional e Teoria da Constituição*. 7ª Edição, 5ª Reimpressão, Almedina

CANOTILHO, Gomes; MOREIRA, Vital – *Constituição da República Portuguesa Anotada*. 3ª edição revista. Coimbra: Coimbra Editora

CANOTILHO, Gomes; MOREIRA, Vital – *Constituição Portuguesa Anotada*. Coimbra: Almedina, 2007

CANTILON, Richard – *Essai sur la Nature du Commerce en Générale*. Institut Coppet, 2011 [disponível em <https://www.institutcoppet.org/wp-content/uploads/2011/12/Essai-sur-la-nature-du-commerce-en-gener-Richard-Cantillon.pdf>, acedido em 15 de janeiro de 2018]

CAPELLO, Roberta – «Location, Regional Growth and Local Development Theories». *In AESTIMUM* 58, Giugno, 2011 [disponível em <http://fupress.net/index.php/ceset/article/viewFile/9559/8912>, acedido em 15 de janeiro de 2018]

CARRARA, Ângelo – *A Real Fazenda das Minas Gerais*. Vol. II, Universidade de Ouro Preto, 2005

CARRUTHER, Peter – *The Animal Issue: Moral Theory in Practice*. Cambridge University Press, 1992

CARSON, Rachel – *Silent Spring*. Hougthon Milfin, 1962

CARVALHO, João Manuel – *Planeamento Urbano e Valor Imobiliário*. Principia, 2005

CARVALHO, Jorge – «Os custos do urbanismo». *In O Sistema Financeiro e Fiscal do Urbanismo*, Almedina, 2002

CAUPERS, João – «Estado de Direito, Ordenamento do Território e Direito de Propriedade». *In Revista Jurídica do Urbanismo e do Ambiente* 3, Almedina, 1995

Cazenave, Philippe; Morrison, Christian – *Justice et Redistribution*, Paris: Economica, 1978

Ceep, *Europa – Concorrência e Serviço Público*. IPE, Lisboa, 1996

Chamie, J. – *World Population to 2300*. United Nations Population Division, Department of Economic and Social Affairs, 2004

Ciriacy-Wantrup, S. – *«Natural Resources in Economic Growth: The Role of Institutions and Policies». In American Journal of Agricultural Economics, 51 (5), 1969*

Cladera, Josep – «Ser o devenir? La valoración del suelo en la Ley 8/2007». *In Ciudad y Território*, XXIX (152-153), 2007, p. 419

Clark, John Bates – «Marshall's Principles of Economics». *In Political Science Quarterly*, 6. 1, 1891

Clark, John Bates – *The Distribution of Wealth*. Macmillan, 1899

Coase, Ronald – «The Lighthouse in Economics». *In Journal of Law and Economics*, 17, 1974

Coase, Ronald – «The Nature of the Firm, 1. Origin, 2. Meaning, 3. Influence, 4». *In Journal of Law, Economics, and Organization*, 3-47 (1988). Reprinted in *The Nature of the Firm: Origins, Evolution, and Development* (Oliver E.Williamson and Sidney G.Winter, eds, Oxford University Press, 1991)

Coase, Ronald – «The Problem of Social Cost». *In The Journal of Law and Economics*, Volume III, 1960

Cohen, Avi; Harcourt, Geoffrey – «Retrospectives: Whatever Happened to the Cambridge Capital Theory Controversies?». *In The Journal of Economic Perspectives*, 17, 1, 2003

Cole, Daniel, Elinor Ostrom (eds.) – *Property in Land and Other Resources*, Lincoln Institute of Land Policy, Cambridge, 2011

Comby, Joseph; Renard Vincent – *Les Politiques Foncières*. Paris: Presses Universitaires de France, Collection Que sais-je, 1996

Cooter, Robert; Ulen, Thomas – *Law and Economics*. 6th Edition. Berkeley Law Books, 2016

Cordato, Roy – «The Austrian Theory of Efficiency and the Role of Government». *In The Journal of Libertarian Studies*, Vol. IV, no. 4, Fall, 1980, pp. 393–404

Cordeiro, António Menezes – «Evolução Juscientífica e Direitos Reais». *In Revista da Ordem dos Advogados* 45 (I), 1985

Cordeiro, António Menezes – *Direito Bancário*, Relatório, 1996

Cordeiro, António Menezes – *Direito da Economia*, AAFDL, 3ª reimp., 1994

Cordeiro, António Menezes – *Direitos Reais*. Lex, Reprint 1979

Cordeiro, António Menezes; Cadete, José Pedro Carneiro (coord.) – *Leis do Arrendamento Urbano Anotadas*. Coordenação: António Menezes Cordeiro – *Da Preferência do Arrendatário Habitacional*. Almedina, 2014

Cornes, Richard; Sandler, Todd – «Are Public Goods Myths?» *In Journal of Theoretical Politics*, 6(3), 1994

Correia, Fernando Alves – *O Plano Urbanístico e o Princípio da Igualdade*. 2ª reimpressão. Coimbra: Almedina, 2001

Crémer, J.; Mclean, R. – «Full Extraction of the Surplus in Bayesian and Dominant Strategy Auctions». *In Econometrica* 56, 1988

Criss, Jeremy V. – *Farmland Preservation Programs in Montgomery County*. Maryland, Department of Economic Development: Rockville, MD, 1997

Daniels, Tom; Bowers, Deborah – *Holding Our Ground: Protecting American Farms and Farmland*. Washington, D.C.: Island Press, 1997

DASGUPTA, P.; HEAL, M. – «The Optimal Depletion of Exhaustible Resources». *In Review of Economic Studies*, 41, 1974

DASGUPTA, S. – «Discounting Climate Change». *In Review of Environmental Economics and Policy*, 2008, pp. 141–169

DASGUPTA, S.; LAPLANTE, B.; WANG, H.; WHEELER, D. – «Confronting the Environmental Kuznets Curve». *In Journal of Economic Perspectives*, 16, 2002, pp. 147–168

DEGROVE, John – *Planning Policy and Politics. Smart Growth and the States*, Lincoln Institute of Land Policy, Cambridge, 2005

DE SADELEER, N. – *Les Principes du pollueur-payeur, de prévention et de précaution: essai sur la genèse et la portée juridique de quelques príncipes du droit de l'environnment*. Bruxelles: Bruylant, 1999

DEMSETZ, Harold – «Toward a Theory of Property Rights». *In The American Economic Review*, Vol. 57, No. 2, Papers and Proceedings of the Seventy-Ninth Annual Meeting of the American Economic Association, 1967, pp. 347–359

DERK, Bodde – *Chinese Ideas in the West*. Columbia University, 2005

DESMARAIS-TREMBLAY, Maxime – *On the Definition of Public Goods. Assessing Richard A. Musgrave's contribution*. CES Working Papers, 2014 [disponível em <https://halshs.archives-ouvertes.fr/halshs-00951577/file/14004.pdf>, acedido em 15 de janeiro de 2018]

DIPASQUALE, Denise; WHEATON, William – *Urban Economics and Real Estate Markets*. Prentice Hall, 1996

DOCKNER, E. – «A Dynamic Theory of Conjectural Variations». *In Journal of Industrial Economics*, 40, 1992, pp. 377–395

DOLLAR, D.; KLEINEBERG, T.; KRAAY, A. – *Growth, Inequality and Social Welfare: Cross Country Evidence*. World Bank Policy Research Department Working Paper no. 6842, 2014

DOMAR, E.D. – *Essays in the Theory of Economic Growth*. London: Oxford University Press, 1957

DOURADO, Ana Paula – *O Princípio da Legalidade Fiscal – Tipicidade, conceitos jurídicos indeterminados e margem de livre apreciação*. Almedina, 2015

DOWNS, Anthony – *An Economic Theory of Democracy*. New York: Harper, 1957

DUARTE, Rui Pinto – *Curso de Direitos Reais*. Cascais: Principia, 2002

DUFOUR, Jean-Marie – «Market Failure, Inequality and Redistribution». *In Éthique et Economique/Ethics and Economics*, 6 (1), 2008, pp. 1–9

ECONOMIDES, N. – «Desirability of compatibility in the absence of network externalities». *In American Economic Review*, 79, 1989, pp. 1165–1181

ECONOMIDES, N. – *Public Policy in Network Industries*. Working paper #06-01, Net Institute, 2006

EDGEWORTH, F. – *Mathematical Psychics*. Reimpressão, Nova Iorque: Augustus M. Kelley, 1967

EHRLICH, Paul – *The Population Bomb*, New York: Sierra Club and Ballantine Books, 1968

ELLIG, J.; LIN D. – *A Taxonomy of Dynamic Competition Theories, in* ELLIG J. (ed.) – *Dynamic Competition and Public Policy*. Cambridge University Press, 2001

ELLIS, H. S.; METZLER, L. S. (eds.)– *Readings on the Theory of International Trade*. London: Allen&Unwin, 1950

ELLIS, H.; FELLNER, W. – «External Economies and Diseconomies». *In American Economic Review*, 33, Setembro 1943, pp. 493–511

ENGISCH, Karl – *Die Idee der Konkretisierung in Recht und Rechtwissenschaft Unserer Zeit*. Carl Winter, Heidelberg, 1968

Evelyn, John – *Sylva, or a Discourse on Forest-Trees and the Propagation of Timber*. 1664

Faludi, Andreas (ed.) – *European Spatial Planning*, Lincoln Institute of Land Policy, Cambridge, 2002

Fantozzi, Augusto – *Diritto Tributario*. Torino: UTET, 1994

Faustino, Horácio – «O modelo de base de Heckscher-Olhin e os principais teoremas: uma análise em termos de elasticidades». *In Estudos de Economia*, 10, 1, 1989 [disponível em <https://pascal.iseg.ulisboa.pt/~faustino/textos/modho.pdf>, acedido em 15 de janeiro de 2018]

Fedenberg, D.; Tirole J. – *Game Theory*. MIT Press, 1991

Fehr, E.; Falk A. – «Psychological Foundations of Incentives». *In European Economic Review*, 46, 2002, pp. 687–724

Feldman, Allan – «Pareto Optimality». *In The New Palgrave Dictionary of Economics and the Law*, 3, Londres: Macmillan, 1998, pp. 5–10

Fellner, W. – *Competition Among Few*. Knopf, 1949

Fernandez, F. Javier Martin – *Tasas Y Precios Publicos en el Decrecho Español*. Madrid: Marcial Pons, 1995

Fernández, Gerardo – «El régimen de valoraciones en la nueva Ley de Suelo». *In Ciudad y Territorio*, cit., p. 401 e ss.

Ferreira, Eduardo Paz– "*Ainda a propósito da distinção entre Impostos e Taxas: o Caso da Taxa Municipal devida pela realização de infra-estruturas urbanísticas*", Ciência e Técnica Fiscal, nº 380, 1995

Ferreira, Eduardo Paz – *Direito da Economia*. AAFDL, 2001

Ferreira, Eduardo Paz – *Ensinar Finanças Públicas numa Faculdade de Direito*. Almedina, 2005

Ferroni, Marco [editor] [*et al.*] – *International Public Goods: Incentives, Measurement, and Financing (English)*. Washington DC, World Bank, 2002 [disponível em <http://documents.worldbank.org/curated/en/138101468327354525/International-public-goods-incentives-measurement-and-financing>, acedido em 15 de janeiro de 2018]

Fielding, Karl – «Nonexcludability and Government Financing of Public Goods». *In The Journal of Libertarian Studies*, 3, no. 3, 1979

Fischel, William – *Zoning Rules! The Economics of Land Use Regulation*, Lincoln Institute of Land Policy, Cambridge, 2015

Florio, Massimo – *Applied Welfare Economics, Cost Benefit Analysis of Projects and Policies*. New York: Routledge, 2014

Forsthoff, Ernst – «La Prevision Existencial en la Edad Tecnica». *In Revista de Documentación Administrativa*, Número 100, 1966, p. 17

Franco, António de Sousa – «Ambiente e Desenvolvimento – Enquadramento e Fundamento do Direito do Ambiente». *In INA, Direito do Ambiente*, Lisboa, 1994, pp. 35–81

Franco, António de Sousa – «Direito Económico/Direito da Economia». *In Dicionário Jurídico da Administração Pública*, Vol. IV, p. 46

Franco, António de Sousa – *Direito Económico – Súmulas*, vol. II. Lisboa: AAFDL, 1983

Franco, António de Sousa – *Finanças do Sector Público – Introdução aos Subsectores Institucionais*. Lisboa: AAFDL, reimpressão, 2003

Franco, António de Sousa – *Finanças Públicas e Direito Financeiro*, vols. I e II. 4ª edição. 15ª reimp., Almedina, 2015

Franco, António de Sousa – *Manual de Finanças Públicas e Direito Financeiro*, II vol. Coimbra: Almedina, 2015

Franco, António de Sousa – *Noções de Direito da Economia*, I vol. Lisboa, AAFDL, 2000

FRANCO, António de Sousa – *Nota sobre o princípio da liberdade económica*. BMJ, 355, 1986

FRANCO, António de Sousa – *Os Poderes Financeiros do Estado e do Município: sobre o caso das Derramas Municipais*. Lisboa: Cadernos CTF, 171, 1995

FRANCO, António de Sousa e LOBO, Carlos Baptista – «Concorrência». *In Enciclopédia Luso-Brasileira de Cultura*, 5º Volume. Lisboa: Editorial Verbo

FRANCO, António de Sousa; CABO, Sérgio Gonçalves – «O Financiamento da Regulação e Supervisão do Mercado de Valores Mobiliário». *In Estudos de Homenagem ao Professor Doutor Inocêncio Galvão Telles*, vol. V, Almedina, 2003, pp. 425 e ss

FRANCO, António de Sousa; MARTINS, Guilherme D'Oliveira – *A Constituição Económica Portuguesa – Ensaio Interpretativo*. Coimbra: Almedina, 1993

FREITAS, Lourenço Vilhena de – *Direito Administrativo da Energia – Introdução*. Associação Académica da Faculdade de Direito de Lisboa, Lisboa, 2013

FREY, B. – *Inspiring Economics – Human Motivation in Political Economy*. Cheltenham: Edward Elgar, 2001

FREY, B. – *The Relevance of Psychological Aspects for Policy Design*. *In* MOHR. E. (ed. – *The Transfer of Economic Knowledge*. Edward Elgar, 1999

FRIEDMAN, J. – «A Non-Cooperative Equilibrium for Supergames». *In Review of Economic Studies*, vol. 38, 1971, pp. 1–12

FRIEDMAN, J. – *Oligopoly Theory*. Cambridge University Press, 1983

FRIEDMAN, Milton – *The Relation Between Economic Freedom and Political Freedom*, 2002 [disponível em <http://businessethics.qwriting.qc.cuny.edu/files/2012/01/FriedmanCap>, acedido em 15 de janeiro de 2018]

FUJITA, M.; OGAWA, H. – «Multiple equilibria and structural transition of non-monocentric urban configuration». *In Regional Science and Urban Economics*, 12, 1982

FUJITA, Masahista; KRUGMAN, Paul; VENABLES, Anthony – *The Spatial Economy*. Cambridge: MIT Press, 2001

FURTADO, Jorge Pinto – *Manual do Arrendamento Urbano*. 3ª edição, Almedina

GAFFNEY, Mason – «Land as a Distinctive Factor of Production». *In Land and Taxation*, ed. Nicholas Tideman, Georgist Paradigm Series, London, 1994

GAFFNEY, Mason – «Neo-Classical Economics as a Stratagem against Henry George». *In The Corruption of Economics*, ed. Mason Gaffney and Fred Harrison, London, 1994

GALBRAITH, John K. – *Affluent Society*. Houghton Mifflin, 1958

GALE Dennis E. – *Zoning For Sale: A Critical Analysis of Transfer Development Rights Programs*. Urban Institute, Land Use Series, Washington, D.C., 1997

GARCIA, Maria da Glória – *Estudos sobre o Princípio da Igualdade*. Almedina, 2005

GARCIA, Nuno de Oliveira; SALEMA, Inês – *As Taxas de Regulação Económica no Sector da Electricidade in* VASQUES, Sérgio (Coord.) – *As Taxas de Regulação Económica em Portugal*. Coimbra: Almedina

GARNSEY, Peter – *Thinking about Property*. Cambridge University Press, 2007

GEMAS, Laurinda; PEDROSO Albertina; JORGE, João Caldeira – *Arrendamento Urbano, Novo Regime Anotado*. 3ª edição, *Quid Juris*, 2009

GEORGE, Henry – *Progress and Poverty*. Robert Schalkenbach Foundation, 1935 [disponível em <https://mises.org/sites/default/files/Progress%20and%20Poverty_3.pdf>, acedido em 15 de janeiro de 2018]

GEORGESCU-ROEGEN, N. – *Comments on Stiglitz and Daly*. *In* SMITH, Vincent

Kerry – *Scarcity and Growth Reconsidered.* John Hopkins University Press, 1979

Georgescu-Roegen, N. – *The Entropy Law and the Economic Process.* Cambridge: Harvard University Press, 1971

Giannini, A.D. – *Istituzioni di Diritto Tributario.* 5ª edição. Milão, 1951

Gibbard, Allan – «A Pareto Consistent Libertarian Claim». *In Journal of Economic Theory*, 7, 1970, pp. 388–410

Gigerenzer, Gerd; Gaissmaier, Wolfgang – «Heuristic Decision Making». *In Annual Review of Psychology*, vol. 62, 2011, pp. 451–482

Godard, O.; Beaumais, O. – «Économie, Croissance et Environment. De Nouvelles Stratégies pour de Nouvelles Relations». *In Revue Économique.* Numéro Hors Série: «Perspectives et réflexions Stratégiques à Moyen Terme», 1993

Gomes, Carla Amado – «Direito Administrativo do Ambiente». *In Tratado de Direito Administrativo Especial*, volume I, coord. de Paulo Otero e Pedro Gonçalves, 2ª reedição, Almedina, 2017

Gomes, Manuel Januário – *Arrendamentos Comerciais.* 2ª edição. Almedina, 1996

Gomes, Nuno Sá – *Manual de Direito Fiscal*, Vol. II. Reis dos Livros, 2003

Gómez-Ibáñez, J. – *Regulating Infrastructure, Monopoly, Contracts and Discretion.* Harvard University Press, 2003

Gordon, H. Scott – «The Economic Theory of a Common-Property Resource: The Fishery». *In Journal of Political Economy*, vol. 62, no. 2, April 1954, pp. 124–142

Gouveia, Jorge Bacelar de – «Parecer». *In Direito do Ordenamento do Território e Constituição (A Inconstitucionalidade do Decreto-Lei nº 351/93, de 7 de Outubro).* Lisboa: Associação Portuguesa de Promotores e Investidores Imobiliários, 1998

Gowdy, John – «The Revolution in Welfare Economics and its Implications for Environmental Valuation and Policy». *In Land Economics*, 80 (2), May, 2004, pp. 239–257

Goyanes, Enrique Sánchez (dir.) –*Ley de Suelo. Comentario Sistemático del Texto Refundido de 2008.* Madrid: Edições La Ley, 2009

Gray, Lewis – «The Economic Possibilities of Conservation». *In The Quarterly Journal of Economics*, Volume 27, Issue 3, 1 May 1913, p. 514

Green, E.; Porter R. – «Noncooperative Collusion under Imperfect Price Information». *In Econometrica*, 52, 1984, pp. 87–100

Green, T.H. – *Lectures on the Principles of Political Obligation* [1895]. London: Longmans Green & Co, 1941

Greenstein, Rosalind, Yesim Sungu-Eryilmaz (ed.s) – *Recycling the City. The Use and Reuse of Urban Land*, Lincoln Institute of Land Policy, Cambridge, 2004

Grey, T. – *The Disintegration of Property. In* Pennock, J.R.; Chapman, J.W. (eds.), Nomos XXII: Property, New York University Press, 1980

Groom, Ben; Hepburn, Cameron – «Looking Back at Social Discounting Policy». *In Review of Environmental Economics and Policy*, vol. 11, 2, 1 July 2017, pp. 336–356

Grossman, Gene; Krueger, Alan – *Environmental Impact of a North American Free Trade Agreement.* National Bureau of Public Research Working Paper 3914, NBER, Cambridge, 1991

Guedes, Agostinho Cardoso – *O Exercício do Direito de Preferência.* Universidade Católica, 2006

Guerreiro, Sandra C.P. – *A Natureza Jurídica do Direito de Utilização Privativa no Domínio Público Hídrico: entre o Direito Obrigacional e o Direito Real Administrativo.* Instituto de Ciências Jurídico-Políticas,

Faculdade de Direito da Universidade de Lisboa, 2012

GUHA, Ramachandra – «Radical American Environmentalism and Wilderness Preservation: a Third World Critique». *Environmental Ethics*, 11, 1989, pp. 71–83

HANLEY, N.; SHOGREN, J. – «Is Cost-Benefit Analysis Anomaly Proof?» *In Environment Resource Economics*, 32, 1, 2005, pp. 13–34

HARARI, Yuval – *Homo Deus, História Breve do Amanhã*. Elsinore, 2017

HARDIN, Garrett – «The Tragedy of the Commons». *In Science*, 13, vol. 162, December 1968, p. 1244

HARRIS, C. – «The Market as a Factor in the Localization of Industry in the United States». *In Annals of the Association of American Geographers*, 64, 1954

HARROD, R. F. – «An Essay in Dynamic Theory». *In The Economic Journal*, vol. 49, no. 193, 1939

HEADY, Earl – *Economics of Agriculture and Resource Use*. Englewood Cliffs, 1952

HECKSCHER, E. F. – «The Effects of Foreign Trade on the Distribution of Income». *In Economik Tidskrift*, 1919

HEGEL, G.W. F. – *The Philosophy of Right* [1821]. T.M. Knox (trans.), Cambridge: Cambridge University Press, 1967

HEIFETZ, A.; NEEMAN, Z. – «On the Generic (Im-)Possibility of Full Surplus Extraction in Mechanism Design». *In Econometrica* 74, 2006

HEILBRONER, R. – *An Inquiry Into Human Prospect*. New York: Norton, 1974

HELLER, Michael – «The Boundaries of Private Property». *In Yale Law Journal*, 108, 1989

HELLER, Michael – «The Tragedy of the Anticommons: Property in Transition from Marx to Markets». *In Harvard Law Review*, 111, 1998

HENDERSON, J. – «The sizes and types of cities». *In American Economic Review*, 64, 1974

HENSELER, Peter – *Begriffsmerkmale und Legitimation von Sonderabgaben*. Baden-Baden, 1984

HICKS, John – «The Rehabilitations of Consumers Surplus». *In Review of Economic Studies*, 1941, pp. 108–116

HILSON, C. – *Regulating Polution: an UK and EC Perspective*. Oxford: Hart Publishing, 2000

HIRSCHMAN A. – *The Strategy of Economic Development*. Yale University Press, 1958

HIRSH, Fred – *Social Limits to Growth*. London: Routledge, 2005

HIRSHLEIFER J.; GLAZEL A.; HIRSHLEIFER D. – *Price Theory and Applications – Decisions, Markets and Information*. Cambridge University Press, 7ª edição, 2005

HOBBES, Thomas – *De Cive: The English Version*. [1647] Howard Warrender (ed.), Oxford: Clarendon Press, 1983

HOFFLER, Felix – *Monopoly Prices versus Ramsey-Boiteux Prices: Are they "similar", and: Does it matter?*. Max Planck Institute for Research on Collective Goods, Agosto, 2005

HORKHEIMER, Max; ADORNO, Theodore – *Dialectic of Enlightenment*. New York: Seabury Press, 1969

HOTELLING, Harold – «The Economics of Exhaustible Resources». *In The Journal of Political Economy*, volume 39, issue 2, April, 1931, pp. 137 a 175 [disponível em <http://msl1.mit.edu/classes/esd123/2003/bottles/Hotelling.pdf>, acedido em 15 de janeiro de 2018]

HOTTELING, Harold – «Stability in Competition». *In The Economic Journal*, Vol. 39, 1929, p. 153

HUBACEK, Klaus; BERGH, Jeroen van den – *The Role of Land in Economic Theory*. Interim Report, International Institute for Applied Systems Analysis, Áustria, May 2002

HUME, David – *A Treatise of Human Nature*. 1739, Oxford: Clarendon Press, 1896 [disponível em <http://lf-oll.s3.amazonaws.com/titles/342/Hume_0213_EBk_v6.0.pdf>, acedido em 15 de janeiro de 2018]

HUNTER, Tina (2011) – «Equality for the Earth – The Role of Intergenerational Equity and Customary International Law». *In The National Legal Eagle*: Vol. 17: Iss. 1, Article 6 [disponível em <http://epublications.bond.edu.au/nle/vol17/iss1/6>, acedido em 15 de janeiro de 2018]

INGRAM, Gregory e Karin Brandt – *Infrastructure and Land Policies*, Lincoln Institute of Land Policy, Cambridge, 2013

INGRAM, Gregory e Yu-Hung Hong (eds.) – *Value Capture and Land Policies*, Lincoln Institute of Land Policy, Cambridge, 2012

INGRAM, Gregory e Yu-Hung Hong (eds.) *Municipal Revenues and Land Policies*, Lincoln Institute of Land Policy, Cambridge, 2010

JAMES, Franklin J.; GALE, Dennis E. – *Zoning For Sale: A Critical Analysis of Transfer Development Rights Programs*. Washington, D.C., Urban Institute, Land Use Series, 1997

JAMIESON, D. – *Morality´s Progress: Essays on Humans, Other Animals, and the Rest of the Nature*. Oxford: Clarendon Press, 2002

JEN, K. – *Background and History: Michigan´s Single Business Tax*. House Fiscal Agency Governing Committee, 2003

JENKINS, Jesse; NORDHAUS, Ted; SHELLENBERGER, Michael – *Energy Emergence. Rebound & Backfire as Emergent Phenomena*. Breakthrough Institute, February 2011 [disponível em <https://thebreakthrough.org/blog/Energy_Emergence.pdf>, acedido em 15 de janeiro de 2018]

JEROEN, V.; VAN DEN BERGH, M. – «Ecological Economics: Themes, Approaches, and Differences with Environmental Economics». *In Regional Environmental Change*, 2(1), 2001, pp. 13–23

JEVONS, Willam Stanley – *The Coal Question*, London: Macmillan and Co., 1866

JOHANSSON, O. – «Optimal Pigouvian Taxes Under Altruism». *In Land Economics*, 73, 1997, pp. 297–308

JONES, Gareth, Peter Ward (eds.) – *Methodology for Land & Housing Market Analysis*, Lincoln Institute of Land Policy, Cambridge, 1994

JOVANOVIC, Miroslav N. – «Spatial Location of Firms and Industries: An Overview of Theory.» *In Economia Internazionale*, Vol. 56, No. 1, February 2003 [disponível em <https://ssrn.com/abstract=451800 ou http://dx.doi.org/10.2139/ssrn.451800>, acedido em 15 de janeiro de 2018]

KAHNEMAN, D. – *Thinking, fast and slow*. New York: Farrar, Straus and Giroux, 2011

KAHNEMAN, D.; TVERSKY, A. – *Choices, values and frames*. New York: Russel Sage, 2000

KALDOR, Nicholas – «The Role of Increasing Returns, Technical Progress and Cumulative Causation in the Theory of International Trade and Economic Growth». *In Économie Appliquée*, nº 4, 1981

KALDOR, Nicholas – «Welfare propositions of economics and interpersonal comparisons of utility». *In Economic Journal*, 49, Setembro, 1939, pp. 549–552

KANT, Immanuel – *Lectures on Ethics*, traduzido para inglês e editado por HEATH, P.; SCHNEEWIND, J., Cambridge University Press, 1997

KANT, Immanuel – *The Metaphysics of Morals* [1797]. Mary Gregor (trans.) Cambridge: Cambridge University Press, 1991

KELLY, Paul – Jeremy Bentham. *The New Palgrave Dictionary of Economics and the Law*, Peter Newman ed., Stockton Press, 1998

KELSEN, Hans – *Teoria Pura do Direito*. Almedina, 2008

KING, Ynestra – *Healing the Wounds: Feminism, Ecology, and Nature/Culture Dualism*. *In* JAGGAR, A.; BORDO S. (eds.), *Gender/Body/Knowledge: Feminist Reconstruction of Being and Knowing*. Rutgers University Press

KNIGHT, F. – «Some Fallacies in the Interpretation of Social Cost». *In Quartely Journal of Economics*, 38, Agosto, 1924, pp. 582–606

KOLASKY, W. J. – «Network Effects: a Contrarian View». *In George Mason Law Review*, 577 1998–1999, p. 577 e ss.

KREPS, D. – *A Course in Microeconomic Theory*. Cambridge University Press, 1990

KRUSE, Heinrich Wilhelm – *Lehrbuch des Steuerrechts*, I, München: Beck, 1991

KUZNETS, Simon – «Economic Growth and Income Inequality». *In American Economic Review*, 45, March, 1955, pp. 1–28

LAPHAM B.; e WARE R. – «Markov puppy dogs and related animals». *In International Journal of Industrial Organization*, 12, 4, 1994, pp. 585 e 586

LAWRENCE, Timothy J. – *Transfer of Development Rights*. CDFS-1264-98, Land Use Series, Ohio University, 2003

LAYARD, Richard – *Happiness: Lessons from a New Science*. 2nd edition. Penguin Books, 2011

LEITÃO, Luís Manuel Teles de Menezes – *Direitos Reais*. Almedina, 2009

LEONARD, R. – «Reading Cournot, Reading Nash: the Creation and Stabilisation of the Nash Equilibrium». *In Economic Journal*, 104, 1994, p. 505

LEOPOLD, Aldo – *A Sand County Almanac*. Oxford University Press, 1949

LIEBOWITZ, S. J.; MARGOLIS, S. – «Are Network Externalities a New Source of Market Failure». *In Research in Law and Economics*, Vol. 17, 1995, pp. 1–22.

LIEBOWITZ, S. J.; MARGOLIS, S. – «Network Effects and Externalities». *In The New Palgrave Dictionary of Economics and the Law, II*, Macmillan, 1998, p. 671

LIMA, Pires de; VARELA, Antunes – *Código Civil – Anotado – II*. Anot. 8 ao art. 47º RAU, Almedina, 2010

LINDBERG, Erik – *The Market and the Lighthouse, Public Goods in Historical Perspective*. *In* Economic History Society Annual Conference, April, University of Warwick, 2009

LINDHOUT, Petra; BOERCK, Berthy Den – «The Polluter Pays Principle: Guidelines for Cost Recovery and Burden Sharing in the Case Law of the European Court of Justice». *In Utrecht Law Review*, Volume 10, Issue 2 (May), 2014, pp. 46–59

LITTLE, I; MIRRLEES, J. – *Project Appraisal and Planning for Developing Countries (The OECD Manual)*. Oxford University Press, 1974

LITTLECHILD, Stephen (ed.) – *Austrian Economics, Schools of Thought in Economic Series*, vols. I, II e III, Aldershot, UK, 1990

LLOYD, W. – *Two Lectures on the Checks to Population*. Oxford: Oxford University Press, 1833

LOBO, Carlos Baptista – «Contributo para uma Nova Teoria Geral das Taxas». *In Estudos de Homenagem ao Professor Doutor António de Sousa Franco*, Almedina, 2006

LOBO, Carlos Baptista – «Imposto Ambiental – Análise Jurídico-Financeira», 1ª Parte. *In Revista Jurídica do Ambiente e Urbanismo*, nº 2, Coimbra: Almedina. (Dezembro de 1994), pp. 11–50

LOBO, Carlos Baptista – «Imposto Ambiental – Análise Jurídico-Financeira», 2ª Parte. *In Revista Jurídica do Ambiente e*

Urbanismo, nº 3, Coimbra: Almedina. (Junho de 1995), pp. 4–67

Lobo, Carlos Baptista – «Imposto Ambiental – Análise Jurídico-Financeira». *In Revista Jurídica do Urbanismo e do Ambiente*, nº 4, Almedina, Dezembro 1995, pp. 5 e ss.

Lobo, Carlos Baptista – «Imposto Ecológico». *In Revista de Direito Público*, nº 16. (1995) Ano VIII, pp. 51–111

Lobo, Carlos Baptista – «Instrumentos Económico-Financeiros de Protecção Ambiental». *In Anuário de Direito do Ambiente*, Ambifórum, 1995, pp. 187–236

Lobo, Carlos Baptista – «Lei do Solo, Enquadramento Jurídico-Financeiro». *In* DGOTDU, 2011

Lobo, Carlos Baptista – «Princípio Poluidor Pagador». *In Anuário de Direito do Ambiente*, Ambifórum, 1996

Lobo, Carlos Baptista – «Reflexões sobre a (necessária) Equivalência Económica das Taxas». *In Estudos Jurídicos e Económicos em Homenagem ao Prof. Doutor António de Sousa Franco*, vol. 1, 2006, p. 423

Lobo, Carlos Baptista – «Subvenções Ambientais – Análise Jurídico-Financeira», 1ª Parte. *In Revista Jurídica do Ambiente e Urbanismo*, nº 4, Coimbra: Almedina. (Dezembro de 1995), pp. 4–67, p. 59 e ss.

Lobo, Carlos Baptista – «Subvenções Ambientais – Análise Jurídico-Financeira, 2ª Parte». *In Revista Jurídica do Ambiente e Urbanismo*, nº 5 e 6, Coimbra: Almedina. (Junho/Dezembro de 1996), pp. 59–141

Lobo, Carlos Baptista – *Concorrência Bancária?* Almedina, 2001

Lobo, Carlos Baptista – *Ecological Taxation: A Southern European Country Perspective. In* Conferência *The New Trends on Ecological Taxation*, Pavilhão de Portugal, Hannover, 28 de Julho de 2000, com a participação de António de Sousa Franco

Lobo, Carlos Baptista – *Lei do Solo, Vertente Financeira e Fiscal.* Documento Técnico DGOTDU 4/2011

Lobo, Carlos Baptista – *Sectores em Rede: Regulação para a Concorrência, Enquadramento Jurídico-Económico das Redes Físicas (Telecomunicações, Energia e Transportes) e das Redes Virtuais.* Almedina, 2010

Lobo, Carlos Baptista; Pardal, Sidónio – *Património Imobiliário – Referências para Avaliação.* Almedina, 2011

Locke, John – *Two Treatises of Government* [1689] Peter Laslett (ed.), Cambridge: Cambridge University Press, 1988, livro II

Löfgren, A. – *The Effect of Addiction on Environment Taxation in a First and Second Best World.* Mimeo, University of Gothenburg, 2003

Ludwig, D.; Hilborn, R.; Walters, C. – *Uncertainty, Resource Exploitation, and Conservation: Lessons from History.* Science, 260, 1993

Lumbrales, João – *História do Pensamento Económico.* Coimbra: Coimbra Editora, 1988

Machete, Rui Chancerelle de – «Constitucionalidade do Regime de Caducidade Previsto no Decreto-Lei nº 351/93, de 7 de Outubro (Parecer)». *In Revista Jurídica do Ambiente e Urbanismo* 3, Almedina, 1995

Magalhães, António Malheiros de –*O Regime Jurídico dos Preços Municipais.* Coimbra: Almedina, 2012

Maggio, G. F., – «Inter/Intragenerational Equity: Current Applications under International Law for Promoting the Sustainable Development of Natural Resources». *In Buffalo Environmental Law Journal*, 4, 1997, pp. 181–189

Mailath, G.; Postlewaite, A. – «Assymetric Information Bargaining Procedures with Many Agents». *In Review of Economic Studies*, 57, 1990

MALTHUS, Thomas – *Essai sur le Principe de Population or A View Of Its Past and Present Effects on Human Happiness*. 6ª edição. Londres: John Murray, 1826

MALTHUS, Thomas – *Essay on the Principle of Population as It Affects the Future Improvement of Societies*. Londres: J. Johnson, 1798

MARSHALL, Alfred – *Principles of Economics*. 8th ed. London: Macmillan, 1890 [disponível em <https://campus.fsu.edu/bbcswebdav/users/jcalhoun/Courses/History_of_Economic_Ideas/Readings/Marshall-Principles_of_Economics.pdf>, acedido em 15 de janeiro de 2018]

MARTIN, S. – *Advanced Industrial Economics*. 2ª edição. Oxford, John Wiley and Sons Ltd, 2001

MARTINEZ, Pedro Romano – *Direito das Obrigações, Parte Especial, Contratos*. Almedina, 2000

MARTINEZ, Soares Pedro – *Direito Fiscal*. 10ª edição. Coimbra, 2003

MARTINHO, Vitor – *O Processo de Aglomeração nas Regiões Portuguesas*. Documento de trabalho nº 13, CEUP, FEUC, Coimbra, 2002 [disponível em <http://www4.fe.uc.pt/ceue/working_papers/iecogeovitor.pdf>, acedido em 15 de janeiro de 2018]

MARX, Karl – *O Capital*. Vol. 1, 1867, trad. J. Teixeira Martins e Vital Moreira Centelha – Promoção do Livro, SARL, Coimbra, 1974 [disponível em https://www.marxists.org/portugues/marx/1867/ocapital-v1/index.html]

MARX, Karl – *The Abolition of Landed Property, Memorandum for Robert Applegarth*. 1869 [disponível em <https://www.marxists.org/archive/marx/works/1869/12/03.htm>, acedido em 15 de janeiro de 2018]

MARX, Karl – *The Nationalisation of the Land*. 1872 [disponível em <https://www.marxists.org/archive/marx/works/1872/04/nationalisation-land.htm>, acedido em 15 de janeiro de 2018]

MARX, Karl – *Theories of Surplus Value* [1862], London: Lawrence and Wishart, 1972

MARTINEZ-GIRALT, Xavier e Pedro Pitta Barros – *Health Economics. An Industrial Organization Perspective*, Routledge, 2012

MATHIS, Klaus – *Sustainable Development, Economic Growth and Environmental Regulation*. *In* MATHIS, Klaus; HUBER, Buce (eds.) – *Environmental Law and Economics*. Springer, 2017

MATUTES, C.; REBIBEAU, P. – «Mix and match: product compatibility without network externalities». *In Rand Journal of Economics*, 19, 1988, pp. 221–234

MCCARTHY, George, Gregory Ingram e Samuel Moody (eds.) – *Land and the City* Lincoln Institute of Land Policy, Cambridge, 2016

MCCLOSKEY, Deidre – «Other Things Equal, The So-Called Coase Theorem». *In Eastern Economic Journal*, vol. 24, no. 3, Summer, 1998, pp. 367–373

MCDONALD John; MCMILLEN Daniel – *Urban Economics and Real Estate, Theory and Practice*. Blackwell, 2008

MEADOWS, Donella [*et al.*] – *The Limits to Growth: A Report for the Club of Rome's Project on the Predicament of Mankind*, New York: Universe Books, 1972

MEDEIROS, Rui – «O Ambiente na Constituição». *In Revista de Direito e Estudos Sociais*. Ano XXXV, Números 1–4, Janeiro/Dezembro, 1993, p. 377 e ss.

MENGER, C. – *Principles of Economics*. 1871, tradução de DINGWALL, J.; HOSELITZ B., New York University Press, 1981

MENGER, Carl – *Principles of Economics*. 1871, Ludwig von Mises Institute, ed.

2007 [disponível em <https://mises.org/system/tdf/Principles%20of%20Economics_5.pdf?file=1&type=document>, acedido em 15 de janeiro de 2018]

Mesquita, Pires de; Varela, Antunes, *Código Civil Anotado,* Vol. III, 2ª edição, 1987, pp. 89–92

Mill, John Stuart – *On Liberty*. New York: Classics of Liberty, 1992

Mill, John Stuart – *Principles of Political Economy, with some of their Applications to Social Philosophy*, Book V, chapter 2, London: Longmans, Green and Co., 1848, 7th ed. 1909 [disponível em <http://www.econlib.org/library/Mill/mlPCover.html>, acedido em 15 de janeiro de 2018]

Mill, John Stuart – *Principles of Political Economy*. Collected Works from John Stuart Mill, vols. II e III, J. Robson e V. Bladen eds., University of Toronto, 1965

Mills, E., «An aggregative model of resource allocation in a metropolitan área». *In American Economic Review*, 57, 1967

Mills, Edwin e Bruce Hamilton – *Urban Economics*, Harper Collins, 5.th ed, 1994

Miranda, João – A Dinâmica Jurídica do Planeamento Territorial [A Alteração, a Revisão e a Suspensão dos Planos], Coimbra Editora, 2002

Miranda, Jorge – *As Constituições Portuguesas – De 1822 ao Texto Actual da Constituição.* 4ª edição. Livraria Petrony, Lda., 1997

Mirrles, James – «An Exploration in the Theory of Optimal Income Taxation». *In Review of Economic Studies,* 38, 1971

Mohr, J. C. B. (Paul Siebeck) – *Grundsatz Gerechter und Okonomisch Rationaler Steuerpolitik*. Tübirgen, 1970 (edição espanhola pelo Instituto de Estudios Fiscales, Madrid, 1994)

Molina, Pedro Herrera – *Capacidad económica y sistema fiscal: análisis del* ordenamiento *español a la luz del Derecho alemán.* Madrid-Barcelona: Marcial Pons, 1998

Moncada, Cabral de – *Direito Económico*. 6ª Edição. Coimbra: Coimbra Editora, 2012

Moncada, Cabral de – *Lições de Direito Civil*, Vol. 2. Coimbra, 1958

Monteiro, Claudio – *O Domínio da Cidade. A propriedade à prova do Direito do Urbanismo*. Lisboa, AAFDL, 2013

Monteiro, Luís Miguel – *Direito e Obrigações Legais de Preferência no Novo Regime Jurídico do Arrendamento Urbano*. AAFDL, Lisboa, 1992

Morais, Rui – *Apontamento ao IRC*. 2ª Edição, Coimbra: Almedina, 2007

Morais, Rui – *Sobre o IRS*. 2ª Edição. Almedina, 2008

Morais, Rui – *A Tributação e a Avaliação Prediais: situação e perspectivas em Portugal*, CCRC/OCDE, 1987;

Morais, Rui – *Do Código da Contribuição Predial ao Código do Imposto Municipal sobre Imóveis*, in 15 anos da Reforma Fiscal de 1988/1898 – Jornadas de Homenagem ao Professor Doutor Pitta e Cunha, Coimbra, Almedina, 2006

Morais, Rui – «Passado, Presente e Futuro da Derrama», *Fiscalidade*, 38, 2009

Moreira, Vital – *Auto-Regulação Profissional e Administração Pública*. Coimbra: Almedina, 1997

Morgenstern, O – «Demand Theory Reconsidered». *In Quartely Journal of Economics*, 1948, p. 196

Muir, John – *A Thousand Mile Walk to the Gulf*. Boston: Houghton Mifflin, 1916

Mumford, Lewis – *The City in History*. New York: Harcourt, 1961

Musgrave, Richard A. – *Approaches to A Fiscal Theory of Political Federalism. In* James M. Buchanan and Universities--NBER (eds.), *Public Finances: Needs, Sources, and Utilization*. Princeton University Press. 1961, pp. 97 a 134

Musgrave, Richard; Musgrave, Peggy – *Public Finance in Theory and Practice*. 5th edition. McGraw-Hill, 1989

MUTH, John – «Rational Expectations and the Theory of Price Movements». *In Econometrica*, 29 (3), 1961, pp. 315–335

NABAIS, Casalta – «A Fiscalidade do Urbanismo: Impostos e Taxas». *In O Sistema Financeiro e Fiscal do Urbanismo*, pp. 50 a 52, p. 55

NABAIS, José Casalta – *Direito Fiscal*. 10ª ed. Coimbra: Almedina, 2017

NABAIS, José Casalta – *Direito Fiscal*. 2ª edição. Almedina, 2003

NAESS, Arne – «The Shallow and the Deep, Long Range Ecology Movement». *In Inquiry*, 16, 1973, pp. 151–155

NANNEN, V.; VAN DEN BERGH, J. – «Policy Instruments for Evolution of Bounded Rationality: application to climate--energy problems». *In Technological Forecast Society Change*, 77, 2010, pp. 76–93

NAPOLEONI, Claudio – *Fisiocracia, Smith, Ricardo, Marx*. Barcelona: Oikos, 1974

NASH, J. – *Framing Effects and Regulatory Choice: the Case of Environmental Regulation*. American Law & Economics Association, paper 53, 2004

NEBREDA, Pere, Julio Padura e Eulalia Sanchez – *La Valoración Inmobiliaria. Teoria y Práctica*, La Ley, Wolters Kluwer, 2006

NEEMAN, Z. – «The Relevance of Private Information in Mechanism Design». *In Journal of Economic Theory* 117, 2004

NEWMANN, J. von; MORGENSTERN, O. – *Theory of Games and Economic Behaviour*. New Jersey: Priceton University Press, 1964

NISKANEN, William – *Bureaucracy and Representative Government*. Chicago: Aldine-Atherton, 1971

NORDHAUS, W. – *Managing the Global Commons: The Economics of Climate Change*. Cambridge: MIT Press, 1994

NORTH, D. – «Location Theory and Regional Economic Growth». *In Journal of Political Economy*, vol. 63, 1955

NORTON, B.G. – «Environmental Ethics and Weak Anthropocentrism». *In Environmental Ethics*, 6, 1984, pp. 131–141, p. 145

NUNES, António Avelãs – «A Fisiocracia ou o Início da Ciência Económica». *In Volume Comemorativo dos 75 anos do Boletim da Faculdade de Direito da Universidade de Coimbra*, 2000, p. 35 [disponível em <http://www.fd.uc.pt/~anunes/pdfs/plh_3.pdf>, acedido em 15 de janeiro de 2018]

O'NEILL, J. – *The Varieties of Intrinsic Value*. Monist, 75, 1992

O'DONNEL, Margaret – «Pigou: An Extension of Sidgwickian Thought». *In History of Political Economy*, vol. 11–4, 1979, p. 588

OAKLAND, W.; TESTA, W. – «The Benefit Principle as a Preferred Approach to Taxing Business in the Midwest». *In Economic Development Quartely*, Maio, 2000, p. 508

OKUN, Arthur – *Equality and Efficiency, the big tradeoff*. Washington DC: Brookings Institution Press, 1975

OLIVEIRA, Fernanda Paula [*et al.*] – *Regime Jurídico da Urbanização e da Edificação Comentado*. 3ª edição. Almedina, 2012

OLIVEIRA, Fernanda Paula – *Regime Jurídico do Instrumentos de Gestão Territorial Comentado*, Almedina, 2016

OLIVEIRA, Fernanda Paula, Jorge Carvalho – *A Classificação do Solo no Novo Quadro Legal*, Almedina, 2016

OLIVEIRA, Fernanda Paula – *Escritos Práticos de Direito do Urbanismo*, Almedina, 2017

OLIVEIRA, Mário Esteves de – «O Direito de Propriedade e o *Jus Aedificandi* no Direito Português». *In Revista Jurídica do Urbanismo e do Ambiente* 3, Almedina, 1995

OLSON, Mancur – *The Logic of Collective Action: Public Goods and the Theory of*

Groups. Harvard University Press, 1965. Tradução: *A Lógica da Acção Colectiva: os Benefícios Públicos e Uma Teoria dos Grupos Sociais*, Cultura Brasil

Ophuls, W. – *Leviathan or Oblivion, in Towards a Steady State Economy*. Ed. H.E. Daly, San Francisco: Freeman, 1973

Ostrom, Elinor – *Governing the Commons, The Political Economy of Institutions and Decisions*. Cambridge University Press, 1990

Ostrom, Vincent; Tiebout, Charles M.; Warren Robert – «The Organization of Government in Metropolitan Areas: A Theoretical Inquiry». *In The American Political Science Review*, 55(4), 1961, pp. 832 a 835

Ostry, J.; Berg, A; Tsangarides, G – *Redistribution, Inequality and Growth*. IMF Staff Discussion Note noº SDN/14/02, February, 2014

Otero, Paulo – *Direito Constitucional Português*. 2 vols. Coimbra: Almedina, 2010

Padilla, Emilio – «Intergerational Equity and Sustainability». *In Ecological Economics*, 41, April, 2002, p. 71

Palma, Clotilde Celorico – «Da Evolução do Conceito de Capacidade Contributiva». *In Revista Ciência Técnica e Fiscal*, nº 402, 2001, pp. 111–145

Pantinkin, Don – «Frank Knight as Teacher». *In The American Economic Review*, LXIII:5, 1973

Pardal, Sidónio; Oliveira Vítor – «O Mercado e os Valores do Imobiliário». *In Normas Urbanísticas*, IV, UTL-DGO-TDU, 2000, p. 69

Pardolesi, R.; Renda, A. – «How safe is the King's Throne? Network Externalities on Trial». In *Post Chicago Developments*, in Cucinotta, Antonio; Pardolesi, Roberto; Bergh Roger Van Den; Elgar, Edward (eds.), *Antitrust Law*, Cheltenham, UK, 2002, p. 215

Pareto, V. – *Manuel D' Économie Politique*, 1906, tradução por A.S. Schwier, *Manual of Political Economy*, Nova Iorque: Augustus M. Kelley, 1971

Parisi, Francesco; Schulz, Norbert; Depoorter, Ben – «Simultaneous and Sequential Anticommons». *In European Journal of Law and Economics*, 17, 2004

Pearce, D.; Turner, K.R. – *Economics of Natural Resources and the Environment*. New York: Harvester Wheatsheaf, 1990

Perman, Roger [*et al.*]– *Natural Resources and Environmental Economics*. 3rd ed., Pearson, 2003

Perroux, François – «Note sur la notion de pôle de croissance». *In Économie Appliqué*, 1955

Perroux, François – *Le problème du profit*. Presses universitaires de Grenoble, 1926

Peters, Dominik – *Condorcet's Principle and the Preference Reversal Paradox*. EPTCS 251, 2017

Pigou, A. C. – *The Economics of Welfare*. 4ª edição. Londres: Macmillan, 1932

Pigou, Arthur – *The Economics of Welfare*. 4ª edição. Londres: MacMillan and Co., 1932

Pigou, Arthur – *Wealth and Welfare*. Londres: Macmillan, 1912

Piketty, Thomas – *Capital in the Twenty--First Century*. Cambridge: Harvard University Press, 2014

Pires, José Maria – *Lições de Impostos sobre o Património e do Selo*. Almedina, 2010

Pires, Manuel; Pires, Rita Calçada – *Manual de Direito Fiscal*. Coimbra: Almedina, 2017

Platão – *República*. 12ª edição. Fundação Calouste Gulbenkian, 2010

Platt, Rutherford H. – *Land Use and Society: Geography, Law, and Public Policy*. Washington, D.C.: Island Press, 1996

Pollit, M.; Katsikopoulos, K. – «Green Defaults, Information Presentation and

Pro-Environmental Behaviour». *In Journal of Environmental Psychology*, 28, 2008, pp. 63–73

POLLIT, M.; SHAORSHADZE, I. – *The Role of Behavioural Economics in Energy Climate Policy*. University of Cambridge, 2011

PORTER, M. – *On Competition, Updated and Expanded Edition*. Harvard Business Press Books, 2008

POSNER, Richard – «Theories of Economic Regulation». *In The Bell Journal of Economics and Management Science*, Vol. 5, No. 2 (Autumn.), 1974, p. 226 e ss.

POSNER, Richard – *Economic Analysis of Law*. 5ª edição. Nova Iorque: Aspen Law and Business, 1998

PRED, A. – *The Spatial Dynamics of U.S. Urban-Industrial Growth*. Cambridge: MIT Press, 1966

PROUDHON, Pierre Joseph – *O Que é a Propriedade?* 2ª edição. Lisboa: Editorial Estampa, 1975

QUESNAY, François – *Quadro Económico*. Lisboa: Fundação Calouste Gulbenkian (tradução e notas da Drª Teodora Cardoso, prefácio do Professor Bento Moreira), 1969

QUINTANA, F. – *Hacienda Pública. Principios y estructura de la imposición*. Madrid, 1986

RAMSEY, Frank – «A Contribution to the Theory of Taxation». *In Economic Journal*, 37, 1927

RANDALL A.; CASTLE, E. – «Land Resources and Land Markets». *In Handbook of Natural Resources and Energy Economics*, vol. II, Elsevier Science Publishers, 1985

RAWLS, John – *A Theory of Justice*. Revised Edition, Cambridge, 1999

RAWLS, John – *O Liberalismo Político*. Editorial Presença, 1997

REESON, A.; DUNSTALL, S. – *Behavioral Economics and Complex Decision Making. Implications for the Australian tax and transfer system*. CSIRO, 2009

RIBEIRO, José Teixeira – «Noção Jurídica de Taxa». *In Revista de Legislação e Jurisprudência*, Ano 117, 1985, pp. 291–293

RIBEIRO, José Teixeira – *Lições de Finanças Públicas*. 5ª edição, Coimbra: Coimbra Editora, 2010

RICARDO, David – *On the Principles of Political Economy and Taxation* [1817]. Cambridge University Press, 1962

RICHTER, Wolfgang – *Zur Verfassungsmässigkeit von Sonderabgaben*. Baden-Baden, 1977

RIKER, William – *The Theory of Political Coalitions*, New Haven, Yale UP, 1962

RIVIÈRE, Le Mercier de la – *L´Ordre Naturel et Essentiel des Sociétés Politiques*. Paris, 1767, ed. 1910. [disponível em <https://archive.org/details/lordrenaturelete00mercuoft>, acedido em 15 de janeiro de 2018]

ROBINSON, L.; HAMMIT, J. – «Behavioral Economics and the Conduct of Benefit-Cost Analysis: Towards Principles and Standards». *In Journal of Benefit-Cost Analysis*, 2, 2, 2010, pp. 2–48

ROCHA, António Santos; BRÁS, Eduardo José Martins – *Tributação do Património IMI-IMT e Imposto do Selo (Anotados e Comentados)*. Almedina, 2015

RODRIGUES, Benjamim – «Para uma Reforma do Sistema Financeiro e Fiscal do Urbanismo em Portugal». *In O Sistema Financeiro e Fiscal do Urbanismo*, p. 195

RODRIGUEZ, Andrés; DIEGO Javier de – *Sintesis General de Los Estudios Comparados de Las Legislaciones Urbanísticas en Algunos Países Occidentales*. Ministério de Fomento, CyTET, XXXIII, 127, 2001

RONCAGLIA, A. – *Petty: The Origins of Political Economy*. Armonk, New York: M. E. Sharpe, Inc., 1986

ROSSEAU, Jean Jacques – *Discurso sobre a Origem da Desigualdade*. 1775 [disponível em <http://www.dominiopublico.gov.

br/download/texto/cv000053.pdf>, acedido em 15 de janeiro de 2018]

ROTEMBERG, J.; SALONER, G. – «A Supergame-Theoretic Model of Business Cycles and Price Wars During Booms». *In American Economic Review*, 76, 1986, pp. 390–407

ROTHBARD, Murray – «Toward a Reconstruction of Utility and Welfare Economics». *In Occasional Papers Series*, #3, New York, 1977, p. 29

ROWLEY, Charles – *Public Choice from the Perspective of History of Thought*. The Encyclopaedia of Public Choice, vol. 1, 2004

RUBINSTEIN, A. – «Equilibrium in Supergames with Overtaking Criterion». *In Journal of Economic Theory*, vol. 21, 1979, pp. 1–9

RYAN-COLLINS, Josh; LLOYD, Tobey; MACFARLANE, Laurie – *Rethinking the Economics of Land and Housing*. New Economics Foundation, 2017

SABOURIAN, H. – *Rational conjectural equilibrium and repeated games*. *In* DASGUPTA, P.; GALE D.; HART O.; MASKIN E. (eds.) – *Economic Analysis of Markets and Games: Essays in Honor of Frank Hahn*. MIT Press, 1992

SAMUELSON, Paul A. – «Aspects of Public Expenditure Theories». *In The Review of Economics and Statistics*, 40(4), 1958

SAMUELSON, Paul A. – «Diagrammatic Exposition of a Theory of Public Expenditure». *In The Review of Economics and Statistics*, 37, 4, 1955

SAMUELSON, Paul A. – «The Pure Theory of Public Expenditure». *In The Review of Economics and Statistics*, 36(4), 1954

SAMUELSON, Paul A. – «Pure Theory of Public Expenditure and Taxation». *In* MARGOLIS, Julius; GUITTON, Henri (eds.) – *Public Economics: An analysis of Public Production and Consumption and their Relations to the Private Sectors*. London: Macmillan, 1969

SAMUELSON, Paul; NORDHAUS, William D. – *Economics*. 19th Edition. McGraw-Hill, 2010

SANCHES, José Saldanha – «A Regulação: História Breve de um Conceito». *In Revista da Ordem dos Advogados*, Ano 60, 2000, p. 5

SANCHES, Saldanha – «A Derrama, os Recursos Naturais e o Problema da distribuição da receita entre os municípios». *In Fiscalidade* 38, 2010, pp. 136, 138, 141

SANTOS, António Carlos dos *[et al.]* – *Direito Económico*, Almedina, 2004

SANTOS, António Carlos dos; GONÇALVES, Maria Eduarda; MARQUES, Maria Manuel Leitão – «Direito Económico». 6ª Edição. *In Revista e Atualizada*, Coimbra: Almedina, p. 181

SANTOS, J. Albano – *Economia Pública*. 2ª edição, ISCSP, 2012.

SANTOS, Jorge Costa – *Bem-Estar Social e Decisão Financeira*. Coimbra: Almedina, 1993

SANTOS, Jorge Costa – *Decisão Financeira e Bem-Estar Social*. Almedina, 1994

SARAIVA, Rute – *Behavioural and Evolutionary Approach to the Law and Economics of Cap-and-Trade*. *In* MATHIS, K.; HUBER, B.R. (eds.) – *Environmental Law and Economics, Economic Analysis of Law in European Legal Scholarship*. 4, Springer, 2017

SAUNDERS, Harry – «The Khazzoom-Brookes postulate and neoclassical growth». *In The Energy Journal*, 13, 4, 1992, pp. 131–148

SCANLON, Thomas – *Contractualism and Utilitarism*. *In* SEN A.; WILLIAMS, B. eds. – *Utilitarism and Beyond*, Cambridge University Press, 1982

SCHLAGER, Eddela; OSTROM, Elinor – «Property-Rights Regimes and Natural

Resources: a Conceptual Analysis». *In Land Economics*, 68 (3), 1992

Schramme, Thomas – «Is Rawlsian Justice Bad for the Environment?» *In Analyse & Kritik*, 28/2006, Stuttgart: Lucius & Lucius, pp. 146-157

Schulz, Norbert; Parisi, Francesco; Depoorter, Ben – «Fragmentation in Property: Towards a General Model». *In Journal of Institutional and Theoretic Economics*, 159, 2003

Schumpeter, Joseph – *Capitalism, Socialism and Democracy*. New York: Harpers & Brothers, 1942

Schumpeter, Joseph – *History of Economic Analysis*. London: George Allen & Unwin, 1954

Scitovsky, Tibor – *A note on welfare propositions in economics*. RES, 1941

Scitovsky, Tibor – *The Joyless Economy, Psychology of Human Satisfaction*. Rev. Ed., Oxford University Press, 1992

Scott, A. – «The Fishery: The objectives of sole ownership». *In Journal of Political Economy*, vol. 63, no. 2, April 1955, pp. 116–124

Seia, Jorge Aragão – *Arrendamento Urbano*. 6ª Edição, Almedina, 2002

Selmer, Peter – *Steuerinterventionismus und Verfassungsrecht*. Frankfurt a.M., 1971

Selten, R. – «The Chain Store Paradox». *In Theory and Decision*, vol. 9, 1973, pp. 127–159

Sen, Amartya – «On optimizing the rate of saving». *In Economic Journal*, 71, 1961, pp. 479–496

Sen, Amartya – «Rational behaviour». *In The New Palgrave Dictionary of Economics*, 2nd ed. Eds. Steven N. Durlauf and Lawrence E. Blume. Palgrave Macmillan, 2008. *The New Palgrave Dictionary of Economics Online*. Palgrave Macmillan. 06 February 2018 [disponível em <http://www.dictionaryofeconomics.com/article?id=pde2008_R000022> doi:10.1057/9780230226203.1385]

Sen, Amartya – «The Impossibility of a Paretian Liberal». *In Journal of Political Economy*, 78, 1970, pp. 152–157

Sen, Amartya – *A Ideia de Justiça*. Coimbra: Almedina, 2010

Senior, Nassau William – *An Outline of the Science of Political Economy*, 1836 [disponível em <https://mises.org/library/outline-science-political-economy>, acedido em 15 de janeiro de 2018]

Shapiro, C. – «Theories of Oligopoly Behaviour». *In Handbook of Industrial Organization*, 1989, Vol. 1, pp. 329–414

Shogren, J.; Taylor, L. – «On Behavioral-Environmental Economics». *In Revue Environmental Economic Policy*, 2, 2008, pp. 26–44

Sidgwick, Henry – *The Principles of Political Economy*. 3rd ed. London: Macmillan, 1901

Sidónio, Pardal – *Apontamentos para uma Lei dos Solos*, 2009

Silva, Suzana Tavares da – *As Taxas e a Coerência do Sistema Tributário*. CEJUR, Coimbra Editora, 2013

Silva, Suzana Tavares da – *Direito da Energia*. Coimbra: Coimbra Editora, 2011

Simon, Herbert – «Alternative Visions of Rationality, Judgment and Decision Making». *In Interdisciplinary Reader*, 1986, pp. 97–113

Simon, Julian – *The Ultimate Resource*. NJ: Princeton University Press, 1981 [disponível em <http://www.juliansimon.com/writings/Ultimate_Resource/>, acedido em 15 de janeiro de 2018]

Simon, Julian; Moore, Stephen – *It's getting better all the time: 110 greatest trends of the last 100 years*. Cato Institute, 2001

Simpson, Brian – *Markets Don't Fail*. Lexington Books, 2005

Singer, Peter – *Practical Ethics*. 2nd ed. Cambridge University Press, 1993

Small, Kenneth; Dender, Kurt Van – *The Effect of Improved Fuel Economy on Vehicle Miles Traveled. Estimating the Rebound Effect Using US State Data, 1966–2001*. Berkeley: Policy and Economics, 2005 [disponível em <http://escholarship.org/uc/item/1h6141nj>, acedido em 15 de janeiro de 2018]

Smith, Adam – *An Inquiry Into the Nature and Causes of the Wealth of Nations* (1789). 5ª edição. Nova Iorque: Random House/ The Modern Library, 1937

Smith, Robert – «Resolving the Tragedy of the Commons by Creating Private Property Rights in Wildlife». *In CATO Journal* 1, 1981, pp. 39–68

Smith, Vernon – *Rationality in Economics, Constructivist and Ecological Forms*. Chapman University, 2008

Soares, Cláudia – *O Imposto Ecológico – Contributo para o Estudo dos Instrumentos Económicos de Defesa do Ambiente*. Coimbra Editores, 2001

Solow, Robert – «A Contribution to the Theory of Economic Growth». *In The Quartely Journal of Economics*, 70, 1, 1956

Solow, Robert – *An Almost Practical Step Toward Sustainability*, 1993 [disponível em <https://haskayne.ucalgary.ca/files/haskayne/RobertSolow_AnAlmostPracticalStepTowardSustainability_Sep93.pdf>, acedido em 15 de janeiro de 2018]

Sousa, António Francisco de – *Código do Procedimento Administrativo Anotado e Comentado*. Quid Juris, 2009

Sousa, Marcelo Rebelo de – «Parecer sobre a Constitucionalidade das Normas Constantes do Decreto-Lei nº 351/93, de 7 de Outubro (Regime de Caducidade dos Actos de Licenciamento de Obras, Loteamentos e Empreendimentos Turísticos)». *In Revista Jurídica do Urbanismo e do Ambiente* 1, Almedina, 1994

Stackelberg, H. – «Marktform und Gleichgewicht». *In Journal of Economic Studies*, Vol. 23, Issue 5/6, pp. 58–70

Steg, L.; Dreijerink, L.; Abrahamse, W. – «Why are Energy Policies Acceptable and Effective?» *In Environmental Behaviour*, 38, 2006, pp. 92–111

Stern, David – «The Rise and Fall of the Environmental Kuznets Curve». *In World Development*, 32, 8, 2004, pp. 1419–1439

Stern, David – *Economic Growth and Energy*. Encyclopedia of Energy, 2, 2004

Stern, Nicholas – *The Stern Review of the Economics of Climate Change*. Cambridge University Press, 2007

Stigler, George – «The Theory of Economic Regulation». *In The Bell Journal of Economics and Management Science*, vol. 2, issue 1, Spring, 1971, pp. 3–21

Stigler, George – *The Theory of Price*. 3rd ed. New York: Macmillan, 1966

Stiglitz, Joseph – «New Theoretical Perspectives on the Distribution of Income and Wealth among Individuals: Part IV: Land and Credit». *In NBER Working Paper Series*, no. 21192, May, 2015

Stinson, Joseph D. – «Transferring Development Rights: Purpose, Problems, and Prospects in New York», *In Pace Law Review*, 17, 1996

Stober, Rolf – *Allgemeines Wirtschaftsverwaltungsrecht*. 15., Aufl. Stuttgart, Kohlhammer, 2006

Stoianoff, Natalie P., Larry Kreiser, Bill Butcher, Janet E. Milne, Hope Ashiabor (eds.) – *Environmental Pricing*, Edward Elgar Publishing, 2015

Stoianoff, Natalie P., Larry Kreiser, Bill Butcher, Janet E. Milne, Hope Ashiabor (eds.) – *Carbon Pricing*, Edward Elgar Publishing, 2015

Stoianoff, Natalie P., Larry Kreiser, Bill Butcher, Janet E. Milne, Hope Ashiabor (eds.) – *Market Instruments and the Pro-*

tection of Natural Resources, Edward Elgar Publishing, 2016

STOIANOFF, Natalie P., Larry Kreiser, Bill Butcher, Janet E. Milne, Hope Ashiabor (eds.) – *Green Fiscal Reform for a Sustainable Future*, Edward Elgar Publishing, 2016

STONE, Christopher – «Should Trees Have Standing?» *In Southern California Law Review*, 45, 1972, pp. 450–501

STROUX, Sigrid – *US and EC Oligopoly Control*, Kluwer, 2004

SUPANICH, G.P. – «The Legal Basis of Intergenerational Responsibility: an Alternative View – The Sense of Intergenerational Identity». *In Yearbook of International Environmental Law*, 94 at 96, 1992, p. 96

TAVARES, José – *Os Princípios Fundamentais do Direito Civil*, Vol. II. Coimbra, 1929

THALER, R.; SUNSTEIN, C. – *Nudge: improving decisions about health, wealth, and happiness*. London: Penguin, 2009

THOMAS, Piketty – *Capital in the Twenty-First Century*. Cambridge: Harvard University Press, 2014

THÜNEN, J. H. von – *Der Isolierte Staat in Beziehung auf Landwirtschaft und Nationalökonomie*. Hamburg, 1826 [disponível em <https://archive.org/details/derisoliertestaa00thuoft>, acedido em 15 de janeiro de 2018]

TIEBOUT, Charles M. – «A pure theory of local expenditures.» *In The Journal of Political Economy*», 64(5), 1956

TIEBOUT, Charles M. – *An Economic Theory of Fiscal Decentralization. In* James M. Buchanan and Universities-NBER (eds.), Public Finances: *Needs, Sources, and Utilization*. Princeton University Press, 1961, pp. 79 a 96

TIPKE, K.; LANG, J. – *Steuerrecht*. 15 Aufl., Köln: O. Schmidt, 1996

TIPKE, K.; LANG, J. – *Steuerrecht*. Koln: Otto Schimdt, 2002

TIPKE, Klaus – *Besteuerungsmoral und Steuermoral*. Nordrhein-Westfälische Akademie der Wissenschaften, Verlag, 1999

TIROLE, Jean – *The Theory of Industrial Organization*. Cambridge: MIT Press, 1998

TOMÁS DE AQUINO (Santo) – *Summa Contra Gentiles*, Livro 3, Parte 2, Capítulo 112

TROTABAS Louis; COTTERET, Jean-Marie – *Droit Fiscal*. 7e éd.. Paris: Dalloz, 1992

TULLOCK, Gordon; SELDON, Arthur; BRADY, Gordon – *Government Failure: A Primer in Public Choice*. Washington: CATO Institute, 2002

VASQUES, Sérgio – *As Taxas de Regulação Económica em Portugal: uma Introdução in* VASQUES, Sérgio (Coord.) – *As Taxas de Regulação Económica em Portugal*. Coimbra: Almedina, 2008

VASQUES, Sérgio – *Manual de Direito Fiscal*. Coimbra: Almedina, 2011

VASQUES, Sérgio – *O Princípio da Equivalência como Critério de Igualdade Tributária*. Dissertação de Doutoramento em Ciências Jurídico-Económicas na Faculdade de Direito da Universidade de Lisboa, Almedina, 2008

VASQUES, Sérgio; MARTINS, Guilherme Waldemar d'Oliveira – «A Evolução da Tributação Ambiental em Portugal». *In Revista Fórum de Direito Tributário*, Ano 5, nº 28, Jul./Ago. de 2007, p. 251 e ss.

VATN, Arild; BROMLEY, W. Daniel – «Externalities – A Market Model Failure». *In Environmental and Resource Economics* 9, Kluwer Academic Publishers, 1997, pp. 135–151

VENKATACHALAM, L. – «Behavioral Economics for Environmental Policy». *In Ecological Economy*, 67, 2008, pp. 640–645

VIANA, Cláudia – A Actividade Administrativa de Formação dos Planos Directores Municipais, Braga, Oficinas de S. José, 2002

VICTOR, P.A. – «Indicators of Sustainable Development: Some Lessons from

Capital Theory». *In Ecological Economics*, 4, 1991

VIEIRA, José Alberto Coelho – *Direitos Reais*. Coimbra: Coimbra Editora, 2008

VITERBO, Joaquim de Santa Rosa de – *Elucidário das palavras, termos e frases que em Portugal antigamente se usaram e que hoje regularmente se ignoram*. 2 vols. Lisboa, 1798–1799, reimp. Porto, 1965

WALRAS, Léon – *Théorie Mathématique du Prix des Terres et de Leur Achat par L' État*. Mémoire à la Société Vaudoise des Sciences Naturelles, Lausanne, 1880

WEBER, Alfred – *Über den Standort der Industrie*. Tübingen: J.C.B. Mohr., 1909

WEEDEN, Kim; GRUSKY, David – «Inequality and Market Failure». *In American Behavioral Scientist*, 57 (11), 2013, pp. 1–19

WEIBULL, J. – *Evolutionary Game Theory*. MIT, 1995

WEISHAAR, Stefan E., Larry Kreiser, Janet E. Milne, Hope Ashiabor, Michael Mehling – *The Green Market Transition*, Edward Elgar Publishing, 2017

WEISS, Edith Brown – «Our Rights and Obligations to Future Generations for the Environment». *In The American Journal of International Law*, 198 e 199, 1990, p. 199 [disponível em <http://scholarship.law.georgetown.edu/cgi/viewcontent.cgi?article=2639&context=facpub>, acedido em 15 de janeiro de 2018]

WELCH, W. – «The Political Feasibility of Full Ownership Property Rights: The cases of Pollution and Fisheries». *In Policy Sciences*, 16, 1983, pp. 165–180

WHITE, Lynn – *The Historical Roots of Our Ecological Crisis*. Science, 155, 1967

WICKSTEED, Philip – «The Scope and the Method of Political Economy in the Light of the "Marginal" Theory of Value and Distribution». *In The Economic Journal*, 24, 93, 1914

WILLIAMS, Chris – «Marxism and the Environment». *In International Socialist Review*, 74, November 2010

WOERDMAN E.; BOLDERDIJK, J. – *Emissions Trading for Households? A Behavioral Law and Economics Perspective*. Working Paper, University of Groningen, 2010

WOLFF, Brian – «Environmental Studies and Utilitarian Ethics. Environmental Studies». *In Bioscene*, Dezembro de 2008, p. 9

WU, Tung-Chieh Jansen – *Intergenerational and Intragenerational Equity and Transboundary Movements of Radioactive Wastes*. Institute of Comparative Law, McGill University, 2002

WUYTS, Marc – *Deprivation and Public Need*. *In* MACINTOSH, M.; WUYTS, M.; HEWITT, T. – *Development Policy and Public Action*, 1992

XAVIER, Alberto – *Manual de Direito Fiscal – Volume* I. Livraria Petrony, 1974

XAVIER, Alberto – *Subsídios para uma Lei de Defesa da Concorrência*. Cadernos de Ciência e Técnica Fiscal, 95, Lisboa, 1970

XEPAPADEAS, Anastasios – «Ecological Economics». *In The New Palgrave Dictionary of Economics*. 2nd Edition. Eds. Steven N. Durlauf and Lawrence E. Blume. Palgrave Macmillan, 2008. The New Palgrave Dictionary of Economics Online. Palgrave Macmillan. 06 February 2018 [disponível em <http://www.dictionaryofeconomics.com/article?id=pde2008_E000221>, acedido em 15 de janeiro de 2018] doi:10.1057/9780230226203.0423

YORAM, Barzel – *Economic Analysis of Property Rights*. 2nd ed. Cambridge University Press, 1997

YOSHINO, Yutaca – *An Essay on Pigouvian Externality*. University of Virginia, Janeiro de 2001

ZANDT; Van; DAVID, E. – «The Lessons from the Lighthouse: "Government" or "Private" provision of Goods». *In Journal of Legal Studies*, 22, 1993

Outros documentos

«In China, Breathing Becomes a Childhood Risk». *In New York Times*; April 22, 2013

7º Plano Plurianual para 2020 – *Viver bem, dentro dos limites do nosso planeta*

A Utilização do Domínio Público pelos Particulares, Lisboa, 1965

Acordo de Paris, 12 de Dezembro de 2015

Agência Portuguesa do Ambiente – *Relatório de aplicação da Portaria nº 3-A/2014, de 7 de janeiro, e do Decreto-Lei nº 195/2015, de 14 de setembro, relativo a receitas de leilões no âmbito do regime de Comércio Europeu de Licenças de Emissão*

Agência Portuguesa do Ambiente (2016) – *Relatório do Estado do Ambiente Portugal 2016*, p. 57 [disponível em https://rea.apambiente.pt/content/ultima-edicao]

Amadeus (Analyse Major Databases from European Sources)

Artigo *Municípios com empresas de tratamento de resíduos vão receber parte dos lucros*, Ana Santiago, 2014 [disponível em <http://www.ambienteonline.pt/canal/detalhe/municipios-com-empresas-de-tratamento-de-residuos-vao-receber-parte-dos-lucros>, acedido em 15 de janeiro de 2018]

Base de dados da OCDE [disponível em <https://pinedatabase.oecd.org/Query_3.aspx>, acedido em 15 de janeiro de 2018]

Carta de Aalborg, 1994 [disponível em <http://www.sustainablecities.eu/fileadmin/repository/Aalborg_Charter/Aalborg_Charter_English.pdf>, acedido em 15 de janeiro de 2018]

Carta de Leipzig, 2007 [disponível em <https://5cidade.files.wordpress.com/2008/01/leipzig-charta-adr-pt.pdf>, acedido em 15 de janeiro de 2018]

Carta de Marx para Frederick Engels, 1851 [disponível em <http://www.cooperative-individualism.org/marx-karl_theory-of-rent-1851.htm>, acedido em 15 de janeiro de 2018]

Cimeira de Bali [disponível em <http://unfccc.int/documentation/documents/advanced_search/items/6911.php?priref=600004670>, acedido em 15 de janeiro de 2018]

União Europeia (2005) – *Orientações adicionais para os planos de atribuição de licenças do regime de comércio de licenças de emissão da UE no período de comércio de 2008 a 2012* [disponível em: <http://eur-lex.europa.eu/legal-content/PT/TXT/PDF/?uri=CELEX:52005DC0703&from=PT>, acedido em 15 de janeiro de 2018]

Comentários da OCDE à Convenção Modelo OCDE, 2008, p. 82

Comissão Europeia – *Analysis of the use of Auction Revenues by the Member States – Final Report*, 2017, p. 55 [disponível em <https://ec.europa.eu/clima/sites/clima/files/ets/auctioning/docs/auction_revenues_report_2017_en.pdf>, acedido em 15 de janeiro de 2018]

Comissão Europeia – *EU ETS Handbook*, 2015 [disponível em <https://ec.europa.eu/clima/sites/clima/files/docs/ets_handbook_en.pdf>, acedido em 15 de janeiro de 2018]]

Comissão para a Reforma da Fiscalidade Verde – *Projeto de Reforma da Fiscalidade Verde*, 2014. [disponível em ≤https://www.portugal.gov.pt/media/1541780/Anteprojecto%20Reforma%20Fiscalidade%20Verde%20Final.pdf≥, acedido em 15 de janeiro de 2018]

Commission de Reforme de la Taxe Professionnele – *Rapport au Premier Ministre*, 21 de Dezembro de 2004

Comunicação da Comissão 2014/C 200/01 [disponível em <http://eur-lex.europa.eu/legal-content/PT/TXT/HTML/?uri=CELEX:52014XC0628(01)&from=PT>, acedido em 15 de janeiro de 2018]

Comunicação da Comissão ao Parlamento Europeu, ao Conselho, ao Comité Económico e Social Europeu e ao Comité das Regiões, *Um quadro político para o clima e a energia no período de 2020 a 2030*, COM(2014) 15 final de 22/01/2014

Comunicação de *Enquadramento Comunitário dos Auxílios Estatais a Favor do Ambiente,* de 2008/C 82/01 [disponível em <http://eur-lex.europa.eu/LexUriServ/LexUriServ.do?uri=OJ:C:2008:082:0001:0033:PT>, acedido em 15 de janeiro de 2018]

Declaração do Milénio [disponível em <http://www.un.org/millennium/declaration/ares552e.htm>, acedido em 15 de janeiro de 2018]

Declaração do Rio sobre o Ambiente e Desenvolvimento, 1992

Declaração dos Direitos do Homem e do Cidadão

Diagnóstico de apoio às jornadas de reflexão estratégica, Documento de trabalho nº 2, Eixo Temático, 4, Recursos Naturais e Ambiente, Floresta, Estratégia Nacional de Investigação e Inovação para uma Especialização Inteligente 2014–2020

Domínio Público, Dicionário Jurídico da Administração Pública, Vol. IV, p. 166

Domínio Público, Enciclopédia Luso-Brasileira de Cultura, Vol. VI, p. 1675

EEX – *Integrating Carbon and Energy Markets – Guidance for bidders – Auctioning of Emission Allowances in EU ETS Phase III*, 2015 [disponível em <https://www.eex.com/blob/9128/587cf1f1f91be0d67607d9c3f54bd459/eex-piiiauctions-guidance-pdf-data.pdf>, acedido em 15 de janeiro de 2018]

Environmental Ethics, Stanford Encyclopedia of Philosophy. Rev. Jul, 21, 2015 [disponível em <https://plato.stanford.edu/entries/ethics-environmental/>, acedido em 15 de janeiro de 2018]

Estratégia Europa 2020, COM(2010) 2020 final de 3.3.2010

European Comission – *The EU Emission Trading System (EU ETS)*, 2016

EDP – *Declaração ambiental 2016 da central termoelétrica de Sines*, 2016 [disponível em: <http://www.a-nossa-energia.edp.pt/centros_produtores/desempenho_ambiental.php?item_id=76&cp_type=te&section_type=desempenho_ambiental>, acedido em 15 de janeiro de 2018]

Grupo EDP (2016) – Relatório e Contas 2016 [disponível em <https://www.edp.com/sites/default/files/portal.com/documents/relatorio_pt_com_extrato_ata.pdf>, acedido em 15 de janeiro de 2018]

EUROSTAT (2013), *Environmental taxes – a statistical guide*, Eurostat Manuals and Guidelines – European Commission [disponível em <http://ec.europa.eu/eurostat/web/environment/environmental-taxes>, acedido em 15 de janeiro de 2018]

Foster, Vivien; Bedrosyan, Daron – *Understanding CO2 emissions from the global energy sector*. Live wire knowledge note series; no. 2014/5. Washington DC, World Bank Group, 2014 [disponível em <http://documents.worldbank.org/curated/en/873091468155720710/Understanding-CO2-emissions-from-the-global-energy-sector>, acedido em 15 de janeiro de 2018]

Grundsatz Gerechter und Okonomisch Rationaler Steuerpolitik, J.C.B., Mohr (Paul

Siebeck), Tübirgen, 1970 (edição espanhola pelo Instituto de Estudios Fiscales, Madrid, 1994).

ICNF – *6º Inventário Florestal Nacional – Áreas dos usos do solo e das espécies florestais de Portugal continental.* 2013

IFRIC nº 12 *(International Financial Reporting Interpretations Committee)*, datada de 30 de Novembro de 2006

International Union for the Conservation of Nature, *World Conservation Strategy, Living Resource Preservation for Sustainable Development*, 1980 [disponível em <http://www.a21italy.it/medias/31C2D26FD81B0D40.pdf>, acedido em 15 de janeiro de 2018]

Les Principes Généraux du Droit Administratif, Vol. III, 3. ª ed., Paris, 1925-1930, p. 240

Livro Branco sobre Serviços de Interesse Geral, COM (2004) 374 final, de 12 de Maio de 2004

Livro Verde sobre a Coesão Territorial Europeia. Tirar Partido da Diversidade Territorial. SEC (2008) 2550 [disponível em <http://ec.europa.eu/regional_policy/archive/consultation/terco/paper_terco_pt.pdf>, acedido em 15 de janeiro de 2018]

Livro Verde sobre Reparação de Danos no Ambiente, Com CE COM (93) 47 final

Livro Verde sobre Serviços de Interesse Geral, COM (2003) 270 final, de 21 de Maio de 2003

MAMOT – *Relatório de Reforma da Fiscalidade Verde, Relatório do Grupo de Trabalho*, 2014 [disponível em <http://www.portugal.gov.pt/media/1539636/3%20-%20Projeto%20de%20Reforma.pdf>, acedido em 15 de janeiro de 2018]

Manual de Direito Administrativo, Tomo II

Ministério das Finanças – *Competitividade, Eficiência e Justiça do Sistema Fiscal, Relatório do Grupo para o Estudo da Política Fiscal*, coordenado por António Carlos dos Santos e António Martins, 2009 [disponível em <http://info.portaldasfinancas.gov.pt/nr/rdonlyres/8afaa047-5ab4-4295-aa08- e09731f29b0a/0/gpfrelatorio global_vfinal.pdf>, acedido em 15 de janeiro de 2018]

Ministério das Finanças – *Estruturar o Sistema Fiscal do Portugal Desenvolvido – Textos Fundamentais da Reforma Fiscal do Século XXI.* Almedina, 1998

Ministério das Finanças – *Relatório do Grupo Para o Estudo da Política Fiscal – Competitividade, Eficiência e Justiça do Sistema Fiscal*, 2009 [disponível em <http://info.portaldasfinancas.gov.pt/NR/rdonlyres/8AFAA047-5AB4-4295-AA08-E09731F29B0A/ 0/GPFRelatorioGlobal_VFinal.pdf>, acedido em 15 de janeiro de 2018]

Ministry of Finance – *An outline of japanese taxes*, 2004

OCDE – *Access Pricing in Telecommunications*, 2004, cit., p. 264

OCDE – Relatório *Better Policies for Sustainable Development 2016: A New Framework for Policy Coherence* [disponível em <http://www.keepeek.com/Digital-Asset-Management/oecd/development/better-policies-for-sustainable-development-2016_9789264256996-en#.WZvlmE0kvIU>, acedido em 15 de janeiro de 2018]

OCDE (1972), *Recommandation du Conseil sur les principes directeurs relatifs aux aspects économiques des politiques de l'environnement sur le plan international*, Document n.° C(72)128, Paris

OECD – *Cost-Benefit Analysis and the Environment, Recent Developments*, 2006

OECD – *Polluters Pays Principle*, 1975 [disponível em <https://play.google.com/books/reader?id=_OzVAgAAQBAJ&printsec=frontcover&output=reader&h

l=en&pg=GBS.PA11>, acedido em 15 de janeiro de 2018]

OECD – Taxing Energy Use 2018: Companion to the Taxing Energy Use Database, OECD Publishing, Paris disponível em http://dx.doi.org/10.1787/9789264289635-en

Plano de Acção no Domínio dos Auxílios Estatais – menos auxílios estatais e mais orientados: um roteiro para a reforma dos auxílios estatais. 2005–2009. COM (2005) 107 final.

Plano Nacional da Política de Ordenamento do Território (PNPOT)

Princípios Orientadores da Reforma da Fiscalidade Verde. Relatório Preliminar.

Protocolo de Quioto [disponível em <http://unfccc.int/resource/docs/convkp/kpeng.pdf>, acedido em 15 de janeiro de 2018]

Recomendação do Conselho 75/436, de 3 de Março

Regime da Utilização dos Recursos Hídricos

Relatório da Comissão de Estudo para a Tributação da Terra e dos seus Rendimentos

República Portuguesa – Gabinete do Ministro do Ambiente (2017) – *Orçamento do Estado 2018 – Programa Ambiente – Nota Síntese*, pp. 28–30 [disponível em https://www.parlamento.pt/Documents/OE2018/NotaExplicativaMAMB2018.pdf, acedido em 15 de janeiro de 2018]

Revisão dos Impostos sobre o Património, Coordenação de Sidónio Pardal

Tratado de Funcionamento da União Europeia

Tributação do Património, Relatório Final, Grupo de Trabalho para o Estudo da Política Fiscal, Competitividade, Eficiência e Justiça do Sistema Fiscal, Setembro 2009, p. 7 [disponível em <http://www.sidoniopardal.com/0_rel atoriofinalsubgrupo3.pdf>, acedido em 15 de janeiro de 2018]

UNEP – *Global Environmental Outlook 5, Environment for the Future We Want*. 2012

United Nations World Commission on Environment and Development – *Our Common Future* [disponível em <http://www.un-documents.net/ocf-ov.htm#1.2>, acedido em 15 de janeiro de 2018]

United Nations, Department of Economic and Social Affairs, Population Division (2017) World Population Prospects: The 2017 Revision [disponível em <www.esa.un.org>, acedido em 15 de janeiro de 2018]

United Nations, Department of Economic and Social Affairs, Population Division (2017) *World Urbanization Prospects: The 2014 Revision* [disponível em <https://esa.un.org/unpd/wup/Publications/Files/WUP2014-Highlights.pdf>, acedido em 15 de janeiro de 2018]

World Commission for Environment and Development, Our Common Future, Oxford, University Press, 1987 (Tradução: Comissão Mundial sobre o Meio Ambiente e Desenvolvimento, Nosso Futuro Comum, 2ª edição, Rio de Janeiro: Editora Getúlio Vargas, 1991.

Jurisprudência

Acórdão C-1/03, *Criminal proceedings against Paul Van de Walle, Daniel Laurent, Thierry Mersch and Texaco Belgium SA*, 2004, ECR I-7613

Acórdão C-172/08, 2010, ECR I-1175, paras. 35–38

Acórdão C-188/07, *Commune de Mesquer v. Total France SA and Total International Ltd*, 2008, ECR I-4501

Acórdão C-293/97, *Futura Immobilare* 2009, ECR I-0000, paras. 52–56

Acórdão C-293/97, *Standley*, 1999, ECR I-2603, paras. 51–53. Parecer do Advogado Geral, nº 61997C0293

Acórdão C-378/08, *ERG e outros*, 2010, ECR I-0000

Acórdão *Connect Austria*, 22 de Maio de 2003, processo nº C-462/99 [disponível em <www.curia.eu>, acedido em 15 de janeiro de 2018]

Acórdão de 02/06/1999, Co. Ac. STJ, VII, 2º, 129

Acórdão de 06/07/2004, proc. 07B1554

Acórdão de 08/10/1992, BMJ 420º

Acórdão de 10/12/1997, BMJ – 472º-454

Acórdão de 12/01/2012, revista nº 72/2001. L1.S1

Acórdão de 12/11/2009, revista nº 1842/04.3TVPRT.S1

Acórdão de 13/01/2000, revista nº 991/99 – 2ª secção

Acórdão de 13/02/1997, CJ, STJ, T.V, ano I, p. 104

Acórdão de 19/02/1991, *Trinova Corp. v. Michigan Department of Treasury*, nº 89-1106, 489 US 358 (1991).

Acórdão de 20/10/2009, revista nº 563/2001.S1

Acórdão de 22/10/1999, BMJ, 490-270

Acórdão de 22/10/2009, revista nº 446/09.9YFLSB

Acórdão de 25/03/2010, revista nº 5541/03.5TBVFR.P1.S1

Acórdão de 26/09/1991, BMJ 409º, p. 779,

Acórdão de 28/01/1997, CJ, STJ. T.V, ano I, p. 77

Acórdão de 29/04/2003, revista nº 706/2003 – 6ª secção

Acórdão de 30/04/1997, processo nº 885/96, 2ª secção, Cons. Pereira da Graça

Acórdão de 31/05/2007, processo nº 07B1554, *in* www.dgsi.pt;

Acórdão do STA de 09/09/2011, Processo nº 0267/11, 1ª Secção [Costa Reis]

Acórdão do STA de 19/05/2004, processo nº 026384 [disponível em <http://www.dgsi.pt/jsta.nsf/>, acedido em 15 de janeiro de 2018]

Acórdão do STA de 25/05/2012, processo nº 0301/12, 2ª Secção [Fernanda Maçãs]

Acórdão do STA de 25/11/2015, processo nº 01338/15

Acórdão do STA de 27/06/2012, processo nº 01004/11, 2ª Secção [Francisco Rothes]

Acórdão do STJ de 30/04/1997, BMJ 466º – 501

Acórdão do STJ referente ao Processo 9065/12.1TCLRS.L1.S1 [disponível em <http://www.dgsi.pt≥, acedido em 15 de janeiro de 2018]

Acórdão do Supremo Tribunal Administrativo, de 7 de junho de 2006, Processo nº 01257/05

Acórdão do Supremo Tribunal de Justiça, de 31 de março de 2016, Processo nº 128/15.2YFLSB

Acórdão nº 187/2001 do Tribunal Constitucional, de 2 de maio

Acórdão nº 287/1990 do Tribunal Constitucional, de 30 de outubro

Acórdão nº 634/1993 do Tribunal Constitucional, de 4 de novembro

Acórdão nº 187/2013 do Tribunal Constitucional de 5 de abril

Acórdão do Tribunal Constitucional publicado no Diário da República, 1ª Série A, de 26 de Janeiro de 2003

Acórdão nº 353/2012 do Tribunal Constitucional, de 5 de julho

Acórdão nº 84/2003 do Tribunal Constitucional, de 12 de fevereiro

Acórdão do Tribunal Constitucional, processo nº 602/12, 2013, disponível em: <http://www.pgdlisboa.pt/jurel/cst_busca_palavras.php?buscajur=ac%F3rd%E3o&ficha=639&pagina=24&exacta=&nid=11103>, acedido em 15 de janeiro de 2018

Acórdão do Tribunal da Relação de Coimbra de 07-02-2012, Processo nº 358/06.8TBSRE.C2 [Carlos Querido]

Acórdão do Tribunal de Justiça, de 17 de Julho de 1963, Processo nº 13/63, Itália/Comissão

Acórdão do Tribunal de Justiça, processo C-188/07, de 24 de Junho de 2008, *Commune de Mesqueur*

Acórdão nº 418/2017 (DRE nº 190/2017, Série II de 2 de Outubro de 2017)
Acórdão nº 421/2009 do Tribunal Constitucional

Acórdão nº 128/2009 do Tribunal Constitucional [disponível em <http://www.tribunalconstitucional.pt>, acedido em 15 de janeiro de 2018]

Acórdão nº 153/2016 do Tribunal Constitucional, pontos VI, VII e VIII [disponível em <https://dre.pt/home/-/dre/105335913/details/maximized?serie=II&parte_filter=32&day=2016-12-09&date=2016-12-01&d>]

Acórdão nº 187/2001 do Tribunal Constitucional [disponível em <http://www.tribunalconstitucional.pt>, acedido em 15 de janeiro de 2018]

Acórdão nº 187/2013 do Tribunal Constitucional, Processo nº 2/2013, 5/2013, 8/2013 e 11/2013 [Carlos Fernandes Cadilha]

Acórdão nº 287/1990 do Tribunal Constitucional, de 30 de outubro

Acórdão nº 29/2013, de 18 de Novembro [disponível em <http://www.tcontas.pt/pt/actos/acordaos/2013/1sss/ac029-2013-1sss.pdf>, acedido em 15 de janeiro de 2018]

Acórdão nº 312/2015-T do Tribunal Constitucional [disponível em <http://www.tribunalconstitucional.pt>, acedido em 15 de janeiro de 2018]

Acórdão nº 413/2014 do Tribunal Constitucional [disponível em <http://www.tribunalconstitucional.pt>, acedido em 15 de janeiro de 2018]

Acórdão nº 418/2017 (DRE nº 190/2017, Série II de 2 de Outubro de 2017)

Acórdão nº 491/02 do Tribunal Constitucional, Processo nº 310/99 [Conselheiro Paulo Mota Pinto]

Acórdão n.º 634/93 do Tribunal Constitucional [disponível em <http://www.tribunalconstitucional.pt>, acedido em 15 de janeiro de 2018]

Agência Portuguesa do Ambiente (2015) – *Relatório de aplicação da Portaria nº 3-A/2014, de 7 de Janeiro, e do Decreto-Lei nº 195/2015, de 14 de Setembro, relativo a receitas de leilões no âmbito do regime de Comércio Europeu de Licenças de Emissão*

Circular nº 8/2013

Code de l'Urbanisme

Código Administrativo

Código Civil de 1889

Código Civil Francês de 1804

Código da Contribuição Autárquica

Código do IMI

Código do Imposto sobre o Valor Acrescentado (CIVA)

Código do IRS

Código dos IEC, aprovado pelo Decreto-Lei nº 73/2010, de 21 de Junho

Constituição da República Portuguesa

Constituição espanhola

Constituição italiana

Decisão n.º 406/2009/CE de 23 de Abril

Decreto-Lei n.º 334/95, de 28 de Dezembro

Decreto-Lei n.º 448/91, de 29 de Novembro

Decreto-Lei nº 111/2012, de 23 de Maio

Decreto-Lei nº 172/2006, de 23 de Agosto

Decreto-Lei nº 178/2006, de 5 de Setembro

Decreto-Lei nº 189/88, de 27 de Maio

Decreto-Lei nº 29/2006, de 15 de Fevereiro

Decreto-Lei nº 321-B/90, de 15 de Outubro

Decreto-Lei nº 37/93, de 13 de Fevereiro

Decreto-Lei nº 42-A/2016, de 12 de Agosto

Decreto-Lei nº 448/91, de 29 de Novembro

Decreto-Lei nº 45104, de 1 de Julho de 1963

Decreto-Lei nº 470-B/88, de 19 de Dezembro

Decreto-Lei nº 477/80, de 15 de Outubro

Decreto-Lei nº 55/2014, de 9 de Abril

Decreto-Lei nº 74/2012, de 26 de Março

Decreto-Lei nº 75/2012, de 26 de Março

Decreto-Lei nº 80/2015, de 14 de Maio

Decreto-Lei nº 97/2008, de 11 de Junho

Decreto-Lei nº 98/84, de 29 de Março

Directiva 2003/87/CE, do Parlamento Europeu e do Conselho, de 13 de outubro

Directiva 2004/101/CE, de 27 de Outubro

Directiva 2004/35/CE, de 21 de Abril de 2004 [disponível em <https://apambiente.pt/_zdata/Instrumentos/Responsabilidade%20Ambiental/2004-04-21_Diretiva_2004_35_CE.pdf>, acedido em 15 de janeiro de 2018]

Directiva 2009/29/CE, do Parlamento Europeu e do Conselho, de 23 de Abril de 2009 [disponível em <http://eur-lex.europa.eu/legal-content/PT/NIM/?uri=CELEX:32009L0029>, acedido em 15 de janeiro de 2018]

Directiva nº 2003/54/CE, do Parlamento Europeu e do Conselho, de 26 de Junho de 2003

Directiva nº 2006/12/CE, do Parlamento Europeu e do Conselho, de 5 de Abril

Directiva nº 2009/72/CE do Parlamento Europeu e do Conselho, de 13 de Julho de 2009

Directiva nº 91/689/CEE do Conselho, de 12 de Dezembro

Directiva relativa à Matéria Colectável Comum Consolidada do Imposto sobre as Sociedade (MCCCIS) (*Common Consolidated Corporation Tax Base* [CCCTB]), COM(2016) 685 final

DRE nº 235/2016, Série II de 9 de Dezembro de 2016

Exposição de Motivos, da Proposta de Lei nº 257/XII

Lei da Água (Lei nº 58/2005, de 29 de Dezembro)

Lei das Finanças Locais (Lei nº 73/2013, de 3 de Setembro)

Lei de Bases da Política de Solos, do Ordenamento do Território e do Urbanismo – nº 31/2014, de 30 de Maio

Lei de Bases do Ambiente, nº 19/2014, de 14 de Abril

Lei de Bases Gerais da Política de Solos, nº 31/2014, de 30 de Maio

Lei francesa nº 75-678, de 29 de Julho de 1975

Lei Fundamental de Bona

Lei n.º 90/95, de 1 de Setembro

Lei nº 1/79, de 2 de Janeiro

Lei nº 1/87, de 6 de Janeiro

Lei nº 107-B/2003, de 31 de Dezembro

Lei nº 159-C/2015, de 30 de Dezembro

Lei nº 2/2007, de 15 de Janeiro

Lei nº 42/98, de 6 de Agosto

Lei nº 53-E/2006, de 29 de Dezembro

Lei nº 53-F/2006, de 29 de Dezembro

Lei nº 55/2007, de 31 de Agosto

Lei nº 60/2007, de 4 de Setembro

Lei nº 63/2012, de 10 de Dezembro [disponível em <https://dre.pt/web/guest/pesquisa/-/search/190576/details/normal?q=Lei+n.%C2%BA%2063%2F2012%2C%20de+10+de+ dezembro>, acedido em 15 de janeiro de 2018]

Lei nº 66-B/2012, de 31 de Dezembro

Lei nº 73/2013, de 3 de Setembro

Lei nº 82-D/2014, de 31 de Dezembro

Lei nº 83-C/2013 de 31 de Dezembro

Lei nº 91/2001, de 20 de Agosto (Lei de Enquadramento Orçamental)

Lei sobre a Titularidade dos Recursos Hídricos (Lei nº 54/2005, de 15 de Novembro)

Ley de Suelo (8/2007)

Loi d'Orientation Fonciere [disponível em: <https://www.legifrance.gouv.fr/affichTexte.do?cidTexte=JORFTEXT000000501076&categorieLien=id>, acedido em 15 de janeiro de 2018]

Nomenclatura Combinada da União Europeia, estabelecida no Regulamento CEE nº 2658/87 do Conselho de 23 de Julho de 1987, e alterada pelo Regulamento de Execução (UE) 2016/1821 da Comissão, de 6 de Outubro de 2016

Parecer da Comissão Constitucional nº 30/81, *in Pareceres da Comissão Constitucional*

Portaria nº 216-B/2008, de 3 de Março

Portaria nº 345-C/2016, de 30 de Dezembro

Portaria nº 3-A/2014, de 7 de Janeiro

Processo CAAD nº 312/2015-T

Processo nº 312/2015-T do Tribunal Arbitral

Proposta de Directiva do Parlamento Europeu e do Conselho com a designação COM (2015) 337 final, 2015/148 (COD), que pretende alterar a Directiva 2003/87/CE, de 13 de Outubro [disponível em <http://eur-lex.europa.eu/legal-content/PT/TXT/HTML/?uri=CELEX:52015PC0337&from=EN>, acedido em 15 de janeiro de 2018]

Proposta de Lei nº 66/XIII

Proposta de Lei rejeitada na votação realizada na Reunião Plenária nº 109 [disponível em: <https://www.parlamento.pt/ActividadeParlamentar/Paginas/DetalheIniciativa.aspx?BID=41250>, acedido em 15 de janeiro de 2018]

Reforma da Fiscalidade Verde, p. 4 [disponível em <http://www.crescimentoverde.gov.pt/wp. content/uploads/2014/10/ReformaFiscalidadeVerde_GreenTaxReform_emagazine.pdf>, acedido em 15 de janeiro de 2018]

Regime Geral das Taxas Locais (Lei nº 53-E/2006, de 29 de Dezembro)

Regime Jurídico do Sector Empresarial Local (Lei nº 53-F/2006, de 29 de Dezembro)

Regime Jurídico dos Instrumentos de Gestão Territorial

Resolução do Conselho de Ministros nº 56/2012, de 5 de Julho

Revised Statutes Annotates de New Hampshire

Sentença nº 10/2015 da *Corte Costituzionale* Italiana, de 9 de Fevereiro

Tratado de Funcionamento da União Europeia

Sites

<http://ec.europa.eu/regional_policy/sources/docgener/studies/pdf/citiesoftomorrow/citiesoftomorrow_summary_pt.pdf> [acedido em 15 de janeiro de 2018]

<http://ec.europa.eu/regional_policy/sources/policy/what/territorial-cohesion/territorial_agenda_2020 .pdf> [acedido em 15 de janeiro de 2018]

<http://eur-lex.europa.eu/legal-content/PT/TXT/PDF/?uri=CELEX:32013D1386&from=EN> [acedido em 15 de janeiro de 2018]

<http://unfccc.int/paris_agreement/items/9444.php> [acedido em 15 de janeiro de 2018]

<http://www.erse.pt/consumidor/Documents/Extin%C3%A7%C3%A3o%20Tarifas/FAQ-%20extin%C3%A7%C3%A3o%20das%20tarifas.pdf> [acedido em 15 de janeiro de 2018]

<http://www.ey.com/Publication/vwLUAssets/EY_-_Value_of_sustainability_reporting/$FILE/EY-Value-of-Sustainability-Reporting.pdf> [acedido em 15 de janeiro de 2018]

<http://www.icnf.pt/portal/florestas/ifn/resource/ficheiros/ifn/ifn6-res-prelimv1-1> [acedido em 15 de janeiro de 2018]

<http://www.iisd.org/sites/default/files/publications/sustainable-development-goals-iisd-prespectives.pdf> [acedido em 15 de janeiro de 2018]

<http://www.oecd.org/env/tools-evaluation/environmentaltaxation.htm> [acedido em 15 de janeiro de 2018]

<http://www.un.org/geninfo/bp/enviro.html> [acedido em 15 de janeiro de 2018]

<https://data.worldbank.org/indicator/EN.ATM.CO2E.KT?end=2014&locations=PT&start=1960&view=chart> [acedido em 15 de janeiro de 2018]

<https://ec.europa.eu/clima/consultations/articles/0028_en> [acedido em 15 de janeiro de 2018]

<https://ec.europa.eu/clima/policies/ets/pre2013_en> [acedido em 15 de janeiro de 2018]

<https://iea.uoregon.edu/base-agreement-list> [acedido em 15 de janeiro de 2018]

<https://sustainabledevelopment.un.org/content/documents/21252030%20Agenda%20for%20Sustainable%20Development%20web.pdf> [acedido em 15 de janeiro de 2018]

<https://sustainabledevelopment.un.org/content/documents/Agenda21.pdf> [acedido em 15 de janeiro de 2018]

<https://www.occ.pt/pt/noticias/novo-calculo-da-derrama/> [acedido em 15 de janeiro de 2018]

<https://www.portugal.gov.pt/media/1539636/3%20-%20projeto%20de%20reforma.pdf> [acedido em 15 de janeiro de 2018]

ÍNDICE

PARTE II
REGULAÇÃO EFICIENTE DO SOLO

PARTE III
VERTENTE REDISTRIBUTIVA